Zeitschrift für Erziehungswissenschaft

9. Jahrgang
Beiheft 6/2006

Bildungs- und Sozialberichterstattung

Herausgegeben von
Heinz-Hermann Krüger
Thomas Rauschenbach
Uwe Sander

VS Verlag für Sozialwissenschaften, Wiesbaden 2007

Zeitschrift für Erziehungswissenschaft

herausgegeben von:
Jürgen Baumert (Schriftleitung), Hans-Peter Blossfeld, Ingrid Gogolin (Schriftleitung), Stephanie Hellekamps, Frieda Heyting (1998–2003), Olaf Köller, Heinz-Hermann Krüger (Schriftleitung), Dieter Lenzen (Schriftleitung, Geschäftsführung), Meinert A. Meyer, Manfred Prenzel, Thomas Rauschenbach, Hans-Günther Roßbach, Uwe Sander, Annette Scheunpflug, Christoph Wulf

Herausgeber des Beiheftes Bildungs- und Sozialberichterstattung:
Heinz-Hermann Krüger, Thomas Rauschenbach und Uwe Sander

Redaktion:
Friedrich Rost, Eva Wunderlich

Rezensionen:
Yvonne Ehrenspeck

Anschrift der Redaktion:
Zeitschrift für Erziehungswissenschaft
c/o Freie Universität Berlin, Arbeitsbereich Philosophie der Erziehung,
Arnimallee 10, D-14195 Berlin
Tel.: (++49) 030 838-55888; Fax: -55889
E-Mail: zfe@zedat.fu-berlin.de URL: http://userpage.fu-berlin.de/~zfe

VS Verlag für Sozialwissenschaften | GWV Fachverlage GmbH | Abraham-Lincoln-Str. 46 | 65189 Wiesbaden

Geschäftsführer: Andreas Kösters,
Dr. Ralf Birkelbach
Albrecht F. Schirmacher

Gesamtleitung Anzeigen: Thomas Werner
Gesamtleitung Produktion: Ingo Eichel
Gesamtleitung Vertrieb: Gabriel Göttlinger

Leserservice: Tatjana Greller, Telefon (0611) 7878-151, Telefax (0611) 7878-423
E-Mail: Tatjana.Greller@gwv-fachverlage.de
Abonnentenbetreuung: Ursula Müller, Telefon (05241) 801965, Telefax (05241) 809620
E-Mail: Ursula.Mueller@gwv-fachverlage.de
Marketing: Ronald Schmidt-Serrière M.A., Telefon (0611) 7878-280, Telefax (0611) 7878-440
E-Mail: Ronald.Schmidt-Serriere@vs-verlag.de
Anzeigenleitung: Christian Kannenberg, Telefon (0611) 7878-369, Telefax (0611) 7878-430
E-Mail: Christian.Kannenberg@gwv-fachverlage.de
Anzeigendisposition: Monika Dannenberger, Telefon (0611) 7878-148, Telefax (0611) 7878-443
E-Mail: Monika.Dannenberger@gwv-fachverlage.de
Produktion/Layout: Frieder Kumm, Telefon (0611) 7878-175, Telefax (0611) 7878-468
E-Mail: Frieder.Kumm@gwv-fachverlage.de

Bezugsmöglichkeiten 2007: Jährlich erscheinen 4 Hefte. Jahresabonnement / privat (print+online) € 79,–; Jahresabonnement / privat (nur online) € 59,–; Jahresabonnement / Bibliotheken/Institutionen € 129,–; Jahresabonnement Studenten/Emeritus (print+online) - bei Vorlage einer Studienbescheinigung € 35,–. Alle Print-Preise zuzüglich Versandkosten. Alle Preise und Versandkosten unterliegen der Preisbindung. Die Bezugspreise beinhalten die gültige Mehrwertsteuer. Kündigungen des Abonnements müssen spätestens 6 Wochen vor Ablauf des Bezugszeitraumes schriftlich mit Nennung der Kundennummer erfolgen.
Zuschriften, die den Vertrieb oder Anzeigen betreffen, bitte nur an den Verlag.

Jährlich können Sonderhefte (Beihefte) erscheinen, die nach Umfang berechnet und den Abonnenten des laufenden Jahrgangs mit einem Nachlass von 25% des jeweiligen Ladenpreises geliefert werden. Bei Nichtgefallen können die Sonderhefte innerhalb einer Frist von drei Wochen zurückgegeben werden.

Druck und buchbinderische Verarbeitung: MercedesDruck, Berlin
Gedruckt auf säurefreiem und chlorfrei gebleichtem Papier.
Printed in Germany

ISBN 978-3-531-15015-4

9. Jahrgang, Beiheft 6/2006

Inhaltsverzeichnis

III   AKTUELLE BILDUNGSBERICHTERSTATTUNG

Heinz-Hermann Krüger/Thomas Rauschenbach/Uwe Sander

Editorial

Spätestens seit den 1970er-Jahren sind in Deutschland zunehmend Bestrebungen zu beobachten, sich in Form von Parlaments- und Regierungsberichten einen Überblick über
politisch relevante Sachverhalte zu schaffen, bei denen es direkt oder indirekt um Fragen
der Bildung, Betreuung und Erziehung, um Fragen des Aufwachsens von Kindern und
Jugendlichen, um Fragen der sozialen Lage von Menschen geht, seien dies Fragen der
Bildung, der Armut, der Lebenslagen von Kindern, Jugendlichen und Familien sowie der
darauf bezogenen sozialstaatlichen Maßnahmen. Der damit angedeutete Horizont soll hier
unter dem Sammelbegriff der „Bildungs- und Sozialberichterstattung" zusammengefasst
werden.

Diese Form der Berichterstattung geschieht aus ganz unterschiedlichen Anlässen, in
unterschiedlichen Varianten und Konstellationen, auf unterschiedlicher Basis (Kabinetts-
beschluss, Parlamentsbeschluss, gesetzliche Basis) und in unterschiedlicher Kontinuität
(einmalig, regelmäßig). Sie kann in Form von institutionalisierten Zuständigkeiten (z.B.
Deutscher Bildungsrat, Berufsbildungsbericht), in Form von gesetzlich oder administrativ
geregelten unabhängigen Sachverständigenkommissionen (z.B. Kinder- und Jugendberichte, Familienberichte), von projektförmig beauftragten Konsortien (z.B. Bildungsbericht) oder von eigens eingesetzten einmaligen Expertengremien und Kommissionen (z.B.
Forum Bildung) entstehen.

So unterschiedlich diese Berichte in ihrer Entstehung, ihrem Zustandekommen und ihrer inhaltlichen Ausrichtung daher auch sein mögen, so haben sie doch alle zwei Gemeinsamkeiten: Zum einen geschieht die Herstellung dieser Berichte in allen Fällen unter
mehr oder minder starker Beteiligung, zum Teil in erheblicher Mitverantwortung oder gar
in Eigenregie der Wissenschaft. Wissenschaftliche Expertise ist jedenfalls durchgängig
der zentrale Modus der Texterstellung. Und zum anderen ist die Erziehungswissenschaft
wie vermutlich nur wenig andere Wissenschaftsdisziplinen in Form von Sachverständigen, Expertisen und Anhörungen in diese etablierten Spielarten der parlamentarischen
Berichterstattung in den genannten Themengebieten eingebunden.

Umso erstaunlicher ist es, dass trotz dieser Wissenschaftsbasierung und trotz der Einbindung der Erziehungswissenschaft dies bis heute keine erkennbaren systematischen
Reaktionen auf Seiten des Faches nach sich gezogen hat. Weder auf fachwissenschaftlichen Kongressen noch in irgendeiner anderen Form der wissenschaftlichen (Selbst-)Be-

obachtung – in Publikationen, Kontroversen, Forschungsprojekten – hat sich die Erziehungswissenschaft mit dem Medium der Bildungs- und Sozialberichterstattung, mit den zugrundeliegenden Konzepten oder den dort verhandelten Inhalten gezielt auseinandergesetzt.

Ist diese auffällige Abstinenz einem wissenschaftlichen Desinteresse geschuldet oder liegt dies daran, dass dieses Medium der Politik- und Praxisberatung bislang einfach übersehen oder unterschätzt wurde, es mithin erst noch zu entdecken gilt? Sofern man nicht gewillt ist, die wissenschaftliche Nicht-Beschäftigung ungeprüft mit der mangelnden wissenschaftlichen Qualität der entsprechenden Textsorten oder dem kollektiv zur Schau gestellten Desinteresse an Ergebnissen von Expertengremien, denen man nicht selbst angehört, zu begründen, ist es doch erklärungsbedürftig, warum in dieser Hinsicht eine vorerst so auffällige disziplinäre Zurückhaltung besteht.

Eine mögliche Erklärung könnte darin bestehen, dass es aus Sicht der Erziehungswissenschaft diesen Berichten weniger an Qualität als vielmehr an wissenschaftlicher Relevanz mangelt, genauer: dass es sich bei diesen Berichten aus Sicht des Faches um so etwas wie öffentlichkeitsrelevante Zweitverwertungen von wissenschaftlichen Erkenntnissen handelt, die keinen wissenschaftlichen Neuigkeitswert besitzen, so dass diese Texte in einem wissenschaftlichen Lightformat keine besondere Würdigung verdienen. Selbst wenn man dieser Annahme einmal folgt, stellen sich allerdings dennoch Anschlussfragen, die üblicherweise für die sozialwissenschaftliche Verwendungsforschung und die fachdisziplinäre Wissenschaftsforschung von grundlegendem Interesse sein müssten: Welche Befunde und Erkenntnisse werden auf diese Weise in die Systeme der Politik und Fachpraxis bzw. der Profession in diesen Berichten transportiert und dort wie rezipiert und transformiert? Welche Wirkungen und Nebenwirkungen werden dadurch erzielt? Lassen sich ggf. bislang unbemerkte Rückwirkungen dieser spezifischen Wissensverwendung auf das Wissenschaftssystem selbst feststellen? Aber auch derartige Fragen wurden bislang nicht gezielt behandelt.

Ein weiterer, vermutlich näher liegender Grund könnte auch darin liegen, dass es einem disziplinär ausgerichteten Wissenschaftskonzept zuwiderläuft, es gewissermaßen dysfunktional erscheint, das zur Kenntnis zu nehmen, was nicht im Wissenschaftssystem selbst, sondern außerhalb oder zumindest an den Rändern „produziert" wird. Dabei würde dann allerdings übersehen, dass häufig gerade darin der besondere Charakter dieser Sorte von Texten liegt: dass es sich um Texte handelt, die – wie „wissenschaftlich", „empirisch", „forschungsbasiert" sie auch immer sein mögen – dadurch gekennzeichnet sind, dass sie an der Schnittstelle zwischen Wissenschaft, Politik und Fachpraxis angesiedelt sind, dass sie bisweilen sogar ganz dezidiert erst in einer geregelten Form der Kommunikation zwischen diesen Bereichen ihre Relevanz erlangen und ihr Profil gewinnen. Allerdings würde sich in diesem Zusammenhang dann auch schon wieder die vorerst ungeklärte Forschungsfrage stellen, inwieweit in derartigen Texten wirklich wissenschaftliche Expertise zum Tragen kommt.

Was auch immer mögliche Erklärungen für die auffällige Abstinenz der Erziehungswissenschaft sein mögen: Mit diesem Heft wird der Versuch unternommen, dem Fach das bisweilen von außen etwas undurchschaubare Genre der Bildungs- und Sozialberichterstattung in ausgewählten Facetten und anhand aktueller Berichte zugänglich(er) zu machen. Dabei sind die angedeuteten Fragen nicht nur für die Wissenschaftsforschung und die Rekonstruktion der gesellschaftlichen Kontextualisierung des Faches von Bedeutung. Vielmehr wird es auch für das Fach selbst und für die darin künftig Auszubildenden von erheblicher Relevanz sein, ob und wie es gelingt, die eigenen fachwissenschaftlichen Erkenntnisse in außerdisziplinäre Kontexte einzubringen bzw. die dort verhandelten und relevanten Themen und Fragestellungen in die disziplinären Diskurse zurückzuführen und einzuspeisen. Was immer man von dem neu gewonnenen Aufschwung der empirischen Bildungsforschung halten mag, sie zeigt eines: dass außerhalb der selbstreferentiellen disziplinären Systeme ein Interesse an Erkenntnissen der Erziehungswissenschaft besteht und auch in Anspruch genommen wird, sofern das Fach in der Lage ist, die kommunikative Anschlussfähigkeit an die Fachpraxis und Ressortpolitik herzustellen.

Zu diesem Heft: Die Erwartungen von Politik, Fachpraxis und Wissenschaft an die Bildungs- und Sozialberichterstattung stehen im Mittelpunkt des ersten Kapitels des Bandes. Dieses Thema wird in fünf Beiträgen aus unterschiedlichen Perspektiven betrachtet. *Peter Fricke* formuliert aus der Sicht des Bundesministeriums für Familie, Senioren, Frauen und Jugend zentrale Erwartungen an die Sozialberichterstattung, die an den Instanzen Monitoring, Deskription, Problemanalyse, Benchmarking und Evaluation festgemacht werden. *Angelika Hüfner* stellt aus der Sicht der Kultusministerkonferenz aktuelle Trends in der Bildungsberichterstattung in Deutschland vor. So haben die Länder und der Bund im Frühjahr 2004 vereinbart, künftig gemeinsam im Zweijahresrhythmus einen Nationalen Bildungsbericht für Deutschland vorzulegen, der Rechenschaft über die Leistungen des Gesamtsystems bzw. seine Stufen auf nationaler Ebene und auf der Ebene der Länder geben soll. *Veronika Pahl* arbeitet in ihrem Beitrag aus der Perspektive des Bundesministeriums für Bildung und Forschung den mit der Bildungsberichterstattung einhergehenden Forschungsbedarf heraus und skizziert laufende und geplante Maßnahmen des BMBF im Bereich der Förderung der empirischen Bildungsforschung. *Christian Lüders* untersucht in seinem Artikel die Bedeutung bzw. die Leistungen der Sozialberichterstattung für die politische und pädagogische Fachpraxis aus dem Blickwinkel der wissenschaftlichen Forschung. Dies wird am Beispiel der Leistungen der Kinder- und Jugendberichte der Bundesregierung im Horizont jüngerer Analysen von Sozialwissenschaften und Politik bzw. Fachpraxis und Medien verdeutlicht. Mit der Frage, was die Bildungs- und Sozialberichterstattung für Wissenschaft und Forschung leistet, beschäftigt sich schließlich der Beitrag von *Horst Weishaupt*.

Im zweiten Kapitel dieses Bandes werden die konzeptionellen Grundlagen und wichtige Ergebnisse von drei zentralen aktuellen Sozialberichten der Bundesregierung vorgestellt. *Hans Bertram* skizziert in seinem Beitrag die konzeptionelle Grundidee und die Kernthemen des Siebten Familienberichts, in dem, ausgehend von der Frage des Umgangs mit Zeit im Lebenslauf und im Familienalltag, Aspekte der Entwicklung von Infrastrukturen für Familien sowie finanzieller Transferleistungen für Familien diskutiert werden.

Mit den konzeptionellen Grundlagen sowie zentralen Ergebnissen des Zwölften Kinder- und Jugendberichts beschäftigen sich drei Beiträge. *Thomas Rauschenbach* stellt zunächst die Hintergrundannahmen und Grundbegriffe dieses Berichts vor, der sich ausgehend von einem erweiterten Bildungsbegriff mit dem Spannungsverhältnis von Bildung, Betreuung und Erziehung in den Bildungssettings vor und neben der Schule auseinandergesetzt hat. In dem Beitrag von *Wolfgang Tietze* stehen die verschiedenen Bildungsorte und Lernwelten der frühen Kindheit, die dazu vorliegenden Forschungsbefunde und -defizite sowie die Kernempfehlungen der Sachverständigenkommission für die Weiterentwicklung des öffentlichen Systems früher Bildung, Betreuung und Erziehung im Mittelpunkt. *Heinz-Hermann Krüger und Thomas Rauschebach* beschreiben die zentralen

Prämissen und Resultate des zweiten thematischen Schwerpunkts des Berichts, in dem sie die aktuelle Lage von Kindern und Jugendlichen im Schulalter, sowie die Leistungen der Kinder- und Jugendhilfe analysieren sowie zum aktuellen Ausbau ganztägiger Bildungsangebote Stellung nehmen.

Mit dem Auftrag, den Leitideen sowie wichtigsten Befunden des Fünften Altenberichts der Bundesregierung setzt sich *Andreas Kruse* in seinem Beitrag auseinander. Dabei werden die Potentiale des Alters in Wirtschaft und Gesellschaft aufgezeigt sowie politikrelevante Handlungsempfehlungen vorgestellt.

Im dritten Abschnitt dieses Bandes steht die Bildungsberichterstattung im Zentrum. Der erste Beitrag von *Eckhard Klieme u.a.* stellt die Zielsetzung und den Aufbau eines ersten indikatorengestützten nationalen Bildungsberichts für Deutschland vor. *Hans Döbert* geht dann in seinem Beitrag auf diesen nationalen Bildungsbericht dezidierter ein, und zwar auf den Abschnitt des Bildungsberichts zum Thema „Allgemein bildende Schule und non-formale Lernwelten im Schulalter". Der Bereich der beruflichen Ausbildung wird daran anschließend von *Martin Baethge und Markus Wieck* aufgegriffen. Sie legen die Schwierigkeiten der Bildungsberichterstattung in diesem heterogenen Bildungssektor dar. Die bildungspolitischen Funktionen und die Grenzen von Bildungsberichterstattung im Hochschulsektor sind dann Thema des Beitrags von *Andrä Wolter* und *Christian Kerst*. Diskutiert werden u.a. die Einbeziehung der Hochschule in vorhandene Ansätze internationaler und nationaler Bildungsberichterstattung sowie ein Indikatorenset, das im Hochschulberichtsteil des Bildungsberichts Verwendung fand. Mit einem grundlagenorientierten Beitrag von *Jaap Scheerens* endet dann der Band. Der Autor beschäftigt sich systematisch mit einer Indikatorenentwicklung im Bildungssektor, die nationale Vergleichbarkeit erlaubt und Hinweise für den bildungspolitischen Gestaltungsrahmen gibt.

Die Herausgeber dieses Sonderheftes der Zeitschrift für Erziehungswissenschaft danken Herrn *Dominic Orr* für die professionelle Erledigung der Übersetzungsarbeiten.

I Bildungs- und Sozialberichterstattung im Spannungsfeld von Politik, Fachpraxis und Wissenschaft

Peter Fricke

Sozialberichterstattung – Erwartungen aus der Sicht der Politik

Berichte zu Kindern und Jugendlichen, Familien, Seniorinnen und Senioren, Gleichstellung

Zusammenfassung
Vor dem Hintergrund aktuell vorliegender Sachverständigen-Berichte in den Bereichen Kinder
und Jugend, Familie, Seniorinnen und Senioren
sowie Gleichstellung werden im Folgenden die
aus Sicht der Politik zentralen Erwartungen an
diese Form der *Sozialberichterstattung* erörtert.
Als zentrale Kriterien werden Monitoring und Deskription, Problemanalyse, Benchmarking und
Evaluation genannt.

Schlüsselwörter: Sozialberichterstattung, Sachver-
ständigenberichte, Bundesministerium für Familie, Senioren, Frauen und Jugend

Summary
*Social Monitoring Reports – Political expecta-
tions regarding reports on children, young people,
the elderly and equality*
The central expectations of social monitoring reports from a political perspective will be presented
within the context of current expert reports in the
areas of children, young people, the elderly and
equality. The dimensions of continual monitoring,
description, problem analysis, benchmarking and
evaluation will be named as central criteria for
such reports.

Keywords: social reporting; expert reports; German Federal Ministry for Family, Elderly, Women
and Youth

Politik ist angewiesen auf regelmäßige Analysen gesellschaftlicher Wandlungsprozesse und deren Auswirkungen auf individuelle Lebenslagen von Kindern und Jugendlichen, Frauen und Männern jeder Altersgruppe.

In der 15. Legislaturperiode haben das Bundesministerium für Familie, Senioren, Frauen und Jugend und die Bundesregierung vier Sachverständigen-Berichte beauftragt und entgegengenommen:

- den 12. Kinder- und Jugendbericht mit dem Titel „Bildung, Betreuung und Erziehung vor und neben der Schule";
- den 7. Familienbericht „Familie zwischen Flexibilität und Verlässlichkeit – Perspekti-ven für eine lebenslaufbezogene Familienpolitik";
- den 4. Altenbericht mit dem Titel „Potenziale des Alters in Wirtschaft und Gesellschaft – der Beitrag älterer Menschen zum Zusammenhalt der Generationen" und
- den ersten Datenreport zur Gleichstellung von Männern und Frauen.

Diese Berichte sind Teil der Sozialberichterstattung im Sinne einer Information „über gesellschaftliche Strukturen und Prozesse sowie Voraussetzungen und Konsequenzen gesellschaftlicher Maßnahmen" (ZAPF 1978, S. 11).

Der *Kinder- und Jugendbericht* hat als einziger der vier Berichte eine gesetzliche Grundlage. Seit 1961 regelt zunächst das Jugendwohlfahrtsgesetz, heute das Kinder- und Jugendhilfegesetz in § 84, dass die Bundesregierung dem Deutschen Bundestag und dem Bundesrat in jeder Legislaturperiode einen Bericht über die Lage junger Menschen und die Bestrebungen und Leistungen der Kinder- und Jugendhilfe vorzulegen hat. Neben der Bestandsaufnahme und der Analyse sollen die Berichte Vorschläge zur Weiterentwicklung der Jugendhilfe enthalten; jeder dritte Bericht soll einen Überblick über die Gesamtsituation der Kinder- und Jugendhilfe vermitteln. Die Bundesregierung beauftragt mit der Ausarbeitung der Berichte jeweils eine Kommission, der – mit der jüngsten Neuregelung des Kinder- und Jugendhilfegesetzes und damit wirksam für die kommenden Kinder- und Jugendberichtskommissionen – *mindestens* sieben Sachverständige angehören. Die Bundesregierung hat vor der Übergabe an das Parlament dem Bericht eine Stellungnahme mit den von ihr für notwendig gehaltenen Forderungen beizufügen.

Der *Familienbericht* fußt seit 1965 auf einer Entschließung des Deutschen Bundestags, die die Bundesregierung auffordert, eine Kommission mit bis zu sieben Sachverständigen einzusetzen und dem Deutschen Bundestag in jeder zweiten Wahlperiode einen Bericht über die Lage der Familien in der Bundesrepublik Deutschland mit einer Stellungnahme der Bundesregierung vorzulegen. Dabei soll jeder dritte Bericht die Situation der Familien möglichst umfassend darstellen, während sich die übrigen Berichte Schwerpunkten widmen können. Bisher wurden sechs Berichte erstellt und mit einer Stellungnahme versehen.

Erst 1992 hat der Deutsche Bundestag der Bundesregierung erstmals den Auftrag erteilt, in jeder Legislaturperiode einen *Altenbericht* vorzulegen. Hierbei wechseln sich eine allgemeine Bestandsaufnahme und Spezialberichte zu bestimmten Schwerpunkten ab. Die Erarbeitung der Berichte erfolgt in Sachverständigenkommissionen, die mit unabhängigen Expertinnen und Experten besetzt werden. Aus welchen Disziplinen diese kommen, hängt von der Themenstellung ab. Gerontologie, Soziologie, Geriatrie, Gerontopsychiatrie, aber auch Ökonomie oder Technikwissenschaft waren bislang vertreten.

Mit der Erstellung eines ersten *Datenreports* zur Gleichstellung von Männern und Frauen hat das Bundesministerium für Familie, Senioren, Frauen und Jugend das Deutsche Jugendinstitut beauftragt. Ziel war es dabei, mit einer umfassenden und aktuellen Zustandsbeschreibung zur Lage der Gleichstellung auf der Grundlage amtlicher und repräsentativer Daten versehen, um hiermit eine Basis für weitere Analysen zu schaffen, die in vertiefter Weise Geschlechteraspekte berücksichtigen und dieses Material in einen politischen Bericht für den Bundestag einfließen lassen.

Welche Erwartungen stellt die Politik an diese Berichte? Unter Bezug auf NOLL (2003), möchte ich sie zusammenfassen als Dauerbeobachtung und Deskription, Identifikation von Problemen und Frühwarnung sowie Neubewertung alter Probleme – kurz Problemanalyse –, Benchmarking und letztendlich Evaluation.

Jedem dieser Bereiche kommt ein unterschiedliches Gewicht zu. Mit *Dauerbeobachtung* und *Deskription* sollen Entwicklungstrends gesellschaftlichen Wandels beschrieben werden. Die in Sozialberichten durchgeführte Dauerbeobachtung und Deskription sind abhängig von der amtlichen und repräsentativen Statistik, welche außerhalb der Berichte erfasst wird. Die Sachverständigenkommissionen sind hier also stets auf vorhandene Materialien angewiesen. Nur in Ausnahmen werden größere Studien direkt im Zusammenhang mit der Berichterstellung in Auftrag gegeben. Das bestehende Datenmaterial muss gesichtet und den jeweiligen Berichtsthemen entsprechend aufgearbeitet werden. Entlang der kontinuierlich bestehenden Berichtsthemen – etwa beim Kinder- und Jugendbericht sowie dem Familienbericht, bei denen jeder dritte Bericht als Gesamtbericht zu konzipieren ist – kann von einem *Monitoring* gesprochen werden, mit dem Entwicklungstrends beschreibbar sind. Mindestens bei den Analysen der Daten für die Einzelthemen finden sich immer wieder „Erhebungslücken" in der amtlichen und repräsentativen Statistik, wie nicht zuletzt im 12. Kinder- und Jugendbericht festgestellt wurde, in dem die Bedeutsamkeit informeller Bildung herausgearbeitet wurde. Hierbei konnte jedoch ausschließlich auf kleinere Studien zurückgegriffen werden. Entsprechend votiert die Sachverständigenkommission für die systematische und kontinuierliche Erfassung außerschulischer Bildungsaspekte (BMFSFJ 2005, S. 352), die dann zukünftig in ein Monitoring eingehen kann.

Mit der Analyse und Interpretation der Daten sollen in einem weiteren wichtigen Schritt gesellschaftspolitische Probleme benannt, frühzeitig erkannt, neu bewertet und hinsichtlich ihrer Lösung diskutiert werden. Zu einem erheblichen Teil ist hierbei auch die Nennung von Barrieren auf dem Weg zur Problemlösung von Bedeutung. Nicht nur für diese Aspekte der *Problemanalyse*, auch für die Entwicklung von Perspektiven wird zunehmend ein *Benchmarking* erwartet. In einem Vergleich mit anderen Ländern und ihrem sozialpolitischen Umgang mit Gegebenheiten wird eine Bereicherung der denkbaren Alternativen für politisches Handeln gesehen, welches durch die Sachverständigenkommissionen über Empfehlungen weiterentwickelt werden kann.

Zuletzt soll auf eine Funktion der Sozialberichte hingewiesen werden, der mindestens auf der Diskussionsebene über Sozialberichterstattung eine immer größere Dringlichkeit attestiert wird: die *Evaluation*. Für eine effiziente Ausgestaltung sozialpolitischer Maßnahmen oder institutioneller Regelungen ist deren Leistungsbewertung unabdinglich. „Die Bereitstellung von Informationen, wie sie für eine verlässliche Evaluation politischer Programme bzw. die Beurteilung der Wirksamkeit spezifischer Problemlösungsansätze und Maßnahmen benötigt werden, wirft allerdings vielfältige methodische Fragen auf und kann in der Regel nur auf der Basis von anspruchsvollen und komplexen Analysen geleistet werden" (NOLL 2003, S.10). Das können die Berichte nicht leisten. Vielmehr ist man auf eine kluge Sozialstatistik und darauf aufsetzende Analysen angewiesen. Dies darf jedoch nicht davon ablenken, dass es dennoch Indikatoren gibt, die in den verschiedenen Berichten eingesetzt und über die Zeit hinweg mit Regelungen und Programmen in Verbindung gesetzt werden können. Einer Kontinuität in der Berichterstellung steht jedoch auch – neben der teilweise thematischen vor allem aber – die personelle Diskontinuität in der Besetzung der Berichtskommissionen gegenüber. Hier sehe ich Ansatzpunkte für die zukünftig notwendige Weiterentwicklung der Konzeption von Berichtserstellungen.

Neben diesen Aspekten wird bei den Berichten auch auf die direkte Anschlussfähigkeit an aktuelle politische Geschehnisse und Debatten Wert gelegt. Im Interesse des jeweiligen Themas sind die Diskussionsstränge hier entsprechend zu führen, da sie direkt im Parlament diskutiert werden und auf die Meinungsbildung im parlamentarischen Raum wirken.

Literatur

Bundesministerium für Familie, Senioren, Frauen und Jugend (2005). Bericht über die Lebenssituation junger Menschen und die Leistungen der Kinder- und Jugendhilfe in Deutschland – 12. Kinder- und Jugendbericht. BT-Drs. 15/6040.

NOLL, H.-H. (2003). Sozialberichterstattung, amtliche Statistik und die Beobachtung sozialstaatlicher Entwicklungen. In MEULEMANN, H. (Hrsg.): Der Sozialstaat in der amtlichen Statistik. Angebote und Nachfragen. Sozialwissenschaftliche Tagungsberichte: Bd 6. – Bonn, S. 65-84.

ZAPF, W. (1978). Einleitung in das SPES-Indikatorensystem. In ZAPF, W. (Hrsg.): Lebensbedingungen in der Bundesrepublik. Sozialer Wandel und Wohlfahrtsentwicklung. Frankfurt/M., New York, S. 11-95.

Anschrift des Verfassers: Ministerialdirektor Dr. Peter Fricke, Bundesministerium für Familie, Senioren, Frauen und Jugend, Alexanderplatz 6, 10178 Berlin, Tel.: 01888555-1900, Fax: -4190, E-Mail: peter.fricke@bmfsfj.bund.de

Angelika Hüfner

Bildungsberichterstattung – Erwartungen aus der Sicht der Politik

Zusammenfassung

Im Frühjahr 2004 haben die Länder und der Bund vereinbart, künftig gemeinsam im 2-Jahres-Rhythmus einen Bildungsbericht für Deutschland vorzulegen. Sie schaffen damit die Grundlage für eine fokussierte Darstellung wesentlicher Entwicklungslinien, Leistungen und Aufgaben des Bildungswesens in der Bundesrepublik Deutschland.

Bildungsberichte dienen der Rechenschaftslegung über das Gesamtsystem auf nationaler Ebene und auf Ebene der Länder. Durch die langfristig angelegte und kontinuierliche Betrachtungsweise eröffnen sie in geeigneter Weise die Möglichkeit, offensichtliche Fehlentwicklungen frühzeitig zu erkennen und effektive politisch-administrative Steuerungsmaßnahmen zu entwickeln.

Kern der Bildungsberichterstattung ist ein überschaubarer, systematischer, regelmäßig aktualisierbarer Satz statistischer Kennziffern (Indikatoren), die jeweils für ein zentrales Merkmal von Bildungsprozessen bzw. einen zentralen Aspekt von Bildungsqualität stehen. Zudem werden die Bildungsberichte jeweils ein Kapitel zu einem oder mehreren Schwerpunktthemen enthalten. Der erste Bildungsbericht hat die „Integration von Kindern, Jugendlichen und Erwerbstätigen mit Migrationshintergrund im Bildungssystem" zum Schwerpunkt.

Schlüsselwörter: Bildungsbericht, Bildungsberichterstattung, Indikator, „Bildung im Lebenslauf", Bildungsmonitoring

Summary

Monitoring Education – Political expectations

In the spring of 2004, the regional states and the federal government agreed to produce an education report for Germany every two years. This report will provide a focused presentation of significant lines of development, performance and tasks in Germany's education system. Such reports serve as a basis for accountability of the whole system and of stages of education at national and regional levels. Through regular reporting cycles, they open an appropriate opportunity to recognize erroneous developments early on and to develop effective policy or administrative steering measures in response. Central to the education report is an easily understandable, systematic and regularly up-dated set of statistical key indicators, which each represent a central character of educational processes or a central aspect of educational quality. Additionally, a chapter on one or more focal topics will supplement these reports. The first report focused on the integration of children, young people and people in the job market with a migration background into the education system.

Keywords: German Education Report; monitoring education; indicators; education during life-course

Die Qualitätssicherung und -entwicklung des Bildungssystems stehen seit einigen Jahren im Zentrum der öffentlichen und bildungspolitischen Diskussion in der Bundesrepublik Deutschland. Hierzu haben vor allem die internationalen Vergleichsuntersuchungen TIMSS (Third International Mathematics and Science Study), PISA (Programme for International Student Assessment), PIRLS / IGLU (Progress in International Reading Literacy Study / Internationale Grundschul-Lese-Untersuchung) wie auch die innerdeutschen Ergänzungsstudien PISA-E (Ländervergleich) beigetragen. Dabei ist deutlich geworden, dass wir über Stand und Entwicklung unseres Bildungssystems zwar manche Einzelheiten wissen, dass aber eine systematische Gesamtschau bislang fehlt. Um zu validen Aussagen über das Schulsystem in Deutschland und zu Hinweisen auf Verbesserungsmöglichkeiten, auch unter internationaler Perspektive, zu kommen, hat die Kultusministerkonferenz (KMK) Anfang 2002 beschlossen, künftig systematisch, umfassend und kontinuierlich über wichtige Daten und Entwicklungen im Bildungswesen der Bundesrepublik Deutschland zu informieren.[1]

Regelmäßige Rechenschaftslegung gegenüber der Öffentlichkeit

Bildungsberichterstattung ist die kontinuierliche, datengestützte Information der Öffentlichkeit über Rahmenbedingungen, Verlaufsmerkmale, Ergebnisse und Erträge von Bildungsprozessen. Sie soll das Bildungsgeschehen transparent machen und damit Grundlage für Zieldiskussionen und politische Entscheidungen sein. Die Bildungsberichterstattung soll dem Informationsbedarf des politisch-administrativen Systems bei der Wahrnehmung seiner Steuerungsaufgaben im Sinne eines Monitorings Rechnung tragen.

Bildungsberichte dienen der Rechenschaftslegung über das Gesamtsystem bzw. seine Stufen auf nationaler Ebene und auf Ebene der Länder. Sie liefern Wissen, das benötigt wird, um politisch-administrative Steuerungsmaßnahmen zu entwickeln, und eröffnen durch die kontinuierliche Betrachtungsweise die Möglichkeit, offensichtliche Fehlentwicklungen frühzeitig zu erkennen.

Ein erster Schritt: der erste Bildungsbericht der KMK

Gab es bislang eine Fülle einzelner Berichte auf Bundes- oder Landesebene zu Teilbereichen des Bildungssystems im jeweiligen Zuständigkeitsbereich (vgl. AVENARIUS u.a. 2003b, S. 89ff.), so begann 2002 mit dem im Auftrag der KMK vorgelegten ersten Bildungsbericht eine qualitativ neue Phase der Arbeiten an einer Bildungsberichterstattung (AVENARIUS u.a. 2003a).

Der ‚Bildungsbericht für Deutschland: Erste Befunde' wurde von einem Konsortium unter Federführung des Deutschen Instituts für Internationale Pädagogische Forschung (DIPF) in der Zeit von Januar bis August 2003 erarbeitet. Dieser Bildungsbericht stellte eine erste Situationsanalyse des Bildungssystems in Deutschland dar. Im Zentrum standen Daten und Analysen zum allgemein bildenden Schulbereich, die sowohl gesamtstaatlich als auch länderspezifisch aufbereitet wurden. Internationale Entwicklungen waren einbezogen, soweit dies der Einordnung der Befunde diente; regionale Disparitäten wurden dagegen nur exemplarisch berücksichtigt. Grundlage dieser Darstellungen waren das damals verfügbare statistische Material und die Ergebnisse der empirischen Bildungsforschung, die problemorientiert ausgewertet wurden.

Parallel zu diesem ersten Bericht legte das Konsortium auch die Konzeption eines schrittweise zu realisierenden Referenzrahmens für eine regelmäßige Bildungsberichterstattung und ein System-Monitoring in Deutschland vor (AVENARIUS u.a. 2003b), das Ausgangspunkt künftiger Bildungsberichterstattung werden sollte (vgl. KULTUSMINISTERKONFERENZ 2003).

Der Bildungsbericht von Bund und Ländern

Im Frühjahr 2004 haben Bund und Länder vereinbart, künftig gemeinsam im 2-Jahres-Rhythmus einen Bildungsbericht für Deutschland vorzulegen.[2] Nach einer europaweiten Ausschreibung haben die Kultusminister der Länder und die Bundesrepublik Deutschland als gemeinsame Auftraggeber ein Konsortium mit der Erstellung des Berichts beauftragt. In dem Konsortium arbeiten das Deutsche Institut für Internationale Pädagogische Forschung (DIPF), das Deutsche Jugendinstitut (DJI), die Hochschul-Informations-System GmbH (HIS), das Soziologische Forschungsinstitut an der Georg-August-Universität Göttingen (SOFI) sowie die Statistischen Ämter des Bundes und der Länder zusammen.

Kern der Bildungsberichterstattung ist ein überschaubarer, systematischer, regelmäßig aktualisierbarer Satz von Indikatoren, d.h. statistischen Kennziffern, die jeweils für ein zentrales Merkmal von Bildungsprozessen bzw. einen zentralen Aspekt von Bildungsqualität stehen. Die Eckpunkte der Kultusministerkonferenz vom 04.03.2004[3] verstehen die Indikatoren als regelmäßig wiederzuverwendende und gleichzeitig entwicklungsoffene Bestandteile künftiger Bildungsberichte. Diese Indikatoren werden aus amtlichen Daten oder sozialwissenschaftlichen Erhebungen in Zeitreihe gebildet, wenn möglich im internationalen Vergleich und aufgeschlüsselt nach Ländern.

Beschrieb der erste KMK-Bericht noch ausschließlich Bildungsprozesse an allgemein bildenden Schulen, so wird der neue Bericht alle bildungsbiographischen Etappen vom Elementarbereich bis zur Erwachsenenbildung entsprechend der Bedeutung von Bildung im Lebenslauf umfassen. Nun sind Bildungsprozesse von Kindern und Jugendlichen nicht nur an Institutionen gebunden, sie finden vielmehr über das Spektrum der Bildungsstufen hinweg an den verschiedensten Orten statt. Neben Familie, Kindertageseinrichtungen und Schule bzw. Hochschule sind auch die Angebote der Jugendarbeit, der kulturellen Jugendbildung, informelle Bildungsprozesse unter Gleichaltrigen sowie im Umgang mit Medien von Relevanz. Folgerichtig werden nunmehr sowohl formelle, informelle als auch non-formale Bildungswelten in der Berichterstattung berücksichtigt.

Der Mehrwert einer solcherart integrierten Bildungsberichterstattung liegt (a) in der Gesamtschau über Stufen und administrative Zuständigkeitsbereiche hinweg, (b) in der Darstellung des Übergangs bzw. der Verknüpfung zwischen den Teilsystemen und (c) in der konsequent indikatorengestützten, somit besonders konzentriert und auf Dauer angelegten Darstellung, die auch Entwicklungen deutlich machen kann.

Die Bildungsberichte werden neben dem regelmäßig wiederkehrenden Indikatorenteil auch jeweils ein Kapitel zu einem oder mehreren Schwerpunktthemen enthalten. So können einerseits Entwicklungen im Zeitverlauf verfolgt und andererseits aktuelle Fragestellungen aufgegriffen werden. Der erste gemeinsame Bildungsbericht wird als Schwerpunkt die „Integration von Kindern, Jugendlichen und Erwerbstätigen mit Migrationshintergrund im Bildungssystem" behandeln. Er wird Mitte 2006 vorliegen und die Ergebnisse aktueller internationaler Vergleichsstudien berücksichtigen.

Bereits vorab war klar, dass die Erstellung eines nationalen Bildungsberichts als „Vorarbeit" die Entwicklung eines abgestimmten Indikatorenmodells für die künftige Bildungsberichterstattung erforderlich machen würde. Künftige Bildungsberichte sollen sich auf einen Kernbestand aussagekräftiger Indikatoren zu zentralen Bildungsbereichen stützen. Diese sollen aus institutioneller und individueller Perspektive sowohl Kontext-, Prozess- und Wirkungsdimensionen von Bildungssystemen und formalen Bildungsprozessen erfassen als auch non-formale und informelle Bildung in den Blick nehmen und international anschlussfähig sein. Dabei muss betont werden, dass es sich bei dem Bildungsbericht 2006 um einen Entwicklungsschritt in einem längeren Prozess handelt und dass gerade der langfristig und hinsichtlich seiner Aussagekraft relativ offen konzipierte Indikatorenteil hauptsächlich als ein erster Schritt in einem „work in progress" zu interpretieren sein wird.

Bildungsmonitoring

Die Länder haben die Bildungsberichterstattung immer eingebettet gesehen in die Gesamtstrategie eines nationalen Bildungsmonitorings, das auch nationale und internationale Vergleichsuntersuchungen, die Überprüfung von Bildungsstandards, die interne und externe Evaluation von Bildungseinrichtungen sowie Beiträge der Bildungsforschung umfasst (Kultusministerkonferenz 2003, S. 2). Hat hierbei zunächst die Beteiligung an bereits entwickelten internationalen „large scale assessments" wie PISA oder IGLU mit den entsprechenden nationalen Ergänzungen im Mittelpunkt gestanden, so wurden nach der Gründung des Instituts zur Qualitätsentwicklung im Bildungswesen an der Humboldt-Universität zu Berlin (IQB)[4] mit der Verabschiedung länderübergreifend geltender Bildungsstandards nationale Referenzgrößen gesetzt, die längerfristig auch für die Belange der Bildungsberichterstattung genutzt werden können.

Die Länder und der Bund schaffen mit der regelmäßigen Veröffentlichung eines Bildungsberichts die Grundlage für eine fokussierte Darstellung wesentlicher Entwicklungslinien, Leistungen und Aufgaben des Bildungswesens in der Bundesrepublik Deutschland. Die Zusammenarbeit von Bund und Ländern in diesem Bereich funktioniert gut; anscheinend so beispielgebend gut, dass dies auch einen positiven Niederschlag in der Föderalismusreform gefunden hat. An die Stelle der bisherigen Gemeinschaftsaufgabe Bildungsplanung tritt eine zukunftsorientierte gemeinsame Evaluation und Bildungsberichterstattung zur Feststellung der Leistungsfähigkeit des Bildungswesens im internationalen Vergleich. Ziel derartiger gemeinsamer Bildungsberichterstattung ist laut Ergebnis der Koalitionsarbeitsgruppe zur Föderalismusreform „die Schaffung von Grundinformationen (…) für die Gewährleistung der internationalen Gleichwertigkeit und Wettbewerbsfähigkeit des deutschen Bildungswesens" (MÜNTEFERING/STOIBER 2005, S. 35). Der Bildungsbericht wird hierzu einen wesentlichen Beitrag leisten.

Anmerkungen

1 297. Plenarsitzung der Kultusministerkonferenz am 28.02./01.03.2002 in Berlin, TOP 13 (interner Beschluss).
2 Spitzengespräch zwischen der Präsidentin der KMK, Staatsministerin Doris Ahnen, der Vizepräsidentin der KMK, Staatsministerin Karin Wolff, und der Bundesministerin für Bildung und Forschung, Edelgard Bulmahn, am 22.03.2004 in Berlin.
3 305. Plenarsitzung der Kultusministerkonferenz am 04.03.2004 in Berlin, TOP 6 (interner Beschluss).
4 Institut zur Qualitätsentwicklung im Bildungswesen (IQB) – URL: http://www.iqb.hu-berlin.de – Download vom 01.02.2006.

Literatur

AVENARIUS, H./DITTON, H./DÖBERT, H./KLEMM, K./KLIEME, E./RÜRUP, M./TENORTH, H.-E./WEISHAUPT H./WEIß, M. (2003a): Bildungsbericht für Deutschland – Erste Befunde. – Opladen.
AVENARIUS, H./DITTON, H./DÖBERT, H./KLEMM, K./KLIEME, E./RÜRUP, M./TENORTH, H.-E./WEISHAUPT H./WEIß, M. (2003b): Bildungsbericht für Deutschland – Konzeption. – Frankfurt am Main – URL: http://www.kmk.org/doc/publ/bildungsbericht/Konzeption.pdf – Download vom 01.02.2006.
KULTUSMINISTERKONFERENZ (2003): Stellungnahme der Kultusministerkonferenz zur „Konzeption" des Konsortiums für die Bildungsberichterstattung, Beschluss der 304. KMK am 04.12.2003 in Bonn – URL: http://www.kmk.org/doc/publ/bildungsbericht/304KMK_TOP6-Stell-endg.pdf – Download vom 01.02.2006.
MÜNTEFERING, F./STOIBER, E. (2005): Ergebnis der Koalitionsarbeitsgruppe zur Föderalismusreform – Verhandlungsergebnis zwischen Bund und Ländern auf der Basis der Gespräche von Franz Müntefering, MdB, und Edmund Stoiber, Ministerpräsident – URL: http://www.bundesregierung.de/Anlage934499/Ergebnis+der+Koalitionsarbeitsgruppe+zur+F%f6deralismusreform.pdf – Download vom 01.02.2006, S. 35.

Anschrift der Verfasserin: Senatsdirektorin Dr. Angelika Hüfner, Ständige Vertreterin des Generalsekretärs der Kultusministerkonferenz, Lennéstr. 6, 53113 Bonn, E-Mail: poststelle @kmk.de

Veronika Pahl[1]

Bildungsberichterstattung und empirische Bildungsforschung – Förderangebote und Erwartungen des BMBF

Zusammenfassung

Der Wettbewerb um Zukunftschancen in einer globalisierten Welt ist unter ökonomischen wie auch kulturellen Aspekten auch ein internationaler Wettbewerb um die Qualität von Bildungssystemen geworden. Alle heute erfolgreichen PISA-Teilnehmerstaaten haben deshalb in ihren Bildungssystemen Prinzipien lernender Organisationen verankert und dazu frühzeitig Monitoringstrukturen auf allen Ebenen und in allen Bereichen des Systems eingeführt. Ein Monitoringelement ist dabei eine regelmäßige Bildungsberichterstattung.

Die Etablierung von leistungsfähigen Monitoringstrukturen setzt eine leistungsfähige Bildungsforschung voraus. Das BMBF fördert empirische Bildungsforschung institutionell und im Rahmen seiner Ressortforschung und trägt auch durch die Verbesserung von Rahmenbedingungen zur Leistungssteigerung der empirische Bildungsforschung bei. BMBF beabsichtigt diese unterschiedlichen Handlungsoptionen künftig stärker miteinander zu verschränken und gezielt zu nutzen, um den Prozess der strukturellen und damit langfristigen Stärkung der empirischen Bildungsforschung in Deutschland zu unterstützen.

Wenn Prinzipien einer „Lernenden Organisation" auch im deutschen Bildungssystem nachhaltig ihre steuernde Funktion entfalten sollen, ist es jedoch auch erforderlich, die zum Teil immer noch spürbare Entfremdung zwischen der Bildungspolitik auf der einen und der Bildungsforschung auf der anderen Seite zu überwinden. Die Einigung von Bund und Ländern auf eine an „Bildung im

Summary

Monitoring Education and Empirical Education Research – Provisions for support and expectations of the German Federal Ministry of Education and Research

The competition for future prospects in a globalized world has also become – economically and culturally speaking – an international competition based on the quality of education systems. That is why all the successful participant countries of the PISA study have anchored the principles of learning organizations within their education systems and introduced monitoring structures at all levels and in all areas of their systems. One such element is regular education reports. The establishment of high-performance monitoring structures relies on the prerequisite of high-performance education research. The Federal Ministry of Education and Research funds empirical education research at an institutional level and within the context of departmental funding and through the improvement of framework conditions in order to raise the performance of empirical education research. The Ministry strives to interlink these different lines of action more closely in the future and to use them more effectively to promote the structural and by that the long-term strength of empirical education research in Germany. If the principles of a „learning organization" are to unfold their potential for steering policy development, it will, however, be necessary to overcome the – at times still perceptible – alien relationship between education policy and empirical education

Lebenslauf" orientierte Bildungsberichterstattung indiziert dabei eine öffentlich bisher kaum wahrgenommene, aber gleichwohl bedeutsame Wende im Verhältnis von Bildungspolitik und empirischer Bildungsforschung. Zur vollen Entfaltung der steuernden Wirkung von Monitoring- und Berichtsstrukturen ist jedoch eine weitere Intensivierung des begonnenen Dialogs zwischen Politik und der scientifc community unerlässlich.

research. In order to fully profit from the steering potential of monitoring and reporting structures it will be vital to further intensify the commencing dialog between policy makers and the scientific community.

Schlüsselwörter: Bildungsberichterstattung, empirische Bildungsforschung, BMBF, Forschungsförderung, Bildungspanel

Keywords: empirical education research; German Federal Ministry of Education and Research; research funding; education panel

Im folgenden Beitrag möchte ich nach einigen eher allgemeinen Überlegungen zur Steuerungsphilosophie „Lernender Organisationen" und zur so genannten „Empirischen Wende" (1) den mit der Bildungsberichterstattung verbundenen Forschungsbedarf skizzieren sowie auf laufende und geplante Maßnahmen im Bereich der Förderung der empirischen Bildungsforschung eingehen (2). Dabei werde ich auch die wachsende Rolle der empirisch arbeitenden Bildungsforschung für den stattfindenden Umsteuerungsprozess deutlich machen. Zum Schluss (3) möchte ich dann noch die Förderangebote der Politik – dem Thema des Beitrages entsprechend – mit den Erwartungen des BMBF verbinden.

1 Steuerung des Bildungssystems auf der Basis von Wissen

Der Wettbewerb um Zukunftschancen in einer globalisierten Welt ist unter ökonomischen wie kulturellen Aspekten auch ein internationaler Wettbewerb um die Qualität von Bildungssystemen geworden. Dies bedeutet, dass Bildungssysteme in ihrer Gesamtheit leistungs- und damit international konkurrenzfähig sein müssen. Auf die Ursachen der mangelnden Leistungsfähigkeit des deutschen Bildungssystems möchte ich an dieser Stelle nicht eingehen. Wichtig ist mir jedoch der Hinweis, dass alle heute erfolgreichen PISA-Teilnehmerstaaten einst vor vergleichbaren Herausforderungen gestanden haben: Sie haben sie angenommen, konzeptionelle Verbundlösungen im Rahmen systemischer Reformen umgesetzt und damit kontinuierlich internationale Wettbewerbsvorteile erzielt. Leitgedanke der Modernisierung ihrer Bildungssysteme war die Verankerung von Prinzipien lernender Organisationen, d.h. sie haben Mechanismen installiert, die

– „automatisch" auf Erfolge und Fehlentwicklungen gleichermaßen aufmerksam machen,
– somit den „Zwang zum Lernen" im System selbst verorten und
– ihn vor allem von politischen Opportunitäten lösen.

Zentrales Merkmal einer solchen Umsteuerung ist ein regelmäßiges Monitoring auf allen Ebenen und in allen Bereichen des Systems. Ein Monitoringelement ist dabei eine regelmäßige Bildungsberichterstattung.

Aufgabe einer international anschlussfähigen Bildungsberichterstattung ist es demnach,

– Daten aus verschiedenen Informationsquellen zu integrieren,
– eine Gesamtschau des Bildungssystems zu gewährleisten,
– eine notwendige Standortbestimmung nach innen vorzunehmen sowie
– die Berichtspflichten auf internationaler Ebene zu erfüllen.

Von besonderer Bedeutung ist, dass die zwischen Bund und Ländern vereinbarte Bericht-erstattung auf der konzeptionellen Grundlage von „Bildung im Lebenslauf" und unter Einschluss der non-formalen wie informellen Bildung erfolgt (vgl. Anhang). Die Bil-dungsberichterstattung nimmt damit erstmals in den Blick, was zugleich eines der größten Probleme ist: das Scheitern an den Übergängen und Schnittstellen unseres hochgradig versäulten Systems.

Der bisherige Prozess auf dem Feld der Bildungsberichterstattung lässt hoffen, dass Deutschland mit einem ersten, aber gleichwohl wichtigen Schritt Anschluss an moderne Formen empirisch fundierter Politiksteuerung findet. Der weitere Erfolg dieser Politik ist jedoch in hohem Maße abhängig von drei Voraussetzungen:

– Er setzt erstens voraus, dass – in Anerkenntnis der je eigenen Logik der Problembear-beitung der beiden Sphären – dauerhaft ein konstruktiver Dialog gelingt.
– Er verlangt zweitens von der erziehungswissenschaftlichen Forschung, dass sie die drängenden Fragen politischer Gestaltung stärker als dies in der Vergangenheit der Fall war, zum Gegenstand empirisch-wissenschaftlicher Analyse macht.
– Er verlangt drittens von der Bildungspolitik, künftig empirische Bildungsforschung durch abgestimmte strukturelle Maßnahmen so zu stärken, dass ein kontinuierlich wachsendes Potenzial entsteht.

Ein wesentlicher Teil der nationalen (empirischen) Bildungsforschung wird nach wie vor von den zuständigen Ministerien des Bundes und der Länder initiiert und finanziert. Die notwendige und beabsichtigte Stärkung der empirischen Bildungsforschung erfordert des-halb zwingend, auch den Bereich der Ressort- und Auftragsforschung in den Blick nehmen.

2   Bildungsberichterstattung setzt eine leistungsfähige Bildungsforschung voraus

Das BMBF fördert empirische Bildungsforschung in mehrfacher Weise:

1. institutionell über die DFG, die MPG und einige WGL-Institute und das BIBB;
2. durch die Verbesserung der Rahmenbedingungen für empirische Bildungsforschung (u.a durch die Verbesserung der informationellen Infrastruktur, durch Verbesserung des internationalen Austausches und der Vernetzung sowie durch gezielte Förderung des wissenschaftlichen Nachwuchses;
3. im Rahmen seiner Ressortforschung.

Das BMBF ist dabei, diese unterschiedlichen Handlungsoptionen verstärkt und gezielt zu nutzen, um den Prozess der strukturellen und damit langfristigen Stärkung der empiri-schen Bildungsforschung in Deutschland zu unterstützen.

Im Rahmen seiner Ressortforschung ist es Absicht des BMBF, die verschiedenen Ein-zelaktivitäten (möglichst) abteilungsübergreifend zu sieben Schwerpunkten zu bündeln:

- Systemsteuerung,
- Kompetenzentwicklung und -messung,
- Lernprozessgestaltung,
- Professionalisierung des Personals,
- Bildungsökonomie,
- Informations- und Kommunikationstechnologien (IuK) in der Bildung und
- Transferforschung.

Eine leistungsfähige Bildungsberichterstattung, wie überhaupt ein leistungsfähiges Monitoringsystem, muss sich auf aussagekräftige Indikatoren stützen können. Wichtig ist dafür der achte Schwerpunkt, nämlich der Aufbau einer leistungsfähigen Indikatorenforschung. „Aussagekräftig" heißt in diesem Zusammenhang auch und besonders: Die Indikatoren müssen steuerungsrelevant sein, sie müssen also auf Fehlentwicklungen aufmerksam machen und damit politischen Handlungsbedarf indizieren. Sie müssen die Wirksamkeit von politischen Interventionen und Innovationen bzw. in den Fällen, in denen Interventionen nicht greifen, natürlich auch deren Nichtwirksamkeit ausweisen.

Verbunden mit dem Aufbau einer leistungsfähigen Indikatorenforschung ist eine langfristig angelegte Datengewinnungsstrategie für eine nationale Bildungsberichterstattung, die den in den Eckpunkten beschriebenen und zwischen Bund und Ländern vereinbarten Zielsetzungen entspricht. Bund und Länder haben das Konsortium für Bildungsberichterstattung deshalb gebeten, einen Vorschlag für eine solche Datengewinnungsstrategie zu entwickeln, der zudem auch noch mit einer Gesamtstrategie für ein Bildungsmonitoring verschränkt sein muss.

Schließlich ist eine Bildungsberichterstattung, die den Fokus auf „Bildung und Kompetenzentwicklung im Lebenslauf" richtet, auf Längsschnittdaten angewiesen. Nur Längsschnittanalysen in Form eines nationalen Bildungspanels erlauben die Analyse

- der Konstituierung und des Verlaufs von Bildungsbiographien innerhalb der Institutionen sowie Institutionen übergreifend unter Einbeziehung von regelmäßigen Kompetenzmessungen,
- des Zusammenhangs von formaler, d.h. institutionell gebundener, nicht-formaler und informeller Bildung sowie
- des komplexen Zusammenhangs von Rahmenbedingungen (z.B. Lebenslagen, institutionelle, nicht-formale und informelle Bildungsangebote und deren Gestaltung), subjektiven Voraussetzungen, individuellen und gesellschaftlichen Aufwendungen für Bildung sowie der Erträge von Bildung im Zeitverlauf.

Ein Bildungspanel ist darüber hinaus eine wichtige Datengrundlage

- für die Umsetzung der von Bund und Ländern beschlossenen Strategie zum Lebenslangen Lernen;
- für die Analyse der sich aus verändernden technologischen, wirtschaftlichen und gesellschaftlichen Rahmenbedingungen ergebenden Anforderungen an den Einzelnen und an das Bildungssystem;
- für die Gestaltung und Weiterentwicklung des Bildungssystems und der bildungsrelevanten Institutionen.

Ein nationales Bildungspanel muss deshalb alle bildungsbiographischen Etappen vom Elementarbereich bis zur Weiterbildung entsprechend ihrer Bedeutung von Bildung im Lebensverlauf umfassen und besonders auch die Übergänge zwischen den Bildungsbreichen in den Blick nehmen. Mit dem Panel sollte je nach Alter der PanelteilnehmerInnen ein Kernbestand relevanter Kompetenzen erhoben werden. Dazu zählen u.a. Basis- und überfachliche Kompetenzen, wie sie beispielsweise bei PISA erhoben werden, kulturelle, kreative sowie berufliche und soziale Kompetenzen, wie etwa die Fähigkeit zur selbstbestimmten Lebensführung, zur Konfliktlösung, zur gesellschaftlichen Teilhabe, Teamfähigkeit in unterschiedlichen Gruppen. Die Auswahl der zu erfassenden Kompetenzbereiche und der einzelnen Kompetenzen sollte – unter Berücksichtigung der jeweiligen Altersstufen – theoriegeleitet und mit Blick auf ihre Bedeutung im Lebensverlauf erfolgen. Dabei ist noch durch wissenschaftliche Forschungs- und Entwicklungsarbeiten zu klären, welche Kompetenzen wie gemessen werden können.

Um eine Antwort auf offene Forschungsfragestellungen geben zu können, sollte das Design des Panels ferner

– einen Bezug auf die Orte und Rahmenbedingungen ermöglichen, innerhalb derer die Kompetenzen erworben werden, und zwar auf die institutionellen (Schule, Ausbildungsplatz, Hochschule, Arbeitsplatz) ebenso wie auf die außerinstitutionellen (z.B. Familie, Peers, Jugendgruppen);
– die jeweiligen sozio-ökonomischen Kontextbedingungen beachten;
– die unterschiedlichen Ebenen für die Datenerhebung und -auswertung berücksichtigen (Einzelpersonen, Gruppen bzw. Klassen und Institutionen wie z.B. Kindergärten, Schulen, Hochschulen);
– unter Wahrung des Datenschutzes mit vorhandenen Daten der amtlichen Statistik und mit Registerdaten zur möglichst differenzierten Abbildung der jeweiligen Kontextbedingungen kombinierbar sein.

Um möglichst bald über erste Ergebnisse der Erhebungen verfügen zu können, sollten zudem Kohorten-Sequenzen in mehreren aufeinander folgenden Untersuchungszyklen betrachtet werden. Das Design sollte zusätzlich die Möglichkeit der Verknüpfung mit experimentellen Arbeiten und gezielten Querschnittsstudien bieten.

Hinreichend große und umfassend angelegte Längsschnittstudien erfordern einen erheblichen Aufwand. Auf Einladung der DFG hat im Juni 2005 ein erstes ExpertInnengespräch zum Bildungspanel stattgefunden. Voraussichtlich im Frühjahr 2006 wird die DFG zu einem größeren Rundgespräch unter internationaler Beteiligung einladen. Zu hoffen ist, dass es dann zügig zu einer Antragstellung bei der DFG kommt. Parallel zu der anschließend erforderlichen internationalen Begutachtung werden Bund, Länder und DFG sich über eine langfristig geeignete Struktur und über Finanzierungsmodalitäten verständigen.

3   Erwartungen des BMBF

Notwendige Voraussetzung für das Gelingen der „empirischen Wende" in der Bildungspolitik ist, wie dargestellt, eine stärkere empirische Fundierung der Bildungsforschung. Eine moderne und international wettbewerbsfähige Bildungspolitik ist auf umfassende und kontinuierliche Information über die tatsächliche Funktionsfähigkeit des Bildungssystems als Ganzes angewiesen. Zudem muss, wenn die Prinzipien einer „Lernenden Organisation" auch im deutschen Bildungssystem verankert sein und ihre steuernde Funktion entfalten sollen, die zum Teil immer noch spürbare Entfremdung zwischen der Bildungspolitik auf der einen und der Bildungsforschung auf der anderen Seite überwunden werden.

Die Einigung von Bund und Ländern auf eine an „Bildung im Lebenslauf" orientierte Bildungsberichterstattung indiziert somit eine öffentlich bisher kaum wahrgenommene, aber gleichwohl bedeutsame Wende im Verhältnis von Bildungspolitik und empirischer Bildungsforschung.

Bildungspolitik und Bildungsadministration können einen wichtigen Beitrag zur Stärkung der empirischen Bildungsforschung leisten und wollen ihn auch leisten. Meine Erwartung ist, dass die beteiligten Disziplinen und communities die Förderangebote aufgreifen. Damit die von mir skizzierten Maßnahmen ihre intendierte Wirkung in vollem Umfang sowohl für eine wissensbasierte Bildungsreform als auch hinsichtlich der Stärkung der empirischen Bildungsforschung in vollem Unfang entfalten können, ist ein Ausbau des begonnenen Dialogs zwischen Politik und scientifc community unerlässlich.

Anhang: Eckpunkte zur Bildungsberichterstattung[2]

1. Durch die regelmäßige Vorlage eines Bildungsberichtes kommen die Länder und der Bund ihrer Pflicht zur Information und Rechenschaftslegung nach und liefern einen wichtigen Beitrag zur Transparenz wesentlicher Entwicklungen im Bildungsbereich. Sie schaffen damit eine zusätzliche Grundlage zur wirksamen Steuerung von Bildungsprozessen.
2. Die Bildungsberichterstattung ist Teil eines umfassenden Systems des Bildungsmonitoring, zu dem insbesondere interne und externe Evaluationen von Bildungseinrichtungen und -prozessen, die Erarbeitung von Bildungsstandards, landesweite und länderübergreifende, nationale und internationale Leistungsvergleichsuntersuchungen und Beiträge der Bildungsforschung gehören.
3. Die Bildungsberichterstattung soll alle bildungsbiographischen Etappen vom Elementarbereich bis zur Erwachsenenbildung entsprechend der Bedeutung von Bildung im Lebenslauf als lebensbegleitendes Lernen umfassen. Dabei sollen auch die Übergänge und Schnittstellen zwischen den verschiedenen Bildungsbereichen sowie ihre wechselseitigen Abhängigkeiten und Einflüsse in den Blick genommen werden. Die verfassungsrechtlichen Zuständigkeiten und Verantwortlichkeiten von Ländern und Bund werden dabei klar kenntlich gemacht.
4. Der erste Bildungsbericht der KMK sowie die vom BMBF in Auftrag gegebenen Expertisen liefern dazu erste konzeptionelle Grundlagen, die noch ergänzt werden sollen durch eine Expertise zur Identifikation und Entwicklung wesentlicher Indikatoren zukünftiger Bildungsberichterstattung.
5. Die künftige Bildungsberichterstattung soll sich auf einen Kernbestand aussagekräftiger, regelmäßig wiederverwandter, aber dennoch entwicklungsoffener Indikatoren zu zentralen Bildungsbereichen stützen. Diese sollen aus institutioneller und individueller Perspektive sowohl Kontext-, Prozess- und Wirkungsdimensionen von Bildungssystemen und formalen Bildungsprozessen erfassen als auch non-formale und informelle Bildung in den Blick nehmen. Bei der Entwicklung und Bestimmung der Indikatoren soll die internationale Anbindung durch die Berücksichtigung entsprechender Arbeiten der OECD sowie der EU-Benchmarks sichergestellt werden.
6. Die in der Bildungsberichterstattung deutlich werdenden Entwicklungen sollen beschrieben und mit Blick auf die Weiterentwicklung des deutschen Bildungssystems analysiert werden.
7. Neben der regelmäßigen, auf Indikatoren gestützten Berichterstattung soll jeder Bildungsbericht ein oder mehrere Schwerpunktthemen umfassen, die vertieft internationale Entwicklungen und Erfahrungen berücksichtigen und Handlungsoptionen für die Weiterentwicklung des jeweiligen Bildungsbereiches aufzeigen.
8. Um Entwicklungslinien anhand von Indikatoren im zeitlichen Verlauf angemessen verfolgen zu können, soll die Bildungsberichterstattung in einem Zwei-Jahres-Rhythmus erfolgen.
9. Der Bericht soll einen Umfang von etwa 300 Seiten nicht überschreiten und für eine breite bildungspolitische Öffentlichkeit lesbar sein. Eventuelle umfangreichere Tabellenwerke sollen ergänzend im Internet verfügbar gemacht werden.

10. Bund und Länder stellen grundsätzliches Einvernehmen über vom jeweiligen Partner zu verantwortenden Teile im Bildungsbericht her, insbesondere
   – über ein gemeinsames Konzept für die Bildungsberichterstattung,
   – die methodischen Grundlagen,
   – geeignete Indikatoren für die regelmäßig zu erfassenden Bereiche,
   – eine gemeinsame Ausschreibung und Auftragsvergabe für den Bildungsbericht an ein Konsortium,
   – die Berufung der wissenschaftlichen Mitglieder des gemeinsamen Beirates für Bildungsberichterstattung.
   Die kommunalen Spitzenverbände sind in angemessener Weise zu beteiligen.
11. Es wird ein gemeinsamer Beirat für Bildungsberichterstattung eingerichtet. Dem Beirat gehören acht ausgewiesene Wissenschaftlerinnen bzw. Wissenschaftler an. Der Beirat
   – macht Vorschläge für die Konzeption einer umfassenden Bildungsberichterstattung und deren kontinuierliche Weiterentwicklung,
   – macht Vorschläge für Schwerpunktthemen für die Bildungsberichte,
   – entwickelt die Indikatoren weiter und regt zusätzliche Indikatoren an und
   – gibt Empfehlungen für zusätzliche Datenerhebungen ab.
12. Der eigentliche Bildungsbericht wird durch ein unabhängiges wissenschaftliches Konsortium erstellt. Der Bericht wird durch das Konsortium verantwortet und redaktionell wie inhaltlich als Gesamtbericht gestaltet.
13. Das Konsortium soll sich vorrangig auf bereits vorliegende Datenbestände und auf vorliegende Berichte zu einzelnen Bildungsbereichen stützen.
14. Die gemeinsame Bildungsberichterstattung wird für die Länder durch das Wissenschaftliche Institut für Qualitätssicherung koordiniert. Das Wissenschaftliche Institut der Länder für Qualitätssicherung trägt dafür Sorge, dass die beteiligten Partner vor Veröffentlichung des Bildungsberichtes Gelegenheit erhalten, zu den berichteten Entwicklungslinien eine Meinungsbildung herbeizuführen und stellt vor Veröffentlichung des Berichtes eine rechtzeitige Abstimmung zwischen den beteiligten Partnern sicher.

Anmerkungen

1 Die Autorin war bis zum 28.02.2006 Leiterin der Abteilung „Ausbildung, Bildungsreform" des Bundesministeriums für Bildung und Forschung.
2 Die zwischen Bund und Ländern vorabgestimmten Eckpunkte wurden am 04.03.2004 in der KMK verabschiedet. Sie bildeten die Basis für die Verständigung zwischen Bund und Ländern auf eine gemeinsame nationale und unabhängige Bildungsberichterstattung, die im Rahmen eines Spitzengespräches zwischen der damaligen Bundesministerin für Bildung und Forschung, Edelgard BUHLMAHN, der damaligen Präsidentin der KMK, Frau Staatsministerin Doris AHNEN (Rheinland-Pfalz) und der damaligen Vizepräsidentin der KMK, Frau Staatsministerin Karin WOLF (Hessen) am 22.03.2004 erzielt wurde.

Anschrift der Verfasserin: Veronika Pahl, Eichenstrasse 21, 20259 Hamburg, E-Mail: Veronika.Pahl@hamburg.de

Christian Lüders

Was leistet wissenschaftliche Sozialberichterstattung für Fachpraxis und Politik?

Das Beispiel der Kinder- und Jugendberichte der Bundesregierung

Zusammenfassung

Der Beitrag unternimmt den Versuch, die Leistungen der Kinder- und Jugendberichte der Bundesregierung im Horizont jüngerer Analysen zum Wandel des Verhältnisses von Sozialwissenschaften und Politik bzw. Fachpraxis und Medien unter die Lupe zu nehmen. Nach einer kurzen Beschreibung der Kinder- und Jugendberichte als eine besondere Form der Bildungs- und Sozialberichterstattung schließt sich eine erste Annäherung aus wissenschaftssoziologischer Perspektive an, die darin mündet, die Kinder- und Jugendberichte als hybride Foren der Wissensproduktion zu beschreiben. Im dritten Abschnitt werden dann kurz die Adressaten der Berichte und soweit möglich die Umgangsformen damit vorgestellt, während im vierten Abschnitt die Leistungen der Berichte für Politik und Praxis gebündelt werden. Ein kurzer Ausblick, der die Kinder- und Jugendberichte der Bundesregierung als Momente einer neuen Wissensordnung interpretiert, schließt die Überlegungen ab.

Schlüsselwörter: Kinder- und Jugendberichte der Bundesregierung, Sozialberichterstattung, Politikberatung, Erziehungswissenschaft, science policy studies, Jugendberichte als hybride Foren der Wissensproduktion

Summary

What Value Does Social Reporting Have for Politics and Praxis? The example of the German government's children and youth report

This paper strives to scrutinize the significance of the German government's children and youth report in the context of recent analyses of the change in the relationship between social science and politics, and praxis and media, respectively. Following a short description of these reports as a particular form of educational and social reporting, the reports are classified from the perspective of the sociology of science as hybrid fora of knowledge production. In the third section, the addressees of the reports and, as far as possible, their treatment and use of the studies will be presented. Following this, the significance of the reports for politics and praxis will be summarized. A brief look at the future prospects, which sees these reports as signs of a new order of knowledge, concludes these considerations.

Keywords: German government's Children and Youth Report; social reporting; policy consultancy; education science; science policy studies; youth reports as hybrid fora of knowledge production

Vorbemerkung

Die Frage nach der Bedeutung bzw. den Leistungen wissenschaftlicher Bildungs- und Sozialberichterstattung für die politische und im weiteren Sinne pädagogische Fachpraxis führt unmittelbar in die Wissenschaftssoziologie bzw. – soweit ihr empirisch nachgegangen wird – in die Wissenschaftsforschung. In den Blick genommen werden damit die vielschichtigen, Peter WEINGART spricht von *rekursiven* Koppelungen (2001, S. 127ff.; besonders 140 ff.) zwischen den Wissenschaften und den unterschiedlichen Praxen. Konzentriert man sich auf das Beispiel der Kinder- und Jugendberichte der Bundesregierung als eine Form der Bildungs- und Sozialberichterstattung, rücken damit einerseits die Kinder- und Jugendpolitik sowie andererseits das breite Spektrum pädagogischer Handlungsfelder einschließlich ihrer Verwaltungen und Träger, begleitet gelegentlich durch punktuelle mediale Aufmerksamkeiten, in den Mittelpunkt des Interesses. Zugleich muss jedoch festgestellt werden, dass seit dem Fünften Jugendbericht fast nach jedem Bericht die Reflexionsliteratur über diese Form der Berichterstattung zunimmt, dass aber zugleich bislang kaum Versuche gestartet worden sind, die gemachten Erfahrungen systematisch als ein Moment eines sich im Wandel befindlichen Verhältnisses der Sozialwissenschaften zu ihren Umwelten zu begreifen. Wobei ergänzend anzumerken sei, dass auch umgekehrt die Wissenschaftssoziologie und -forschung trotz nahe liegender Evidenzen, wie weiter unten zu zeigen sein wird, sich bislang wenig bis gar nicht für diese Form der Politikberatung interessiert haben.

Im Folgenden soll vor diesem Hintergrund deshalb der Versuch unternommen werden, die Leistungen der Kinder- und Jugendberichte der Bundesregierung vor dem Horizont jüngerer Analysen zum Wandel des Verhältnisses von Sozialwissenschaften und Politik bzw. Fachpraxis und Medien unter die Lupe zu nehmen. Nach einer kurzen Beschreibung der Kinder- und Jugendberichte als einer besonderen Form der Bildungs- und Sozialberichterstattung (Abs. 1) schließt sich eine erste Annäherung aus wissenschaftssoziologischer Perspektive an, die darin mündet, die Kinder- und Jugendberichte als hybride Foren der Wissensproduktion zu beschreiben (Abs. 2). Im dritten Abschnitt werden dann kurz die Adressaten der Berichte und soweit möglich die Umgangsformen damit vorgestellt, während im vierten Abschnitt die Leistungen der Berichte für Politik und Praxis gebündelt werden. Ein etwas riskanter Ausblick, der die Kinder- und Jugendberichte der Bundesregierung als Momente einer neuen Wissensordnung interpretiert, schließt die Überlegungen ab.[1]

1   Kinder- und Jugendberichte der Bundesregierung

Die gesetzliche Grundlage für die Kinder- und Jugendberichte der Bundesregierung findet sich im § 84 SGB VIII. Dort heißt es:

§ 84 Jugendbericht

(1) Die Bundesregierung legt dem Deutschen Bundestag und dem Bundesrat in jeder Legislaturperiode einen Bericht über die Lage junger Menschen und die Bestrebungen und Leistungen der Jugendhilfe vor. Neben der Bestandsaufnahme und Analyse sollen die Berichte Vorschläge zur Weiterentwicklung der Jugendhilfe enthalten; jeder dritte Bericht soll einen Überblick über die Gesamtsituation der Jugendhilfe vermitteln.

(2) Die Bundesregierung beauftragt mit der Ausarbeitung der Berichte jeweils eine Kommission, der mindestens sieben Sachverständige (Jugendberichtskommission) angehören. Die Bundesregierung fügt eine Stellungnahme mit den von ihr für notwendig gehaltenen Folgerungen bei.

Mit diesen gesetzlichen Vorgaben sind wesentliche Charakteristika der Kinder- und Jugendberichte der Bundesregierung – auch im Vergleich zu anderen Berichten – festgelegt[2]:

– Kinder- und Jugendberichte sind gesetzlich vorgeschrieben. Anders als z.B. der Armuts- und Reichtumsbericht, der Sicherheitsbericht, der Nationale Bildungsbericht oder der Familienbericht, die auf politischen Vereinbarungen beruhen, ist – vorbehaltlich einer Veränderung des Gesetzes – jede Bundesregierung verpflichtet, einmal in der Legislaturperiode einen Kinder- und Jugendbericht vorzulegen.
– Es ist gesetzlich festgelegt, dass in jeder Legislaturperiode ein Bericht samt der Stellungnahme der Bundesregierung vorgelegt werden muss; damit wird die Regelmäßigkeit eines circa Vier-Jahres-Rhythmus des Erscheinens der Berichte und der parlamentarischen bzw. politisch-administrativen Befassung auf Bundesebene gesichert, der nur durch ein vorzeitiges Ende einer Legislaturperiode (z.B. durch vorgezogene Neuwahlen zum Bundestag) durchbrochen wird.
– Es gibt einen festgelegten Rhythmus, in dem Gesamtberichte, also Berichte, die das gesamte Spektrum der Lebenslagen von Kindern und Jugendlichen sowie die Angebote der Kinder- und Jugendhilfe in den Blick nehmen, wie es der Achte und Elfte Bericht waren und der 14. Bericht sein wird, und themenbezogene Berichte einander abwechseln. Beispiele aus jüngerer Zeit waren z.B. der Neunte Bericht zur Lage der Kinder- und Jugendhilfe in den östlichen Bundesländern, der Zehnte Bericht zur Lebenssituation von Kindern und der jüngst vorgelegte Zwölfte Bericht zu den vor- und außerschulischen Bildungs- und Lernorten (vgl. dazu auch den Beitrag von Th. RAUSCHENBACH in diesem Band). Die Festlegung der Themen erfolgt im Bundeskabinett, wobei das BMFSFJ die Federführung übernimmt und üblicherweise die Entscheidung vorbereitet.[3]
– Die Berichte werden von einer unabhängigen Sachverständigenkommission erstellt, die vonseiten einer Geschäftsstelle, die am Deutschen Jugendinstitut in München angesiedelt ist, unterstützt wird. Seit der jüngsten Reform des KJHG besteht die Kommission aus mindestens sieben Mitgliedern. Sie setzt sich üblicherweise aus Wissenschaftlerinnen und Wissenschaftlern sowie aus Vertreterinnen und Vertretern der Fachpraxis bzw. der Fachverbände und verantwortlicher Akteure (z.B. der Kommunen) zusammen. Die Sachverständigen werden vonseiten der Bundesregierung berufen. Die disziplinäre Zugehörigkeit als solche spielt dabei kaum eine Rolle; ausschlaggebender ist die Nähe zum Thema und die fachliche Kompetenz. Mit Ausnahme des Zwölften Kinder- und Jugendberichtes war es üblich, dass die Fachverbände und Träger dazu Vorschläge machen konnten. Die Sachverständigen sind ehrenamtlich tätig und erhalten nur geringfügige Sitzungsgelder (für einen Vergleich bei anderen Berichten vgl. FÄRBER 2005, S. 142 ff.; zum Vergleich zu Landesjugendberichten: GALUSKE 1994).
– Nach Übergabe des von der Sachverständigenkommission erstellten Berichtes wird unter Federführung des BMFSFJ die Stellungnahme der Bundesregierung erarbeitet. Üblicherweise entwirft das BMFSFJ dafür einen Text, der dann in der Ressortabstimmung ergänzt bzw. verändert wird. Die letztendlich im Kabinett abgestimmte Stellungnahme wird dem Bericht – meist in farbig abgehobenem Papier – vorangestellt

und dem Deutschen Bundestag bzw. dem Bundesrat übergeben. Genau genommen bestehen also Kinder- und Jugendberichte der Bundesregierung aus dem Text der Sachverständigenkommission und der Stellungnahme der Bundesregierung. Beide Texte zusammen erscheinen dann als Bundestagsdrucksache.

Ergänzt werden muss schließlich, dass man – wenn man von Leistungen der Kinder- und Jugendberichte spricht – mit zu bedenken hat, dass parallel zur Vorlage der Berichte – ähnlich wie z.B. im Fall des Familienberichtes oder des Armuts- und Reichtumsberichtes – die im Rahmen der Berichterstellung angeforderten Expertisen erscheinen. Allein die Expertisen für den Elften Kinder- und Jugendbericht umfassten fünf Bände; die Expertisen für den Zwölften Kinder- und Jugendbericht werden in vier Bänden zusammengefasst.

Diese Expertisen sind insofern von Bedeutung, weil sie noch stärker als der Bericht selbst sich primär an die Fachpraxis wenden. Es ist kein Protokoll aus dem Bundestag oder dem Bundesrat bekannt, das belegt, dass einer der Redner oder eine der Rednerinnen sich ausdrücklich auf die Expertisen bezogen hätte. Ihre besondere Relevanz für die Fachpraxis gewinnen die Expertisen aus inhaltlichen Gründen. Denn ihre thematischen Zuschnitte ergeben sich meist aus dem Interesse der Sachverständigenkommissionen, nicht in der Kommission direkt abrufbares Überblickswissen leicht zugänglich und systematisch aufbereitet zu bekommen. Und in vielen Fällen handelt es sich dabei um Themengebiete, die gerade in der Entwicklung sind und bislang wenig dokumentiert sind. Ein typisches Beispiel hierfür sind die vier Expertisen zum Thema Kompetenzerwerb von Kindern und Jugendlichen im Schulalter (Sachverständigen-kommission Zwölfter Kinder- und Jugendbericht 2005).

2   Kinder- und Jugendberichte als hybride Foren

Abgesehen von einer wachsenden Anzahl von Erfahrungsberichten, Reflexionen nach getaner Berichtsarbeit und begleitenden Beobachtungen gibt es bislang kaum systematische Forschung über die Voraussetzungen, die Arbeit und die Ergebnisse und Leistungen von Sachverständigenkommissionen bzw. anderen Formen der politik- und fachpraxisberatenden Sozialberichterstattung (FÄRBER 2005, S. 134; SIEFKEN 2003).[4] Selbst die Entstehung eines mittlerweile eigenständigen Forschungsfeldes wie die *science policy studies* (vgl. COLLINS/EVANS 2002), die Debatten um die sich verändernden Formen der Erzeugung sozialwissenschaftlichen Wissens vor dem Hintergrund enger werdender Koppelungen von Wissenschaften, Politik und anderen gesellschaftlichen Teilbereichen (vgl. z.B. GIBBONS u.a. 1994; NOWOTNY u.a. 2004) oder die vom BMBF geförderte Initiative „Wissen für Entscheidungsprozesse – Forschung zum Verhältnis von Wissenschaft, Politik und Gesellschaft" (vgl. http://www.sciencepolicystudies.de/index.htm) haben nicht dazu geführt, dass die Arbeit von Sachverständigenkommissionen, ihre Ergebnisse und ihre aufseiten der politischen Administration, der Parlamente und in den jeweiligen gesellschaftlichen Teilsystemen beobachtbaren Auswirkungen empirisch genauer unter die Lupe genommen worden sind.[5]

So bleibt zunächst nur der Weg einer schrittweisen, vorsichtigen Annäherung. In diesem Sinne liegt es nahe, wenn man den gesetzlichen Auftrag zugrunde legt, die Kinder-

und Jugendberichte der Bundesregierung zunächst als eine Form der wissenschaftlich und fachlich fundierten *Politikberatung* durch eine Kommission, genauer gesagt: durch eine Sachverständigenkommission zu begreifen (zu den damit gesetzten Rahmenbedingungen vgl. FÄRBER 2005; zur Rolle von Expertengremien der Bundesregierung vgl. SIEFKEN 2003). Die einschränkende Betonung des gesetzlichen Auftrages ist insofern von Bedeutung, als damit nur der eine Adressat der Kinder- und Jugendberichte der Bundesregierung, die Politik, also Bundestag und Bundesrat sowie die Bundesregierung und ihre Ressorts, benannt wird. Die Geschichte der Kinder- und Jugendberichte belegt jedoch, dass die parlamentarische und politische Auseinandersetzung mit den Berichten nur die eine, gleichsam offizielle Seite der Rezeption darstellt. Darüber hinaus fungieren die Berichte seit langem immer auch als weithin anerkannte unabhängige und empirisch fundierte *Referenzpunkte der fachlichen Selbstvergewisserung der Kinder- und Jugendhilfe.* Man kann dies als eine Form der Praxisberatung im weiten Sinne des Wortes verstehen. Genau genommen jedoch trifft der Beratungsbegriff die Sache nicht, weil in ihm die Differenz zwischen Ratsuchenden und beratenden Expertinnen und Experten mitschwingt. Zwar gilt für die Besetzung der Sachverständigenkommission der Expertinnen- bzw. Expertenstatus, also die Verfügbarkeit von einschlägigen und ausgewiesenen Kenntnissen bzw. Erfahrungen in dem jeweiligen Themengebiet, nach wie vor als vorrangiges Kriterium – etwa im Gegensatz zum Träger-, Verbands- oder Geschlechterproporz. Analoges gilt auch für die Mitglieder der Kommissionen: Sie sind vorrangig Sachverständige und nicht Vertreterinnen bzw. Vertreter eines Verbandes. Doch zugleich führt sowohl die Tatsache, dass von den bislang sieben Mitgliedern der Sachverständigenkommissionen für die Kinder- und Jugendberichte mindestens drei aus der Fachpraxis kamen, als auch der in allen Arbeitsvollzügen der Kommissionen immer präsente Referenzrahmen „einschlägige Fachdiskussion" dazu, dass die Topoi und Trends der Fachpraxis neben der Wissenschaft und der Politik einen dritten Resonanzraum darstellen. Und weil die Perspektiven in vielfältiger Weise in die Berichterstellung einfließen – u.a. in Form von beauftragten Expertisen und Beiträgen der Mitglieder – stellt die Berichtsarbeit nicht selten eine Mischform von Fremd- und Selbstbeobachtung der Fachpraxis dar.

Die zuletzt gemachten Beobachtungen führen zu einem weiteren, zweiten Aspekt, der spezifischen Wissensform. Welche Art von Wissen erzeugen die Berichte? Als eine Antwort lässt sich zunächst festhalten, dass die Berichte *nicht* disziplinär strukturiert sind. Dem widerspricht nicht, dass das Spektrum der disziplinären Hintergründe der Wissenschaftlerinnen und Wissenschaftler, die als Mitglieder der Kommissionen wirkten, trotz einiger Unschärfen im Detail, gut überschaubar ist und eine deutliche Dominanz der Erziehungswissenschaften, genauer der Sozialpädagogik aufweist, wie die Tabelle 1 zu den wissenschaftlichen Mitgliedern seit dem Fünften Jugendbericht indiziert:[6]

Tabelle 1: Disziplinäre Hintergründe von Wissenschaftlerinnen und Wissenschaftlern, die als Mitglieder der Sachverständigenkommission für die Kinder- und Jugendberichtes der Bundesregierung seit dem Fünften Jugendbericht tätig waren

Fünfter Jugendbericht	2 ErziehungswissenschaftlerInnen 1 Kinder- und Jugendpsychiater 1 Bildungssoziologin
Sechster Jugendbericht	2 ErziehungswissenschaftlerInnen 1 Soziologin
Siebter Jugendbericht	2 ErziehungswissenschaftlerInnen 1 Kinder- und Jugendpsychiater
Achter Jugendbericht	2 ErziehungswissenschaftlerInnen 1 Soziologe
Neunter Jugendbericht	3 ErziehungswissenschaftlerInnen
Zehnter Kinder- und Jugendbericht	1 Erziehungswissenschaftlerin 1 Bildungssoziologe 2 Psychologinnen
Elfter Kinder- und Jugendbericht	1 Jurist 3 ErziehungswissenschaftlerInnen
Zwölfter Kinder- und Jugendbericht	3 Erziehungswissenschaftler 1 Volkswirt

Unterscheidet man noch einmal zwischen den erziehungswissenschaftlichen Teildisziplinen, wird sichtbar, dass seit dem siebten Bericht mehr als die Hälfte der wissenschaftlichen Sachverständigenmitglieder aus der Sozialpädagogik bzw. ihrem Umfeld stammten. Zugleich jedoch führte dies selbst in jenen Fällen, in denen ein Vertreter bzw. eine Vertreterin der Erziehungswissenschaften den Vorsitz innehatte, in keinem Fall zu einem ausschließlich erziehungswissenschaftlich oder gar sozialpädagogisch angelegten Bericht. Viel eher lässt sich sowohl in disziplinärer Hinsicht als auch in darüber hinausgehender Hinsicht – wie eben schon angedeutet – von einer Gemengelage der Wissensformen sprechen. In einem ersten Versuch lassen sich diese wie folgt beschreiben:

– Alle Berichte enthalten mehr oder wenige umfangreiche sowohl theoretisch wie auch empirisch fundierte, soziologisch geprägte Lebens- und Problemlagenanalysen von Kindern, Jugendlichen und ihren Familien. Diese werden gelegentlich angereichert und ergänzt durch – je nach Themenbezug – Hinzuziehung weiterer fachdisziplinärer Wissensbestände, z.B. aus der Entwicklungspsychologie oder der Kriminologie.
– Alle Berichte enthalten, soweit verfügbar, auf der Basis der amtlichen Statistik und thematisch einschlägiger Studien, wie z.B. des DJI-Projektes „Jugendhilfe und sozialer Wandel" (vgl. z.B. VAN SANTEN/MAMIER/PLUTO/SECKINGER/ZINK 2003), bzw. thematisch einschlägiger verbandsinterner Befragungen eine Beschreibung der jeweiligen institutionellen Strukturen und Angebote bzw. Maßnahmen.
– Angereichert werden diese Daten häufig mit reflektierten Praxiserfahrungen. Grundlage dafür sind meist öffentlich verfügbare Praxisberichte, bestellte Expertisen, von der Kommission durchgeführte Hearings oder Kenntnisse der Kommissionsmitglieder. Soweit keine verlässlichen bzw. belastbaren Daten vorliegen, was gerade im Hinblick auf neu auftauchende Themen nicht selten der Fall ist, dienen diese Informationen nicht selten gleichsam als „Datensurrogate", um wenigstens ansatzweise das verfügbare Wissen bündeln zu können bzw. das Feld zu strukturieren.

- Da die Kinder- und Jugendberichte nicht nur Sachstandsberichte sein sollen, sondern zugleich auch Empfehlungen für die Weiterentwicklung der Kinder- und Jugendhilfe formulieren sollen, nehmen alle Berichte mehr oder weniger implizit einen Abgleich zwischen Bedarf und Nachfrage auf der einen Seite und dem vorhandenen Angebot auf der anderen Seite vor. Dabei kommen – unvermeidlich – normativ-fachliche und sozialpolitische Kriterien ins Spiel. Dementsprechend ringen alle Berichte – wiederum mehr oder weniger explizit – um die eigene fach- und sozialpolitische Position und die Klärung der entsprechenden normativen Prämissen. Ihren sichtbaren Ausdruck finden derartige Klärungsprozesse sowohl in den entsprechenden Berichtspassagen als auch in griffigen Formeln und Empfehlungen. Inzwischen ist es darüber hinaus gleichsam ein inoffizieller Standard der Kommissionen geworden, nicht nur knappe Empfehlungen zu formulieren, wie dies z.B. die Sachverständigenkommissionen für den Elften und Zwölften Jugendbericht getan haben (vgl. Deutscher Bundestag 2002, S. 260ff.; Deutscher Bundestag 2006, S. 337ff.), sondern auch das eigene (fach-)politische Selbstverständnis in einen leicht zitierfähigen Leitgedanken zu gießen. So plädierte z.B. der Zehnte Kinder- und Jugendbericht, der erstmals systematisch die Situation der Kinder beleuchtete, für eine „Kultur der Aufwachsens", während aus der Sicht des Elften Kinder- und Jugendberichts das „Aufwachsen in öffentlicher Verantwortung" den roten Faden bildete. Der Zwölfte Kinder- und Jugendbericht schließlich setzt sich für ein öffentlich verantwortetes und abgestimmtes System von Bildung, Betreuung und Erziehung ein.
- Wie bereits angedeutet, fließen dabei nicht immer eindeutig explizierbar und in vielfältiger Weise Einschätzungen der aktuellen politischen und fachpolitischen Lage sowie die eigene Positionierung der Sachverständigenkommission dazu mit in die Berichterstellung ein. Jeder Arbeitsprozess bei der Erstellung der Berichte impliziert insofern ein hohes Maß an Reflexion der eigenen Position im Verhältnis zu dem, was der Sache nach (fach-)politisch gesagt werden kann, muss, sollte und darf. Denn sowohl in ihrer Struktur wie auch in ihren Inhalten müssen die Berichte anschlussfähig sein an die Fachdebatten in der Kinder- und Jugendhilfe wie auch an die politischen Themenkonjunkturen. Zwar verfügen die Sachverständigenkommissionen über weitgehende Autonomie bei Ausgestaltung des Berichtsauftrages; doch schon um ihrer eigenen Glaubwürdigkeit und Wirksamkeit willen sind die Mitglieder der Sachverständigenkommission daran interessiert, Anschluss an die politischen Entwicklungen und die Diskussionen in der Fachszene zu halten bzw. zu gewinnen. Hinzu kommt, dass alle Mitglieder der Sachverständigenkommissionen ihre eigene Geschichte und ihren institutionellen Hintergrund mitbringen, den sie selbstverständlich nicht einfach abschütteln können. Auch wenn der zugespitzte Sonderfall eines Minderheiten- bzw. vornehmer: eines Sondervotums in der Geschichte der Kinder- und Jugendberichte bislang nur einmal realisiert werden musste[7], spielen doch diese Hintergründe immer wieder eine Rolle und führen gelegentlich zu längeren internen Debatten und ausbalancierten Formulierungen im Text, vor allem aber zu Reflexion.

Vor diesem Hintergrund lassen sich die Kinder- und Jugendberichte als Texte und die Sachverständigenkommissionen sowohl in Bezug auf ihre Aufgaben als auch in Bezug auf die durch sie hervorgebrachte Gemengelage der Wissensformen als ein intermediäres Subsystem bzw. genauer und aus der Perspektive von Wissenschaft und Forschung als hybride Foren begreifen, in denen sich die Handlungssphären und Wissensformen von sozialwissenschaftlicher Forschung, Fachpraxis und Politik gegenseitig durchdringen

(LÜDERS 1989, S. 809; zum Begriff des hybriden Forums vgl. GIBBONS u.a. 1994, S. 67f.; BIRRER 2001). Als hybride Foren und Textformate, z.B. im Sinne von F. BIRRER, lassen sie sich insofern begreifen, als „the operation of various input knowledge modes is merged to some extent; the original input modes, however, continue to play an important role in the whole process" (2001, S. 63). Kinder- und Jugendberichte erweisen sich in diesem Sinne als Orte der Integration unterschiedlicher Wissensformen und als Vermittlungsinstanzen zwischen Wissenschaft, Fachpraxis, Politik und – zumindest punktuell – auch der Öffentlichkeit.[8] Sie sind situiert an den Schnittstellen zwischen diesen drei bzw. vier Handlungssphären und sind darum bemüht, auf die in den jeweiligen Handlungssphären verwendeten Wissensformen und -bestände Bezug zu nehmen und sie soweit wie möglich zu integrieren.

3   Adressaten der Berichte und ihre Resonanz

Formal betrachtet, also dem Wortlaut des Gesetzes folgend, sind die eigentlichen Adressaten der Kinder- und Jugendberichte der Deutsche Bundestag und der Bundesrat. Bundestag und Bundesrat können jeweils entscheiden, wie sie mit den Berichten verfahren. Lässt man die Rezeption der Kinder- und Jugendberichte im Bundestag und Bundesrat seit Beginn der neunziger Jahre des letzten Jahrhunderts, also seit dem Achten Jugendbericht, der im März 1990 erschien, Revue passieren, wird dreierlei deutlich:

Sowohl im Bundestag als auch im Bundesrat hängt das Interesse für den Bericht in hohem Maße von der tagespolitischen Themenlage und den politischen Konstellationen ab. Von eher formaler Kenntnisnahme bis hin zu relativ ausführlichen Debatten mit größerem innerparlamentarischen wie öffentlichen Widerhall reicht das Spektrum. Ein Beispiel für die zweite Variante war die Plenardebatte im Deutschen Bundestag am 9. März 2006 wiederum zum Zwölften Kinder- und Jugendbericht (Deutscher Bundestag 2006). Weniger von der Öffentlichkeit nachvollziehbar, weil nicht in öffentlichen Protokollen zugänglich, sind die Diskussionen in den Fachausschüssen des Bundestages und des Bundesrates, die sich ebenfalls regelmäßig mit den Berichten befassen.

Neben der offiziellen Befassung mit den Berichten werden diese hin und wieder als Bezugspunkte für die eigenen jugendpolitischen Argumente genutzt, allerdings eher punktuell und meist in zeitlicher Nähe zur Vorlage der Berichte – mit abnehmender Tendenz, je länger der Bericht vorliegt. Man kann R. J. WABNITZ kaum widersprechen, wenn er feststellt, dass aufs Ganze gesehen die Resonanz auf die Berichte im parlamentarischen Raum meist geringer ist als in der Fachöffentlichkeit (WABNITZ 2002, S. 336).

Während die Rezeption der Kinder- und Jugendberichte vor allem im Deutschen Bundestag auf Grund der Bundestagsprotokolle sehr gut dokumentiert ist, ist für Außenstehende die Rezeption der Berichte innerhalb der politischen Administration kaum beobachtbar. Äußerlich sichtbare Indikatoren wie Reden der Ministerin, der Staatssekretäre oder anderer Angehöriger der Ministerien liefern zwar Hinweise – mehr aber auch nicht. Unabhängig davon kann man davon ausgehen, dass eine erste intensive Befassung mit den Berichten in der Phase der Erarbeitung der Stellungnahme zumindest von den thematisch betroffenen Referaten erfolgt. Für die darüber hinaus gehende Nutzung der Berichte gelten wohl alle wesentlichen Einsichten, wie sie Ende der achtziger Jahre des letzten Jahrhunderts vonseiten der Verwendungsforschung beschrieben worden sind (vgl.

HORNSTEIN/LÜDERS 1997; BECK/BONß 1989; LÜDERS 1993): Die Ergebnisse und Empfehlungen der Berichte werden höchst situativ und entsprechend den jeweiligen Interessen und Konstellationen genutzt.

Neben den offiziellen Adressaten der Kinder- und Jugendberichte, der Politik und der politischen Administration, adressieren die Berichte sich selbst – wie oben angedeutet – vor allem aber an die einschlägige Fachdiskussion in der Kinder- und Jugendhilfe. Die Resonanz, die auf diese Weise erzeugt wird, ist bemerkenswert. Mittlerweile ist es selbstverständlich, dass alle Fachverbände und Träger, die etwas auf sich halten, eine Stellungnahme zu dem jeweiligen Bericht abgeben. Diese Stellungnahmen werden veröffentlicht und in den Publikationen der Mitgliedsverbände sowie nicht selten auch in den Fachzeitschriften wieder abgedruckt. Für den Elften Kinder- und Jugendbericht hat das DJI über fünfzig eigenständige Stellungnahmen bzw. Veröffentlichungen von überregionalen, bundesweit tätigen Trägern und Verbänden der Kinder- und Jugendhilfe gezählt, und niemand darf sich sicher sein, dass dies eine vollständige Liste darstellt. Die Zahl der einschlägigen Beiträge in Fachzeitschriften konnte nur annäherungsweise für das Erscheinungsjahr dokumentiert werden: Ohne Anspruch auf Vollständigkeit erschienen von Februar 2002, dem Monat der Vorlage des Berichts, bis zum Jahresende mindestens 120 Beiträge.

Neben den Stellungnahmen sind die den Kinder- und Jugendberichten gewidmeten Fachtagungen die sichtbarsten Effekte der Berichte. Mittlerweile ist es fast schon Tradition, dass die großen Dachverbände, allen voran die Arbeitsgemeinschaft für Kinder- und Jugendhilfe (AGJ), kurz nach Vorlage eines Berichts eine große Fachtagung organisiert, die in der Schriftenreihe bzw. den Veröffentlichungen der AGJ dokumentiert wird. Daneben veranstalten auch andere Träger und Verbände auf Bundes-, Landes- und Regionalebene themenbezogene Veranstaltungen mit der Folge, dass die Mitglieder der jeweiligen Sachverständigenkommission über Monate mit entsprechenden Bitten zur Teilnahme konfrontiert sind.

Schließlich ist es selbstverständlich geworden, dass im Rahmen großer Fachkongresse wie z.B. dem Bundeskongress sozialer Arbeit, der consozial, dem Fürsorgetag, dem Kongress der DGfE u.a., soweit zeitnah möglich, Referate, Workshops, Podiumsdiskussionen u.ä. zu den Themen der Berichte stattfinden.

Neben der Politik und der Fachpraxis gibt es im Prinzip einen weiteren Adressaten, die thematisch benachbarten wissenschaftlichen Disziplinen, vor allem – wie oben angezeigt – die Erziehungswissenschaft. Sieht man einmal von den oben schon genannten Bemühungen ab, die Erfahrungen mit der Kommissionsarbeit und der Rezeption des Berichtes selbst zum Gegenstand der Reflexion zu machen, ist der Widerhall erstaunlich gering. Zwar sind einschlägige Veranstaltungen z.B. auf den DGfE-Kongressen gut besucht, im disziplinären Diskurs – selbst der Sozialpädagogik – verflüchtigen sich die Spuren der Berichte aber meist schnell. Die bemerkenswerteste Ausnahme stellt hierzu der Achte Jugendbericht, genauer die Seiten 85-90 dar. Dort wurden die so genannten Strukturmaximen der Jugendhilfe vorgestellt. Was damals ein Versuch der systematischen Bündelung der aktuellen Fachdebatte war, entwickelte sich in den Folgejahren zu zentralen Kristallisationspunkten des Fachdiskurses und der Fachpraxis. Die Begriffe Lebensweltorientierung, Prävention, Regionalisierung, aus der später die Sozialraumorientierung wurde, Integration und Normalisierung sowie Partizipation avancierten zu Leitbegriffen der Debatte und stießen zahlreiche Entwicklungen in der Fachpraxis an.

4   Leistungen der Berichte

In der vorliegenden Literatur zu den Kinder- und Jugendberichten findet sich mittlerweile eine ganze Reihe von Stichworten, die als Beschreibungen der verschiedenen Leistungen der Kinder- und Jugendberichte für die politische und fachliche Praxis gelesen werden können. So hat z.B. aus der Beteiligtenperspektive – als früherer zuständiger Abteilungsleiter im BMFSFJ – R. J. WABNITZ vorgeschlagen, fünf Funktionen von Kinder- und Jugendberichten zu unterscheiden: die Analysefunktion, die fachliche Impulsfunktion, die Publizitätsfunktion, die Politisierungsfunktion und die Legitimationsfunktion (WABNITZ 1997, S. 16ff.; 2002, S. 333f.). Er selbst weist darauf hin, dass dieser Vorschlag nicht immer analytisch vollkommen trennscharf ist (siehe auch die Beiträge in RICHTER/COELEN 1997).

Ohne diese Vorschläge hier im Detail diskutieren zu können, scheinen aus meiner Erfahrung in Bezug auf die politische und fachliche Praxis vor allem folgende Leistungen für die Fachpraxis und Politik von zentraler Bedeutung zu sein:

– Kinder- und Jugendberichte inklusive ihrer Materialien fungieren – und dies ist bei Lichte betrachtet ihre erstaunlichste Leistung – bislang als *unabhängige fachliche Autorität und belastbare Berufungsinstanz.* Sie bündeln und kodifizieren vor allem im Kontext der Kinder- und Jugendhilfe den jeweils als gültig erachteten, wenn man so will verlässlichen Stand der Dinge. „Sie verstehen sich als ‚offizielle Darstellung' von Sachverhalten und rücken so dicht an die Repräsentationsformen heran, welche die amtliche Statistik für sich behauptet; den allgemeinen öffentlichen Standpunkt, also die ‚Zentralperspektive' innezuhaben und offiziell zu berichten" (BARLÖSIUS/KÖHLER 1999, S. 550). Wichtig dabei ist, worauf E. BARLÖSIUS und B. M. KÖHLER zu Recht hinweisen, dass dieser Anspruch sich zunächst weniger inhaltlich begründet als vielmehr formal, d.h. mit dem Verfahren der Erarbeitung und dem Ort und Kontext der Publikation (a.a.O.).

Angesichts der Heterogenität des Praxisfeldes der Kinder- und Jugendhilfe ist dies eine nicht zu unterschätzende Funktion. Abgesehen von den zentralen Handbüchern dürfte es keine anderen Veröffentlichungen in der Kinder- und Jugendhilfe geben, die in dieser Weise die Fachdiskurse prägen und empirisch untermauern bzw. zu Referenztexten des Diskurses avancieren.

Dementsprechend verhalten fällt üblicherweise die Kritik aus – soweit sie überhaupt geäußert wird. Vonseiten der Bundesregierung werden vorrangig jene Aspekte kritisch angemerkt, die zu der aktuellen offiziellen Politik im Widerspruch stehen. Grundsätzliche Kritik erfolgt kaum, was allerdings insofern nicht überraschen darf, weil in den meisten Fällen diejenigen, die Stellungnahmen der Bundesregierung vorzubereiten haben, auch diejenigen sind, die die Sachverständigenkommission zusammengesetzt und sie begleitet haben. In den parlamentarischen Debatten, sofern sie überhaupt stattfinden, und in der Ausschussarbeit dienen die Berichte häufig als argumentative Steinbrüche für jede Seite – was aber in der Summe ihre Wertschätzung in der Tendenz steigert. Der regelmäßige Dank aller Fraktionen im Parlament an das Engagement der Sachverständigen (vgl. z.B. zuletzt Deutscher Bundestag 2006) ist deshalb nicht nur als formale Höflichkeit zu verstehen, sondern Ausdruck dafür, dass der Bericht tatsächlich von allen Seiten als hilfreich für die eigenen Argumentationen wahrgenommen wird.

Inhaltliche Kritik an den Berichten aus der Fachszene ist eher selten und verhallte bislang ohne Wirkungen. Im schlimmsten Fall erzeugen die Berichte kein Echo.

- Dieser Status der Kinder- und Jugendberichte als unabhängige, umfassende, empirisch fundierte und belastbare Darstellung der aktuellen Situation macht sie fast zwangsläufig zu *Orten und Anlässen der fachlichen Selbstvergewisserung der Fachdebatte in der Kinder- und Jugendhilfe.* Charakteristisch für die auf diese Weise angeregten Formen der Selbstvergewisserung ist, dass sie meist ähnlich hybrid angelegt sind wie die Berichte selbst. Die entsprechenden Tagungen, Workshops, Weiter- und Fortbildungen kommen nur selten ohne die spezifische Gemengelage von wissenschaftlichem und praktischem Wissen bei gleichzeitiger Bezugnahme auf die aktuellen politischen Debatten aus. Gegenüber eher politisch und normativ angelegten Begründungen der Fachpraxis leisten die Berichte dabei einen nicht zu vernachlässigenden Beitrag zur Versozialwissenschaftlichung und empirischen Fundierung der Fachdiskussion.[9] Hinter den von ihnen formulierten fachlichen Stand der Dinge darf man guten Gewissens eigentlich nicht mehr „zurückfallen". Insofern markieren sie immer auch den Rahmen der fachlichen Selbstvergewisserungen und Standortbestimmungen in den jeweiligen Praxisfeldern.

- Eine nicht zu vernachlässigende Leistung der Jugendberichte ist die Sichtbarmachung von Forschungs- und Wissenslücken. Was abstrakt immer wieder als Paradoxie der Wissensgesellschaft beschrieben wird, dass mit der exponentiellen Steigerung des verfügbaren Wissens zugleich das Nicht-Wissen zunimmt (vgl. KROHN 2003), findet seinen konkreten Niederschlag in der Arbeit der Sachverständigenkommissionen. Da üblicherweise die Themenzuschnitte der Berichte vor dem Horizont sich abzeichnender zukünftiger Entwicklungen erfolgen, kennzeichnet es die Arbeit an den Berichten, dass sie immer wieder schlicht und einfach feststellen müssen, dass für eine fundierte Aussage entsprechendes Wissen nicht zu Verfügung steht. Zum Teil bemühen sich die Kommissionen durch Vergabe der Expertisen oder durch kleine Erhebungen, diese weißen Flecken wenigstens ansatzweise zu reduzieren; eine genaue Lektüre der Berichte belegt jedoch das Ausmaß der danach immer noch bestehenden Forschungsbedarfe. Zugleich muss allerdings auch festgestellt werden, dass die Berichte bislang – soweit erkennbar – insofern keine prägenden Einflüsse hatten, als unter Bezugnahme auf die von ihnen diagnostizierten Forschungsdesiderate entsprechende Studien initiiert worden wären.

- Eng damit verbunden ist ihre Rolle als *Anregungsinstanzen* – oder in Worten von R. J. WABNITZ – als fachliche Impulsgeber. Dies gilt vor allem in jenen Fällen, in denen die Kommissionen Themen aufgreifen, die gleichsam in der Luft liegen. Jüngere Beispiele hierfür sind die Themenkomplexe Kinder- und Jugendhilfe und Gesundheit, Migration sowie Evaluation des Elften Kinder- und Jugendberichtes oder – schon etwas länger her – der oben erwähnte Fall des Achten Jugendberichtes mit seinen Strukturmaximen der Jugendhilfe. Die Tatsache, dass ein amtlicher Bericht sie zu wesentlichen fachlichen Orientierungspunkten erklärte und sie selbst in der politischen Administration auf positive Resonanz stießen (vgl. z.B. WABNITZ 1997), verlieh ihnen besondere Diskursmächtigkeit. Verdichtet wird diese Funktion der Kinder- und Jugendberichte in der oftmals wie ein Ritual wirkenden Zitierung der zentralen Programmformeln der Berichte sichtbar.[10]

Allerdings darf diese Funktion nicht überschätzt werden. Denn die Themen und Vorschläge der Berichte wirken nicht als solche, sondern nur, wenn sie fachliche Entwicklungen „just in time" auf den Punkt bringen. Dass dies nicht immer der Fall ist, belegen jene Vorschläge, die bis heute *nicht* aufgegriffen worden sind. Dazu gehören z.B. die Projektinitiative „Jugend hilft Jugend", wie sie im Neunten Jugendbericht entwickelt worden ist, oder die Idee des „fachlich regulierten Qualitätswettbewerbs" aus dem Elften Kinder- und Jugendbericht – wobei bei dem letzten Thema aktuell das Interesse zu wachsen scheint, was wiederum darauf hindeutet, dass Ideen manchmal ihre Zeit brauchen.

– Die Berichte wirken gelegentlich als *Projektions- und Reibeflächen für den fachlichen Diskurs*. Ein Beispiel hierfür sind die Abschnitte zum Thema geschlossene Unterbringung im Elften Kinder- und Jugendbericht. In diesen Fällen führt die fachliche Auseinandersetzung mit den Thesen des Berichts zumindest zu einer vorläufigen Klärung der Positionen.

– Für die letzten drei Berichte lässt sich noch ein weiterer Aspekt ausmachen. Neben dem reinen Berichtsauftrag, der sich vorrangig auf die „Bestrebungen und Leistungen der Kinder- und Jugendhilfe" konzentriert, eröffneten insbesondere die letzten drei Berichte den Blick auf benachbarte Politik- und Praxisfelder. Am deutlichsten ist dies am letzten, dem Zwölften Kinder- und Jugendbericht, zu erkennen. Für diesen Bericht stellt der Kommissionsvorsitzende in seinem Vorwort fest, dass der Bericht „kein Kinder- und Jugend*hilfe*bericht" sei (Deutscher Bundestag 2005, S. 27). Was bereits in den vorangegangenen Berichten angelegt war, wird nun zum zentralen Merkmal: die Fokussierung auf eine Schnittstelle, hier hin zum Bildungssystem. Es wird abzuwarten sein, welche Resonanzen der Bericht jenseits seiner etablierten Zuständigkeiten – u.U. im Zusammenspiel mit dem Nationalen Bildungsbericht – zu erzeugen vermag.

5   Ausblick: Kinder- und Jugendberichte als Momente einer neuen Wissensordnung?

Bei der Beschreibung dieser Leistungen darf allerdings nicht vergessen werden, dass vor allem aufseiten der beteiligten Wissenschaftlerinnen und Wissenschaftler in der Vergangenheit immer wieder Unzufriedenheit mit der Rezeption und Nutzung der Berichte in der Politik geäußert wurde. Vor allem W. HORNSTEIN hat vor dem Hintergrund seiner Erfahrungen mit dem Fünften Jugendbericht wiederholt auf die Rezeptionshürden und Widerstände hingewiesen (HORNSTEIN 1982 a/b). In einem diese Erfahrungen erneut aufgreifenden Versuch wurden 15 Jahre später die Ergebnisse der Verwendungsforschung genutzt, um die aus der Sicht der Sozialwissenschaften enttäuschende Nutzung des Berichtes zu reflektieren (HORNSTEIN/LÜDERS 1997). Heute scheint es notwendig, noch einen Schritt weiterzugehen. Angesichts der viel beschriebenen Ausdifferenzierung von Wissenschaft sowohl intern als auch gegenüber den anderen gesellschaftlichen Teilbereichen wie zugleich auch der zunehmenden gegenseitigen Verkoppelung von Wissenschaften, Politik, Fachpraxis, Medien und Öffentlichkeit (vgl. WEINGART 2001; 2005), liegt es nahe, Kinder- und Jugendberichte auch aus dieser Perspektive zu betrachten. Vor diesem Hintergrund können die Kinder- und Jugendberichte als typische Beispiele dessen betrachtet werden, was P. WEINGART als neue Wissensordnung beschreibt: In diesem Sinne lassen sich die Kinder- und Jugendberichte der Bundesregierung als – im zuvor beschriebenen Sinne – hybride Orte der Wissensproduktion und damit als ein Moment der zunehmenden sozialen Verbreiterung der Wissensproduktion begreifen. „Wissenschaftliches Wissen verbreitet sich nicht mehr nur oberflächlich horizontal (zum Beispiel die Anwendung chemischer Analysen in der Landwirtschaft oder physikalisches Wissen in der Industrieproduktion usw.), sondern auch vertikal, in Gestalt gestaffelter Dependenzbeziehungen zwischen unterschiedlichen Wissenssystemen (...). Die größere Durchdringungstiefe des Wissens geht mit der Steigerung der Reflexivität und der dadurch eröffneten Sicht auf Nichtwissen einher. Schließlich erzwingt sie auch eine zunehmende Vielfalt von intermediären Wissenstypen, das heißt Wissen, das erforderlich ist, um Übersetzungen bzw. zumeist nur temporäre Verständigungen zwischen verschiedenen Handlungsbereichen zu ermöglichen" (WEINGART 2001, S. 351f.). Vor dem Horizont derartiger Überlegungen erscheinen Kinder- und Jugendberichte als eine im Hinblick auf die beteiligten Akteure und gesellschaftlichen Teilbereiche bemerkenswerte Vermittlungs- und Syntheseleistung. Zugleich provoziert dieser Blickwinkel eine Reihe von Nachfragen sowohl in Bezug auf die Frage, was unter diesen Bedingungen (noch) die besondere Qualität (erziehungs-) wissenschaftlichen Wissens auszeichnet, als auch in Bezug auf die Frage, was – wenn es um temporäre Verständigungen und Vermittlungen geht – Politik- und Praxisberatung dann noch bedeuten mögen. Doch wäre dies ein anderes Thema. Nur so viel: Vermutlich ist dabei hilfreich, sich auf allen Seiten von allzu einfachen, linearen Beratungs- und Nutzungsmodellen und Erwartungen zu verabschieden. Das könnte Enttäuschungen ersparen.

Anmerkungen

1 Zur Geschichte der Jugendberichte bis zum Sechsten Bericht vgl. LÜDERS 1989; GALUSKE 1994.
2 Genau genommen gelten diese Kriterien erst seit dem Dritten Jugendbericht. Die ersten beiden Jugendberichte wurden weitgehend in dem damals zuständigen Ministerium erstellt (vgl. LÜDERS 1989; GALUSKE 1994).
3 Angemerkt sei, dass diese Form der Periodisierung wiederholt Diskussionen provoziert hat. Denn sie führt bislang dazu, dass so etwas wie eine grundständige und kontinuierliche Dauerbeobachtung der Kinder- und Jugendhilfe de facto nicht möglich ist. In diesem Sinne fordert der Elfte Kinder- und Jugendbericht – wenn auch nicht zum ersten Mal: „Da nur jeder dritte Bericht ein Gesamtbericht ist und die Themen der dazwischen liegenden Berichte jeweils neu festgelegt werden – wobei noch nie ein Thema zweimal vergeben wurde –, sind Vergleiche über die Zeit systematisch kaum möglich. Darüber hinaus sorgen der soziale Wandel und die Veränderungen in der Kinder- und Jugendhilfe dafür, dass sich jede Kommission de facto ihre Fragen neu erarbeiten muss. Kinder- und Jugendberichte im Sinne einer Sozialberichterstattung sollten demgegenüber jedoch – stärker als bisher – die Vergleichbarkeit der Berichterstattung zwischen Kontinuität und Wandel der Lebenslagen und der Kinder- und Jugendhilfe in den Blick nehmen" (Deutscher Bundestag 2002, S. 95f.).
4 Für die Kinder- und Jugendberichte vgl. z.B. GALUSKE 1994; HORNSTEIN 1982 a/b; 1987; 1999; KRAPPMANN 1999; LÜDERS 1989; RICHTER/COELEN 1997; Deutscher Bundestag 2002, S. 94-104; WABNITZ 2002.
   Die Kinder- und Jugendberichte der Bundesregierung werden hier im Anschluss an einen Vorschlag der Sachverständigenkommission für den Elften Kinder- und Jugendbericht als eine spezifische Form der Sozialberichterstattung verstanden (vgl. Deutscher Bundestag 2002, S. 94ff; NOLL 1997).
5 Die zum Teil heftig geführten Debatten um die Aushöhlung der Demokratie durch die stärkere Inanspruchnahme von Konsensrunden und Kommissionen aller Art, vor allem durch die rot-grüne Koalition, ist kein Ersatz für diese Forschung (die Debatte übersichtlich bündelnd vgl. das Themenheft B 43/2003 der Zeitschrift Aus Politik und Zeitgeschichte).
6 Dieser Dominanz entspricht die – nicht ganz neutrale – Beobachtung des Soziologen, dass „die Berufungsgeschichte der Kommissionen zeigt, dass der Soziologie – im Gegensatz zur Sozialpädagogik oder Erziehungswissenschaft – der Platz in ihnen keineswegs sicher ist" (KRAPPMANN 1999, S. 460).

7 Vgl. das Sondervotum von drei Sachverständigen zum Vierten Jugendbericht (Deutscher Bundestag 1978, S. 112-121).

8 Der Aspekt der Öffentlichkeit spielte bei den meisten Berichten bislang keine entscheidende Rolle. Allerdings wurden zu Beginn der Arbeiten am Zwölften Kinder- und Jugendbericht deutliche Erwartungen an die Sachverständigenkommission hinsichtlich einer stärkeren Präsenz in der (Fach-)Öffentlichkeit formuliert. Zwar stehen derartige Erwartungen in einem gewissen Spannungsverhältnis zum Berichtsauftrag, der vorrangig den Deutschen Bundestag und den Bundesrat als den ersten Adressaten sieht, und zu den bisherigen Arbeitsweisen der Kommissionen. Doch zugleich indizieren derartige Erwartungen – auch wenn sie im Fall des Zwölften Kinder- und Jugendberichtes zu keinen großen Effekten geführt haben – den wachsenden Druck, die eigene Politik, von der die Berichte ein Moment sind, in der medialen Öffentlichkeit breit zu platzieren.

9 Dabei lässt sich zeigen, dass der Stellenwert der empirischen Forschung und der wissenschaftlichen Konzeptbildung in den Berichten selbst beständig zugenommen hat (HORNSTEIN/LÜDERS 1997, S. 35ff.).

10 Letzteres lässt sich besonders gut an der inhaltlichen Ausrichtung von Förderanträgen und ihren Begründungen nachvollziehen, wie sie z.B. bei Stiftungen und anderen Geldgebern (z.B. Aktion Mensch e.V.) eingereicht werden, die ihre Aufgabe in der Förderung der Weiterentwicklung der Fachpraxis sehen.

Literatur

BARLÖSIUS, E./KÖHLER, B. M. (1999): Öffentlich Bericht erstatten – Repräsentationen gesellschaftlich umkämpfter Sachverhalte. In: Berliner Journal für Soziologie 9, S. 549-565.

BECK, U./BONß, W. (Hrsg.) (1989): Weder Sozialtechnologie noch Aufklärung? Analysen zur Verwendung sozialwissenschaftlichen Wissens. – Frankfurt a.M.

BIRRER, F. (2001): Combination, hybridisation und fusion of knowledge modes. In: Bender, Gerd (Hrsg.): Neue Formen der Wissenserzeugung. – Frankfurt a.M., S. 57-68.

BOGNER, A./TORGENSEN, H. (Hrsg.) (2005): Wozu Experten? Ambivalenzen der Beziehung von Wissenschaft und Politik. – Wiesbaden.

COLLINS, H. M./EVANS, R. (2002): The Third Wave of Science Studies: Studies of Expertise und Experience. In: Social Studies of Sciences 32, S. 235-296.

Deutscher Bundestag (1978): Sozialisationsprobleme der arbeitenden Jugend in der Bundesrepublik Deutschland. Konsequenzen für Jugendhilfe und Jugendpolitik – Vierter Jugendbericht. Deutscher Bundestag Drucksache 8/2110 vom 19.09.1978. – Bonn. Zugänglich über: http://dip.bundestag.de/parfors/parfors.htm

Deutscher Bundestag (1990): Bericht über Bestrebungen und Leistungen der Jugendhilfe – Achter Jugendbericht. Deutscher Bundestag Drucksache 11/6576 vom 6.3.90. – Bonn. Zugänglich über: http://dip.bundestag.de/parfors/parfors.htm

Deutscher Bundestag (1994): Bericht über die Situation der Kinder und Jugendlichen und die Entwicklung der Jugendhilfe in den neuen Bundesländern. Neunter Jugendbericht. Deutscher Bundestag Drucksache 13/70 vom 8.12.1994. – Bonn. Zugänglich über: http://dip.bundestag.de/parfors/parfors. htm

Deutscher Bundestag (1998): Bericht über die Lebenssituation von Kindern und die Leistungen der Kinderhilfen in Deutschland. Zehnter Jugendbericht. Deutscher Bundestag Drucksache 13/11368 vom 25.08.1998. – Bonn. Zugänglich über: http://dip.bundestag.de/parfors/parfors.htm

Deutscher Bundestag (2002): Bericht über die Lebenslagen junger Menschen und die Leistungen der Kinder- und Jugendhilfe in Deutschland. Elfter Kinder- und Jugendbericht. BT 14/8181 vom 04.02.2002. – Berlin. Zugänglich über: http://dip.bundestag.de/parfors/parfors.htm

Deutscher Bundestag (2005): Bericht über die Lebenslagen junger Menschen und die Leistungen der Kinder- und Jugendhilfe in Deutschland. Zwölfter Kinder- und Jugendbericht. BT 15/6014 vom 10.10.2005. – Berlin. Zugänglich über: http://dip.bundestag.de/parfors/parfors.htm

Deutscher Bundestag (2006): Plenarprotokoll 22. Sitzung, 16. Legislaturperiode. Drucksache 16/22 vom 9. März 2006. – Berlin. Zugänglich über: http://dip.bundestag.de/parfors/parfors.htm

FÄRBER, G. (2005): Politikberatung durch Kommissionen. In: LESCHKE, Martin/PIES, Ingo (Hrsg.): Wissenschaftliche Politikberatung. Theorien, Konzepte, Institutionen. Stuttgart, S. 131-159.

GALUSKE, M. (1994): Zwischen Hofberichterstattung und Politikberatung – Anmerkungen zur Funktion von Landes- und Bundesjugendberichten. In: Der pädagogische Blick 4, S. 197-208.

GIBBONS, M./LIMOGES, C./NOWOTNY, H./SCHWARTZMANN, S./SCOTT, P./ TROW, M. (1994): The new production of knowledge. The dynamics of science and research in contemporary societies. – London/Thousand Oaks/New Delhi.

HORNSTEIN, W. (1982a): Jugendprobleme, Jugendforschung und politisches Handeln. Zum Stand sozialwissenschaftlicher Jugendforschung und zum Problem der Anwendung sozialwissenschaftlicher Erkenntnisse über Jugend in der politischen Praxis. In: Aus Politik und Zeitgeschichte. Beilage zur Wochenzeitung das Parlament B 3/82, 23. Jan. 1982, S. 3-37.

HORNSTEIN, W. (1982b): Sozialwissenschaftliche Jugendforschung und gesellschaftliche Praxis. In: Beck, Ulrich (Hrsg.): Soziologie und Praxis (Soziale Welt, Sonderband 1). – Göttingen, S. 59-90.

HORNSTEIN, W. (1987): Jugendforschung und Jugendpolitik in der Bundesrepublik Deutschland – Probleme und Perspektiven eines schwierigen Verhältnisses. In: Criblez, L./Spadarotto, C. (Hrsg.): Jugendpolitik und Jugendforschung. Beiträge aus der Schweiz und der Bundesrepublik Deutschland. – Frankfurt a.M., S. 49-62.

HORNSTEIN, W. (1999): Jugendpolitik und Jugendforschung im Spiegel der Jugendberichte der Bundesregierung. In: ders.: Jugendforschung und Jugendpolitik. Entwicklung und Strukturen in der zweiten Hälfte des 20. Jahrhunderts. – Weinheim/München, S. 209-241.

HORNSTEIN, W./LÜDERS, Chr. (1997): Jugendberichterstattung zwischen Wissenschaft und Politik. In: RICHTER, H./COELEN, Th. (Hrsg.): Jugendberichterstattung. Politik, Forschung und Praxis. – Weinheim/München, S. 33-47.

KRAPPMANN, L. (1999): Die Rolle der Soziologie im „Kinderbericht" der Bundesregierung (Zehnter Kinder- und Jugendbericht). In: Berliner Journal für Soziologie 9, S. 455-465.

KROHN, W. (2003): Das Risiko des (Nicht-)Wissens. Zum Funktionswandel der Wissenschaft in der Wissensgesellschaft. In: BÖSCHEN, Stefan/SCHULZ-SCHAEFFER, Ingo (Hrsg.): Wissenschaft in der Wissensgesellschaft. – Wiesbaden, S. 97-118.

LESCHKE, M./PIES, I. (Hrsg.) (2005): Wissenschaftliche Politikberatung. Theorien, Konzepte, Institutionen. – Stuttgart.

LÜDERS, Chr. (1989) : Jugendforschung und Jugendberichterstattung. In: MARKEFKA, M./NAVE-HERZ, R. (Hrsg.): Handbuch der Familien- und Jugendforschung. Bd. 2 Jugendforschung. – Neuwied/Frankfurt a.M., S. 809-820.

LÜDERS, Chr. (1993): Spurensuche. Ein Literaturbericht zur Verwendungsforschung. In: OELKERS, J./TENORTH, H.-E. (Hrsg.): Pädagogisches Wissen. – Weinheim/Basel, S. 415-437.

NOLL, H.-H. (Hrsg.) (1997): Sozialberichterstattung in Deutschland. Konzepte, Methoden und Ergebnisse für Lebensbereiche und Bevölkerungsgruppen. – Weinheim/München.

NOWOTNY, H./Scott, P./Gibbons, M. (2004): Wissenschaft neu denken. Wissen und Öffentlichkeit in einem Zeitalter der Ungewissheit. – Weilerswist.

RICHTER, H./Coelen, Th. (Hrsg.) (1997): Jugendberichterstattung. Politik, Forschung und Praxis. – Weinheim/München.

Sachverständigenkommission Zwölfter Kinder- und Jugendbericht (Hrsg.) (2005): Kompetenzerwerb von Kindern und Jugendlichen im Schulalter (Materialien zum Zwölften Kinder- und Jugendbericht, Bd. 3). – München.

SANTEN, E. VAN/MAMIER, J./PLUTO, L./SECKINGER, M./ZINK, G. (2003): Kinder- und Jugendhilfe in Bewegung – Aktion oder Reaktion? Eine empirische Analyse. – München.

SIEFKEN, S. T. (2003): Expertengremien der Bundesregierung – Fakten, Fiktionen, Forschungsbedarf. In: Zeitschrift für Parlamentsfragen 34, S. 483-504.

WABNITZ, R. J. (1997): Jugendberichterstattung im Spiegel der Politik. In: RICHTER, H./COELEN, Th. (Hrsg.): Jugendberichterstattung. Politik, Forschung und Praxis. – Weinheim/München, S. 13-24.

WABNITZ, R. J. (2002): Jugendberichte nach § 84 SGB VIII und Anmerkungen zum Elften Kinder- und Jugendbericht. In: Zentralblatt für Jugendrecht 87, S. 333-340.

WEINGART, P. (2001): Die Stunde der Wahrheit? Zum Verhältnis der Wissenschaft zu Politik, Wirtschaft und Medien in der Wissensgesellschaft. – Weilerswist.

WEINGART, P. (2005): Die Wissenschaft der Öffentlichkeit. Essays zum Verhältnis von Wissenschaft. Medien und Öffentlichkeit. – Weilerswist.

Anschrift des Verfassers: Dr. Christian Lüders, Jg. 1953, Leiter der Abteilung Jugend und Jugendhilfe am Deutschen Jugendinstitut in München.

Horst Weishaupt

Der Beitrag von Wissenschaft und Forschung zur Bildungs- und Sozialberichterstattung

Zusammenfassung

Der Beitrag behandelt drei Aspekte des Verhältnisses von Ansätzen der gesellschaftlichen Berichterstattung im Bildungs- und Sozialbereich und einschlägiger Forschung. Zunächst wird der Status der Bildungs- und Sozialberichterstattung im Verhältnis zu Wissenschaft und Forschung bestimmt. Wichtige Unterscheidungskriterien für diese Bereiche wissenschaftlicher Politikberatung sind die zeitlichen Zyklen und das Interesse an wechselnden Problemdiagnosen bzw. einem indikatorengestützten System der Dauerbeobachtung. Auch müssen unterschiedliche Funktionen der Berichterstattungen in Abhängigkeit von der stark divergierenden Struktur und rechtlichen Ausgestaltung der hier betrachteten gesellschaftlichen Bereiche bedacht werden. Als zweiter Aspekt wird der Ertrag der Berichterstattung für die Forschung und der Stellenwert der Forschung für die Berichterstellung behandelt. Abschließend werden noch einige forschungsstrategische Überlegungen zum Verhältnis von universitärer und außeruniversitärer Forschung und der amtlichen Statistik als wichtigem Datenlieferanten angestellt.

Schlüsselwörter: Bildungsberichterstattung, Empirische Bildungsforschung, wissenschaftliche Politikberatung

Summary

The Contribution of Science and Research to Reports for Educational and Social Reporting

This contribution deals with three aspects of the relationship between approaches to monitoring education and social developments and relevant research. First, the status of monitoring systems in comparison to science and research will be determined. Important differences between these areas of scientific policy advice are the periodicity of reporting cycles, the interest in changing problem diagnosis and in indicator-based continual monitoring. Furthermore, reporting has different functions dependent on the strongly divergent structure and juristic context of the areas education and social policy. Secondly, the yield of such monitoring reports for research and the significance of research for monitoring will be considered. Finally, a number of considerations related to research strategy in the relationship between university and science research and official statistics, as an important source of data, will be put forward.

Keywords: monitoring education; empirical research in education; scientific policy consultancy

Das Thema dieses Beitrags orientiert sich an der Frage, was die Bildungs- und Sozialberichterstattung für Wissenschaft und Forschung leistet (im Anschluss an die Frage, was sie für die Praxis leistet; siehe hierzu den Beitrag von LÜDERS in diesem Band). Damit wird mit dem Thema eine Differenz zwischen Berichterstattung und Wissenschaft postuliert und auf mögliche Konflikte zwischen wissenschaftlicher Forschung und der Berichterstattung als spezifischer Form wissenschaftlicher Politikberatung hingedeutet. Unter einer wissenschaftsstrategischen oder -politischen Perspektive lässt sich die Frage auch dahingehend verstehen, welches Feld für die Forschung durch Systeme der Berichterstattung entsteht, das es für entsprechende Aktivitäten und Schwerpunkte zu nutzen gilt. Welche Spielräume sich ergeben, wäre folglich auszuloten.

Daraus ergeben sich drei Aspekte, denen der Beitrag mit ersten skizzenhaften und wenig systematisierten Überlegungen nachgeht. Zunächst soll der Status der Bildungs- und Sozialberichterstattung im Verhältnis zu Wissenschaft und Forschung bestimmt werden. Dabei ist es wichtig, auf die unterschiedliche Funktion der hier zur Diskussion stehenden Berichterstattungen hinzuweisen. Damit wird auch der Übergang zum zweiten Aspekt ermöglicht, nämlich der Frage nach dem Ertrag der Berichterstattung für die Forschung. Abschließend werden noch einige forschungsstrategische Überlegungen angestellt.

1 Berichterstattung im Spannungsverhältnis von Wissenschaft und Politikberatung

In dem Spektrum der Formen wissenschaftlicher Politikberatung ist die Berichterstattung – neben der Mitwirkung an Anhörungen, Gutachten, Expertisen, der Auftragsforschung und der Mitwirkung in Beiräten, Beratungsgremien, Ausschüssen und Enquete-Kommissionen – sicherlich eine der nachhaltigsten und aufwändigsten Möglichkeiten der Beeinflussung der Politik über wissenschaftliche Expertise. Kennzeichnend für die Berichterstattung ist eine evaluative Grundhaltung (KUPER 2005), auch wenn Empfehlungen ein wichtiger Bestandteil eines Berichts sein können.

Die seit vier Jahrzehnten (seit 1965) in der Bundesrepublik etablierte Sozialberichterstattung (ZAPF 1998) in Form von Familien- und Jugendberichten (LÜSCHER 1998; HORNSTEIN 1998) wird inzwischen im Bereich der Sozialpolitik ergänzt um Alten- (s. den Beitrag von KRUSE in diesem Band) und Armutsberichte (HAUSER 1998; Bundesministerium für Arbeit und Soziales 2005). Teilweise bestehen gesetzliche Verpflichtungen zur Erstellung der Berichte (Jugendbericht). Sonst entstehen sie auf der Grundlage von Bundestagsbeschlüssen. Durch die gesetzliche Grundlage gibt es eine Bindung der Berichte an die Legislaturperioden des Bundestags. Die Berichte werden von wechselnden Kommissionen erarbeitet. Versehen mit einer Stellungnahme der Bundesregierung werden sie im Bundestag debattiert und anschließend veröffentlicht. Thematisch haben sie wechselnde Schwerpunkte. Nur für den Jugendbericht schreibt das Sozialgesetzbuch VIII in § 84 einen Überblick über die Gesamtsituation für jeden dritten Bericht vor.

Trotz aller Unterschiede im Detail haben sie den Charakter von „Sozialreports", die auf Problemlagen und politischen Handlungsbedarf unter Verwendung verfügbaren wissenschaftlichen Wissens hinweisen. Die Verbindung von Bericht und wissenschaftlichen Expertisen als Grundlage für die Berichterstellung ist kennzeichnend für diesen Typ der Politikberatung.

Wenn man unter diesem Gesichtspunkt die Arbeitsweise der Beratungsgremien im Bildungsbereich ansieht, dann lässt sich feststellen, dass auch die Arbeitsweise des Deutschen Bildungsrats mit der Verbindung von Empfehlungen und Gutachten dem in der Sozialpolitik üblichen Beratungstyp entsprach. Neben den insgesamt 17 Empfehlungen der Bildungskommission wurden von ihm 59 Bände mit Gutachten und Studien herausgegeben. Der Wissenschaftsrat richtet seine Arbeit pragmatisch aus und hat sich stets nur zu aktuellen Einzelfragen der Hochschulentwicklung geäußert. In seinen analytischen Berichten greift er auf die in seiner Geschäftsstelle und unter seinen Mitgliedern verfügbare Expertise zurück. Die Empfehlungen von Bildungs- und Wissenschaftsrat sind folglich nicht an zeitliche Zyklen gebunden – wenn von der jährlichen Sonderaufgabe des Wissenschaftsrats abgesehen wird, nach dem Hochschulbauförderungsgesetz Empfehlungen über den Rahmenplan für den Hochschulbau auszusprechen (§ 9, Abs. 2) – und auch nicht auf eine Dauerbeobachtung angelegt.

An zeitliche Vorgaben gebunden ist demgegenüber der jährlich zu erstellende Berufsbildungsbericht der Bundesregierung (auf der Grundlage von § 86 Berufsbildungsreformgesetz). Er entspricht einerseits als problemorientierter Bericht zu einem pluralen politischen Handlungsfeld den Sozialberichten. Er wird aber verwaltungsintern – durch das Bundesinstitut für Berufsbildung – fachlich vorbereitet und vom Bundesministerium für Bildung und Forschung verantwortet. Der Bundesausschuss für Berufsbildung nimmt neben dem Bundeskabinett dazu Stellung. Da die gesellschaftliche Kontrolle der Umsetzung des Rechts auf Bildung – die Chance der Schulabsolventen, einen Ausbildungsplatz zu erhalten[1] – Gegenstand des Berufsbildungsberichts ist, der sich auch auf dieses Anliegen beschränkt, wurde eine formalisierte Form der Berichterstattung ohne direkte Beteiligung der Wissenschaft gewählt. Mehr als die anderen Berichte konzentriert sich der Berufsbildungsbericht auf eine Analyse des verfügbaren statistischen Materials unter Verwendung weniger Indikatoren. Ergänzend werden regelmäßige Erhebungen, zum Beispiel von Schulabsolventen, zum Übergang in eine berufliche Ausbildung und zu den Kosten der beruflichen Ausbildung durchgeführt.

Durch die Verbindung von problemorientierter Auswertung statistischen Materials und ergänzenden eigenen Erhebungen markiert der Berufsbildungsbericht bereits den Übergang zu einem anderen Berichtstyp, für den die jährliche OECD-Veröffentlichung „Bildung auf einen Blick" als beispielhaft gelten kann. Zentraler Bezugspunkt dieses Berichtstyps ist die Dauerbeobachtung eines gesellschaftlichen Bereichs über eine problemorientierte Auswahl von Indikatoren. Die theoretische Grundlage für diese Berichte der OECD bildet ein erweiterter Wohlfahrtsbegriff, der mit dem Begriff des „qualitativen Wachstums" verbunden ist. Eine über ökonomische Indikatoren hinausgehende Erfassung gesellschaftlicher Wohlfahrt und individueller Lebensqualität ist das Ziel dieser Konzepte (ZAPF 1972). Der Ansatz der OECD zeichnet sich noch dadurch aus, dass er neben den „Bildungs- und Lernergebnissen" vor allem Indikatoren berücksichtigt, die „politische Ansatzpunkte und Zusammenhänge, die die Bildungserfolge beeinflussen" erfassen. Eine geringere Aufmerksamkeit wird den Gegebenheiten und Bedingungen geschenkt, die von der Politik zwar zu berücksichtigen, aber nicht direkt zu beeinflussen sind (OECD 2005, S. 21-23).

Nicht so sehr aktuelle Problemkonstellationen, sondern eher übergreifende zentrale Aufgabenfelder im Zusammenhang der Funktionserfüllung und Leistungsfähigkeit der beobachteten nationalen Bildungssysteme bilden den Bezugspunkt der Berichte. Als Grundlage für diese Berichte wird eine regelmäßig verfügbare Datenbasis benötigt, die über die amtliche Statistik, zyklisch zu wiederholende repräsentative Querschnittstudien und repräsentative Längsschnittuntersuchungen bereitgestellt werden muss. Diese Indikatoren „enthalten Informationen zu den in Bildung investierten personellen und finanziellen Ressourcen, zur Funktionsweise und Weiterentwicklung von Bildungssystemen und zu den Erträgen der Investitionen in Bildung" (OECD 2005, S. 21). Die aktuellen Berichte der OECD sind das Ergebnis langjähriger internationaler Zusammenarbeit und der Weiterentwicklung der statistischen Datengrundlagen in den beteiligten Ländern. Das bekannteste Projekt im Zusammenhang der OECD-Initiativen für eine internationale Bildungsberichterstattung ist die PISA-Studie, deren zentrale Ergebnisse in die jährlichen Veröffentlichungen aufgenommen werden.

Der von einem Konsortium im Auftrag des Bundesministeriums für Bildung und Forschung und der Kultusministerkonferenz erarbeitete erste Bildungsbericht (Konsortium Bildungsberichterstattung 2006) verfolgt ebenfalls dieses Anliegen. Auch der von der Kultusministerkonferenz 2002 in Auftrag gegebene Bildungsbericht (AVENARIUS u.a. 2003a), wie auch die beiden ergänzend – im Auftrag des Bundesministeriums für Bildung und Forschung – erstellten Expertisen (BAETHGE/BUSS/LANFER 2003; RAUSCHENBACH u.a. 2004), sind an dieser Grundkonzeption ausgerichtet, setzen aber die Konzentration der Darstellung auf ein Indikatorentableau nicht so konsequent um, wie der jetzt vorgelegte Bericht (Konsortium Bildungsberichterstattung 2006).

Im Vergleich zu einem von wechselnden Kommissionen erarbeiteten Bericht impliziert die auf Langfristigkeit angelegte Konzeption der Bildungsberichterstattung einen anderen Typus wissenschaftlicher Politikberatung, dessen Begründung und Ausgestaltung ebenfalls nach wissenschaftlicher Expertise und Zuarbeit verlangt:

Erstens ist zu prüfen, ob für die Berichterstattung ebenfalls nur eine geschäftsführende Betreuung ausreichend ist, wie sie für die Sachverständigenkommissionen bereitsteht (die für die Jugend- und Familienberichte das DJI übernimmt). Eine Berichterstattung führt vermutlich zu Daueraufgaben, die von einem festen Stab von Mitarbeitern bearbeitet werden müssen, wie dies auch für die Berufsbildungsberichte und die Berichte der OECD der Fall ist. Dadurch verlangt dieser Berichtstyp bereits strukturell nach einer stärkeren Einbindung wissenschaftlichen Sachverstands. Allerdings ergibt sich die Frage, ob diese Mitarbeiter in einer verwissenschaftlichten Verwaltung in Stabsfunktionen (wie im Statistischen Bundesamt für den Sachverständigenrat zur Begutachtung der gesamtwirtschaftlichen Entwicklung) oder im Bereich der Forschungseinrichtungen (wie bei der Sozialberichterstattung am DJI) oder in einer Mischform an der Berichtserstellung mitwirken sollen. Im letzten Abschnitt dieses Beitrags wird diese Frage ausführlicher behandelt.

Zweitens stellt sich die Frage nach der Zielsetzung und Konzeption einer regelmäßigen Bildungsberichterstattung. Sie sollte nicht nur punktuelle Problemdiagnosen liefern, sondern die Dauerbeobachtung eines wichtigen gesellschaftspolitischen Handlungsfelds intendieren und entsprechend evaluativ ausgerichtet sein. Im Hinblick auf wichtige Aspekte der internationalen Bildungspolitik erfüllt der Bericht der OECD diese Funktion.

Nach wie vor lesenswert ist unter dieser Perspektive der „Bericht '75" der Bildungskommission des Deutschen Bildungsrats (Deutscher Bildungsrat 1975), der die Übergangsproblematik im Bildungssystem in das Zentrum seiner Berichterstattung stellt. In seinem zweiten Teil werden regionale Probleme der Berufsbildung und Weiterbildung dargestellt, die heute mindestens genauso virulent sind wie vor 30 Jahren. Er ist eher das Beispiel einer problemzentrierten Berichterstattung. In dem jetzt vorgelegten Bildungsbericht für Deutschland werden beide Ansätze verbunden: in den umfassend angelegten Gesamtbericht ist ein vertiefender Abschnitt zur Migrationsproblematik eingefügt.[2]

Der Abschnitt zu Problemen der Berufsbildung im Bericht '75 (Deutscher Bildungsrat 1975) profitierte entscheidend von den Ergebnissen des kurz zuvor von der Edding-Kommission vorgelegten Berichts zur Situation der beruflichen Bildung (Sachverständigen-kommission Kosten und Finanzierung der beruflichen Bildung 1974). Dieser Bericht ist indikatorengestützt und geht von einem Input-Prozess-Output-Modell aus. Er kann des-halb als ein frühes elaboriertes Beispiel für eine auf einen Teilbereich des Bildungswe-sens bezogene Berichterstattung angesehen werden, denn die aktuellen Ansätze beziehen sich ebenfalls auf Evaluationsmodelle, die sich an erweiterten Input-Output-Modellen ausrichten (DITTON 2002). Ziel dieser Berichte ist es, über ein „Netz" von Indikatoren die Problemzonen der Systementwicklung zu erfassen und die Politik und Öffentlichkeit dar-über zu informieren. International gibt es auch Ansätze der Bildungsberichterstattung auf der Grundlage von Inspektionsberichten im Rahmen der Qualitätssicherung der Arbeit einzelner Bildungseinrichtungen (vgl. AVENARIUS et al. 2003b). Sie repräsentieren einen Berichtstyp, der weniger datengestützt ist und eher einem „peer review" entspricht. Sie haben dadurch eine größere Nähe zum Selbstverständnis der analysierten Bildungsberei-che, ihnen fehlt aber gegenüber der Öffentlichkeit die Überzeugungskraft, die datenge-stützten Analysen zugeschrieben wird.

Drittens können Berichte zum Bildungswesen nur auf das verfügbare Datenmaterial der Statistik und vorliegende Forschungsbefunde zurückgreifen. Die jetzt mit der Bil-dungsberichterstattung angestrebte Ausweitung und Verstetigung des Datenangebots würde natürlich auch die Möglichkeiten wissenschaftlicher Analysen entscheidend ver-bessern. Doch wird sich das zusätzliche Datenangebot auf die Zieldimensionen der Bil-dungsberichterstattung und die darauf bezogenen Indikatoren beschränken: auf Probleme der Leistungsfähigkeit, der Chancengleichheit und der Effizienz des Mitteleinsatzes (vgl. AVENARIUS et al. 2003a, S. 11). In dem jetzt vorgelegten Bericht wird „Bildung im Le-benslauf" als Leitidee vorangestellt (Konsortium Bildungsberichterstattung 2006, S. 2). Damit wird aber deutlich, dass die nationale Bildungsberichterstattung nicht unmittelbar auf pädagogische Beziehungen und Prozesse bezogen ist, sondern auf allgemeine gesell-schaftliche Erwartungen an die Funktionserfüllung des Bildungssystems. Sie ist in dieser Hinsicht – nach dem Selbstverständnis der KMK – „Teil eines umfassenden Systems des Bildungsmonitoring, zu dem insbesondere interne und externe Evaluationen von Bil-dungseinrichtungen und -prozessen, die Erarbeitung von Bildungsstandards, nationale und internationale Leistungsvergleichsuntersuchungen sowie Beiträge der Bildungsforschung gehören." (Beschluss der 304. KMK am 4.12.2003 in Bonn, S. 2). Bildungsberichterstattung wird Teil einer Strategie der verbesserten wissenschaftlichen Fundierung der Bildungspoli-tik. Damit wird ein selektives Interesse an Forschung zum Ausdruck gebracht, das im Kon-text disziplinärer Forschungsinteressen und -prioritäten zu bewerten ist.

2   Ertrag für die Forschung

Für die Wissenschaft erbringt die im Rahmen der Jugend- und Familienberichterstattung praktizierte Form der Sachverständigengremien mit wissenschaftlichen Expertisen dop-pelten Gewinn: Erstens wird über die Expertisen der Forschungsstand zu dem Themen-schwerpunkt der jeweiligen Berichte zusammen gefasst und damit sowohl Forschung ge-fördert als auch ein Überblick über die Forschungssituation und Lücken der Forschung gegeben. Damit können – zweitens – Anstöße für weiterführende Forschung und spezielle Forschungsprogramme zu relevanten sozialpolitischen Themen verbunden sein.

Kennzeichnend für die Politikfelder, in denen die Sozialberichterstattung (im hier skizzierten Sinne) angesiedelt ist, ist eine Trägerpluralität und ein subsidiäres Verhalten des Staates. Die Berichte sind vor diesem Hintergrund punktuelle Problemdiagnosen in einem politischen Handlungsfeld mit einer Vielfalt unterschiedlicher Akteure. Dadurch haben die Berichte nicht nur die Funktion einer Austarierung gesellschaftlicher Interessen, zugleich strukturieren sie angesichts einer unübersichtlichen Interessenlage der Verbände die öffentliche Diskussion gesellschaftlicher Probleme und kennzeichnen „Forschungsfronten" für die Wissenschaft. Insofern ist verständlich, dass diese Berichte auch eine breite Rezeption in der wissenschaftlichen Fachöffentlichkeit finden und für sie in mehrfacher Hinsicht ertragreich sind.

Die breite Rezeption in der Sozialpädagogik ist aber auch von dem Selbstverständnis des Faches (Sozialpädagogik als Sozialarbeitswissenschaft) abhängig, das in seiner Forschung den aktuellen Bezug zu Problemstellungen des Handlungsfeldes sucht. In anderen Subdisziplinen der Erziehungswissenschaft scheint diese Verbindung nicht in gleichem Umfang gegeben zu sein. Nur so ist zu erklären, dass der erste Bildungsbericht weitgehend ohne Resonanz in der Erziehungswissenschaft geblieben ist. Die starke „Selbstbezüglichkeit" von Diskursen in Teildisziplinen der Erziehungswissenschaft ist auch an dieser Stelle wieder ein Problem für deren Öffnung gegenüber neuen gesellschaftlichen Erwartungen.[3]

Der Ertrag der nationalen Bildungsberichterstattung besteht zunächst in einer problemorientierten Aufbereitung von Forschungsbefunden und statistischem Material in einem in dieser Form zuvor nicht verfügbaren zusammenfassenden Bericht. Dadurch werden zugleich Lücken der verfügbaren Forschungsbefunde und statistischen Daten deutlich. Daraus ergeben sich vielfältige Entwicklungsbereiche für die Forschung:

Es gibt – von Ausnahmen abgesehen – bislang keine amtlichen Statistiken, in denen die Übergänge zwischen den einzelnen Bildungsbereichen und der Übergang vom Bildungs- in das Beschäftigungssystem systematisch erfasst werden. Auch statistische Informationen zum sozio-ökonomischen Hintergrund, einschließlich des Migrationshintergrunds der Lernenden und Absolventen, sind nur in Ansätzen vorhanden. Auch auf dem Gebiet der Weiterbildung gibt es erhebliche Datenlücken. Dies gilt sowohl für Träger der Weiterbildung als auch für die individuelle Weiterbildung im Sinne des lebenslangen Lernens. Von besonderer Bedeutung sind auch Informationen zur Fort- und Weiterbildung der Lehrenden im Bildungswesen, da hiervon Qualität und Aktualität der Bildungsangebote maßgeblich beeinflusst werden. Zu diesem wichtigen Thema fehlen bislang ebenfalls entsprechende Statistiken. Auch gibt es kaum Daten, die Aussagen über die Qualität der Ausbildung, die tatsächlichen Kompetenzen der Absolventen und der Erwachsenen ermöglichen. Zu überlegen wäre ergänzend, ob nicht auch die Basiskompetenzen der Kinder mit drei und sechs Jahren und damit vor Eintritt in eine institutionalisierte Förderung bzw. formalisierte Lernprozesse durch die Schule erfasst werden sollten. Im Bereich der Bildungsausgaben gibt es sowohl Lücken in der amtlichen Statistik als auch in der bisherigen Erfassung privater Bildungsaufwendungen (von privaten Trägern von Bildungseinrichtungen und Privatpersonen) und der staatlichen Refinanzierung privater Leistungen.

Natürlich ist auch für die verschiedenen Bereiche der Sozialberichterstattung das Datenangebot insgesamt noch nicht zufriedenstellend. Diskrepanzen zwischen dem Datenbedarf und Datenangebot wurden für den Bereich der Kinder- und Jugendhilfe aber bereits vor Jahren erkannt und haben 1997 zur Dortmunder Arbeitsstelle für Kinder- und

Jugendhilfestatistik (AKJStat) geführt, die inzwischen in den Forschungsverbund DJI/ Universität Dortmund integriert wurde. Neben der Aufgabe, Anregungen für die Weiterentwicklung der amtlichen Statistik zu geben, trägt sie vor allem zu deren erleichterter Nutzung durch die Forschung und zur differenzierteren Auswertung des Datenmaterials bei. Hinzu kommen mehrere regelmäßig wiederholte Querschnittsuntersuchungen des DJI – zur Situation von Kindern und Jugendlichen sowie der Familien –, die für die Sachverständigenkommissionen zunehmend eine umfangreiche Datenbasis bereitstellen.

Insbesondere für den Schulbereich ist die Ausgangslage sowohl im Bereich der amtlichen Statistik als auch bezogen auf repräsentative Querschnittuntersuchungen ungünstiger als für die Kinder- und Jugendhilfe. Durch den indikatorengestützten Ansatz der Bildungsberichterstattung treten diese Lücken im Hinblick auf ein konsistentes Indikatorentableau noch deutlicher hervor und verlangen nach einer Verbesserung der Datenlage. Das vom BMBF in die Diskussion gebrachte Bildungspanel wird nicht alle hier kurz angerissenen Datenprobleme beheben können. Doch könnte es dazu beitragen, individuelle Bildungsverläufe und die Einflussfaktoren auf Bildungsprozesse zu erfassen. Angesichts fehlender Daten über die soziale Herkunft und den Migrationsstatus der Schüler, das Zusammenspiel von schulischen, familialen und außerfamilialen Faktoren auf Kompetenzerwerb und formale Bildungsqualifikationen bis ins Erwachsenenalter, sind nur über diese Datenbasis komplexe Analysen zu den Bedingungsfaktoren des Kompetenzerwerbs möglich. Ein Bildungspanel hätte dadurch eine doppelte Funktion: einerseits könnte es Lücken im Datenangebot der amtlichen Statistik (vor allem bezogen auf individuelle Bildungsverläufe und soziale Hintergrundfaktoren der Bildungsbeteiligung) schließen, andererseits würde es einen Datenbestand bereit stellen, der es gestattet, die Struktur und Veränderung der Einflüsse auf Bildungsprozesse und deren Ergebnisse zu erfassen. Durch die wenigen Merkmale, die die amtliche Statistik erfasst, und das bisher bei statistischen Erhebungen im Bildungsbereich fehlende Personenkennzeichen (um individuelle Verläufe erfassen zu können) kann auch eine individualisierte amtliche Statistik diese Doppelaufgabe nicht erfüllen. Außerdem gestattet sie keine Analyse der Bildungsverläufe bis ins Erwachsenenalter.

Nicht voll in ein Bildungspanel integrierbar werden die regelmäßig und dauerhaft erforderlichen Untersuchungen zu vielfältigen Kompetenzbereichen an wichtigen Schnittstellen der Bildungsbiografie (bis ins Erwachsenenalter) sein. Auch längsschnittlich angelegte Studien zum Personal im Bildungswesen müssten separat geplant und durchgeführt werden. Kaum im Blick sind bisher Ansätze, um die Entwicklung einzelner Bildungseinrichtungen und die Prozessbedingungen von Bildungsmaßnahmen zu erfassen.[4] Allerdings erfordern die in mehreren Ländern geplanten bzw. begonnenen Schulinspektionen die Bereitstellung eines einzelschulisch aufbereiteten Datensatzes mit vergleichenden Zusatzinformationen. Daran wird deutlich, wie unterschiedliche Entwicklungen im Zusammenhang eines Systemmonitorings ineinander greifen und sich wechselseitig in ihrer Entwicklung unterstützen können.

Um das Datenangebot für eine Bildungsberichterstattung in der erforderlichen Weise zu erweitern, sind mehrere Forschungs- und Entwicklungsaufträge unvermeidlich. Insofern verträgt Bildungsberichterstattung nicht nur wissenschaftliche Zuarbeit, sie verlangt danach. Neben den nationalen und internationalen Leistungsstudien und der darauf bezogenen Forschung könnten weitere auf ein Systemmonitoring bezogene Forschungsrichtungen entstehen, die sowohl auf die Analyse individueller Bildungsverläufe, das Personal im Bildungswesen und auf die Weiterentwicklung als auch auf die intensivierte wissenschaftliche Analyse von Daten der amtlichen Statistik bezogen ist. Es deuten sich hier bisher kaum erschlossene Forschungsfelder für die Erziehungswissenschaft an. Insgesamt könnte der Ansatz der Bildungsberichterstattung für die Forschung ertragreicher sein als die Einbindung der Wissenschaft in die Sozialberichterstattung. Dies nicht nur, weil bestimmte Entwicklungsaufgaben nur über Forschungsvorhaben sinnvoll zu bearbeiten sind, sondern auch, weil eine dauerhafte Bildungsberichterstattung nach einer entsprechenden dauerhaften forschungsorientierten Infrastruktur verlangt, damit die laufenden Studien betreut, das statistische Material aufbereitet und ergänzende Einzelstudien durchführt werden können.

3   Forschungsstrategische Überlegungen

Der erste Bildungsbericht im Auftrag der KMK wurde von einem Konsortium unter Federführung des Deutschen Instituts für Internationale Pädagogische Forschung (DIPF) und unter Beteiligung von mehreren Hochschulforschern erstellt (AVENARIUS et al. 2003a). Den jetzigen Bericht erarbeitete, wiederum unter Federführung des DIPF, ein Konsortium aus mehreren außeruniversitären Forschungs- und Serviceeinrichtungen und der amtlichen Statistik (mit Bundes- und Landesvertretern). Hier zeigen sich Unterschiede in der Art der wissenschaftlichen Beteiligung, die nicht aus dem Blick geraten sollten. Während die Hochschulforschung, die immer an der Sozialberichterstattung maßgeblich beteiligt ist, an dem KMK-Bericht noch mitwirkte, hatte sie keinen Platz mehr im Konsortium des jetzt veröffentlichten Berichts. Neu hinzugekommen sind Vertreter der amtlichen Statistik. Die Konsortiumslösungen verweisen auf die Heterogenität der Anforderungen an die Bearbeiter des Berichts und spiegeln die nach Bildungsbereichen differenzierte Struktur der Institutionalisierung außeruniversitärer Bildungsforschung.

Noch nicht zu kalkulieren sind die Auswirkungen der Föderalismusreform auf die weitere Entwicklung. Durch sie hat die Bund-Länder-Kommission für Bildungsplanung und Forschungsförderung (BLK) ihre Aufgaben im Bereich der Bildungsplanung und bei der Förderung von Modellversuchen im Bildungswesen verloren. Stattdessen können in Zukunft nach dem neuen Art. 91b Abs. 2 GG „Bund und Länder aufgrund von Vereinbarungen zur Feststellung der Leistungsfähigkeit des Bildungswesens im internationalen Vergleich und diesbezüglichen Berichten und Empfehlungen zusammenwirken". Ob die BLK weiterhin an der Umsetzung dieser Bestimmung beteiligt sein wird, ist gegenwärtig fraglich. Immerhin wurde die Bildungsberichterstattung durch die Reform als Gemeinschaftsaufgabe in der Verfassung verankert. Die unrühmliche Geschichte der gemeinsamen Bildungsplanung von Bund und Ländern mahnt aber, dass daran keine allzu großen langfristigen Hoffnungen geknüpft werden sollten.

Bei der nun anstehenden dauerhaften Institutionalisierung der Bildungsberichterstattung sollte aber auf eine angemessene Berücksichtigung der universitären Bildungsforschung geachtet werden, um die einschlägige Forschung an den Hochschulen zu stärken und die Entwicklungsaufgaben mit der Nachwuchsförderung zu verbinden.

Sicher gibt es einige Aufgaben der Ergänzung der amtlichen Statistik, die allein von dieser bearbeitet werden können. Für einige der identifizierten Entwicklungsfelder bieten sich jedoch kooperative Projekte zwischen universitärer/außeruniversitärer Forschung und amtlicher Statistik an (z.B. Bildungsgesamtrechnung, Bildungsfinanzierung, Profilbeschreibungen von einzelnen Bildungseinrichtungen). Bezogen auf die denkbaren Längsschnittstudien ist eine Kooperation zwischen mehreren Universitäten ebenso denkbar wie zwischen außeruniversitären Einrichtungen und Universitäten. Die künftige Institutionalisierung der Bildungsberichterstattung sollte die skizzierten Formen der Zusammenarbeit in besonderem Maße ermöglichen und auch fördern.

Die universitäre Bildungsforschung könnte sich zusätzlich verstärkt für eine an die Bildungsberichterstattung angelagerte Grundlagen- und Erntwicklungsforschung engagieren. Grundlagenforschung für eine nationale Bildungsberichterstattung könnte sich insbesondere auf die zentralen Zieldimensionen (Leistungsfähigkeit, Chancengleichheit, Effizienz) und das Indikatorenkonzept beziehen. Auch sekundäranalytische Forschung zu den verfügbaren Längsschnitt- und replikativen Querschnittsstudien (SCHMIDT/WEISHAUPT 2004), Untersuchungen zur Bildungsfinanzierung, zur Analyse der Qualität von Bildungseinrichtungen und des Personals im Bildungswesen wären hier denkbar. Auf diese Weise könnte ebenfalls die Zusammenarbeit zwischen amtlicher Statistik und universitärer Bildungsforschung intensiviert und das Datenangebot der statistischen Ämter verstärkt für Forschung und Nachwuchsförderung genutzt werden.

Insgesamt ist von der Etablierung einer gesellschaftlichen Dauerbeobachtung des Bildungssystems über ein indikatorengestütztes Berichtssystem eine Fülle von Impulsen für die Forschung zu erwarten. Möglicherweise lässt sich dieser Ansatz auf die Bereiche der Sozialberichterstattung nicht übertragen, so sehr vielleicht auch dort eine Intensivierung der auf gesellschaftliche Dauerbeobachtung bezogene Forschung wünschenswert wäre, weil in einem plural organisierten gesellschaftlichen Bereich wissenschaftliche Beratung einen anderen Stellenwert hat als in dem Bildungsbereich, in dem vor allem die Interessen zwischen bundes- und landespolitischen Politikarenen austariert werden müssen und ein Bildungsbericht vorrangig zur rationalen Fundierung der Diskussion, weniger zur Schärfung des gesellschaftlichen Problembewusstseins und der Wahrnehmung aktueller Problemkonstellationen beitragen soll. Denn Defizitanalysen könnten in einem weitgehend staatlich verantworteten gesellschaftspolitischen Bereich, der noch durch die Konkurrenz zwischen Bund und Ländern sowie der Länder untereinander geprägt ist, als Politikversagen interpretiert werden. Insofern könnte die weitere Entwicklung auch dazu führen, den Einfluss der Bildungsverwaltungen auf die Bildungsberichterstattung zu verstärken. Zu hoffen bleibt, dass sich diese Bestrebungen in Grenzen halten und auf Bildungsberichte einzelner Länder beschränken (Staatsinstitut für Schulqualität und Bildungsforschung 2006). Die Bildungspolitik und -verwaltung würde viele Entwicklungs-impulse aufgeben, wenn die nationale Bildungsberichterstattung nicht auch weiterhin als eine Aufgabe wissenschaftlicher Politikberatung institutionalisiert würde.

Im Blick auf eine forschungsgestützte Bildungsberichterstattung und die Ausgangsfrage bleibt nur zu resümieren, dass dieses gesellschaftliche Entwicklungsprojekt vermutlich weit mehr Forschung und wissenschaftliche Fundierung verträgt als die Bildungsforschung in Deutschland derzeit zu leisten in der Lage ist.

Anmerkungen

1 § 86 Abs. 1 lautet :Das Bundesministerium für Bildung und Forschung hat Entwicklungen in der beruflichen Bildung ständig zu beobachten und darüber bis zum 1. April jeden Jahres der Bundesregierung einen Bericht (Berufsbildungsbericht) vorzulegen. In dem Bericht sind Stand und voraussichtli-

che Weiterentwicklungen der Berufsbildung darzustellen. Erscheint die Sicherung eines regional und sektoral ausgewogenen Angebots an Ausbildungsplätzen als gefährdet, sollen in den Bericht Vorschläge für die Behebung aufgenommen werden.

2 Die OECD verfolgt eine ähnliche Intention, denn sie veröffentlicht neben den Indikatoren-Berichten jährlich eine „Bildungspolitische Analyse" mit jeweils mehreren problembezogenen Beiträgen.

3 Zu befürchten ist in dieser Situation, dass bei einer Vergabe von Entwicklungsprojekten für die Fundierung der weiteren Bildungsberichterstattung vor allem die Nachbardisziplinen zum Zuge kommen werden, weil sie mehr einschlägige Forschung vorzuweisen haben und in ihren Forschungsinteressen besser an politische Problemdefinitionen anschlussfähig sind.

4 Denkbar wäre die Entwicklung von Kategorienrastern für eine Selbstbeschreibung der Bildungseinrichtungen, die z.B. für deren Präsentation im Internet genutzt werden können. In Verbindung mit Rückmeldesystemen von Ergebnissen der amtlichen Statistik (oder der Trägerstatistik) und gegebenenfalls weiteren Informationen (z.B. zu Schülerleistungen, Vermittlungsquoten etc.) an jede Bildungseinrichtung könnte so ein Datenfundus für die Selbstevaluation aller Bildungseinrichtungen entstehen, der ergänzend zusammenfassend ausgewertet und für qualitative Analysen der Situation und Entwicklung beispielsweise von Kindergärten, Schulen, einzelner Hochschuldisziplinen oder von Weiterbildungseinrichtungen genutzt werden könnte. Auf diese Weise wäre eine spezifische Weiterentwicklung der Bildungsstatistik im Sinne eines Beitrags zur Qualitätsverbesserung der einzelnen Bildungseinrichtung möglich, die zugleich die Analyse der Unterschiede der Lernbedingungen zwischen den Bildungsinstitutionen eines Bildungsbereichs als auch institutioneller Entwicklungsverläufe gestatten würde.

Literatur

AVENARIUS, H./DITTON, H./DÖBERT, H./KLEMM, K./KLIEME, E./RÜRUP, M./TENORTH, H.-E./WEISHAUPT, H./WEIß, M. (2003a): Bildungsbericht für Deutschland: Erste Befunde. – Opladen. Langfassung online über: http://www.kmk.org/doc/publ/bildungsbericht/

AVENARIUS, H./DITTON, H./DÖBERT, H./KLEMM, K./KLIEME, E./RÜRUP, M./TENORTH, H.-E./WEISHAUPT, H./WEIß, M. (2003b): Bildungsberichterstattung für Deutschland: Konzeption. – Frankfurt a.M. (unveröffentlicht). Online über: http://www.kmk.org/doc/publ/bildungsbericht/

BAETHGE, M./BUSS, K.-P./LANFER, C. (2003): Konzeptionelle Grundlagen für einen Nationalen Bildungsbericht: Berufliche Bildung und Weiterbildung/Lebenslanges Lernen. (Bildungsreform Band 7). – Berlin.

Bundesministerium für Arbeit und Soziales (Hrsg.) (2005): Lebenslagen in Deutschland. Der zweite Armuts- und Reichtumsbericht der Bundesregierung, 2. Bde. – Köln.

Bundesministerium für Bildung und Forschung (Hrsg.) (2005): Berufsbildungsbericht 2005. – Berlin/Bonn. Online: http://www. bmbf.de/pub/bbb2005.pdf

Deutscher Bildungsrat (1975): Bericht '75 – Entwicklungen im Bildungswesen. – Bonn.

Deutsches Jugendinstitut (Hrsg.) (1998): Sozialberichterstattung. Bilanz und Perspektiven. Eine Tagung des Deutschen Jugendinsituts München und der Evangelischen Akademie Tutzing. (DJI-Arbeitspapier Nr. WRbV-142). – München.

DITTON, H. (2002): Evaluation und Qualitätssicherung. In: TIPPELT, R. (Hrsg.): Handbuch Bildungsforschung. – Opladen, S. 775-790.

HAUSER, R. (1998): Armutsberichterstattung – Pro und Contra. In: DJI (Hrsg.): Sozialberichterstattung. Bilanz und Perspektiven. (DJI-Arbeitspapier Nr. WRbV-142). – München, S. 53-71.

HORNSTEIN, W. (1998): Jugendberichte und Jugendpolitik. Bilanz, Probleme und Perspektiven einer Kooperation. In: DJI (Hrsg.): Sozialberichterstattung. Bilanz und Perspektiven. (DJI-Arbeitspapier Nr. WRbV-142). – München, S. 25-52.

Konsortium Bildungsberichterstattung (2006): Bildung in Deutschland. Ein indikatorengestützter Bericht mit einer Analyse zu Bildung und Migration. – Bielefeld. Online über: http://www.bildungsbericht. de

KUPER, H. (2005): Evaluation im Bildungssystem. – Stuttgart.

LÜSCHER, K. (1998): Sozialberichterstattung über die Familie – Aufgaben, Probleme, Lösungsversuche. In: DJI (Hrsg.): Sozialberichterstattung. Bilanz und Perspektiven. (DJI-Arbeitspapier Nr. WRbV-142). – München, S. 72-104.

Organisation für wirtschaftliche Zusammenarbeit und Entwicklung (2005): Bildung auf einen Blick. OECD-Indikatoren 2005. – Bielefeld.

RAUSCHENBACH, T./LEU, H. R./LINGENAUBER, S./MACK, W./SCHILLING, M./SCHNEIDER, I./ZÜCHNER, I. (2004): Non-formale und informelle Bildung im Kindes- und Jugendalter. Konzeptionelle Grundlagen für einen Nationalen Bildungsbericht. (Bildungsreform Band 6). – Berlin.

Sachverständigenkommission Kosten und Finanzierung der beruflichen Bildung (1974): Kosten und Finanzierung der außerschulischen beruflichen Bildung (Abschlußbericht). – Bielefeld.

SCHMIDT, C. /.WEISHAUPT, H. (2004): CD-ROM zur Information über die Längsschnittforschung im Bildungsbereich. In: ZA-Information, H. 55, S. 114-119.

Staatsinstitut für Schulqualität und Bildungsforschung (Hrsg.) (2006): Bildungsberichterstattung 2006. – Wolnzach.

ZAPF, W. (1972): Zur Messung der Lebensqualität. In: Zeitschrift für Soziologie, Bd. 1, S.353-376.

ZAPF, W. (1998): 30 Jahre Sozialberichterstattung in der Bundesrepublik Deutschland. Ansätze und Konzepte, Enttäuschungen und Chancen. In: DJI (Hrsg.): Sozialberichterstattung. Bilanz und Perspektiven. (DJI-Arbeitspapier Nr. WRbV-142). – München, S. 4-24.

Anschrift des Verfassers: Prof. Dr. Horst Weishaupt, Bergische Universität-Gesamthochschule Wuppertal, FB G – Bildungswissenschaften, Gaußstr. 20, 42119 Wuppertal, Tel.: 0202-439-3071, Fax: -3681, E-mail: weishaupt@uni-wuppertal.de

II Aktuelle Sozialberichterstattung

Hans Bertram

Konzept und zentrale Ergebnisse des Siebten Familienberichts

Zusammenfassung
Dieser Beitrag fasst das Konzept und die zentralen Ergebnisse des siebten Familienberichts zusammen. Ein Überblick über bisherige Familienberichte und deren Wirkung wird vorangestellt.

Familie wird nicht als fest stehende Institution verstanden, sondern sie wird erst durch die gemeinsamen Herstellungsleistungen ihrer Mitglieder zu einer Institution. Im internationalen Vergleich wird deutlich, dass alle europäischen Staaten ein Aufschieben der Reproduktionsphase aufweisen. Nur den Nordeuropäern ist es gelungen, diese zu verlängern und somit werden auch mehr Kinder geboren.

Ein Dreiklang von Zeit-, Infrastruktur und Geldpolitik wird vorgeschlagen, um den Lebensverlauf so zu organisieren, dass sich Familiengründung, care für ältere Familienmitglieder und Weiterbildung einbauen lassen (Erwerbslebenszyklusmodell). Von entscheidender Bedeutung ist dabei die Gleichheit zwischen den Geschlechtern. Eine regional differenzierte Darstellung der demographischen Entwicklung ermöglicht ein realistisches Bild von familiären Lebenslagen in Deutschland.

Die Sachverständigenkommission schlägt vor, dass der Staat, die Tarifparteien, das Bildungssystem, Kommunen und Familien zusammenarbeiten, um das Erwerbslebenszyklusmodell zu realisieren. Finanzielle Transfers sollen transparent gestaltet und in Abhängigkeit von der Familienphase geleistet werden, wie beispielsweise das Elterngeld.

Summary
Concept and Main Results of the Seventh Family Report
This contribution summarizes the concept and the central results of the seventh Family Report. The article begins with an overview of the previous family reports and their impact. In the most recent report, the family is not conceived of as a given institution, but instead as an institution, which emerges by the collective integrative action of its members. An international comparison shows that a postponement of the reproduction phase is evident in all European countries. Singularly, the northern Europeans have managed to compensate for this by extending this phase and, here, more children are born than elsewhere. A policy triad based on time-centered policies and policies for infrastructure and finance is suggested to facilitate an organization of the life-course in such a way that founding a family, caring for older family members and further education are feasible (model for life-cycle of working life). Of particular importance in this context is a gender balance. A regional presentation of demographic developments in Germany facilitates a realistic evaluation of family situations in Germany. The Commission of Experts recommends that the state, the tariff partners, the education system, local authorities and families work together to realize an optimal life-cycle for a working life. Financial transfers should be designed to be transparent and be allocated subject to the phase of a family's development, as, for example, with child benefit.

Schlüsselwörter: Familienbericht, Dreiklang aus Zeitpolitik, Infrastrukturpolitik, Geldpolitik, Erwerbslebenszyklusmodell, Familienpolitik, Familie

Keywords: German Family Report; triad between time-centered studies, infrastructure and finance policies; life-cycle of working life; family policies; family

Überblick über den Aufbau des Berichts

Im ersten Kapitel werden einleitend einige Eckpunkte der Betrachtung von Familie vorgestellt: Ökonomie, Fürsorge und Geschlechterpartizipation.

Das zweite Kapitel trägt den Titel „Familien in Europa". Es wird die Vielfalt familiärer Lebensformen in Europa vorgestellt. Es folgt eine Darstellung der verschiedenen Entwicklungen in den einzelnen Ländern und ein Vergleich der familienbezogenen Politiken anhand von ausgewählten Lämnderbeispielen. Auch die demographische Entwicklung wird verglichen.

Das dritte Kapitel widmet sich dem Wandel der Familie. Es wird gezeigt, wie sich die Veränderung der Lebensverläufe durch geänderte Beschäftigungschancen, Bildungsexpansion und Individualisierung auf Familien auswirkt. Auch familiäre Arbeit hat sich gewandelt. Familienmanagement ist jetzt nötig. Eine besondere Belastung stellen pflegebedürftige Familienmitglieder dar. Dienstleistungen spielen in privaten Haushalten inzwischen eine große Rolle.

Im vierten Kapitel „Innerfamiliale Dynamiken" werden Partnerschaft und Elternschaft, die Rolle des Vaters bei der Erziehung von Kindern und die Scheidung als familiales und gesellschaftliches Phänomen behandelt. In diesem Zusammenhang wird auch herausgestellt, wie durch Familienarbeit und die damit einhergehende Sozialisation besondere Kompetenzen auch für den Arbeitsmarkt erworben werden. Ein weiteres Thema dieses Abschnitts sind die Generationenbeziehungen zwischen Erwachsenen.

Im Kapitel fünf „Familien im Kontext" werden Familien und ihre Ressourcen und die Besonderheit von Familien in prekären Lebenslagen thematisiert. Auch werden die demographische Vielfalt und Entwicklungsperspektiven von Familien aufgezeigt. Besonderes Augenmerk wird auf die Situation von Familien in Städten, Nachbarschaft und städtische Entwicklung gelegt.

Im sechsten Kapitel „Chancen und Zwänge: Zeitorganisation" wird das Spannungsfeld zwischen Familien und Erwerbszeit beschrieben und auf die Ambivalenz flexibler Arbeitszeiten für Familien hingewiesen.

Das siebte Kapitel „Nachhaltige Familienpolitik: Neue Balancen zwischen Erwerbsarbeit und Fürsorge im Lebenslauf" behandelt die Themen Nachhaltigkeit und Lebenslauf und fragt, wie care in den Lebenslauf integriert werden kann.

Im letzten Kapitel werden Zukunftsszenarien für eine nachhaltige Familienpolitik entworfen.

Die Adressaten eines Familienberichts sind in erster Linie die Politik, das heißt Ministerien und Verwaltungen, und die familienpolitisch interessierte Öffentlichkeit. Dennoch haben viele Familienberichte immer auch eine erhebliche Wirkung auf wissenschaftliche Disziplinen entfaltet, weil die meisten Sachverständigenkommissionen dieser Berichte versucht haben, das jeweils aktuelle Wissen zu den bearbeiteten Themen so aufzubereiten, dass diese Berichte ‚the State of the Art' spiegeln. Das gilt beispielsweise für den Zweiten Familienbericht[1], der unter dem Vorsitz von Friedhelm NEIDHARDT als eine überzeugende Darstellung der damaligen schichtspezifischen Sozialisationsforschung wesentlich dazu beigetragen hat, dass der Kindergarten und die Betreuung der Kinder zwischen drei und sechs Jahren nicht länger als eine Unterstützung für sozial benachteiligte Familien interpretiert wurde. Der Vierte Familienbericht unter dem Vorsitz von Ursula LEHR war nicht nur Anstoß für die Entwicklung einer eigenen Alten-Berichterstattung, sondern gab wesentliche Impulse auch für die Alter(n)sforschung in der Bundesrepublik. Der Fünfte Familienbericht hat mit dem Begriff des Humanvermögens als Basis der Entwicklung des Humankapitals moderner Gesellschaften das Familienthema, das lange Zeit fast ausschließlich unter gesellschaftspolitischen oder bildungspolitischen Fragestellungen verhandelt wurde, ganz neu positioniert. Danach wurde nicht nur die ökonomische Bedeutung der Familie für die gesellschaftliche Entwicklung thematisiert, sondern auch zunehmend wurden ökonomische Aspekte familiärer Arbeit im Rahmen verschiedener ökonomischer Disziplinen bearbeitet. Andere Berichte, wie etwa der Sechste Familienbericht zur Situation ausländischer Familien, sind trotz ihrer herausragenden Qualität weniger beachtet worden, was aber auch deutlich macht, wie Gesellschaften insgesamt zu bestimmten Zeitpunkten mit spezifischen Themen umgehen.

Der Siebte Familienbericht[2] hat, seinem Medienecho nach zu urteilen, schon jetzt eine erhebliche Wirkung entfaltet. Das dürfte auch damit zusammenhängen, dass das Thema Familie durch eine Vielzahl demografischer Katastrophenszenarien plötzlich wieder im Mittelpunkt der öffentlichen Debatten steht. Diese Katastrophenszenarien haben im Familienbericht keine Rolle gespielt, vielmehr ist das zentrale Thema des Familienberichts der Umgang mit Zeit, nämlich im Zusammenhang mit Fürsorge für andere im Lebensverlauf und bei der Alltagszeit. Mit dieser Fokussierung auf das Thema Zeit konnten wir Fragen der Entwicklung von Infrastrukturen für Familien und finanzieller Transferleistungen für Familien nicht nur so ordnen, dass auch bei diesen Themen die Bedeutung des Lebensverlaufs und der Alltagszeit berücksichtigt wird, sondern dass sich auch die im Familienbericht skizzierte Konzeption einer Familienpolitik als Mix von Zeitpolitik, Infrastrukturpolitik und finanzieller Transferpolitik relativ konsistent ableiten lässt.

Im Folgenden will ich die Kernthemen des Familienberichts skizzieren, weniger um hier die wichtigsten Inhalte darzustellen, sondern um zu verdeutlichen, dass die Idee der alten Bundesregierung, quasi parallel den Kinder- und Jugendbericht, den Altenbericht und den Familienbericht erstellen zu lassen, für diesen Familienbericht sehr hilfreich war. Denn die Kommission hatte so die Möglichkeit, sich auf zentrale Themen der Familienentwicklung in modernen Gesellschaften zu konzentrieren, weil wir immer wieder informiert waren, was die Kollegen für die anderen Berichte thematisch bearbeiteten. Das hat die Kommission und damit den Familienbericht sehr entlastet und zudem die Möglichkeit eröffnet, einige wenige große Themen durch den ganzen Bericht hindurch zu entwickeln, ohne detailliert etwa auf Generationenverhältnisse oder die Produktivität des Alters eingehen zu müssen oder die notwendige Neuorganisation des Verhältnisses von Bildung, Erziehung und Betreuung, das zentrale Thema des Jugendberichts, zu diskutieren. Wir wussten, dass all diese und manche anderen Themen, die frühere Familienberichte mitbehandelt hatten, von den Kollegen in den anderen Berichtsgruppen bearbeitet wurden.

1   Die Institution der Familienberichte

Die Verknüpfung von wissenschaftlicher Analyse und zeithistorischer Einbettung lässt sich am Siebten Familienbericht gut verdeutlichen. Aktuell wird die Einführung des Elterngeldes als einer vom Einkommen der Mutter oder des Vaters abhängigen Komponente diskutiert. Das Koalitionspapier folgte im Wesentlichen dem finnischen Modell, das die Familienberichtskommission beim Vergleich der verschiedenen Elterngeldmodelle in Europa skizziert hatte, weil es eine Kompromisslinie zwischen den großen politischen Blöcken zulässt. Nach meiner Einschätzung wird in Deutschland in der weiteren Entwicklung nicht das schwedische, sondern das finnische Modell realisiert, das sich in wichtigen Punkten vom schwedischen Modell unterscheidet, neben der Höhe von 67 Prozent des Nettoeinkommens auch durch die Entscheidungsoption, am Ende des Elterngeldes weiterhin bis zu 36 Monaten zu Hause bleiben zu können oder wieder arbeiten zu gehen. Einige Bundesländer zahlen jetzt schon ein zusätzliches Elterngeld nach dem Ende des Bundeselterngeldes, und vermutlich wird es in vielen Bundesländern eine Regelung geben, die etwa dem finnischen Modell entspricht. Dass sich das in den Koalitionsverhandlungen so ergeben hat, war Ergebnis einer politischen Entscheidung des Wählers zu einem bestimmten Zeitpunkt und hat nichts mit dem Familienbericht selbst zu tun. Dieser stand zwar als Argumentationshilfe zur Verfügung, aber nur die spezifische historische Situation ermöglichte diese politische Entwicklung. Daher muss bei der Analyse der Wirkung von Berichten immer auch der historische Kontext berücksichtigt werden, weil nur so die Wirkungen zu erklären sind. Das gilt nach meiner Einschätzung für alle Kommissionen. Hinsichtlich einer systematischen Wirkungsanalyse bin ich eher ambivalent, weil ich ganz im Sinne von Max Webers Vorstellung sozialen Wandels davon ausgehe, das solche Berichte nur dann eine gesellschaftliche Entwicklung beeinflussen können, wenn im Grundsatz alle für diese Entwicklungen notwendigen Elemente vorhanden sind und durch ein weiteres Element, den Bericht, ergänzt werden. Die Konstellation der Elemente, die den sozialen Wandel vorantreiben, ist aber eher historisch zufällig und nicht systematisch.

Die Familienberichte sind ein ehrwürdiges Unternehmen. Der Erste Familienbericht, verfasst im Wesentlichen unter Max WINGEN (1963), war noch ein Regierungsbericht. Erst der Zweite Familienbericht entstand als Bericht einer Kommission von wissenschaftlichen Sachverständigen. Dieser Zweite Familienbericht hat viel Aufmerksamkeit erzeugt, weil er erstmals die starre zeitliche Arbeitsteilung zwischen Familie, Schule und Gesellschaft kritisch thematisierte.

Die Sachverständigenkommission für den Siebten Familienbericht hatte relative Freiheit, über ihren Gegenstand zu entscheiden, denn es wechseln sich immer Spezialberichte und ein Gesamtbericht ab. Der Sechste Familienbericht war ein Spezialbericht zur Situation der ausländischen Familien in Deutschland, sodass nun wieder ein Gesamtbericht anstand. Eigentlich gab es nur zwei Vorgaben, nämlich über die Balance zwischen Familie und Arbeit nachzudenken und den Bericht auch als internationalen Vergleich anzulegen. Die Sachverständigenkommission war recht heterogen zusammengesetzt, aber das hat der Kommission die notwendige Kraft nach innen gegeben, weil unterschiedliche Positionen vereinigt werden mussten, da es kein Minderheitenvotum geben sollte.

2   Der Siebte Familienbericht

2.1   Die Grundkonstruktion von Familie

In der deutschen Familienpolitik gibt es zwei Grundpositionen zur Familie, die seit Jahrzehnten wechselseitig konfligieren, nämlich eine institutionelle Perspektive, die Familie als eine Institution betrachtet, die auch unabhängig von den Mitgliedern gedacht werden kann, und andererseits die Familienmitgliederperspektive, die Familie als das Zusammenleben von Menschen interpretiert. Dieser Streit entwickelte sich über die vergangenen Jahrzehnte, und die einzelnen Familienberichte lassen sich ganz gut danach unterscheiden, welcher Position die jeweilige Kommission zuneigte, wobei die institutionelle Perspektive überwiegt. Die Sachverständigenkommission des Siebten Familienberichts hat hier den Begriff der Balance, der zunächst nur auf die Relation von Familie und Arbeitswelt bezogen war, so erweitert, dass damit ein neues Verhältnis zwischen Familie als privater Konstruktion der Mitglieder und den Institutionen, die gesellschaftlich mit Familie verbunden sind, begründet wird. Und das gilt nicht nur für die Arbeitswelt, sondern auch für den Bildungsbereich, für viele andere staatliche Infrastrukturleistungen und für die staatliche Organisation des Lebenslaufs, der für die Entwicklung von Familie von entscheidender Bedeutung ist.

Familie ist nicht nur, wie das die damalige Bundesregierung sagte, „da, wo Kinder sind". Vielmehr sind wir davon ausgegangen, dass Familie eine Gemeinschaft mit starken Bindungen ist, in der mehrere Generationen füreinander sorgen und Verantwortung füreinander übernehmen. Familie ist ein privates soziales Netz der besonderen Art mit starken Bindungen, und es wird von den Familienmitgliedern immer wieder hergestellt. Es handelt sich also nicht um eine vorgegebene Institution, sondern Familie ist ein Prozess, in dem die Personen etwas gemeinsam produzieren, nämlich die Familie. Damit ist Familie ein Herstellungsprozess, der für die Mitglieder auch erst durch diesen Prozess seinen institutionellen Charakter erhält. Dieser Herstellungsprozess ist entsprechend dem Lebensalter der Familienmitglieder recht unterschiedlich und muss immer wieder neu konstruiert werden. Dieser ständig neue Konstruktionsprozess kann im Lebensverlauf immer wieder gut gehen, manchmal aber auch weniger gut, sodass dann andere Wege zu finden sind. Daher ist Familie für uns keine fest stehende Institution, sondern wird erst durch die gemeinsamen Herstellungsleistungen ihrer Mitglieder zu einer Institution.

Insofern bildet sich diese Institution Familie, welche die Mitglieder gemeinsam konstruieren, auch im Lebensverlauf ihrer Mitglieder immer weiter aus, wobei die Herstellungsleistungen im Lebensverlauf deutlich variieren. Eine Partnerschaft mit kleinen Kindern hat eine andere Struktur als eine Familie mit erwachsenen Kindern und alten Eltern, die unterstützt werden müssen. Zudem sind wir davon ausgegangen, dass die gemeinsame Herstellungsleistung, die zu neuen gemeinsamen Gütern der Familie führt, nur dann funktionieren kann, wenn die Gleichheit der Geschlechterbeziehungen in der Familie als Konstruktionselement eingeführt wird. Denn wenn bei einem gemeinsamen Projekt die asymmetrische Struktur von vornherein feststeht, ist das keine gemeinsame Konstruktion. Die Geschlechtergleichheit ist ein konstituierendes Element dieser Form von Herstellung, weil sich nur dann die unterschiedlich daran beteiligten Personen auch wirklich entsprechend beteiligen können. Mit diesem Modell lassen sich Fragen von Scheidung ebenso behandeln wie verschiedene Aspekte der Gestaltung von Generationenbeziehungen. Das ist im Bericht im Einzelnen gemacht worden, ohne dass ich das hier ausführe.

2.2 Internationaler Vergleich

Die Grundkonstruktion von Familie als Herstellungsleistung haben wir im Rahmen eines internationalen Vergleichs dargestellt und die Lebensverläufe von Menschen in den unterschiedlichen Ländern verglichen und gleichzeitig mit den jeweiligen Politikansätzen kombiniert. Das war auch deswegen möglich, weil die historische Familienforschung inzwischen das europäische Familienmodell, das sich auf die Gattenbeziehung stützt und nicht auf Abstammungsregeln (MITTERAUER 2003), so detailliert herausgearbeitet hat, dass solche Vergleiche plausibel sind. Diese Perspektive machte es möglich, demografische Fragestellungen zu thematisieren, ohne einen Demografiebericht schreiben zu müssen. Dies hätte nämlich die Erwartung nach der Lösung demografischer Probleme geweckt. Das haben wir jedoch nicht als unsere Aufgabe angesehen, zumal viele Argumente in diesem Bereich nicht frei von Spekulation sind. Mit einer europäisch vergleichenden familienorientierten Lebensverlaufsperspektive ist eine andere Akzentuierung gelungen.

Zur Verdeutlichung seien einige Punkte genannt, die wir vergleichend herausgestellt haben. In anderen europäischen Ländern wird, ähnlich wie in Deutschland, die Planung und Gründung von Familie hinausgeschoben, jedoch mit signifikanten Unterschieden zu Deutschland. Ein Unterschied liegt im Ablösungsprozess insbesondere der jungen Männer aus dem Elternhaus. Das „Hotel Mama", das in südeuropäischen Ländern relativ häufig vorkommt, ist vor allem in den nord- und westeuropäischen Ländern nicht so stark verbreitet wie bei uns. Es gibt offensichtlich andere Regulierungen, die dazu führen, dass die Söhne dort früher selbstständig werden als in Deutschland.

Als weiteren Unterschied zu Deutschland haben es andere Länder geschafft, die Lebensverläufe von Frauen so zu konstruieren, dass dort zwar das spätere Heiratsalter und auch die spätere Entscheidung für Kinder ebenso zu beobachten sind wie bei uns, aber im Lebensverlauf die Reproduktionsphase länger dauert und daher auch mehr Kinder geboren werden. Das ist bisher nur in einigen nordeuropäischen Ländern gelungen, jedoch nicht in Frankreich. Die höhere Geburtenrate in Frankreich ist darauf zurückzuführen, dass von einem höheren Geburtsniveau ausgegangen wurde, jedoch sind die Geburtenverluste in Frankreich genauso groß wie in Deutschland. Einen signifikanten Wandel der Lebensverläufe gibt es jedoch in Nordeuropa: Wenn etwa in Finnland die Reproduktionsphase genau wie bei uns mit etwa 29 bis 30 Jahren beginnt, so endet sie dort erst knapp unter dem 40. Lebensjahr, während bei uns auch das dritte Kind schon mit dem 35. Lebensjahr geboren wird. Dieser Unterschied ist bemerkenswert und führt zu der Frage, wie es den Nordeuropäern gelungen ist, diese Rushhour des Lebens zu entzerren.

2.3 Das Grundkonzept: Dreiklang von Zeit-, Infrastruktur- und Geldpolitik

Als wesentliches Element ist hier eine ganz andere Konstruktion von Beruf und Familie im Lebensverlauf anzusehen. Damit ist ein Kernthema angesprochen, das wir zum Modell einer neuen Familienpolitik formuliert haben. Denn nach unserer Meinung darf sich Familienpolitik nicht allein darauf begrenzen, sich als Politik für finanzielle Transfers zu verstehen oder für Investitionen in Kinderbetreuung oder für alleinige Zeitpolitik, vielmehr muss sie mit allen diesen drei Elementen Zeit, Infrastruktur und Geld so operieren, dass sich aus diesem Dreiklang die Möglichkeit ergibt, dass die verschiedenen Optionen, die im Lebensverlauf entstehen, auch von den jungen Erwachsenen dann individuell so genutzt werden können, dass es zur Familiengründung kommen kann. Entscheidend ist es dann, bestimmte Indikatoren zu entwickeln, um den Erfolg von Familienpolitik messen zu können. Einige solcher Indikatoren für erfolgreiche Familienpolitik haben wir benannt, etwa die Armutsvermeidung, die Bildung und Förderung von Kindern, die Erwerbsbeteiligung von Frauen, die Geburtenraten und die Erziehungskompetenz von Eltern. Es ist also ein Bündel verschiedener Indikatoren, die zur Analyse einer solchen Familienpolitik herangezogen werden kann:

Die Zeitstruktur bezieht sich, wie mehrfach betont, nicht nur auf die tägliche Alltagszeit, sondern vor allem auf den Lebensverlauf und seine Organisation von Fürsorge, Erwerbsarbeit, Bildung, Familienarbeit und freier Zeit.

Infrastruktur umfasst nicht nur die Kinderbetreuung, sondern alles das, was in einer Kommune oder einem Bundesland und beim Bund in Bezug auf Familien konstruiert wird. Das sind neben Kinderbetreuung und Schule auch Angebote der Kommunen zur Unterstützung von Familien.

Finanzielle Transfers sind nicht nur direkte Geldleistungen oder steuerliche Erleichterungen, sondern auch indirekte Leistungen, wie Berücksichtigung der Kinder oder der Ehefrau in der Krankenkasse usw.

2.4 Neukonstruktion des Lebensverlaufs: Das Erwerbslebenszyklusmodell

Bei der Diskussion des Zeitaspekts haben wir verschiedene Muster diskutiert, wie ein Lebensverlauf in Deutschland organisiert sein könnte, damit die unterschiedlichen Zeitanforderungen, die im Lebensverlauf entstehen, organisierbar sind. In Deutschland herrscht weithin die Auffassung vor, zum Teil durch die Pädagogik verstärkt, es sei umso besser, je früher man lernt, da man dann hinterher nicht mehr zu lernen brauche. Beispielsweise ist unser öffentliches Dienstrecht so strukturiert: Wer Lehrer werden will, muss bestimmte Anforderungen erfüllen und bleibt dann die nächsten 35 Jahre Lehrer. Die Vorstellung der Kommission war es jedoch, dieses starre Lebensmuster von Jugend, Erwachsenenalter und höherem Lebensalter aufzubrechen und zu Zeitmodellen zu kommen, bei denen die sozialen Sicherungssysteme den einzelnen in die Lage versetzen, individuell auch unterschiedliche Formen von Zeit für sich im Lebensverlauf zu organisieren. Wir haben versucht, das anhand verschiedener Lebens- und Bildungsverläufe zu skizzieren, vor allem bei typischen Frauenberufen aus dem Bildungsbereich, bei denen der Staat ein faktisches Monopol hat und wirklich etwas ändern kann. Wenn beispielsweise die Erzieherin nicht mehr als Schulberuf gelernt, sondern als ein Karriereberuf konstruiert wird, dann könnte eine junge Frau mit der Erzieherin anfangen, dann nach fünf Berufsjahren vielleicht zwei Jahre weiterlernen, um mit einem Bachelor of Education dann zehn Jahre im Primarbereich zu unterrichten, um danach möglicherweise wiederum zwei Jahre etwas anderes zu studieren. Auf diese Weise ließe sich die ganze Lebenszeit anders organisieren, und zwar nicht im Sinne von Weiterbildung und Fortbildung eines fest stehenden Berufs, sondern mit der Chance, immer etwas Neues zu machen.

Auf den absehbaren Einwand, das sei eine schöne, aber nicht finanzierbare Vision, haben wir darauf verwiesen, ohne das hier im Einzelnen auszuführen, dass die Konstruktion der sozialen Sicherungssysteme in Deutschland bereits seit langem eine Grundsicherung enthält, ohne dass dies bekannt ist. Die Rente ist so konstruiert, dass sie nicht unter die Sozialhilfe sinken soll, und der Bund zahlt inzwischen rund 82 Milliarden Euro jährlich direkt an die Rentenkassen. Hier stellt sich die Frage, ob die 1,6 Prozentpunkte, die das für jeden Bürger pro Jahr an Rente sind, immer nur am Lebensende ausgezahlt werden oder sich im Leben so verteilen lassen, dass ein Teil auch zwischendurch genommen werden kann, um den Rest hinten anzuhängen.

Wir haben einige Modelle zur Illustration skizziert um zu zeigen, dass die Vorstellung einer Normalbiografie durch die staatlichen Monopole in diesem Bereich konstruiert wird und der Staat eigentlich viele Möglichkeiten für neue Konstruktionen hätte. In einer solch neuen und flexiblen Konstruktion ließe sich nicht nur Familienzeit für Kinderbetreuung einbauen, sondern sowohl Zeit für care (Fürsorge für Ältere), als auch Zeit für Bildung. Die Zeit für Bildung ist vor allem deswegen wichtig, damit dieses Modell auch für Männer attraktiv ist. Denn care ist in Deutschland nach wie vor weiblich organisiert, was zwar bedauerlich ist, aber der Realität entspricht. Daher müssen solche unterbrochenen Lebenszeitmodelle für Männer wie für Frauen die gleiche Attraktivität haben. Dass das keine Utopie ist, ist am Beispiel der Niederlande zu sehen. Wir haben auch andere Konstruktionen in diesem Bereich skizziert, um zu verdeutlichen, dass die gewonnenen Jahre als Geschenk anders genutzt werden könnten, als es gegenwärtig geschieht.

Die Alltagszeit wie auch die Souveränität der Zeitverfügung lassen sich in anderer Weise organisieren. Immer noch herrscht die Vorstellung vor, dass die höhere Beteiligung der Männer im Haushalt die Zeit, die Frauen im Haushalt verbringen, senken würde, doch das ist empirisch falsch. So haben 1963 die Männer eine Stunde pro Woche im Haushalt gearbeitet gegenüber 16 Stunden heute, Frauen hingegen damals 32 Stunden und 37 Stunden heute. Darüber hinaus zeigt der Umgang mit Zeit in anderen, vor allem nordeuropäischen Ländern, dass die Zeitdifferenzen zwischen Männern und Frauen im Haushalt im Vergleich zu Deutschland nicht sehr unterschiedlich sind.

Die Vorstellung, die Entlastung der einen zöge notwendigerweise die Belastung des anderen nach sich, entspricht typischerweise dem arbeitsteiligen Modell der Industriegesellschaft. Jedoch interpretieren die jungen Erwachsenen, die sich heute für das Projekt Familie entscheiden, dieses als ein gemeinsames Projekt, sodass die Erhöhung der Arbeitszeit des Mannes nicht notwendigerweise zur Senkung der Arbeitszeit der Frau führt, weil jetzt beide mehr gemeinsame Zeit in dieses gemeinsame Projekt investieren. Es geht nicht darum, aus den Männern bessere Mütter zu machen und aus den Frauen bessere Männer. Vielmehr brauchen wir in dieser Perspektive eine Konstruktion der Kompetenzerweiterung im Sozialisationsprozess bei Jungen wie bei Mädchen für Kompetenzen, die traditionellerweise nur dem jeweils anderen Geschlecht zugeschrieben wurden, die sie aber beide entwickeln müssen, um das Familienprojekt auch gemeinsam konstruieren zu können.

Dazu gehört natürlich ein hohes Maß an Gleichheit zwischen den Geschlechtern, denn ein solches gemeinsames Projekt wird nur dann betrieben, wenn beide zu gleichen Bedingungen beteiligt sind. Das bedeutet zum Beispiel Lohngleichheit, weil sonst immer der mit dem höheren Einkommen der Erwerbsarbeit nachgeht. Ein solches gemeinsames Projekt lässt sich nur unter bestimmten gesellschaftlichen Bedingungen, wie wir es im Einzelnen aus den empirisch-vergleichenden Daten abgeleitet haben, realisieren. Darin liegt beispielsweise eine zentrale Begründung der Elternzeit auch für Väter.

2.5 Regionale Besonderheiten demografischer Entwicklung

Der Familienbericht enthält neben dem Zeitszenario ein Szenario zur finanziellen Unterstützung mit konkreten Vorschlägen. Beim Geldszenario haben wir uns im Kapitel „Familie und Kontext" mit der Benachteiligung von Familien und unterschiedlichen Armutstypen auseinander gesetzt. Dabei bringt uns eine Perspektive in einen gewissen Gegensatz zum Armutsbericht der Bundesregierung, die aber zu wichtigen Differenzierungen führt. Wir haben die sozioökonomische Situation von Familien nicht mehr bundesweit nach einem einheitlichen Maßstab berechnet, sondern die Analysen regional differenziert. Diese Analysen wurden mit der neuen und nicht mit der alten OECD-Skala[3] berechnet; zusätzlich haben wir beide Skalen immer parallel nebeneinander gestellt, um die Unterschiede der Einschätzungen zu verdeutlichen. Wir hoffen, dass sich diese Version durchsetzt, weil sie ein realistischeres Bild von familiären Lebenslagen in Deutschland ermöglicht.

Zudem wurde im Kapitel zur Regionalisierung deutlich, dass Deutschland in seinen verschiedenen Bundesländern eine sehr unterschiedliche demografische Entwicklung nehmen wird. Die alten Bundesländer, vor allem im Süden, können relativ entspannt sein, weil dort die Altersgruppen, die Kinder bekommen, in den nächsten 20 bis 30 Jahren um 20 bis 25 Prozent sinken, teilweise aber auch leicht ansteigen werden, während diese Gruppen in den neuen Bundesländern auf etwa 40 Prozent sinken werden, was weitere große Einbrüche bei den Geburtenzahlen erwarten lässt. Dieser Prozess ist aber kein Effekt der hohen Arbeitslosigkeit, sondern das Ergebnis höherer Attraktivität süddeutscher Standorte, da die meisten abwandernden Personen hoch qualifiziert sind und eine Arbeitsstelle haben.

Daneben kommt auf Deutschland eine ganz neue Herausforderung zu, weil das klassische Subsidiaritätsprinzip in den neuen Bundesländern nicht mehr wirkt. Traditionellerweise gehen wir von der Vorstellung aus, dass in einer Familie die Mitglieder füreinander einstehen. Das ist in den neuen Bundesländern nicht mehr der Fall, denn hier leben, im Unterschied zu den alten Bundesländern, von den 35- bis 45-jährigen Frauen nur noch 4 Prozent von ihren Angehörigen. Wenn sich die Frauen im Saarland oder in Nordrhein-Westfalen ebenso verhielten wie die Frauen in Sachsen, könnten das Saarland oder auch Nordrhein-Westfalen ihre ökonomische Struktur nicht mehr aufrechterhalten. Diese westlichen Bundesländer können nur noch deswegen Sozialleistungen zahlen, weil dort noch Bestände des traditionalen Familienmodells gelebt werden, das in den neuen Bundesländern praktisch nicht mehr existiert. In Sachsen leben inzwischen 70 Prozent aller Frauen direkt oder indirekt vom Staat.

Für das Ruhrgebiet wie für Berlin haben wir auf Bezirksebene die Reproduktionsraten kalkuliert und damit die demografischen Entwicklungen in diesen Regionen als Szenario aufgezeigt. Daraus wird die Veränderung der Bevölkerungsstruktur in diesen Bezirken deutlich, gleichzeitig aber auch, wie die städtische Politik das noch selbst forciert, indem sie den städtischen Wohnungsbaugenossenschaften einseitig die Zuwanderer und Ausländer zuweist. Aufbauend auf diesen Analysen haben wir begründet, warum die Kommunen begreifen müssen, dass die Familien die Investoren in die Zukunft der Städte sind, um entsprechend zu handeln.

3   Zusammenfassung: Vorschläge für die Familienpolitik

Die Vorstellung, eine neue Balance zwischen Familie, Arbeitswelt, Bildungssystemen, Alterssicherung und anderen gesellschaftlichen Institutionen zu schaffen, wurde im Familienbericht auf der Basis eines neuen Lebensverlaufsmodells entwickelt, nämlich des Erwerbslebenszyklusmodells. Dieses Modell wird auch gegenwärtig auf EU-Ebene diskutiert und geht von der Vorstellung aus, die unterschiedlichen Lebensbereiche im Lebenslauf in neuen flexiblen Zeitsequenzen organisieren zu können. In solchen Sequenzen kann man sich eine bestimmte Zeit einer ganz anderen Aufgabe widmen als bisher oder aber man reduziert eine bestimmte Zeit zu Gunsten bestimmter Aufgaben die Erwerbsarbeit.

Dahinter steht die Vorstellung, dass die Individualisierung der Lebensverläufe auch Chancen eröffnet, die gewonnenen Lebensjahre konstruktiv zu nutzen und jene Rushhour des Lebens zu vermeiden, die im Vergleich mit anderen europäischen Ländern in Deutschland sehr deutlich ausgeprägt ist. Solche Veränderungen können nicht allein vom Staat organisiert werden, vielmehr bedarf es hier gleichfalls der Anstrengungen der Tarifparteien und der gesellschaftlichen Institutionen, insbesondere des Bildungssystems, die alle an der Strukturierung von Lebensverläufen beteiligt sind.

Bis heute ist die Infrastruktur für Familien in Deutschland von dem Gegensatz der Privatheit der Familie und der Öffentlichkeit in staatlichen Institutionen geprägt. Wir plädieren im Familienbericht dafür, diesen Gegensatz zwischen Privatheit und Öffentlichkeit durch ein neues kooperatives Arbeitsverhältnis zu überwinden. Die Kommunen sind aufgefordert, Familien als Investoren zu begreifen und zu überlegen, wie sie gemeinsam mit Familien wohnortnahe Infrastruktureinrichtungen entwickeln, die nicht – hoch spezialisiert und ausdifferenziert – nur einzelne, spezifische Bevölkerungsgruppen ansprechen, sondern versuchen, auch für unterschiedliche Gruppen in den jeweiligen Wohnbezirken attraktiv zu sein. Gleichzeitig muss ein neues Verhältnis zwischen professioneller und freiwilliger Arbeit in Nachbarschaft und Gemeinde entwickelt werden. Dabei geht es nicht nur um den Ausbau frühkindlicher Betreuungsmöglichkeiten, sondern auch darum, Nachbarschaften für Familien mit Kindern wie für Ältere attraktiv zu machen, um den sich jetzt schon abzeichnenden Segregationstendenzen in westdeutschen Großstädten entgegenzuwirken.

Finanzielle Transferleistungen für Familien stehen nicht im Zentrum des Familienberichts, sondern sind nur ein wenn auch wichtiger Teil eines Politikwechsels für Familien. Das kann aber erst dann effektiv eingesetzt werden, wenn eine Transparenz in diesem Bereich erreicht wird, bei der deutlich wird, wofür und für wen im Einzelnen das Geld tatsächlich eingesetzt wird. Dabei scheint es, aus Sicht der Familienberichtskommission, außerordentlich hilfreich zu sein, finanzielle Transferleistungen zukünftig nicht an die Institution Familie als solche zu binden, sondern in Abhängigkeit von der Familienphase zu leisten. Ein Beispiel für solche lebensverlaufsorientierten Transferleistungen ist das einkommensabhängige Elterngeld. Vor der Konzeptionalisierung weiterer Leistungen für Familien scheint es der Berichtskommission wichtig, ein Konzept zu entwickeln, das die verschiedenen Transferleistungen transparent zusammenzufassen und in ihren Wirkungen zu beurteilen ermöglicht. In diesem Kontext ist aus Sicht der Kommission das Modell der Familienkasse zumindest zu prüfen, zumal sich eine Familienkasse dann ähnlich wie die Rentenkasse als Sachwalter dieser Transferleistungen für Familien öffentlich zu Wort melden könnte.

Eine Familienpolitik auf der Basis von Zeit, Infrastruktur und Geld unterscheidet sich von der bisherigen Familienpolitik deutlich. Sie ermöglicht es aber auch, viele der klassischen Gegensätze im Bereich der Familienpolitik in ein konstruktives Miteinander zu verwandeln, weil in einem solchen Modell die wechselseitige Bedingtheit der jeweiligen Maßnahmen für alle Beteiligten transparent nachvollziehbar ist.

Anmerkungen

1   Der Sachverständigenkommission für den Siebten Familienbericht gehörten an Hans Bertram (Vorsitzender), Jutto ALLMENDINGER, Wassilios FTHENAKIS, Helga KRÜGER (Stellv. Vorsitzende), Uta MEIER, Katharina SPIEß, Marc SZYDLIK.
2   Die Titel aller genannten Familienberichte finden sich im Literaturverzeichnis. Beim Bundesministerium für Familie, Senioren, Frauen und Jugend kann eine CD Rom mit allen Familienberichten bestellt werden.
3   Das gewichtete Pro-Kopf-Einkommen erhält man, indem man das Familiennettoeinkommen durch die Summe der Gewichte aller Haushaltsmitglieder dividiert. Die alte OECD-Skala sieht folgende Gewichte vor: Bezugspersonen: 1,0; Person ab 15 Jahren: 0,7; Person unter 15 Jahren: 0,5. Die neue OECD-Skala gewichtet die Einspareffekte weiterer Personen neben der Bezugsperson der Lebensgemeinschaft höher: Bezugsperson: 1,0; Person ab 15 Jahren: 0,5; Person unter 15 Jahren: 0,3. Dadurch werden besonders für große Familien höhere Pro-Kopf-Einkommen berechnet als für die alte OECD-Skala.

Literatur

BERTRAM, H./KRÜGER, H./SPIEß, K. (Hrsg.) (2006): Wem gehört die Familie der Zukunft? Expertisen zum 7. Familienbericht der Bundesregierung. – Leverkusen.
MITTERAUER, M. (2003): Warum Europa? Mittelalterliche Grundlagen eines Sonderwegs. – München.

Titel der genannten Familienberichte

Erster Familienbericht: Bericht über die Lage der Familien in der Bundesrepublik Deutschland, 1968
Zweiter Familienbericht: Familie und Sozialisation – Leistungen und Leistungsgrenzen der Familie hinsichtlich der Erziehungs- und Bildungsprozesse der jungen Generation, 1975
Vierter Familienbericht: Die Situation der älteren Menschen in der Familie, 1986
Fünfter Familienbericht: Familien und Familienpolitik im geeinten Deutschland, 1995
Sechster Familienbericht: Familien ausländischer Herkunft in Deutschland. Leistungen – Belastungen – Herausforderungen, 2000
Siebter Familienbericht: Familie zwischen Flexibilität und Verlässlichkeit. Perspektiven für eine lebenslaufbezogene Familienpolitik, 2006

Anschrift des Verfassers: Prof. Dr. Hans Bertram, Humboldt-Universität Berlin, Philosophische Fakultät III, Institut für Sozialwissenschaften, Unter den Linden 6, 10099 Berlin, Tel.: 030/2093-4328; Fax: 030/2093-4347; E-Mail: hbertram@rz.hu-berlin.de

Thomas Rauschenbach

Bildung, Erziehung und Betreuung vor und neben der Schule

Konzeptionelle Grundlagen des 12. Kinder- und Jugendberichts

Zusammenfassung

Im Mittelpunkt des Beitrags stehen die Hintergrundannahmen und die konzeptionellen Grundlagen des 12. Kinder- und Jugendberichts. Dabei ist der Bericht selbst zu verorten im Lichte der veränderten Bedingungen des Aufwachsens, des ungeklärten Verhältnisses zwischen Bildung und sozialer Ungleichheit sowie der verstärkten Notwendigkeit des Zusammenspiels unterschiedlicher Akteure im Prozess des Aufwachsens. Vor diesem Hintergrund werden anschließend die zentralen Bausteine eines erweiterten Bildungsbegriffs ausbuchstabiert, von einer Topographie der Lernwelten und Bildungsorte, der Bedeutung informeller Bildungsprozesse, über die verschiedenen Kompetenzbereiche bis zur Trias von Bildung, Betreuung und Erziehung. Am Ende werden die sich daraus ergebenden Schlussfolgerungen für die Disziplin Erziehungswissenschaft erörtert.

Summary

Education Supervision Before and Ancillary to Schooling – Conceptual basis of the 12th children and youth report

The focal points of this contribution are the basic assumptions and the conceptual foundations of the German government's twelfth children and youth report. This report must be seen within the context of the changed conditions surrounding growing up, the unexplained link between education and social inequality and the increasing necessity for cooperation between different actors involved in the process of growing up. Taking account of this background, the central fundament of an expanded definition of education and learning will be presented; from a topology of worlds of learning and places of learning, the significance of informal learning processes, the different areas of responsibility to the triad of learning, supervision and education. Finally, the emerging consequences for the discipline education science will be discussed.

Schlüsselwörter: Kinder- und Jugendbericht, informelle Bildung, Bildungsorte, Lernwelten, Kompetenzbereiche, Disziplin Erziehungswissenschaft

Keywords: German Children and Youth Report; informal learning; places of learning; worlds of learning; areas of responsibility; discipline education science

1 Kinder- und Jugendberichte als spezifische Texte – eine einleitende Skizze

Kinder- und Jugendberichte sind eine Textsorte eigener Art. Sie sind keine wissenschaftlichen Texte – schon gar keine Abhandlungen in systematischer Absicht –, sie sind mehr und etwas anderes als kommentierte Datenreporte oder themenspezifische Forschungsberichte; sie sind aber auch keine impulsgebenden Handreichungen für die Praxis oder gar politische Texte für den Tagesgebrauch im parlamentarischen Raum. Gleichwohl enthalten Kinder- und Jugendberichte unter Umständen von allem etwas. Als gesetzlich vorgeschriebene und von der Politik in Auftrag gegebene – jedoch keineswegs in sich konsistente – Berichte lassen sie sich an der Schnittstelle von Wissenschaft, Fachpraxis und Politik als ein Texttypus charakterisieren, der – im ungünstigsten Fall – die selbstreferenziellen Diskursebenen der Systeme Wissenschaft, Politik und Fachpraxis gar nicht erreicht, d.h. weder Wissenschaftsrelevanz, noch Praxisrelevanz oder Politikrelevanz erlangt, der aber – im günstigsten Fall – in allen drei Bereichen zugleich produktive Irritationen auslöst. Sofern es ihnen gelingt, in die je eigenen Sinnwelten „einzudringen", sind die Kinder- und Jugendberichte als eine Form des institutionalisierten Dialogs im Grunde genommen zwischen diesen Welten angelegt.

Derartige Berichte sind mithin als Produkte strukturell riskant und in ihrer Verwendung auf „Enttäuschung" in den je einzelnen Bereichen angelegt. Sofern sie nämlich versuchen, einer der drei Eigenlogiken in ihrer Reinkultur möglichst nahe zu kommen bzw. gerecht zu werden, verlieren sie ihre besondere Rolle als „Mittler" zwischen den Welten, verflüchtigt sich also geradezu ihre Besonderheit, wissenschaftliche, politische und fachpraktische Sichtweisen auf anstehende Sachverhalte miteinander in Verbindung, gewissermaßen „ins Gespräch" zu bringen. Ohne ein etabliertes Konzept, ohne dezidierte Vorgaben und eingespielte Routinen zur Umsetzung dieser Besonderheit, ist die Kultur der (Jugend-)Berichterstattung somit von einer Heterogenität der Erwartungen geprägt, die am Ende dazu führen kann, dass den einen der Bericht zu wissenschaftlich, den anderen zu unwissenschaftlich, den einen zu politisch, den anderen zu unpolitisch, den einen zu praxisnah, den anderen zu unkonkret ist. Erst, wenn Berichte jenseits dieser partikularisierten, eindimensionalen und sich wechselseitig ausschließenden Erwartungen wahrgenommen und gelesen werden, können sie ihren Eigenwert und ihre Besonderheit entfalten.

Der 12. Kinder- und Jugendbericht (BMFSFJ 2005), der sich mit dem Thema „Bildung, Betreuung und Erziehung vor und neben der Schule" beschäftigt, hat – wie seine Vorgänger auch – versucht, diesem besonderen Anspruch möglichst nahe zu kommen. Als datenbasierter Bericht beabsichtigt er, für einen politisch vorformatierten Gestaltungsbereich einen konzeptionellen Rahmen auszubuchstabieren, in dem sich die jeweils anstehenden Themenbereiche bearbeiten und perspektivisch ausleuchten lassen. Gewissermaßen im Horizont empirischer Selbstvergewisserung spannt er einen argumentativen Bogen, in dem er seinen Gedankengang entwickeln kann.

Vor dem Hintergrund einer Analyse der gesellschaftlichen Rahmenbedingungen des Aufwachsens und einer kategorialen Vermessung der Thematik werden deshalb im 12. Kinder- und Jugendbericht zunächst die empirisch identifizierbaren Bildungsprozesse von Kindern und Jugendlichen – ihre Bildungsbiografie als kumulierte Bildungserfahrungen – in den Mittelpunkt gestellt, bevor erst dann, in der zweiten Hälfte des Berichts, die darauf bezogenen Bildungsangebote und -leistungen des Betreuungs-, Erziehungs- und Bildungswesens eingehender betrachtet werden.

Als Koordinatensystem für diese Vorgehensweise wurden im Bericht selbst kategoriale Eckwerte entwickelt, in denen – auf der Basis einer Topografie realer Bildungsorte und Lernwelten von Kindern und Jugendlichen sowie der Trias von Bildung, Betreuung und Erziehung – der Prozess des Aufwachsens unter dem ordnenden Gesichtspunkt der Bildung ausbuchstabiert wird. Diese in praktischer, d.h. ohne systematisch-kategoriale Absicht vorgenommene Grundlegung soll nachfolgend im Vordergrund stehen.

Die Entwicklung eines solchen konzeptionellen Rahmens unterliegt jedoch bestimmten formalen und strukturellen Grenzen, die mit den Vorgaben der Kinder- und Jugendberichte zusammenhängen. Neben den allgemeinen und organisatorischen Vorgaben (vgl. LÜDERS in diesem Heft) müssen beim 12. Kinder- und Jugendbericht noch zusätzliche Besonderheiten beachtet werden, die für die Entstehung und den Charakter des Berichts prägend waren. Zwei Punkte will ich diesbezüglich erwähnen.

(a) Die zunächst relativ technisch erscheinende Frage nach den formalen Rahmenbedingungen der Kinder- und Jugendberichte erweist sich bei genauerer Betrachtung auch als eine konzeptionelle, oder vielleicht präziser: als eine die Konzeption mehr oder minder stark beeinflussende Frage. Denn die Vorbedingungen, der gesetzliche Rahmen, das Zustandekommen der Themenstellung, die Zusammensetzung der Sachverständigenkommission sowie die zur Verfügung stehenden Ressourcen, auf die die Kommission zurückgreifen kann, bilden die Grundlage, auf der Kinder- und Jugendberichte entstehen. Sie haben deshalb einen durchaus vorstrukturierenden, formenden Einfluss.

Dabei möchte ich hier lediglich auf eine Besonderheit hinweisen, die für die Anlage des Berichts ebenso von Belang sein kann wie für seine Verwendung: *die föderale Rahmung der Kinder- und Jugendhilfe*. Wenn über die Adressatenebene der Kinder- und Jugendberichte geredet wird, dann müssen im Kontext der Berichterstattung auch die föderalen Implikationen mitbedacht werden (vgl. RAUSCHENBACH 2002, S. 233f.). In keinem anderen politisch zu gestaltenden Bereich kommt dies vermutlich so deutlich und folgenreich zum Ausdruck wie in der Kinder- und Jugendhilfe:

– Auf *Bundesebene* wird in einer Art Rahmengesetzgebung eine allgemeine Grundlage für die Leistungsverpflichtungen, Angebotsformen und Regelungsmechanismen gelegt, die in Ansätzen mit dazu beitragen kann, dass innerhalb des Anwendungsgebietes dieses Gesetzes die „Einheitlichkeit der Lebensverhältnisse", wie es in Artikel 72 des Grundgesetzes heißt, gewahrt wird. Die Folgen der aktuellen Föderalismusreform werden genau in dieser Hinsicht zu beachten sein.
– Die konkretisierende Ausgestaltung der Leistungssysteme obliegt fast durchgängig der jeweiligen *Landesebene*, die – ähnlich wie in der Bildung – eine dementsprechende Zuständigkeit und einen Gestaltungsspielraum besitzt.
– Damit sind aber die Verflechtungen der föderalen Ebenen mit Blick auf die Kinder- und Jugendhilfe noch nicht abgeschlossen. Während das Schulwesen keine bundesgesetzlichen Regelungen kennt und auch die Kommune in dieser Hinsicht vergleichsweise geringe Gestaltungsspielräume hat, erfolgt die faktische Leistungserbringung sowie die Transformation in konkrete institutionalisierte Angebote im Rahmen der Kinder- und Jugendhilfe vor allem auf *kommunaler Ebene* in den Einrichtungen vor Ort – und dies vielfach noch in der Regie bzw. mehrheitlich in der Zuständigkeit von nichtstaatlichen Akteuren, von so genannten freien Trägern.

Schon diese Mehrebenenperspektive deutet an, dass die Kinder- und Jugendhilfe – wie kaum ein anderer Bereich – auf allen föderalen Ebenen zugleich mit je unterschiedlichen Verantwortlichkeiten und Handlungsspielräumen verankert ist. Gleichwohl ist der Kinder- und Jugendbericht von seinem Charakter und seiner Funktion her ein Bundesbericht, der insoweit selbstredend vorrangig die Perspektive des Bundes einzunehmen hat. Auch wenn damit unbestritten der Vorteil einer etwas allgemeineren Sicht auf die Gesamtlage der Jugend und der Jugendhilfe in Deutschland entsteht, so hat dies doch zugleich die mehr oder minder systematische Ausblendung der anderen föderalen Ebenen zur Folge. Die Ebene der Einzelländer und der damit verbundenen regionalen Disparitäten gelangt deshalb in der Regel genauso wenig gezielt ins Blickfeld der Berichte wie die kommunale Ebene. Oder anders formuliert: Die politische Rahmung im Spannungsfeld der föderalen Zuständigkeiten erschwert es zusätzlich, allein vom Gegenstand her die notwendigen Akzentsetzungen und Blickrichtungen zu formulieren. Insoweit wird im Kontext dieser Berichterstattung eine Schattenseite der föderalen Funktionslogik sichtbar: der fachöffentliche Diskurs als typischer Verschiebebahnhof nach dem Motto „das ist Sache der Kommunen" (oder alternativ: „der Länder" bzw. „des Bundes").

Die Berichterstattung hat sich in aller Regel – dies gilt ungleich mehr für die Jugendberichte der Länder – auf den jeweiligen Binnenhorizont einer föderalen Ebene auszurichten und basiert auf dem stillschweigenden Agreement der Nicht-Einmischung in die inneren Angelegenheiten und damit der De-Thematisierung der jeweils anderen Ebenen. Aufgrund seiner Themenstellung „Bildung, Betreuung und Erziehung *vor* und *neben* der Schule" war der 12. Kinder- und Jugendbericht mit dieser Problematik verstärkt konfrontiert. Damit stellte sich spätestens beim Thema Schule die Frage, wie diese – ohne föderale und ministerielle Zuständigkeit – in den Horizont des Berichts eingebunden werden kann. In der Verantwortung der Bundesländer und – soweit überhaupt im Horizont des Bundes – ressortmäßig den Bildungsministerien zugeordnet, konnte die Themenstellung des 12. Kinder- und Jugendberichts die Schule deshalb nur mittelbar ins Blickfeld rücken. Infolgedessen wurde der Bereich Schule von der Kommission zwar als externer Referenzpunkt gewählt, jedoch auftragsgemäß in seiner inneren Verfasstheit nicht systematisch bearbeitet (vgl. dazu den Beitrag von KRÜGER/RAUSCHENBACH in diesem Heft).

(b) Im Zusammenhang mit der spezifischen Themenstellung des Berichts – „Bildung, Betreuung und Erziehung vor und neben der Schule" – ergab sich aber noch eine weitere strukturelle Besonderheit, die in der Tendenz zwar auch für die anderen Kinder- und Jugendberichte gilt, in der konkreten Ausprägung beim 12. Kinder- und Jugendbericht jedoch deutlicher zu erkennen war. Zugespitzt formuliert: Der Bericht musste gewissermaßen während des „laufenden Spiels" verfasst werden, ohne dass das Endergebnis bereits feststand.

Kernpunkt des 12. Kinder- und Jugendberichts ist die Neuformulierung eines zukunftsfähigen Systems von Bildung, Betreuung und Erziehung im Kontext der beiden Themenschwerpunkte Frühförderung einerseits und Kooperation von Jugendhilfe und Schule andererseits. Da eine solche Thematik vor der Folie einer sorgfältigen Analyse des bestehenden institutionellen Systems, den realen Bedingungen des Aufwachsens und den gegebenen politischen Rahmenbedingungen entwickelt werden muss, war es eine Herausforderung eigener Art, auf die sich in diesem Zusammenhang wandelnden Grundvoraussetzungen zu reagieren. Im Fall des 12. Kinder- und Jugendberichts hing dies damit zusammen, dass zu Beginn des Berichtszeitraums, im Frühsommer 2003, nicht klar war, wie

sich die politische Rahmung der beiden vorgegebenen Themen konkret entwickeln würde. Politisch verabredet bzw. von der damaligen Bundesregierung bereits beschlossen,
aber in seiner Ausgestaltung noch nicht absehbar war der Ausbau der Kinderbetreuung
einerseits sowie des Ganztagsschulprogramms andererseits. Erst während der Arbeit am
12. Kinder- und Jugendbericht wurde dann sowohl das Investitionsprogramm „Zukunft
Bildung und Betreuung" (IZBB) beschlossen als auch das „Tagesbetreuungsausbaugesetz" (TAG) verabschiedet und in Kraft gesetzt.

Beide Vorhaben waren für die Bearbeitung der Themenstellung des Berichts von erheblicher Bedeutung, besitzen doch beide das Potenzial, die Bildungs-, Betreuungs- und
Erziehungslandschaft in Deutschland nicht nur organisatorisch, sondern auch in ihrer ge-
nerellen Stellung grundlegend zu verändern. Dadurch sah sich die Jugendberichtskommission mit der Herausforderung konfrontiert, die sich aus den Gesetzen bzw. den politischen Vorgaben ergebenden Veränderungen zu antizipieren und in ihre Vorschläge einzubeziehen. Mehr als sonst bestand jedenfalls die Gefahr, am Ende mit dem Bericht entweder zu spät zu kommen oder aber mit den Empfehlungen und Akzentsetzungen des Berichts in die falsche Richtung marschiert zu sein.

2   Ausgangslage und Hintergrundannahmen des Berichts

Ein zentraler Baustein des 12. Kinder- und Jugendberichts ist die Entfaltung eines erweiterten Bildungsbegriffs, der die Perspektive der Kinder und Jugendlichen in den Mittelpunkt stellt und aus dem Nachvollzug der biografischen Verläufe des Aufwachsens die
realen Bildungs- und Lernorte nachzuzeichnen versucht. Die damit verbundenen konzeptionellen Überlegungen beruhen auf drei Ausgangsüberlegungen, die die Arbeit der Kommission begleitet haben.

(a) Veränderte Rahmenbedingungen des Aufwachsens: Das öffentliche System von Bildung, Betreuung und Erziehung war lange Zeit auf das traditionelle männliche Ernährer-
modell der Familie ausgerichtet, d.h. auf ein Familienmuster mit einem männlichen
Hauptverdiener und einer nicht-erwerbstätigen Frau und Mutter, die ihrerseits für die Ge-
samtbelange der Familie zur Verfügung steht. Vor diesem Hintergrund ist in Deutschland
die Halbtagsschule und der Halbtageskindergarten „erfunden" und propagiert worden.
Das entsprechende Muster des Zusammenspiels von privater und öffentlicher Betreuung
sah vor, dass in der Zeit, in der die Kinder nicht im Kindergarten oder in der Schule sind,
die Familie, oder besser: die Mütter fraglos und uneingeschränkt zur Verfügung stehen.
Dieses Zusammenspiel zwischen den öffentlichen Bereichen Kindergarten und Schule
sowie dem privaten Erziehungsort Familie sollte in diesem Rahmen auch ohne zusätzliche Koordinierung und Absicherung einfach so funktionieren.

Eine der Ausgangsannahmen der Berichtskommission war nun, dass dieses Modell des
fraglosen Zusammenspiels in der Realität immer brüchiger wird, dass sich die unterschiedlichen Parameter dieses Modells in immer mehr Fällen verändern und daher ein
unmittelbarer Bedarf zur Neuorganisation des Zusammenspiels der verschiedenen Unter-
stützungsangebote für Kinder und ihre Familien entstanden ist.

Eng damit zusammenhängend kann ein dreifaches Defizit diagnostiziert werden: Erstens kann aus der angedeuteten Problematik heraus eine unzureichende Balance zwischen
Beruf und Familie konstatiert werden – insoweit wird unschwer ein diesbezügliches „Be-

treuungsdefizit" deutlich. Zweitens – und über diesen Punkt wurde in der Berichtskommission lange diskutiert, weil er deutungsanfällig ist – besteht auch ein strukturelles „Erziehungsdefizit" aufseiten der Erziehungsberechtigten. Positiv formuliert kann dieses Defizit auch, wie es die Jugendministerkonferenz getan hat (vgl. JMK 2004), mit der Stärkung elterlicher Kompetenzen, also Erziehungskompetenzen umschrieben werden. Drittens, und das ist nicht zuletzt durch die PISA-Studien deutlich geworden, lässt sich auch ein „Bildungsdefizit" feststellen (vgl. PISA-Konsortium Deutschland 2004). Infolgedessen ließ sich die Kommission nicht nur von der Idee eines Modernisierungsbedarfs in allen drei Bereichen – Betreuung, Erziehung und Bildung – leiten, sondern sie ging zugleich davon aus, dass diese Ebenen auch weit mehr in ihrer inneren Verschränkung betrachtet werden müssen, als dies üblicherweise der Fall ist. Ausgangsannahme der Berichtskommission war insoweit eben nicht der Gesichtspunkt, dass es lediglich darum geht, die Betreuungsfrage anders zu regeln oder die Frage der Erziehung mit Blick auf die elterliche Kompetenz verstärkt ins Blickfeld zu rücken; und es ging auch nicht nur um die Bildungsfrage in einem engeren schulischen, einem scholarisierten Sinne. Vielmehr war die Annahme, dass in allen drei Bereichen gleichermaßen ein Reformbedarf auszumachen ist, der auch in seinen inneren Verstrebungen zu beachten ist.

(b) Bildung zwischen Verstärkung und Reduzierung sozialer Ungleichheit: Nicht nur die erste PISA-Studie (vgl. BAUMERT u.a. 2001), sondern auch PISA 2003 (vgl. PISA Konsortium Deutschland 2004) hat gezeigt, dass Deutschland ein erhebliches Problem hat, wenn es um die Überwindung des Zusammenhangs von sozialer Herkunft und individueller Zukunft geht. Wie in kaum einem anderen Land wird Kindern in Deutschland, wenn man den PISA-Befunden folgt, ihre individuelle Zukunft bereits mit in die Wiege gelegt (vgl. EHMKE u.a. 2005). Mehr noch: Das Bildungswesen fungiert diesbezüglich gegenwärtig eher als Verstärker denn als Dämpfer entsprechender sozialer Selektionsprozesse; Schulen verringern nicht, sondern verstärken vielmehr die soziale Kluft. Deshalb stellt sich in dieser Hinsicht die bildungs-, sozial- und kinderpolitisch elementare Frage, wie man aus diesem Teufelskreis von Bildungs- und Sozialarmut herauskommen kann.

Ich will hierzu an ein steuerungstheoretisch weiterführendes Konzept erinnern. Franz-Xaver KAUFMANN (1982) hat typologisch vier Ebenen der gesellschaftlichen Intervention mit Blick auf die Frage unterschieden, wie die Lage von Familien und Personen verbessert werden kann. Dies ist, so vereinfacht seine Unterscheidung, möglich (1) durch Geld, (2) durch Recht, (3) durch die Veränderung der kontextuellen Rahmenbedingungen, etwa der Infrastruktur sowie schließlich (4) durch die Verbesserung der individuellen Handlungskompetenz.

Im Lichte dieser Unterscheidung ist die Sachverständigenkommission davon ausgegangen, dass es mit monetärer Hilfe allein nicht getan ist. Über Geld zu verfügen ist zwar eine notwendige, aber keineswegs hinreichende Bedingung, um den Zusammenhang von sozialer Herkunft und individueller Zukunft im Prozess des Aufwachsens zu durchbrechen. Leitmotivisch war deshalb eine weitere Idee des Berichtes: zu fragen, wie es gelingen könnte, das Aufwachsen so zu organisieren, dass die individuelle Handlungskompetenz der Kinder und Jugendlichen nachhaltig gefördert und zielgerichtet verbessert wird. Die Annahme des 12. Kinder- und Jugendberichts ist in diesem Zusammenhang, dass wohlverstandene Bildung dazu ein entscheidender Schlüssel sein könnte.

Worin aber ist diese Hoffnung begründet? PISA 2003 hat, ähnlich wie bereits die IG-LU-Studie (vgl. BOS u.a. 2003), gefragt, ob die Kinder vor der Einschulung einen Kindergarten besucht haben. Dabei zeigt sich, dass Kinder, die mehr als ein Jahr im Kindergarten waren, bei den genannten Studien signifikant besser abschneiden (vgl. RAUSCHENBACH/ZÜCHNER 2006). Dies ist zwar im strengen Sinne kein Beweis für die Leistungsfähigkeit des Kindergartens, da zum einen die Studien nicht direkt miteinander vergleichbar sind und zum anderen dieses Ergebnis auch damit zusammenhängen könnte, dass es die ohnehin etwas agileren und vom Elternhaus besonders geförderten Kinder sind, die einen Kindergarten besuchen.

Allerdings nimmt dieser Einwand bei Nutzungsquoten von 80 Prozent und mehr (vgl. BIEN/RAUSCHENBACH/RIEDEL 2006) in seiner Bedeutung ab. Es kann deshalb zumindest als ein Indiz angesehen werden, dass eine intensive Zuwendung und Förderung im frühen Alter, etwa im Rahmen guter Kindergärten, sich positiv auf die Bildungsbiographie der Kinder auswirkt. Und es ist zugleich ein wichtiger Anhaltspunkt dafür, dass die Ausrichtung des 12. Kinder- und Jugendberichts auf Bildung – allerdings in einer konsequent erweiterten Form – auch in dieser Hinsicht von Bedeutung sein könnte.

(c) Integrale Angebote als Notwendigkeit und Chance: „Keiner schafft es alleine". Diese dritte Annahme, die den konzeptionellen Horizont des Berichts geprägt hat, geht davon aus, dass weder die Familie noch die Schule unter den Bedingungen einer modernen Gesellschaft allein für das gelingende Aufwachsen von Kindern zuständig sein und verantwortlich gemacht werden können. Die PISA-Studien haben bis zu 25 Prozent „Risiko-Kinder" bzw. „risikogefährdete Kinder" identifiziert, die zwar tagtäglich in die Lernwelten Familie und Schule eingebunden sind, dort aber offenbar nicht ausreichend bzw. wirkungsvoll genug gefördert werden. Letztlich geht der 12. Kinder- und Jugendbericht deshalb davon aus, dass auch Familie und Schule zusammen – in ihrer bisherigen Form – nicht mehr durchgängig und ohne weitere Unterstützung in der Lage sind, Kindern und Jugendlichen die erforderlichen Rahmenbedingungen zum gelingenden Aufwachsen zu bieten.

Dies hängt nicht zuletzt damit zusammen, dass unsere Gesellschaft einfach unterstellt, dass es schon irgendwie klappen wird, dass das, was für Heranwachsende in ihrem späteren Leben wichtig werden könnte, ihnen in der Familie bzw. durch die Familie mit auf ihren Lebensweg gegeben wird. Vor diesem Hintergrund war es eine Annahme des 12. Kinder- und Jugendberichts, dass Art und Intensität des Zusammenspiels der verschiedenen Akteure, die in modernen Gesellschaften an Bildungsprozessen beteiligt sind, zumindest thematisierungsbedürftig und ggf. sogar neu zu konzipieren ist, verbunden mit dem Ziel, allen Kindern und Jugendlichen verbesserte Gelegenheiten zu eröffnen, im Prozess des Aufwachsens jene Dinge zu lernen, die sie für eine eigenständige Lebensführung in all ihren Dimensionen, in Beruf und Familie, vor, während und nach der Erwerbsphase, in öffentlichen und privaten Räumen des Lebens tatsächlich benötigen.

3   Bausteine eines erweiterten Bildungskonzepts

Auf der Grundlage dieser Ausgangsannahmen lassen sich die konzeptionellen Überlegungen der Sachverständigenkommission ausbuchstabieren, die in den Bericht eingeflossen sind. Ziel war es, im Lichte des Zusammenspiels von Bildung, Betreuung und Erziehung ein erweitertes Bildungskonzept zu entwickeln, das sich als pragmatische Leitidee des 12. Kinder- und Jugendberichts in praktischer Absicht eignet und auch außerhalb bildungstheoretischer Spezialdiskurse kommunizierbar ist. Infolgedessen würde die Messlatte einer historisch-systematischen Einordnung demgegenüber ebenso zu hoch liegen wie der Anspruch disziplinärer Klarheit: insoweit wurde auch der Bildungsbegriff selbst nicht in all seinen Facetten mit Blick auf andere denkbare Begriffe gegen legitime Einwände abgesichert. Dazu sind die Möglichkeiten einer Kommissionsarbeit zu beschränkt, sind die zeitlichen und fachlichen Grenzen zu eng, ist der nicht-disziplinäre Kontext der Kommission zu offenkundig, als dass Fragen dieser Art auf einem derartigen Niveau im Rahmen eines Berichts zufriedenstellend bearbeitet werden könnten. Die konzeptionellen Bausteine eines erweiterten Bildungskonzeptes lassen sich in insgesamt sechs Punkten nachzeichnen (vgl. dazu auch RAUSCHENBACH 2006).

(a) Bildungsbiographischer Zugang: Für die notwendig werdende Neujustierung und für die damit einhergehende Veränderung in Form des quantitativen Ausbaus und des qualitativen Umbaus der öffentlichen Bildungs-, Betreuungs- und Erziehungsangebote rückt der Bericht den subjektgebundenen Horizont der Bildung im Lebenslauf in den Vordergrund und zeichnet – soweit dies möglich ist – die biographische Entwicklung, die Bildungsbiographie der Kinder und Jugendlichen nach. Mit diesem Referenzpunkt soll die gedankliche Engführung überwunden werden, die ein institutioneller oder arbeitsfeldspezifischer Blick – ob aus der Sicht des Kindergartens, der Jugendarbeit oder der Schule – notgedrungen mit sich bringt. Nur so ist es möglich, im Prozess des Aufwachsens die gesamte Bildungsbiographie, die Übergänge, die Brüche, die Verfestigungen, aber auch die Neutralisierungen und die Zusammenhänge zwischen den Lebensabschnitten und Lernwelten gezielt ins Blickfeld zu rücken. Von dieser Perspektive aus lassen sich die vorhandenen institutionellen Settings bzw. die wichtigen und die weniger wichtigen am Bildungsgeschehen von Kindern beteiligten Akteure unter die Lupe nehmen, lässt sich ihre Selbstreferenzialität überwinden sowie ihre Leistungsfähigkeit unter einem anderen Blickwinkel überprüfen.

Mit anderen Worten: Nicht die Bildungsinstanzen werden im 12. Kinder- und Jugendbericht in den Mittelpunkt gerückt, sondern die Bildungsverläufe und Bildungsbiographien im Prozess des Aufwachsens. Die internationalen Leistungsvergleichsstudien wie PISA oder IGLU haben mit ihrer konsequenten Ausrichtung an Personen – und eben nicht an Institutionen – dies in gewisser Weise vorgemacht, indem die Kompetenzen der Kinder und Jugendlichen – und nicht etwa formale Schulabschlüsse – zum Maßstab der Beurteilung wurden.

Folgerichtig kommt es dem Bericht auch darauf an, das Bildungsgeschehen von seinen biographischen Ergebnissen, von den realisierten Prozessen her, also, wenn man so will, von seinem „Output" her zu beurteilen und nicht nur auf den Input, sprich: auf das zu schauen, was an Handlungszielen im Binnenhorizont der Bildungsinstitutionen *angestrebt* wird. Nicht die gefühlte, die erhoffte Bildung ist mithin Referenzpunkt dieser Art des Zugangs, sondern – so weit möglich – die *tatsächlichen* Bildungsleistungen, die gelungenen ebenso wie die misslungenen Bildungsvollzüge bilden den Maßstab der Argumentation. Mit diesem Selbstverständnis korrespondiert ein sozialwissenschaftliches Bildungskonzept, das vergleichsweise pragmatisch nach den realen Bildungsgegebenheiten, Bildungsorten und Bildungsprozessen fragt, also einer empirisch fassbaren Realität von bildungsbezogenen Vermittlungs- und Aneignungsprozessen auf die Spur zu kommen versucht – und das theoretisch weitaus weniger abgesichert, als dies im wissenschaftlichen Kontext ansonsten vielleicht üblich ist.

(b) Topographie der Bildungsorte: Im Lichte derartiger Überlegungen rückt der Bericht nicht nur die „offiziell" vorgesehenen Bildungsorte in den Mittelpunkt der Aufmerksamkeit, sondern kehrt die Blickrichtung um, indem er versucht, mittels einer sozialen Topographie, möglichst alle relevanten Bildungsorte, Lernwelten und -gelegenheiten zu identifizieren. Richtet man diese am biographischen Verlauf des Aufwachsens von Kindern aus, so wird rasch klar, dass eine sich im Laufe des Aufwachsens ständig vermehrende Vielfalt an Bildungsorten und Lernwelten beachtet werden muss, an denen potenziell Bildungsprozesse von Kindern und Jugendlichen zustande kommen. Insofern können diese als bildungsrelevante Orte für Kinder Bedeutung erlangen.

Zu Beginn der kindlichen Entwicklung nimmt die Familie eine alles überragende, fast alles umfassende Rolle ein (vgl. BÜCHNER/KRAH 2006), ergänzt nach einigen Monaten oder Jahren – je nach Familie – um Frühförderangebote und Kindertagesbetreuung. Im Verlauf des Älterwerdens kommen mit der Schule und – in vielen Fällen – der Jugendarbeit, den Gleichaltrigengruppen (vgl. SCHRÖDER 2006), den kommerziellen Freizeitangeboten, der Nachhilfe, den Schülerjobs (vgl. TULLY 2006) sowie vor allem den Medien (vgl. PIETRAß/SCHMIDT/TIPPELT 2005) aber nach und nach weitere Lernwelten hinzu. An all diesen Orten entwickeln Kinder und Jugendliche mehr oder minder ausgeprägt Kompetenzen, die sie für eine selbstständige Lebensführung benötigen. Und dennoch fällt auf, wie wenig diese Orte und Welten unter Bildungsgesichtspunkten betrachtet werden. Insbesondere die Familie oder die Gleichaltrigengruppe ist bislang als Bildungswelt kaum untersucht, geschweige denn systematisch ins Blickfeld gerückt worden (vgl. als Ausnahme Wissenschaftlicher Beirat für Familienfragen 2002; BÜCHNER/BRAKE 2006).

(c) Kompetenzbereiche und Weltbezüge: Bildung, so die dem Bericht zugrunde gelegte Annahme, ist mehrdimensional, lässt sich in wenigstens vier Weltbezüge und Kompetenzbereiche unterteilen. Entsprechend müssen die Bildungsinstitutionen und -orte dahingehend befragt werden, welche Chancen und Möglichkeiten sie jeweils für Kinder und Jugendliche zum Erwerb dieser Kompetenzbereiche eröffnen. Folgt man einer solchen Sichtweise, dann liegt die Schlussfolgerung nahe, dass ein Nebeneinander bestehender Bildungsinstitutionen, abgegrenzt nach unterschiedlichen Zuständigkeiten, getrennten Rechtssystemen, verschiedenen föderalen Ebenen und Zuständigkeiten, für den Prozess des Aufwachsens nicht förderlich ist, da das unverbundene und nicht aufeinander abgestimmte Nebeneinander weder gewährleisten kann, dass die verschiedenen Kompetenzbereiche tatsächlich gleichermaßen zur Geltung kommen, noch, dass sie sich in ihrer Wirkung wechselseitig verstärken.

Der Bericht unterscheidet – in loser Anlehnung an Jürgen HABERMAS' *Theorie des kommunikativen Handelns* – vier Weltbezüge: die Bezüge zu einer kulturellen, sozialen, subjektiven und materiell-dinglichen Welt (vgl. HABERMAS 1981) und damit auch vier Dimensionen der Weltaneignung. Daran ausgerichtet wird Bildung als Prozess des Kompetenzerwerbs in diesen vier verschiedenen Bereichen verstanden. Dabei geht es um:

– *kulturelle Kompetenzen* im Sinne der Fähigkeit, sich die Welt mittels Sprache und anderer Symbole zu erschließen, sie deutend und interpretierend verstehen zu können;
– *instrumentelle Kompetenzen* als Fähigkeit, sich in der Welt der Natur, der Waren und Produkte, in der dinglichen Welt handelnd bewegen zu können;
– *soziale Kompetenzen* im Sinne der Fähigkeit, sich mit der sozialen Mitwelt, mit Mitmenschen handelnd auseinander zu setzen, am Gemeinwesen teilhaben und soziale Verantwortung übernehmen zu können;

– *personale Kompetenzen* als Fähigkeit, mit sich selbst, seiner eigenen Gedanken- und Gefühlswelt, seiner eigenen Körperlichkeit, Emotionalität und Expressivität umgehen zu können.

Insoweit plädiert der 12. Kinder- und Jugendbericht für ein Bildungskonzept, das unterschiedliche Dimensionen zu vereinen sucht und diese zumindest in ihrer Relevanz für eine Selbstregulations- und Lebensführungskompetenz zusammen denkt.

(d) Informelle Lern- und Bildungsprozesse: Das Zustandekommen von Bildungsprozessen in diesen Kompetenzbereichen lässt sich nicht nur auf offizielle Anlässe, entsprechend ausgewiesene Orte und dafür vorgesehene Formen und Zeiträume beschränken. In diesem Sinne lassen sich die Grenzen von Bildungsprozessen nicht markieren, kennen Bildungsprozesse keine zeitliche, räumliche oder sachliche Eingrenzung. Infolgedessen ist es auch sinnvoll – etwas anders als in der bisherigen Diskussion (vgl. MÜNCHMEIER/ OTTO/RABE-KLEBERG 2002; OTTO/RAUSCHENBACH 2004; RAUSCHENBACH u.a. 2004; BARTHELMES/DÜX/SASS 2005) –, zwischen formalen und non-formalen Settings einerseits sowie zwischen formellen und informellen Prozessen andererseits zu unterscheiden, da auf diese Weise Orte und Formen des Lernens unterscheidbar werden und die Formenvielfalt sowie die (latente) Potenzialität unterschiedlicher Anlässe und Gelegenheiten besser sichtbar wird. Zugleich verdeutlicht diese terminologische Unterscheidung, dass Bildung eben *nicht nur* auf die dafür vorgesehenen Orte und die formellen Lernprozesse reduziert werden kann. Oder noch zugespitzter formuliert: Im Grunde genommen muss man die vier Fragen, *wo*, *wie*, *was* und *wann* gelernt wird, jeweils gesondert beantworten, wenn man die Dynamik realer Lern- und Bildungsprozesse verstehen und entschlüsseln will.

Vor dem Horizont dieser Annahme skizziert der Bericht gewissermaßen eine Typologie möglicher Bildungsmodalitäten von Kindern und Jugendlichen. Bildungssettings, die im Alltag von Kindern und Jugendlichen vorkommen, besitzen vielfach eine große Bandbreite. So ist auf der einen Seite der schulische Fachunterricht ein klassisches Beispiel für formelle Bildungsprozesse in einem formalen Setting; hier wird Lernen vorbereitet, gezielt unterrichtet, wird mithin systematisch gelernt und geübt, mit anschließender Lernkontrolle. Auf der anderen Seite lassen sich zwanglose Gespräche im Familienalltag lokalisieren. Auch in diesem non-formalen Setting finden unter Umständen informelle Bildungsprozesse im Sinne eines Kompetenzerwerbs statt, wenn etwa am Küchentisch politische Ereignisse diskutiert, soziale Zusammenhänge erklärt oder Beziehungskonflikte geklärt werden, ohne dass dieser Lernort eigens gestaltet, die Form des Lernens gezielt verabredet wird.

Zwischen diesen verschiedenen Polen liegt eine Vielzahl von Prozessen, Lerngelegenheiten und Bildungsmodalitäten, die in einer Typologie zwischen *formalen* und *non-formalen Settings* in der einen Dimension sowie *formellen* und *informellen Bildungsprozessen* in der anderen Dimension unterschiedlich eingeordnet werden können.

(e) Bildung als Ko-Produktion: Bildungsprozesse können nur in einem Modus der Ko-Produktion angemessen beschrieben werden; bloße Konsumentenmodelle taugen zur Beschreibung von Bildungsprozessen ebenso wenig wie eindimensionale Produzentenmodelle. Das heißt: Arrangierte Bildungssettings müssen auf der einen Seite in Rechnung stellen, dass Lernende selbst konstitutiv am Bildungsgeschehen zu beteiligen sind, dass sie allerdings auf der anderen Seite auch gezielte Lernstimuli und gestaltete Lernumge-

bungen benötigen, wenn erfolgreiche Bildungsprozesse mit erhöhter Wahrscheinlichkeit zustande kommen sollen.

Dabei sollten sich öffentliche Bildungsangebote auf die Verwirklichung von zumindest drei Zielen richten: erstens, dass Kinder und Jugendliche als handelnde Akteure so kompetent werden, dass sie den kulturellen, sozialen, subjektiven und materiell-dinglichen Herausforderungen der Zukunft gewachsen sind; zweitens, dass herkunftsbedingte ungleiche Ausgangsbedingungen so weit wie möglich ausgeglichen werden; und drittens, dass die je nachfolgende Generation dazu befähigt wird, an der demokratischen Gestaltung des bestehenden Gemeinwesens verantwortlich mitzuwirken.

Diese Ziele können nur erreicht werden, wenn Bildung nicht nur als einseitiger Akt einer mehr oder minder passiven Wissensvermittlung verstanden wird, sondern Kinder und Jugendliche als Ko-Produzenten ihrer eigenen Bildungsprozesse begriffen und deshalb als Akteure des Geschehens aktiv einbezogen werden. Es braucht demzufolge die aktive Mitwirkung der Lernenden, es sind aber auch Impulse von außen, von dritter Seite notwendig, um Bildungsprozesse anzustoßen und überhaupt wahrscheinlich zu machen. Dazu müssen die Inhalte, die Lernmodalitäten und die Lerngegenstände aber biographisch anschlussfähig, mithin auf die Individuen mit ihrer jeweiligen Ausgangslage und ihrer speziellen Bildungsbiografie zugeschnitten sein. Und hierfür bedarf es eben auch einer verbesserten Abstimmung zwischen den verschiedenen handelnden Akteuren.

(f) Trias von Bildung, Betreuung und Erziehung: Ein Kernproblem des Aufwachsens in der Gegenwartsgesellschaft, so eine weitere Annahme des Berichts, ist die Separierung und institutionelle Aufteilung von Bildung, Betreuung und Erziehung. Auch hier wiederum pointiert formuliert: In ihrer jeweiligen öffentlichen Leistungszuschreibung wird *Familie* mit Blick auf Kinder zu häufig mit *Erziehung, Schule* mit *Bildung* und der *Kindergarten* bzw. die *Kinder- und Jugendhilfe* mit *Betreuung* gleichgesetzt. Und mit Blick auf die pädagogischen Aufgaben in der Kindheit wird der Kinderpflegerin die Aufgabe der Betreuung, der Erzieherin die Aufgabe der Erziehung und der Schule schließlich die Aufgabe der Bildung zugeordnet.

Eine in dieser Weise jeweils eindimensionale Paarbildung führt nicht nur zu einer Verengung der jeweiligen Potenziale, sondern es wird damit zugleich eine künstliche Trennung aufgebaut, die weder den tatsächlichen Entwicklungsverläufen von Kindern und Jugendlichen noch den realen Leistungen der jeweiligen Akteure gerecht wird. Nicht zuletzt deshalb bedarf es eines besser aufeinander abgestimmten Zusammenspiels von Bildung, Betreuung und Erziehung, um so die Schwächen des heutigen Erziehungs-, Bildungs- und Betreuungswesens zu überwinden.

Dabei geht im Verständnis der Berichtskommission die *Betreuung* über eine zeitweilige Zuständigkeitsverlagerung des „Kinderhütens" von der Familie auf öffentliches Personal deutlich hinaus. Angelehnt an den englischen Begriff *„care"*, meint *Betreuung* neben der physischen Versorgung, Ernährung und Pflege der Kinder, auch deren soziale Unterstützung, umfasst die emotionale Zuwendung und Unterstützung sowie den Aufbau von Bindungen bzw. persönlichen Beziehungen.

Erziehung besitzt als Recht und Pflicht der Eltern in Deutschland Verfassungsrang. Trotzdem kann nicht selbstverständlich davon ausgegangen werden, dass dieses Recht und diese Pflicht auch problemlos realisiert werden können, d.h. dass Eltern in der Lage sind, diese Erziehungspflicht auch kompetent, kind- und sachgerecht umzusetzen. Problembelastete Biographien von Kindern und Jugendlichen, das Ausmaß der PISA-„Risikogruppen" sowie steigendes öffentliches Interesse nach Hilfe und Beratung in Erziehungsfragen legen nahe (zur Debatte über „Super-Nanny" vgl. WAHL/HEES 2006), über Möglichkeiten der Stärkung von Erziehungskompetenzen nachzudenken. Zugleich muss der Begriff selbst seinen – außerhalb der Erziehungswissenschaft – etwas zwiespältigen Beigeschmack überwinden. Wenn Erziehung stärker unter dem Gesichtspunkt einer Entwicklung personaler Identität, einem wertgebundenen Habitus, einer Orientierungskompetenz sowie der Herausbildung einer eigenen moralischen Urteilskraft verstanden wird, wird unschwer sichtbar, dass es sich dabei – neben Bildung und Betreuung – um eine nach wie vor elementare und unverzichtbare Dimension im Aufwachsen von Kindern und Jugendlichen handelt.

Wird schließlich *Bildung*, wie hier knapp skizziert, sehr viel konsequenter auf alle vier Dimensionen der Weltaneignung ausgerichtet und damit in einem erweiterten Sinne verstanden, so entfaltet dieser Begriff eine über seine schulische, scholarisierte, wissensdominierte Komponente hinausweisende Potenzialität und wird zu einem elementaren Baustein des menschlichen Aufwachsens und der Lebensführung. Erst in diesem Horizont wird dann erkennbar, dass im Prozess des Aufwachsens alle drei Dimensionen der Bildung, Betreuung und Erziehung gleichermaßen von Bedeutung sind, mehr noch: dass erst in ihrem Zusammenspiel ein Höchstmaß an Förderung von Kindern und Jugendlichen möglich wird.

4 Folgen für die (Erziehungs-)Wissenschaft – Bilanz und Perspektiven

Wie eingangs erwähnt, ist der 12. Kinder- und Jugendbericht kein wissenschaftlicher Text, schon gar nicht ein Beitrag zur disziplinären Weiterentwicklung des (erziehungs-)wissenschaftlichen Wissens. Und dennoch kann er, gewissermaßen im Sinne eines Re-Imports aus der Sicht der Profession, einige Anregungen geben, in welche Richtung die wissenschaftliche Entwicklung von außen betrachtet gehen müsste. Ich sehe hier vor allem drei Anschlussstellen, die ich abschließend skizzieren will.

(a) Gegenwärtig hat in Deutschland unübersehbar die empirische Bildungsforschung Hochkonjunktur. Wie nie zuvor kommt ihr die Rolle zu, auf empirischer Basis vor allem die traditionellen Instanzen des Bildungssystems, allen voran die Schule, auszuloten, deren Leistungsfähigkeit zu evaluieren. Über diese neue, fast uneingeschränkte Definitionsmacht hat es innerhalb der Erziehungswissenschaft in jüngerer Zeit erhebliche Kontroversen gegeben (vgl. FROST 2006). Diese zielen vor allem auf die einseitige Ausrichtung bildungspolitischer Entscheidungen auf die messbaren, oder richtiger: auf die gemessenen Teile des Bildungsgeschehens, die in der Folge dann zu einer wissenschaftspolitischen Neuformatierung der Erziehungswissenschaft als Bildungsforschung bzw. Bildungswissenschaft führt.

Aus der Sicht des 12. Kinder- und Jugendberichts wäre im Kontext dieser Debatte ein weiterer Gesichtspunkt ins Blickfeld zu rücken. So hat die Sachverständigenkommission am Ende des Berichts empfohlen, zwar ebenfalls die empirische Bildungsforschung auszubauen, dabei aber insbesondere die *vor- und außerschulische*. Insbesondere in diesem Bereich fehlt es an elementarer empirischer Forschung über die Bedeutung, die Zusammenhänge und die Wirkungsweisen dieser Lern- und Bildungsorte vor und neben der Schule. Dieser Mangel an belastbaren und kontinuierlich aufbereiteten Ergebnissen für den non-formellen und informellen Bereich zeigt sich auch in dem erstmalig erschienenen gemeinsamen Bildungsbericht (vgl. Konsortium Bildungsberichterstattung 2006). Vor diesem Hintergrund wäre insbesondere die Erziehungswissenschaft aufgerufen, diesem Bedarf nach einer entsprechenden Ausweitung der Bildungsforschung Rechnung zu tragen, da nur so sichergestellt werden könnte, dass eine zu einseitige Inblicknahme der Schule überwunden wird.

(b) Wenn man sich die hier entfalteten Überlegungen eines neuen Zusammenspiels unterschiedlicher Akteure im Bildungsgeschehen und im Prozess des Aufwachsens vergegenwärtigt, dann spricht einiges dafür, dass die wechselseitigen Spezialisierungen und Abschottungen im Rahmen erziehungswissenschaftlicher Teildisziplinen neu überdacht werden müssen. Zu selbstreferenziell und strukturell zu ignorant gegenüber den Einsichten und Entwicklungen jenseits der eigenen thematischen Akzente sind hierbei Allgemeine Pädagogik, Pädagogik der frühen Kindheit, Schulpädagogik und Sozialpädagogik gleichermaßen. Gerade die mentale und diskursive Trennung der real existierenden Zusammenhänge in den Bildungsbiographien von Kindern und Jugendlichen unterstützt und verstärkt ungewollt eine Zersplitterung, verdoppelt den Prozess der Fragmentierung in den Wissenssystemen. Infolgedessen könnten neue Formen der Kooperation, der Vernetzung, des Dialogs zwischen den einzelnen Teildisziplinen der gesamten Debatte einen neuen Schub und eine neue Qualität verleihen.

(c) Die Arbeit der Sachverständigenkommission hat mehr als deutlich gemacht, dass es mit Blick auf die im Bericht zentral angesprochenen Begriffe einer neuen, anders ausgerichtete Verständigung über wissenschaftsbasierte Kategoriensysteme – d.h. sorgfältig entfaltete und in einem geklärten Verhältnis zueinander stehende Grundbegriffe – und ihrer Relevanz für empirische Sachverhalte bedarf. Zu lange und zu unfruchtbar haben sich vor diesem Hintergrund Bildungsphilosophie und Bildungsforschung, haben sich innerhalb des Wissenschaftssystems – mit Blick auf Bildung und andere Grundkategorien – Theorie und Empirie unverbunden nebeneinander her bewegt. Wenn es der Erziehungswissenschaft künftig besser gelingen soll, jenseits von Entwicklungspsychologie und Sozialisationstheorie eine eigene, gedankliche wie empirische Hoheit über die Prozesse des Aufwachsens zu erlangen, dann muss sie in anderer Weise als bisher über ihren Schatten springen und das Wagnis einer grundbegrifflichen Neujustierung im Lichte empirischer und evidenzbasierter Befunde eingehen, in dem sich Empirie und Theorie wechselseitig befruchten, anstatt sich sprachlos voneinander abzugrenzen.

Egal, ob man den semantischen Codierungen des 12. Kinder- und Jugendberichts – zwischen Bildung, Betreuung und Erziehung, zwischen formalen und non-formalen Settings, zwischen formellen und informellen Bildungsprozessen, zwischen kulturellen, instrumentellen, sozialen und personalen Kompetenzen, um nur einige zu nennen – folgen kann und will: Unstrittig dürfte sein, dass es sich dabei um hochrelevante empirische Sachverhalte handelt, die gedanklich wie empirisch künftig besser als bisher aufeinander bezogen werden müssen. Insoweit kann die (Erziehungs-)Wissenschaft zwar nicht vom 12. Kinder- und Jugendbericht lernen, sie kann aber angeregt werden, ihr Verhältnis untereinander und das Verhältnis zwischen Profession und Disziplin neu zu überdenken. Und das wäre schon viel.

Literatur

BARTHELMES, J./DÜX, W./SASS, E. (2005): Lernen: informell. In: DJI Bulletin Plus, H. 73, S. 1-4.

BAUMERT, J./KLIEME, E./NEUBRAND, M./PRENZEL, M./SCHIEFELE, U./SCHNEIDER, W./STANAT, P./TILL-MANN, K.-J./WEIß, M. (Hrsg.) (2001): PISA 2000: Basiskompetenzen von Schülerinnen und Schülern im internationalen Vergleich. – Opladen.

BIEN, W./RAUSCHENBACH, TH./RIEDEL, B. (Hrsg.) (2006): Wer betreut Deutschlands Kinder? DJI-Kinderbetreuungsstudie. – Weinheim und Basel.

Bundesministerium für Familie, Senioren, Frauen und Jugend (Hrsg.) (2002): Elfter Kinder- und Jugendbericht. Bericht über die Lebenssituation junger Menschen und die Leistungen der Kinder- und Jugendhilfe in Deutschland. – Berlin.

Bundesministerium für Familie, Senioren, Frauen und Jugend (Hrsg.) (2005): Zwölfter Kinder- und Jugendbericht. Bildung, Betreuung und Erziehung vor und neben der Schule. – Berlin.

BOS, W./LANKS, E.-M./PRENZEL, M./SCHWIPPERT, K./WALTHER, G./VALTIN, R. (Hrsg.) (2003): Erste Ergebnisse aus IGLU. – Münster.

BÜCHNER, P./BRAKE, A. (Hrsg.) (2006): Bildungsort Familie. Transmission von Bildung und Kultur im Alltag von Mehrgenerationenfamilien. – Wiesbaden (im Erscheinen).

BÜCHNER, P./KRAH, K. (2006): Der Lernort Familie und die Bildungsbedeutsamkeit der Familie im Kindes- und Jugendalter. In: RAUSCHENBACH, TH./DÜX, W./SASS, E. (Hrsg.): Informelles Lernen im Jugendalter. Vernachlässigte Dimensionen der Bildungsdebatte. – Weinheim und München, S. 123-154.

EHMKE, T./SIEGLE, T./HOHENSEE, F. (2005): Soziale Herkunft im Ländervergleich. In: PISA-KONSORTIUM DEUTSCHLAND (Hrsg.): PISA 2003. Der zweite Vergleich der Länder in Deutschland – Was wissen und können Jugendliche. – Münster, S. 235-268.

FROST, U. (Hrsg.) (2006): Unternehmen Bildung. Die Frankfurter Einsprüche und Kontroversen Positionen zur aktuellen Bildungsreform. Vierteljahresschrift für wissenschaftliche Pädagogik. Sonderheft. – Paderborn, München, Wien, Zürich.

HABERMAS, J. (1981): Theorie des kommunikativen Handelns. – Frankfurt/M.

Jugendministerkonferenz (2004): Ergebnisse der Jugendministerkonferenz vom 13. und 14. Mai in Gütersloh. URL: http://bildungsportal.nrw.de – Download vom 23.01.2006.

KAUFMANN, F.-X. (1982): Staatliche Sozialpolitik und Familie. – München.

Konsortium Bildungsberichterstattung (2006): Bildung in Deutschland. Ein indikatorengestützter Bericht mit einer Analyse zu Bildung und Migration. – Bielefeld.

MÜNCHMEIER, R./OTTO, H.-U./RABE-KLEBERG, U. (Hrsg.) (2002): Bildung und Lebenskompetenz. – Opladen.

OTTO, H.-U./RAUSCHENBACH, TH. (Hrsg.) (2004): Die andere Seite der Bildung. Zum Verhältnis von formellen und informellen Bildungsprozessen. – Wiesbaden.

PIETRAß, M/SCHMIDT, B./TIPPELT, R. (2005): Informelles Lernen und Medienbildung. Zur Bedeutung soziokultureller Voraussetzungen. In: Zeitschrift für Erziehungswissenschaft, H. 3, S. 412-426.

PISA-Konsortium Deutschland (Hrsg.) (2004): PISA 2003. Der Bildungsstand der Jugendlichen in Deutschland. Ergebnisse des zweiten internationalen Vergleichs. – Münster.

RAUSCHENBACH, TH. (2002): Qualifizierte Politikberatung: Erfordernisse und Möglichkeiten einer fachlich-politischen Berichterstattung. In: Arbeitsgemeinschaft für Jugendhilfe (AGJ) (Hrsg.): Berichterstattung als Politikberatung. Entwicklungen und Wirkungen der Jugendberichte in Deutschland. – Berlin, S. 227-240.

RAUSCHENBACH, TH. (2006): Bildung, Betreuung und Erziehung vor und neben der Schule – Ergebnisse des 12. Kinder- und Jugendberichts. In: KÖNIG, J./OERTHEL, CH./PUCH, H.-J. (Hrsg.): Visionen sozialen Handelns. ConSozial 2005. – München, S. 100-113.

RAUSCHENBACH, TH./LEU, H. R./LINGENAUBER, S./MACK, W./SCHILLING, M./SCHNEIDER, K./ZÜCHNER, I. (2004): Konzeptionelle Grundlagen für einen Nationalen Bildungsbericht – Non-formale und informelle Bildung im Kindes- und Jugendalter, Reihe Bildungsreform, Bd. 6. Herausgegeben vom Bundesministerium für Bildung und Forschung. – Bonn.

RAUSCHENBACH, TH./ZÜCHNER, I. (2006): Ungleichheit im Elementarbereich. Erscheint in: FISCHER, D./ELSENBAST, V. (Hrsg.): Allen das Gleiche oder für jeden anderes? Beiträge zur Gerechtigkeit im Bildungssystem. – Münster.

SCHRÖDER, A. (2006): Cliquen und Peers als Lernort im Jugendalter. In: RAUSCHENBACH, TH./DÜX, W./SASS, E. (Hrsg.): Informelles Lernen im Jugendalter. Vernachlässigte Dimensionen der Bildungsdebatte. – Weinheim und München, S. 173-202.

TULLY, C. (2006): Lernen im Nebenjob. In: RAUSCHENBACH, TH./DÜX, W./SASS, E. (Hrsg.): Informelles Lernen im Jugendalter. Vernachlässigte Dimensionen der Bildungsdebatte. – Weinheim und München, S. 155-172.

WAHL, K./HEES, K. (Hrsg.) (2006): Helfen „Super Nanny" und Co.? – Weinheim und Basel.

Wissenschaftlicher Beirat für Familienfragen (2002): Kinder und ihre Kindheit in Deutschland. Eine Politik für Kinder im Kontext von Familienpolitik. Schriftenreihe des Bundesministeriums für Familie, Senioren, Frauen und Jugend, Band 154. – Stuttgart, Berlin und Köln.

Anschrift des Verfassers: Prof. Dr. Thomas Rauschenbach, Deutsches Jugendinstitut e.V., Nockherstraße 2, 81541 München, e-mail: rauschenbach@dji.de

Wolfgang Tietze

Bildung, Betreuung und Erziehung vor der Schule

Analysen und Befunde des 12. Kinder- und Jugendberichts

Zusammenfassung
Der Beitrag thematisiert Inhalte, Probleme und Empfehlungen des 12. Kinder- und Jugendberichts mit Fokus auf den Bereich „Bildung und Erziehung vor der Schule". Angesprochen werden das dem Bericht zugrunde liegende Bildungsverständnis in seiner Auslegung für frühe Bildung, die Bedeutung der Bildungsorte Familie, Tagespflege und Kindertageseinrichtung für Entwicklung und Bildung der Kinder wie auch Probleme der Erreichbarkeit bestimmter Zielgruppen. Neben der Analyse der öffentlichen Angebote werden Ausbauszenarien unter quantitativen wie qualitativen Gesichtspunkten einschließlich darauf bezogener Kostenschätzungen vorgestellt. Den Abschluss des Beitrags bilden Informationen zur Datenlage im Bereich früher Bildung sowie eine Zusammenfassung der Kernempfehlungen für den quantitativen und qualitativen Ausbau und ein Qualitätsmonitoring.

Summary
Education, Supervision and Upbringing Before Schooling: Analysis and findings of the 12th Children and Youth Report
This contribution deals with content, issues and recommendations of the 12th Children and Youth Report with a focus on the area „education and upbringing before schooling". It will look at the interpretation of education, which is the basis of the report, and its significance regarding early education, the family as a place of learning, daycare and children's day-centers for development and education of children and also issues of reaching specific target groups. Besides an analysis of the current public provisions, scenarios for an extension of provision will be presented, which look at both the quantitative and qualitative aspects and include estimates of the associated costs. The concluding section focuses on an evaluation of data availability for the area of early learning and a summary of key recommendations for the quantitative and qualitative extension of provision and the monitoring of quality.

Schlüsselwörter: Frühe Bildung, pädagogische Qualität, Familienunterstützung, Tagespflege, Kindertageseinrichtungen, Kosten

Keywords: early education; pedagogic quality; family support; family day-care; day-care centers; costs

1 Einleitung

Aus dem Auftrag des 12. Kinder- und Jugendberichts, „Bildung und Erziehung außerhalb der Schule" zu beleuchten, der von der Sachverständigenkommission als Auftrag interpretiert wurde, Fragen der Bildung und Erziehung *vor und neben der Schule* zu untersuchen, wird in diesem Beitrag der Bereich *vor* der Schule thematisiert. Dieser Bereich stellt sich tendenziell homogener dar als der im Beitrag von Krüger/Rauschenbach in diesem Heft behandelte Bereich der Bildung, Betreuung und Erziehung neben der Schule. Allerdings trifft auch hier zu, dass die Daten- und Forschungslage nicht befriedigen kann. Dies gilt im Hinblick auf quantitative Aspekte der Bildung, Betreuung und Erziehung, mehr noch aber im Hinblick auf die Qualität der Angebote wie auch in Bezug auf Kostenfragen.

Mit Blick auf den dem Gesamtbericht zugrunde liegenden *erweiterten Bildungsbegriff* sind für die Bereiche *vor* der Schule und *neben* der Schule gleichsam gegensätzliche Ausgangspunkte festzumachen. Für Kinder im Schulalter wird üblicherweise ein schulisch verengter, auf Fächer ausgelegter Bildungsbegriff unterlegt, für den die Aspekte der Betreuung und Erziehung eher fremd sind. Für Kinder im Vorschulalter dagegen werden die Angebote traditionell unter dem Gesichtspunkt der Betreuung und Erziehung betrachtet; der Bildungsgedanke, im Sinne von Bildung von Anfang an, ist für diese Angebote nicht selbstverständlich und nicht durchgehend gefestigt. Insofern bewegen sich die beiden Stränge Bildung vor und neben der Schule von unterschiedlichen Ausgangspunkten auf ein konzeptionell gemeinsames Ziel zu.

Im Folgenden sollen vier Schwerpunkte angesprochen werden, die auch Schwerpunkte des Berichts sind, soweit er sich mit der *frühen Bildung* befasst. In einem ersten Abschnitt werden *Ausführungen zur frühen Bildung* gemacht, wie sie dem Verständnis dieses Berichts zugrunde liegen. Es folgen Ausführungen zu den für das Vorschulalter zentralen Bildungsorten bzw. -umwelten *Familie, Tagespflege* und *Kindertageseinrichtung*. Beleuchtet werden dabei quantitative Aspekte, Fragen der *Nutzung* und des *Ausbaus* wie auch *qualitative Aspekte*, d.h. Fragen gegebener pädagogischer Qualität und der Qualitätsverbesserung. Quantitativer Ausbau wie qualitative Verbesserung sind mit *Kosten* verbunden. Von daher bilden Kosten und mit Kostenschätzungen verbundene Fragen im Frühkindbereich einen weiteren Schwerpunkt. Auch wenn die Daten- und Forschungslage für den Bereich *vor* der Schule sich tendenziell günstiger darstellt als für den Strang *neben* der Schule, kann auch hier die Datenlage nicht befriedigen. In einem gesonderten Abschnitt sollen einige darauf bezogene Fragen angesprochen werden. Den Abschluss bilden Kernempfehlungen, die die Sachverständigenkommission für die Weiterentwicklung des öffentlichen Systems früher Bildung, Betreuung und Erziehung ausgesprochen hat.

2   Frühe Bildung

Als der Deutsche Bildungsrat (1970) in seinem Strukturplan für das Bildungswesen den Kindergarten zur Elementarstufe des Bildungswesens erklärte, wurde damit erstmals der Bildungsanspruch im vorschulischen Bereich etabliert und eine bis dahin verbreitete Schonraum-Pädagogik kritisiert. Kurz zuvor noch hatte eine der tonangebenden Kindergartenpädagoginnen der damaligen Zeit den Kindergarten als bildungsfreien Schonraum für ungestörte Entwicklung erklärt und deklamiert: „Wir wirken dem Treibhausklima der modernen Welt, die das Kind zu einer vorzeitigen Differenzierung seiner ganzheitlichen Antwort auf den Eindruck der Umwelt drängt, entgegen" (HOFFMANN 1968, S. 354). Allerdings sah sich auch der Deutsche Bildungsrat bei den unter Dreijährigen an einer Grenze angelangt, denn „wie Kinder dieses Alters außerhalb einer Familie mehr Anregungen erfahren könnten, ist bisher unbekannt" (Deutscher Bildungsrat 1970, S. 40). Die geringe Bildungsrelevanz, die besonders der frühesten Lebensphase des Kindes zugeschrieben wurde, kommt nicht zuletzt auch in der in diesem Jahrzehnt noch üblichen Charakterisierung der ersten drei Lebensmonate als dem „ersten dummen Vierteljahr" des Kindes zum Ausdruck.

Die sich hier artikulierenden Sichtweisen haben in den zurückliegenden drei bis vier Jahrzehnten eine nachhaltige Veränderung erfahren. Der 12. Kinder- und Jugendbericht geht von wissenschaftlichen Erkenntnissen unterschiedlicher Disziplinen aus, die insgesamt zu einem veränderten Bild des Kindes geführt und eine bisher so nicht gegebene Aufmerksamkeit für Fragen der Bildung in früher Kindheit (einschließlich der Bildungsbedeutsamkeit der Familie) hervorgebracht haben. Dem Kind wird danach ein aktiver Part in seinem Bildungs- und Entwicklungsprozess zugeschrieben. Die Vorstellung von einem inkompetenten, hilflosen, auf die Mutter zentrierten Säugling ist dem Bild eines kompetenten, auf Kommunikation und Anpassungsfähigkeit gerichteten und in gewisser Weise „robusten" Säuglings gewichen (PETZOLD 1993; DORNES 1993), der weltoffen ist und Kontaktvielfalt sowie die lebendige Interaktion mit anderen Menschen sucht (HÜTHER 2004). Kinder sind von Anfang an Mitgestalter ihrer Entwicklungs- und Bildungsprozesse. Intensive und einfühlsame Zuwendung, Betreuung, Pflege sowie die Bereitstellung angemessener Erfahrungs- und Lernangebote durch Eltern oder auch andere, dem Kind nahe Erwachsene, eröffnen ihm die Möglichkeit, sich die Welt nach und nach aktiv anzueignen. Kind und Umwelt beeinflussen sich in der Interaktion wechselseitig. Dieser Austausch zwischen den Selbstbildungsfähigkeiten des Kindes und der Bereitstellung von Bildungsmöglichkeiten durch die kulturelle und soziale Umwelt, lässt sich deshalb auch als ko-konstruktiver Prozess beschreiben (Bundesministerium für Familie, Frauen, Senioren und Jugend 2003, S. 65ff.).

Bildungsprozesse werden demzufolge ausgelöst und angeregt in einem Austausch und in Auseinandersetzung mit einer spezifischen sozialen und dinglichen Umwelt. In der Interaktion mit kompetenten Partnern werden dem Kind Bedeutungen der gegenständlichen und sozialen Welt verfügbar gemacht. Dies geschieht nicht durch bloße Übernahme, sondern im praktischen Handeln des Kindes (OERTER 2002). Dabei kommt auch der Interaktion mit gleichaltrigen Spielpartnern eine große Bedeutung zu. Sie ermöglicht es dem Kind, unterschiedliche Standpunkte zu erkennen und zu verstehen und dadurch das eigene Verständnis von Welt qualitativ zu verändern. Das Kind verfügt von Geburt an über verschiedene Wahrnehmungsmöglichkeiten und ist fortschreitend in der Lage, seine Wahrnehmungen handelnd und denkend zu verarbeiten sowie seine Umwelt durch erste Manipulationen zu erkunden und mit Bedeutung zu versehen (OERTER 2002). Gestützt wird diese Perspektive des eigenaktiven Kindes auch durch neurobiologische Erkenntnisse (SACHSER 2004; HÜTHER 2004).

Wesentliche Bedingungen für die Entwicklung und Bildung des Kindes ist die Erfüllung seiner elementaren Bedürfnisse (BRAZELTON/GREENSPAN 2002). Insbesondere die Grundbedürfnisse nach Pflege, Betreuung, verlässlichen und liebevollen Beziehungen bzw. Bindung, Sicherheit, Autonomie und Regulation haben von Anfang an größte Bedeutung und stehen mit den frühen Bildungsprozessen des Kindes in unmittelbarer Beziehung.

In Pflegesituationen wie dem Wickeln und Füttern können häufige, ungestörte und intensive Interaktionen zwischen dem Kind und dem Erwachsenen entstehen, die es beiden

Partnern erleichtern, eine positive emotionale Beziehung zueinander aufzubauen. Die sensible Zuwendung ermöglicht schon dem Neugeborenen kurze Phasen des aufmerksamen Schauens und Lauschens. Feinfühlige Pflege und Betreuung können daher als Basis für frühkindliche Bildung angesehen werden (RAUH 2002).

Die Auslegung des Bildungsbegriffs im Hinblick auf die vier Weltbezüge, wie sie dem 12. KJB insgesamt zugrunde liegt (vgl. RAUSCHENBACH in diesem Heft), lässt sich für die frühe Kindheit nicht in gleicher Weise differenzieren wie für die mittlere Kindheit oder das Jugendalter. Je jünger das Kind ist, desto weniger trennscharf sind die verschiedenen Bezüge zur Welt und desto ganzheitlicher muss sein Entwicklungs- und Bildungsprozess betrachtet werden. Gleichwohl lässt sich im explorierenden, spielenden und kommunizierenden Umgang des Kindes mit sich und seiner Umwelt die Konstitution dieser Weltbezüge ausmachen. Diese führt über die Wochen, Monate und Jahre zum Erwerb zunehmender und differenzierterer Kompetenzen und erlaubt es dem Kind, sich zunehmend differenzierter und komplexer mit der Welt auseinander zu setzen. Dies gilt zum einen für die Aneignung und Auseinandersetzung mit der *kulturellen Welt*, für deren Symbole, insbesondere auch Sprache und Schrift, das Kind in einem rasanten Prozess die sprachlich-symbolischen Kompetenzen in der Interaktion und im Spiel mit Erwachsenen und Gleichaltrigen erwirbt (vgl. GRIMM/WEINERT 2002). Es gilt zum anderen für die Aneignung und Auseinandersetzung mit der *materiell-dinglichen Welt*, die das Kind schon im Säuglingsalter als unabhängig von seinen eigenen Handlungen und Wahrnehmungen existierend erfährt (Objektpermanenz) und für deren Erkundung die zunehmend besseren motorischen und manipulativen Fähigkeiten, aber auch kognitive Repräsentationen (Warum-Fragen im 3. Lebensjahr) von großer Bedeutung sind (RAUH 2002). Die Aneignung und Auseinandersetzung mit der *sozialen Welt* wird dadurch möglich, dass das Kind von Anfang an in soziale Interaktionen eingebettet ist. Das frühe soziale Lächeln des Kindes (schon in Alter von 3 Monaten) als Antwort auf das Lächeln eines ihm zugewandten anderen Menschen, das „Lesen" eines Gesichtsausdrucks einer wichtigen Bezugsperson in neuen und uneindeutigen Situationen, die Einbindung in eine „intentionale Kommunikation" mit zugewandten Erwachsenen, die sozialen Sinn vermittelt, oder auch im späteren Vorschulalter das Aushandeln von Regeln mit Gleichaltrigen markieren Meilensteine im Kompetenzerwerb dieses Weltbezugs.

Soziale Beziehungen sind auch für das Wissen um die eigene Person, die Aneignung der *subjektiven Welt* ausschlaggebend. Das Kind entdeckt die Einzigartigkeit seiner Person, indem es eigene Bedürfnisse und Interessen ausdrückt, sie mit denen anderer vergleicht und dabei Gemeinsamkeiten und Unterschiede erfährt. Mit etwa 18 Monaten erkennt das Kind sich selbst im Spiegel. Im ausgehenden Vorschulalter verfügt das Kind über ein differenziertes und relativ stabiles Selbstkonzept (OERTER 2002). Freies Spielen mit einem imaginären Partner in unterschiedlichen Rollen, später dann Spielabläufe in einem Regelsystem mit vielfältigen Rollen und in Handlungskontexten mit Gleichaltrigen und Erwachsenen gehören zu den Wegen der Selbstbildung des Kindes zur Aneignung der *subjektiven Welt*.

Die Entwicklung und Bildung des Kindes im frühen Kindesalter ist erkennbar stärker als in späteren Lebensphasen an biologische Grundlagen gebunden. Die Prozesse verlaufen allerdings nicht uniform und werden durch vielfältige innere und äußere Faktoren beeinflusst. Die genetische Ausstattung des Kindes, sein Temperament, sein Geschlecht, Behinderungen gehören zu den individuellen Einflussfaktoren; die Lebenslage der Familie des Kindes mit ihren vielfältigen Bedingungen wie Bildungsniveau ihrer Mitglieder, Gesundheit, Erwerbsstatus, Wohnsituation und Migrationshintergrund zu den sozial bedingten Einflussfaktoren.

3   Bildungsumwelt Familie

Die zentrale Bildungsumwelt für das Kind im vorschulischen Alter bildet seine Familie. Das Kind wird in die Familie hineingeboren, wobei vielfältige Familienformen zu verzeichnen sind. Und die prägende Kraft der Familie bleibt erhalten, wenn in der Bildungsbiografie des Kindes weitere Bildungsorte (z.B. Tagespflege, Kindertageseinrichtungen und später Schule) hinzutreten. Die Familie hat darüber hinaus vielfach die Funktion des „Türöffners" für eine erweiterte Umwelt (z.B. Kunst, Musik, Sport), in der das Kind selbstständig neue Erfahrungen machen und sich Handlungsspielräume erschließen kann. Sie ist der Ort, an dem die Bereitschaft und Fähigkeit zu lebenslangem Lernen bei den Kindern angelegt wird, aber auch ein Ort, an dem lebenslang wirksame Bildungsdifferenzierungen entstehen. Die Familie kann nur das beim Kind initiieren und weitergeben, was im Rahmen ihrer sozialen und kulturellen Ressourcen liegt (BRAKE/BÜCHNER 2003). Aus dieser Situation heraus und aus dem Eigenrecht des Kindes auf Bildung kann die Bildung des (kleinen) Kindes in und durch die Familie nicht nur als Angelegenheit der Eltern angesehen werden, sondern muss als eine solche auch der Gesellschaft insgesamt betrachtet werden. Der 12. KJB geht von der dezidierten Position einer geteilten Verantwortung für das Aufwachsen von Kindern aus, in der die Verantwortung für Bildungsqualität nicht einseitig der einzelnen Familie aufgebürdet wird, sondern im Rahmen eines neuen Verständnisses von öffentlicher Verantwortung gemeinsam von der Familie und öffentlichen Instanzen übernommen wird. Die Qualität der Bildungsumwelt Familie stellt in dieser Perspektive ebenso eine gesellschaftliche Herausforderung dar wie die der Bildungsorte Tagespflege oder Kindertageseinrichtungen.

Die empirischen Daten belegen, dass in Deutschland die Unterstützung von Familien ausgeprägt in Form finanzieller Familienförderung erbracht wird (Kindergeld, Erziehungsgeld, Unterhaltsvorschuss, BAföG). Diese Unterstützung (im Jahr 2002 mit 34,5 Mrd. Euro beziffert) soll die relative Einkommensarmut von Familien deutlich reduzieren und die Bedingungen für gute Bildung, Betreuung und Erziehung in den Familien verbessern. Das Gesamtvolumen aller familienfördernden Leistungen liegt dabei nach wirtschaftswissenschaftlichen Berechnungen mit insgesamt wenigstens 168 Mrd. Euro deutlich höher (ROSENSCHON 2001). Die öffentlichen Transferleistungen haben in der jetzigen Form offensichtlich kaum einen Einfluss auf die Fertilität (KRÖHNERT u.a. 2005). Inwieweit sie die Bildungs-, Betreuungs- und Erziehungssituation der Kinder in den Familien tatsächlich verbessern, scheint bislang wenig untersucht. In Deutschland fließt ein hoher Anteil der Sozialausgaben für Kinder und Familien direkt in die Familien und weniger in Dienstleistungsangebote wie Kinderkrippen, Kindergärten, Tagesmütter und Haushaltshilfen, die Familien in ihrer Bildungs- und Betreuungsaufgabe bei gleichzeitiger Ermöglichung von Erwerbstätigkeit unterstützen. In Deutschland werden lediglich 29% der Sozialausgaben für Kinder und Familien für solche kinderfreundlichen Dienstleistungen aufgewendet, in Frankreich sind es 45%, in Schweden 50% und in Dänemark 59%, also doppelt so viel (KRÖHNERT u.a. 2005).

Neben den monetären Transfers an die Familien und der Subventionierung öffentlicher Angebote der Bildung, Betreuung und Erziehung stellt die Gesellschaft im Rahmen der Kinder- und Jugendhilfe verschiedene Angebote bereit, um Eltern direkt bei der Erziehung ihrer Kinder zu beraten und zu unterstützen (vgl. §§ 1 und 16ff. SGB VIII). Hierzu gehören die verschiedenartigen Angebote der Familienbildung, Angebote zur Vorbereitung auf Partnerschaft, Ehe und das Zusammenleben mit Kindern, Unterstützung bei Selbst- und Nachbarschaftshilfen für Kinder oder auch Beratungsangebote in allgemeinen Fragen der Erziehung sowie Angebote der Familienfreizeit und Familienerholung, speziell in belastenden Familiensituationen. Allerdings ist es gegenwärtig sehr schwer, ein hinreichend präzises Bild über die Angebote und ihre Inanspruchnahme zu gewinnen, zumal die Konkretisierungen auf Landesebene erfolgen und neben den klassischen Familienbildungsstätten zahlreiche Institutionen und Instanzen beteiligt sind, die *auch* die ein oder andere Form der Familienbildung anbieten (z.B. Einrichtungen der Erwachsenenbildung, Hebammenpraxen, Familienzentren, Begegnungs- und Kulturzentren, Stillcafés).

Die öffentlich geförderte Familienbildung erscheint jedoch in Deutschland insgesamt wenig ausgebaut. Die Zahl der Familienbildungsstätten bemisst sich lediglich nach einigen Hunderten. Nach Angaben der Jugendhilfestatistik stehen z.B. im Land Nordrhein-Westfalen 66.000 pädagogischen Mitarbeitern in Kindertageseinrichtungen lediglich rund 500 Mitarbeiter in Einrichtungen für Familienbildung gegenüber (ohne freie Mitarbeiter in den Kursleitungen) (RAUSCHENBACH 2005). Aber auch aufseiten der Eltern als Nachfrager ergeben sich wenig klare Anforderungsstrukturen. Eltern wünschen zwar in einem hohen Ausmaß (rund drei Viertel aller Eltern) Veranstaltungen zum Thema „Erziehung und Entwicklung des Kindes" wie auch zu anderen pädagogischen Fragen; allerdings hat nur ein geringer Teil der Befragten schon einmal ein solches Angebot angenommen (SMOLKA 2003). Hinzu kommt, dass die gegenwärtige Form der institutionellen Familienbildung vorwiegend nur von einer kleinen (5-10 %), klar umgrenzten Elterngruppe angenommen wird: jüngere Mütter mit höherer Bildung und jungen Kindern (SCHIERSMANN u.a. 1998; SMOLKA 2003).

Die Qualifizierung einer breiteren Elternschaft aus allen gesellschaftlichen Schichten wird durch so genannte „Elternbriefe" angestrebt, von denen die bekanntesten die des Arbeitskreises Neue Erziehung sind (www.arbeitskreis-neue-erziehung.de). Die insgesamt 46 Briefe beziehen sich auf die Entwicklungsspanne zwischen der Geburt und dem 8. Lebensjahr, sind auf Deutsch und Türkisch erhältlich und werden passend zum jeweiligen Alter des Kindes verschickt. Jährlich werden etwa 800.000 Elternhäuser erreicht. Inwieweit durch Elternbriefe die Erziehungskompetenz von Eltern tatsächlich gestärkt wird, erscheint trotz verschiedener Evaluationsstudien zu Elternbriefen nicht hinreichend geklärt.

Ein Problem öffentlich geförderter Familienbildung besteht darin, dass häufig nicht die Elterngruppen sich angesprochen fühlen, für die entsprechende Angebote dringlich erscheinen. Dies gilt insbesondere für sozial benachteiligte und für Familien mit Migrationshintergrund. In den letzten Jahren sind hier verschiedene „aufsuchende" Programme entwickelt und erprobt worden, für die allerdings verlässliche Evaluationen noch ausstehen (vgl. THRUM u.a. 2003; TSCHÖPE-SCHEFFLER 2005).

Die Familienbildung und die Familienunterstützung stellt sich schwierig dar, speziell was die Erreichbarkeit bestimmter Zielgruppen anbelangt. Von daher gewinnen Ansätze, Eltern über die von allen Bevölkerungsschichten angenommenen frühpädagogischen Einrichtungen der Bildung, Betreuung und Erziehung Eltern zu erreichen und so und ihre Erziehungskompetenz zu stärken, ein zunehmendes Interesse. Häuser für Kinder und Familien (PEUCKER/RIEDEL 2004), Familienzentren, wie im Land Nordrhein-Westfalen geplant, oder Ansätze wie „Alles unter einem Dach" (www.AllesuntereinemDach.de) können als Versuche dieser Art angesehen werden.

Versuche, eine öffentliche Infrastruktur aufzubauen, um die Kompetenz der Bildung, Betreuung und Erziehung von Familien für das frühe Kindesalter zu stärken, sind gegenwärtig vielfach zu verzeichnen. Insgesamt erscheinen eher niedrigschwellige Angebote vonnöten, bei denen sich Eltern als Experten der Erziehung ihrer Kinder angenommen und in dieser Rolle angesprochen fühlen, als Familienbildungsangebote mit einer von ihrem Lebenszusammenhang abgelösten „Komm-Struktur". Der empirische Erkenntnisstand in diesem Feld ist allerdings bisher sehr lückenhaft.

4 Kindertagespflege

Angestoßen durch das schwedische Modell der Betreuung (junger) Kinder durch eine „dagmama" hat sich auch in Deutschland seit Mitte der 1970er Jahre die Betreuung von (vorwiegend unter 3 Jahre alten) Kindern durch „Tagesmütter" als halböffentliche Betreuungsform herausgebildet. De facto handelt es sich bei der Tagespflege um ein bislang wenig strukturiertes Teilsystem der Jugendhilfe, angesiedelt in einem Bereich von Semiprofessionalität, gekennzeichnet durch geringe Transparenz in quantitativer und qualitativer Hinsicht sowie nur begrenzte Wahrnehmung öffentlicher Verantwortung. Für die Sachverständigenkommission des 12. KJB gewann dieser Bereich der frühen Bildung, Betreuung und Erziehung als Untersuchungsfeld zusätzlich an Bedeutung dadurch, dass die Bundesregierung im Kontext des intendierten Ausbaus der Tagesbetreuung für unter dreijährige Kinder der Tagespflege einen deutlich höheren Stellenwert als bisher zusprach (vgl. die Diskussionen im Kontext des Tagesbetreuungsausbaugesetzes – TAG – vom 01.01.2005). In diesem Zusammenhang hatte sie ein spezielles Gutachten in Auftrag gegeben, an dem auch zwei Mitglieder der Sachverständigenkommission mitwirkten (vgl. JURCZYK u.a. 2004).

Unter Tagespflege wird eine Form der Bildung, Betreuung und Erziehung durch eine Person verstanden, die nicht zum Haushalt der Eltern gehört, die Betreuung regelmäßig in einem bestimmten Umfang gegen Entgelt vornimmt, wobei diese üblicherweise in der Wohnung der Tagespflegeperson erfolgt, aber auch in angemieteten Räumen oder (seltener) im Haushalt des Kindes stattfinden kann. Vom Status her lassen sich zwei Formen unterscheiden: Bei der *öffentlichen Tagespflege* nach den Vorgaben §§ 22-24, SGB VIII handelt es sich um ein Kinderbetreuungsangebot, das von einem Träger der öffentlichen oder freien Jugendhilfe vermittelt, ausgestattet und fachlich begleitet sowie teilweise auch öffentlich finanziert wird. Daneben existiert die *informelle Tagespflege*, die ausschließlich privat organisiert und finanziert wird und auf dem „freien Markt" oder im Rahmen privater Netzwerke zustande kommt. Die informelle Tagespflege war zwischen 1991 und 2005 erlaubnisfrei, wenn nicht mehr als drei Kinder betreut wurden. Nach dem Inkrafttreten des „Kinder- und Jugendhilfeentwicklungsgesetzes" (KICK) am 01.10.2005 ist die Tagespflege generell wieder erlaubnispflichtig. Allerdings ist bislang unbekannt, inwieweit eine öffentliche Verantwortung und Kontrollfunktion tatsächlich wahrgenommen wird.

Die Datenlage für die Tagespflege war und ist äußerst prekär. Gegen Ende ihrer Arbeit konnten von der Sachverständigenkommission erste Ergebnisse einer vom Deutschen Jugendinstitut (DJI) durchgeführten repräsentativen Betreuungsstudie genutzt werden

(DEUTSCHES JUGENDINSTITUT 2005). Die Hochrechnungen aus dieser Erhebung verdeutlichen, dass gegenwärtig bundesweit etwa 138.000 Kinder in Tagespflege betreut werden, davon die Mehrheit (78.000) in *informeller Tagespflege*. Bezogen auf die Altersgruppe der unter dreijährigen Kinder werden in Deutschland 58.000 Kinder jeweils zur Hälfte in öffentlicher und informeller Tagespflege betreut (Betreuungszeit: ≥ 10 Stunden pro Woche). Diese Zahlen liegen deutlich niedriger als vorausgegangene Schätzungen (vgl. DEUTSCHES JUGENDINSTITUT 2002). Sie zeigen zugleich, dass die gegenwärtige Zahl der Tagespflegeplätze für Kinder unter drei Jahren mehr als verdoppelt werden müsste, wenn – wie von der Bundesregierung im Kontext des TAG angenommen – ein Drittel der bis zum Jahr 2010 neu zu schaffenden 230.000 Plätze für unter Dreijährige in der Tagespflege entstehen soll.

Die Ergebnisse der Betreuungsstudie zeigen markante Ost-West-Differenzen: In den westlichen Flächenländern handelt es sich bei knapp zwei Drittel der Tagespflegeverhältnisse um informelle und nur bei einem guten Drittel um öffentliche, in den östlichen Flächenländern ist die Relation umgekehrt. Erstaunen mag auch, dass in Ostdeutschland die Quote der tagespflegebetreuten Kinder bei den unter Dreijährigen bei 3,2% liegt (bei zusätzlich 37% institutionell betreuten Kindern), während sie in den westdeutschen Flächenländern 1,6% (bei 2,4% institutionell betreuten Kindern) ausmacht. Tagespflege kommt bei allen Altersstufen im Vorschulalter vor. Der Schwerpunkt liegt jedoch bei den 1- und 2-jährigen Kindern. 55% der Tagespflegeverhältnisse im Vorschulalter entfallen auf diese engere Altersgruppe.

Ob Tagespflege überhaupt und dann als öffentliche oder informelle realisiert wird, hängt eng mit dem Einkommen der Eltern zusammen. Tagespflege ist vorwiegend eine Betreuungsform für Kinder aus ökonomisch besser gestellten Familien: 70% der in informeller Tagespflege betreuten Kindern stammen aus Haushalten des obersten Einkommensquartils; bei der öffentlichen Tagespflege sind es immerhin noch annähernd 50%. Soweit Tagespflege bei Kindern aus den beiden unteren Einkommensquartilen überhaupt vorkommt, dominiert die öffentlich geförderte (dreimal so häufig). Zu den familienbezogenen Prädiktoren für die Inanspruchnahme von Tagespflege gehören neben dem Haushaltsäquivalenzeinkommen der Erwerbsumfang und der Familienstatus der Mutter (alleinerziehend). Der Migrationsstatus hat keinen Effekt auf die Inanspruchnahme von Tagespflege. Tagespflege stellt sich gegenwärtig als eine stark von familienstrukturellen Gegebenheiten abhängige Betreuungsform dar. Andererseits zeigen neuere Befragungsergebnisse, dass Eltern von der Tagespflege nachhaltig eine Bildungs- und Entwicklungsförderung des Kindes erwarten (BEISLER u.a. 2006).

Wie viel Geld für die Tagespflegebetreuung in Deutschland aufgewendet wird, ist unbekannt und lässt sich nur grob schätzen. Die Aufwendungen der öffentlichen Jugendhilfe für die Tagespflege beliefen sich 2002 auf rund 150 Mio. Euro und sind – inflationsbereinigt – in dem vorausgegangenen Jahrzehnt gleich geblieben. Für die zukünftige Finanzierung liegen zwei Kostenmodelle vor: Nach einem Modell des BMFSFJ kostet ein Tagespflegesatz mit acht Betreuungsstunden an fünf Tagen in der Woche rund 600 € monatlich, nach einem Modell des DJI gut 800 € monatlich. In beiden Fällen ist eine (im Umfang jeweils unterschiedliche) fachliche Begleitung mit eingerechnet; im ersten Modell wird ein Betreuungssatz von 3 €, im zweiten von 4 € pro Stunde für die Tagesmutter zugrunde gelegt. Auch bei der höheren Kostenvariante stellt sich ein Tagespflegeplatz mit knapp 10.000 € im Jahr kostengünstiger dar als ein Krippenplatz, für den 12.000 bis 14.000 € pro Jahr zu veranschlagen sind.

Über die pädagogische Qualität von Tagespflegestellen liegen bisher nur wenige Untersuchungsergebnisse vor. An Stichproben von gut 200 Tagespflegestellen in Berlin, Brandenburg und Mecklenburg-Vorpommern fanden TAUBERT u.a. (2005) eine im Durchschnitt nur mediokre Qualität bei großer Streuung. Nach internationalen Untersuchungen gehören zu den Faktoren, die sich positiv auf die Qualität der Tagespflege auswirken, eine einschlägige Ausbildung der Betreuungsperson, die Registrierung der Tagespflegestelle nach bestimmten Kriterien, das Einhalten bestimmter Standards, kindgemäße Räumlichkeiten sowie die begleitende Beratung durch sozialpädagogische Fachkräfte (TEXTOR 1998). Solche Befunde können zugleich als Hinweis dafür genommen werden, wo Maßnahmen zur Qualitätsverbesserung der Tagespflege ansetzen sollten.

Nach Auffassung der Sachverständigenkommission gehören zu den vorrangig zu treffenden Maßnahmen für den Aufbau eines qualitativ zureichenden Tagespflegesystems die Etablierung wirksamer lokaler Trägerstrukturen, die Erlaubnispflicht für alle Tagespflegeverhältnisse, transparente Eignungsprüfungen von Tagespflegepersonen, Qualifizierungsmaßnahmen zu Beginn und tätigkeitsbegleitend, Netzwerke von Tagespflegepersonen für Qualifizierung und wechselseitige Vertretung sowie vom Träger unabhängige Qualitätsprüfungen.

5 Kindertageseinrichtungen

Die Bereitstellung eines flächendeckenden und qualitativ hochwertigen institutionellen Angebots der Bildung, Betreuung und Erziehung von der Geburt bis zum Schuleintritt gehört zu den kinder- und familienpolitischen Herausforderungen in allen modernen Staaten. Deutschland kann hier auf eine über 200-jährige und in Teilen gute Tradition zurückblicken (PATERAK 1999). Das pädagogische Modell des Fröbelschen Kindergartens wurde in der zweiten Hälfte des 19. Jahrhunderts zu einem weltweit anerkannten Modell, so dass der Begriff „Kindergarten" in viele Sprachen als Lehnwort oder in direkter Übersetzung aufgenommen wurde (z.B. spanisch: jardin de infancia; russisch: detskij sad).

In der Zeit nach dem Zweiten Weltkrieg entwickelten sich in den beiden deutschen Teilstaaten sehr unterschiedliche Systeme institutioneller Früherziehung. Während in der DDR der Kindergarten von Anfang an als wichtiger und flächendeckend aufzubauender Teil des Bildungssystems betrachtet und dementsprechend auch dem Bildungssystem administrativ zugeordnet wurde und auch die Krippenerziehung, die anfänglich strikt unter den Rahmenbedingungen eines medizinischen Modells organisiert wurde, spätestens ab Mitte der 1980er-Jahre als pädagogische Einrichtung geführt wurde, verharrte der Kindergarten in Westdeutschland in seinem ambivalenten Status zwischen sozialer Nothilfe und Bildungseinrichtung. Ein nachhaltiger Ausbau begann erst im Zuge der Bildungsreform mit seiner Anerkennung als „Elementarstufe" des Bildungssystems (DEUTSCHER BILDUNGSRAT 1970). Voll realisiert wurde dieser allerdings erst im Zuge des 1996 in Kraft getretenen Rechtsanspruchs auf einen Kindergartenplatz. Institutionelle Angebote für Kinder unter drei Jahren waren hierbei nicht eingeschlossen, sodass mit einer Versorgungsquote von weniger als 3% für Kinder dieser Altersgruppe in den westlichen Flächenländern das Angebot – auch im europäischen Vergleich – sehr gering ausfällt. In der Konsequenz gibt es auch nach 15 Jahren Wiedervereinigung in Deutschland zwei unterschiedliche Früherziehungssysteme. Die Unterschiede in *quantitativer* Hinsicht sind frappant: Auch nach einem deutlichen Rückgang in der institutionellen Versorgungsquote bei den unter Dreijährigen nach der Wende gab es im Jahre 2002 in den östlichen Flächenländern mit im Durchschnitt 37% eine mehr als *zwölf mal* so hohe Versorgungsquote wie in den westlichen Flächenländern. Auch im Kindergartenbereich ist die Versorgungsquote im Osten höher, speziell bei den drei- bis vierjährigen Kindern. Ein weiterer Unterschied besteht darin, dass die Kindergartenplätze im Osten im Regelfall als Ganztagsplätze ausgelegt sind, während deren Anteil in den westlichen Flächenländern nur 24% aller Plätze ausmacht.

Angesichts der Bedeutung, die den institutionellen Angeboten früher Bildung für die weitere Bildungsbiografie von Kindern zugeschrieben wird, stellt sich die Frage nach Faktoren, die diese Form der frühen Bildung beeinflussen. Nach Analysen auf der Grundlage des Mikrozensus (FUCHS 2005) und des Sozio-ökonomischen Panels (BÜCHEL/SPIEß 2002) lässt sich zusammenfassend festhalten: Neben dem Platzangebot und dem Alter der Kinder beeinflussen besonders Faktoren der Familiensituation wie Erwerbssituation (der Mutter), Status als allein erziehender Elternteil sowie der Bildungsstatus der Eltern diese Form der frühen Bildungsbeteiligung. Bei den Kindern im Kindergartenalter wirkt sich zusätzlich der Migrationsstatus (Nicht-EU-Ausländer) (hemmend) auf den Kindergartenbesuch aus. Die Erklärung des Kindertagesstättenbesuchs durch die genannten Faktoren fällt jedoch insgesamt eher mäßig aus und es bedarf in der Zukunft differenzierterer Forschungsanstrengungen zur Erklärung und auch entsprechender Anstrengungen in der Praxis, um als benachteiligt erkennbaren Gruppen von Kindern möglichst frühe und umfassende Förderung zuteil werden zu lassen.

Das Problem der quantitativen Versorgung ist praktisch ausschließlich ein westdeutsches Problem. Bei einer Projektion im Kindergartenbereich auf das Jahr 2010 ergibt sich, dass 80.000 zusätzliche Plätze für 3-jährige Kinder benötigt werden und ein Äquivalent von zusätzlichen 140.000 Halbtagsplätzen, wenn 250.000 bestehende Halbtagsplätze in Ganztagsplätze umgewandelt werden, um so eine 50%-Quote an Ganztagsplätzen zu erreichen. Berücksichtigt man andererseits gleichzeitig den Rückgang der Anzahl der Kindergartenkinder um 15% im Jahr 2010 gegenüber 2002 auf der Grundlage der abgestimmten Bevölkerungsvorausberechnung sowie eine leichte Absenkung des Schuleintrittsalters auf im Durchschnitt 6,0 Jahre (in einigen Bundesländern begonnen), dann würde sich unter Berücksichtigung der genannten Mehranforderungen ein Überhang von 430.000 Kindergartenplätzen ergeben, der durch Platzumwandlung für unter drei Jahre alte Kinder genutzt werden könnte.

Um eine 20%ige Versorgung bei den unter Dreijährigen in Westdeutschland sicherzustellen, wie sie den (anfänglichen) Überlegungen zum Tagesbetreuungsausbaugesetz (TAG) zugrunde lag, müssten 260.000 neue Plätze geschaffen werden. Bei dieser Vorgabe handelt es sich um eine politische Deckelung, die vermutlich nicht dem tatsächlichen Bedarf und dem Nachfrageverhalten von Eltern entspricht. Nimmt man die Erfahrungen mit dem sachsen-anhaltinischen Modell eines Rechtsanspruchs von Geburt an als Maßstab, dann ist bei den unter Einjährigen mit einer Versorgungsquote von ca. 5%, bei den Ein- bis unter Zweijährigen mit einer von annähernd 50% und bei den Zwei- bis unter Dreijährigen mit einer von etwa 80% zu rechnen. Zusätzlich zu den 260.000 Plätzen nach dem TAG müssten bei einem Rechtsanspruch von Geburt an danach 360.000 in West- und 25.000 Plätze in Ostdeutschland geschaffen werden.

Die *Kosten* des Platzausbaus für die öffentliche Hand variieren je nach Ausbauszenarium. Bei einem Minimumszenarium (50% Ganztagsplätze im Kindergartenbereich, 80.000

zusätzliche Plätze für Dreijährige, 260.000 zusätzliche Plätze für unter Dreijährige (laut TAG, davon ein Drittel in Tagespflege) würden sich jährliche Mehrkosten von knapp 1 Mrd. Euro ergeben. Legt man die bei einem Rechtsanspruch auch für die unter Dreijährigen zu erwartenden Quoten zugrunde, würden sich – ceteris paribus – die jährlichen Mehrkosten für die öffentliche Hand auf knapp 3 Mrd. Euro erhöhen.

Bezogen auf das Jahr 2002 würden die Mehraufwendungen der öffentlichen Jugendhilfe im Falle des Minimumszenariums um 9%, im Falle des Maximumszenariums um 26% steigen. Bei einer Realisierung des Maximumszenariums würde der Anteil der öffentlichen Jugendhilfe an den Ausgaben der öffentlichen Haushalte von bisher 1,1% auf 1,4% steigen.

Über die Frage der bildungsfördernden *Qualität* von Tageseinrichtungen für Kinder im vorschulischen Alter wird zwar viel theoretisiert (vgl. BMFSFJ 2003), es werden jedoch keine routinemäßigen Indikatoren in Deutschland gesammelt, und die Anzahl empirischer Studien zur pädagogischen Qualität ist in Deutschland gering (vgl. TIETZE u.a. 1998, 2005; WOLF u.a. 1999). Von daher ist ein Rückgriff auf ausländische Studien unverzichtbar. Auf der Grundlage von Expertisen von ROßBACH (2005) sowie HEINRICH und KOLETZKO (2005) lässt sich festhalten: Die pädagogische Qualität in Kindergärten hat positive Auswirkungen auf den Bildungs- und Entwicklungsstand sowohl im sozialen als auch im kognitiv-sprachlichen Bereich. Die Effekte sind von der Größenordnung her bedeutsam und auch noch im Grundschulalter (auch als bessere Schulleistung) nachweisbar. Die frühe Betreuung auch von sehr jungen Kindern beeinträchtigt die für die Entwicklung des Kindes wichtige Mutter-Kind-Beziehung nicht. Frühe Gruppenbetreuung ist mit einem erhöhten Krankheitsrisiko der Kinder verbunden; im Wesentlichen handelt es sich um „vorgezogene" Erkrankungen. Allergische Erkrankungen treten bei gruppenbetreuten (Einzel-)Kindern seltener auf. Die sehr frühe Gruppenbetreuung eines Kindes kann mit einem auffälligeren Sozialverhalten verbunden sein. Die frühe Betreuung in qualitativ guten Kindertageseinrichtungen wie auch in qualitativ guter Tagespflege wirkt sich positiv auf die Förderung im kognitiv-sprachlichen Bereich aus. Die Förderung in einer Kindertageseinrichtung erweist sich dabei gegenüber der Tagespflege ab dem 3. Lebensjahr als überlegen.

In Deutschland mangelt es weitgehend an einer Kultur evidenzbasierter Entscheidungen in der frühen Bildung. Von daher sind auch die tatsächlichen Konsequenzen verschiedener, gegenwärtig diskutierter oder auch realisierter Anstrengungen zur Qualitätsverbesserung schwer abschätzbar. Was die mittlerweile in allen Bundesländern erlassenen curricularen Rahmenpläne für Kindertageseinrichtungen (vgl. 12. KINDER UND JUGENDBERICHT, Abb. 5.7) tatsächlich an Qualitätsverbesserungen gebracht haben, ist ebenso unbekannt wie die Effekte einer (möglichen) Verbesserung des Erzieher-Kind-Schlüssels, der Anhebung der Erzieherinnenausbildung auf Fachhochschulniveau oder der Einführung von Qualitätsmanagementsystemen in den Einrichtungen. Eine rationale Wahl von vorhandenen Ansätzen zur Qualitätsverbesserung wird zusätzlich dadurch erschwert, dass die Kosten bei den einzelnen Varianten stark variieren. So würden, wenn in jeder der rund 50.000 Kindertageseinrichtungen *eine* Mitarbeiterin auf Hochschulniveau ausgebildet ist und danach bezahlt wird, jährlich zusätzliche Personalkosten von 255 Mio. Euro anfallen. Eine Verbesserung des Erzieher-Kind-Schlüssels auf durchschnittlich 1:10, entsprechend Expertenempfehlung, würde Mehraufwendungen der öffentlichen Jugendhilfe von 1,9 Mrd. Euro jährlich nach sich ziehen. Für die Einführung flächendeckender QM-Systeme dürften die Mehrkosten (ohne Opportunitätskosten in den Einrichtungen) jährlich bei deutlich unter 100 Mio. Euro liegen.

6 Datenlage

Eine politisch-rationale und wissenschaftlich reflektierte Weiterentwicklung des Systems öffentlich verantworteter Früherziehung in Deutschland setzt zum einen hinreichend differenzierte und periodisch hinreichend dichte Daten eines Systemmonitorings voraus. Daneben ist zum anderen eine Bildungsforschung im Bereich der frühen Kindheit nötig, die für ihre öffentliche Wirksamkeit einer kritischen Masse bedarf. Beides ist in Deutschland nicht gegeben. Die OECD hat in ihrem 2004 erschienenen Bericht (OECD 2004) bezüglich der universitären Forschungsanstrengungen im Bereich der frühen Bildung mit kritischem Unterton darauf hingewiesen, dass 30 Lehrstühlen für Japanologie in Deutschland fünf Lehrstühle für Pädagogik der frühen Kindheit gegenüberstünden. Die Daten für ein regelmäßiges Systemmonitoring sind rudimentär.

Unter quantitativen Gesichtspunkten kann aktuell im Wesentlichen auf vier Datenquellen zurückgegriffen werden. Diese sind:

1 Die Kinder- und Jugendstatistik (Teil III: Einrichtungen und tätige Personen), die im Kern eine Platzstatistik darstellt, Informationen zu Personal und Trägerschaft enthält und zusammen mit Bevölkerungsdaten die Berechnung von Versorgungsquoten ermöglicht. Die Daten wurden in der Vergangenheit jedoch nur alle vier Jahre erhoben; bis sie allgemein zur Verfügung standen, verging meist wenigstens ein weiteres Jahr. Ab dem Jahr 2006 wird diese Statistik jährlich erhoben, ergänzt um Angaben zu den Kindern in Tageseinrichtungen (Alter, Geschlecht, Betreuungsumfang, Migrationshintergrund und Eingliederungshilfen). Mit den gleichen Merkmalen wie bei der Einrichtungsstatistik werden Informationen zur öffentlich geförderten Kindertagespflege ab 2006 erhoben.

2 Der jährliche Mikrozensus als 1%-Haushaltsstichprobe, in dem die Haushaltszusammensetzung, verschiedene Personenmerkmale der Haushaltsmitglieder, die wirtschaftliche Situation und der Besuch einer Tageseinrichtung der Kinder erfasst werden. Ab 2005 ist allerdings das Merkmal Besuch einer Tageseinrichtung nicht mehr enthalten, sodass diese Statistik für die Kindertagesbetreuung in Zukunft ohne Aussage bleibt.

3 Das jährlich durchgeführte sozio-ökonomische Panel (SOEP) als seit 1984 durchgeführte repräsentative Wiederholungsbefragung privater Haushalte in Deutschland, bei dem im Jahr 2003 annähernd 6.000 Haushalte mit rund 10.500 Personen befragt wurden. Das SOEP wendet sich seit 2003 verstärkt Fragen früher Bildung und Betreuung zu (www.diw.de/deutsch/sop/uebersicht/index.html).

4 Die DJI-Kinderbetreuungsstudie, in der die Eltern von 8.000 Kindern im Alter von 0-6 Jahren speziell zur Kinderbetreuung befragt wurden. Zu den Themenschwerpunkten gehören zeitliche, strukturelle, organisatorische und finanzielle Aspekte wie auch „Zukunftsinteressen".

Während unter dem Gesichtspunkt quantitativ-struktureller Merkmale regelmäßig statistische Daten gesammelt werden, die ein gewisses Systemmonitoring erlauben, auch wenn die Tiefe der Informationen nicht immer befriedigen mag, und Survey-Untersuchungen wie das SOEP und die DJI-Betreuungsstudie für weitere Fragestellungen herangezogen werden können, gibt es keine Statistiken oder auch Survey-Untersuchungen zur *Qualität* des Früherziehungssystems.

Weder auf Bundes- noch auf Landesebene existieren Informationen zur tatsächlichen Qualität der öffentlich verantworteten Angebote früher Bildung, Betreuung und Erziehung. Auf lokaler Ebene finden sich verschiedene Evaluationsstudien, die jedoch nicht auf eine Dauerbeobachtung des (lokalen) Systems angelegt sind. Ein Systemmonitoring unter Qualitätsaspekten ist gegenwärtig nicht möglich. Damit fehlt auch eine wichtige Datengrundlage für politisch und fachlich initiierte Qualitätsverbesserungen bzw. zur Erfassung ihrer Effekte.

Vermutlich wäre es eine überhöhte Erwartung, auf rasche Entwicklung eines staatlich verantworteten Qualitätsmonitoringsystems zu setzen. Die Sachverständigenkommission hat vor diesem Hintergrund vorgeschlagen, auch an Akkreditierungsverfahren oder die Vergabe eines pädagogischen Gütesiegels durch unabhängige Fachagenturen zu denken (SPIEß/TIETZE 2002; TIETZE/FÖRSTER 2005), die auf der Basis zuverlässiger, bundeseinheitlicher Qualitätsfeststellungen erfolgt und deren kumulierter Datenpool für ein differenziertes Systemmonitoring unter Qualitätsgesichtspunkten herangezogen werden könnte.

7   Empfehlungen

Die Sachverständigenkommission hat ihre Vorschläge für eine Weiterentwicklung des Systems früher Bildung, Betreuung und Erziehung in öffentlicher Verantwortung in einigen Kernempfehlungen gebündelt. Dazu gehören:

- Die Möglichkeiten und das Potenzial der Bildung, Betreuung und Erziehung der Kinder im ersten Lebensjahr innerhalb der Familie müssen (stärker als bisher) öffentlich unterstützt werden. Die bisher gegebenen unzumutbaren Einbrüche im Haushaltsnettoeinkommen, wenn Mutter und/oder Vater das Kind im ersten Lebensjahr selbst betreuen, müssen verhindert werden. Ebenso wichtig ist es, zur Stärkung der Erziehungskompetenz Netzwerke zur Elternbildung und zur Unterstützung von Familien weiterzuentwickeln und ggf. aufzubauen.
- Der Rechtsanspruch auf eine öffentlich geförderte Kindertagesbetreuung sollte auf Kinder unter drei Jahren erweitert werden und den Anspruch auf ein Ganztagsangebot für alle Altersgruppen beinhalten.
- Der Bildungsanspruch muss in allen öffentlich verantworteten Formen der Kindertagesbetreuung im Sinne eines persönlichen Rechts des Kindes auf „Bildung von Anfang an" beachtet werden, also z.B. auch in der Tagespflege.
- Frühe Bildungsförderung muss für Kinder unabhängig von ihrer sozialen Herkunft und ihrer Lebenslage realisiert werden, auch über Beratungs- und Unterstützungssysteme, die den frühen Zugang zu öffentlich geförderten Angeboten auch für Kinder mit Migrationshintergrund und solche aus bildungsfernen Schichten erleichtern.
- Qualitätssicherung ist eine zentrale Aufgabe in allen Formen öffentlich verantworteter Kindertagesbetreuung. Sie sollte sich auf die einzelne Kindertageseinrichtung bzw. Tagespflege als die konkrete pädagogische Umwelt des Kindes beziehen. Qualitätssteuerung muss auch ein externes, von Trägern und Finanzgebern unabhängiges, nach bundeseinheitlichen Kriterien arbeitendes Qualitätssicherungssystem umfassen. Die Qualitätsinformationen sind so aufzubereiten, dass sie der Orientierung der Nachfrager (Eltern/Kinder) und der Stimulierung eines qualitätsorientierten Wettbewerbs der Anbieter dienen und in datenschutzrechtlich geeigneter Weise für Systemmonitoring und eine unabhängige Bildungsforschung genutzt werden können.

- Es ist ein öffentlich verantwortetes Bildungs- und Qualitätsmonitoring einzuführen, das auch Bildungsstandsmessungen der Kinder (nicht nur) beim Übergang in die Grundschule enthält. Diese sollen zugleich als Grundlage für individualisierte Förderung genutzt werden können, besonders auch für von Benachteiligung bedrohte Kinder wie auch für Kinder mit besonderen Begabungen.
- Öffentlich verantwortete Kindertagesbetreuung muss kostenfrei werden.
- Das Zusammenspiel der Bildungs-, Betreuungs- und Erziehungsangebote für Kinder muss verbessert werden, und es sind mehr vernetzte Angebote für Kinder und Eltern aus einer Hand zu schaffen.
- Planung und Steuerung muss evidenzbasiert erfolgen. In diesem Zusammenhang ist eine Ausweitung der amtlichen Statistik erforderlich, besonders aber auch eine Ausweitung der empirischen Bildungsforschung im vorschulischen Bereich.

Literatur

Alles unter einem Dach: URL:http://www.AllesuntereinemDach.de (noch im Aufbau befindlich)

Arbeitskreis neue Erziehung: URL:http:// www.arbeitskreis-neue-erziehung.de

BEISLER, N./FÖRSTER, C./SCHNEIDER, P./STROTMANN, M./TAUBERT, S./TIETZE, W. (2006): Tagespflege in Mecklenburg-Vorpommern. Untersuchungen zur pädagogischen Qualität und ihren Bedingungen. – Berlin (unveröffentlichtes Manuskript)

BRAKE, A./BÜCHNER, P. (2003): Bildungsort Familie: Die Transmission von kulturellem und sozialem Kapital im Mehrgenerationenzusammenhang. Überlegungen zur Bildungsbedeutsamkeit der Familie. In: Zeitschrift für Erziehungswissenschaft, 6, 4, S. 618-638.

BRAZELTON, T. B./GREENSPAN, St. I. (2002): Die sieben Grundbedürfnisse von Kindern. Was jedes Kind braucht, um gesund aufzuwachsen, gut zu lernen und glücklich zu sein. –Weinheim, Basel, Berlin.

BÜCHEL, F./SPIEß, C. K. (2002): Form der Kinderbetreuung und Arbeitsmarktverhalten von Müttern in West- und Ostdeutschland. Schriftenreihe des Bundesministeriums für Familie, Senioren, Frauen und Jugend, Bd. 220. – Stuttgart.

Bundesministerium für Familie, Frauen, Senioren und Jugend (Hrsg.) (2003): Auf den Anfang kommt es an! Perspektiven zur Weiterentwicklung des Systems der Tageseinrichtungen für Kinder in Deutschland. – Weinheim, Basel, Berlin.

Bundesministerium für Familie, Frauen, Senioren und Jugend (2005): Zwölfter Kinder- und Jugendbericht. Bericht über die Lebenssituation junger Menschen und die Leistungen der Kinder- und Jugendhilfe in Deutschland. Bildung, Betreuung und Erziehung vor und neben der Schule. Bundestagsdrucksache 15/6014. – Berlin.

Deutscher Bildungsrat (1970): Empfehlungen der Bildungskommission: Strukturplan für das Bildungswesen. – Stuttgart.

Deutsches Jugendinstitut (2005): Kinderbetreuungsstudie. – München.

Deutsches Jugendinstitut (Hrsg.) (2002): Zahlenspiegel. Daten zu Tageseinrichtungen für Kinder. Kindertageseinrichtungen in Stadtteilen mit besonderem Entwicklungsbedarf. – München.

DORNES, M. (1993): Der kompetente Säugling. – Frankfurt a.M.

Familienzentren in Nordrhein-Westfapen: URL: http://www.familienzentren.nrw.de

FTHENAKIS, W. E. (2003a): Die Forderung nach Bildungsqualität. In: BUNDESMINISTERIUM FÜR FAMILIE, SENIOREN, FRAUEN UND JUGEND (Hrsg.): Auf den Anfang kommt es an! Perspektiven zur Weiterentwicklung des Systems der Tageseinrichtungen für Kinder in Deutschland. – Weinheim, Basel, Berlin, S. 65-80.

FTHENAKIS, W. E. (Hrsg.) (2003b): Elementarpädagogik nach PISA. Wie aus Kindertagestätten Bildungseinrichtungen werden können. – Freiburg i.Br.

FTHENAKIS, W. E./HANSSEN, K./OBERHUEMER, P./SCHREYER, I. (Hrsg.) (2003): Träger zeigen Profil. – Weinheim.

FTHENAKIS, W. E./OBERHUEMER, P. (Hrsg.) (2002): Ausbildungsqualität. Strategiekonzepte zur Weiterentwicklung der Ausbildung von Erzieherinnen und Erziehern. – Neuwied, Kriftel, Berlin.

FUCHS, K. (2005): Wovon der Besuch einer Kindertageseinrichtung abhängt ...! Eine Auswertung des Mikrozensus für Kinder bis zum Schuleintritt. In: RAUSCHENBACH, TH./SCHILLING, M. (Hrsg.): Kinder- und Jugendhilfereport 2. – Weinheim, München, S. 157-173.

GRIMM, H./WEINERT, S. (2002): Sprachentwicklung. In: OERTER, R./MONTADA, L. (Hrsg.): Entwicklungspsychologie. – Weinheim, Basel, Berlin, S. 517-550.

HEINRICH, J./KOLETZKO, B. (2005): Kinderkrippen und Kindergesundheit. In: Sachverständigenkommission Zwölfter Kinder- und Jugendbericht (Hrsg.): Materialien zum Zwölften Kinder- und Jugendbericht, Band 1: Bildung, Betreuung und Erziehung von Kindern unter sechs Jahren. – München, S. 227-263.

HOFFMANN, E. (1968): Frühkindliche Bildung und Schulanfang. In: BITTNER, G./SCHMID-CORDS, E. (Hrsg.): Erziehung in früher Kindheit. – München, S. 344-355.

HÜTHER, G. (2004): Die Bedeutung sozialer Erfahrungen für die Strukturierung des menschlichen Gehirns. In: Zeitschrift für Pädagogik, 50, H. 4, S. 487-495.

JURCZYK, K./RAUSCHENBACH, TH./TIETZE, W./KEIMELEDER, L./SCHNEIDER, K./SCHUMANN, M./STEMPINSKI, S./WEIß, K./ZEHNBAUER, A. (2004): Von der Tagespflege zur Familientagesbetreuung. Zur Zukunft öffentlich regulierter Kinderbetreuung in Privathaushalten. – Weinheim, Basel.

Kinder- und Jugendhilfeentwicklungsgesetz, Bundesgesetzblatt Nr. 57, 08.09.2005

Kinder- und Jugendstatistik: URL:http://www.uni-protokolle.de/nachrichten/id/12879/

KRÖHNERT, S./VAN OLST, N./KLINGHOLZ, R. (2005): Emanzipation oder Kindergeld? Wie sich die unterschiedlichen Kinderzahlen in den Ländern Europas erklären. Berlin-Institut für Bevölkerung und Entwicklung, URL: http://www.familienhandbuch.de, Download vom 02.02.2005.

Mikrozensus 2005: Leben in Deutschland – Haushalte, Familien und Gesundheit: URL: http://www. destatis.de/themen/d/thm_mikrozen.php

OECD (Hrsg.) 2004 Die Politik der frühkindlichen Betreuung, Bildung und Erziehung in der Bundesrepublik Deutschland. Ein Länderbericht der Organisation für wirtschaftliche Zusammenarbeit und Entwicklung. http://www.oecd.org/dataoecd/55/58/35125245.pdf#search=%22OECD%20Deutschland%202004%22.

OERTER, R. (2002): Kultur, Ökologie und Entwicklung. In: OERTER, R./MONTADA, L. (Hrsg.): Entwicklungspsychologie.5. vollst. überarb. Aufl. – Weinheim, Basel, Berlin, S. 72-104.

PATENAK (1999): Institutionelle Früherziehung im Spannungsfeld normativer Familienmodelle und gesellschaftlicher Realität. – Münster, New York, München, Berlin.

PETZOLD, H. G. (1993): Frühe Schädigungen – späte Folgen? Psychotherapie und Babyforschung, Bd. 1. – Paderborn.

PEUCKER, CH./RIEDEL, B. (2004): Häuser für Kinder und Familien. Recherchebericht DJI. – München.

RAUH, H. (2002): Vorgeburtliche Entwicklung und Frühe Kindheit. In: OERTER, R./MONTADA, L. (Hrsg.): Entwicklungspsychologie. 5. vollst. überarb. Aufl. –Weinheim, Basel, Berlin, S. 131-208.

RAUSCHENBACH, TH. (2005): Familie als Bildungsort – Bildungsorte für Familien. Herausforderungen für eine moderne Familienbildung. Leicht veränderte und korrigierte Fassung des Vortrags auf dem „Zukunftsforum Familienbildung II“ des Ministeriums für Gesundheit, Soziales, Frauen und Familie des Landes Nordrhein-Westfalen am 16.02.05 in Düsseldorf. Unveröff. Manuskr.

ROSENSCHON, A. (2001) Familienförderung in Deutschland – eine Bestandsaufnahme. Institut für Weltwirtschaft. Kieler Arbeitspapier, 1017, URL: http://www.uni-kiel.de/ifw/pub/kap/2001/kap1071.pdf – Download vom 18.04.2004.

ROßBACH, H.-G. (2005): Effekte qualitativ guter Betreuung, Bildung und Erziehung im frühen Kindesalter auf Kinder und Familie. In: Sachverständigenkommission Zwölfter Kinder- und Jugendbericht (Hrsg.): Materialien zum Zwölften Kinder- und Jugendbericht, Band 1: Bildung, Betreuung und Erziehung von Kindern unter sechs Jahren. – München, S. 55-174.

SACHSER, N. (2004): Neugier, Spiel und Lernen: Verhaltensbiologische Anmerkungen zur Kindheit. In: Zeitschrift für Pädagogik, 50, 4, S. 475-486.

SCHIERSMANN, C./THIEL, H.-U./FUCHS, K./PFIZENMAIER, E. (1998): Innovationen in Einrichtungen der Familienbildung. Eine bundesweite empirische Institutionenanalyse. – Opladen.

SMOLKA, A. (2003): Beratungsbedarf und Informationsstrategien im Erziehungsalltag. Ergebnisse einer Elternbefragung zum Thema Familienbildung. Ifb-Materialien 5. –Bamberg.

Sozio-ökonomisches Panel (SOEP): www.diw.de/deutsch/soep/uebersicht/index.html

SPIEß, C.K., TIETZE, W. (2002). Qualitätssicherung in Kindertagesstätten – Gründe, Anforderungen und Umsetzungsüberlegungen für ein Gütesiegel. In: Zeitschrift für Erziehungswissenschaft 5, 1, S. 139-162.

TAUBERT, S./TIETZE, W./FÖRSTER C. M./LEE, H.-L./SCHLECHT, D. (2005): Pädagogische Qualität der Tagespflege in Brandenburg. Abschlussbericht. – Berlin.

TEXTOR, M.R. (1998): Familientagespflege. In: FTHENAKIS, W.E./TEXTOR M.R. (Hrsg.): Qualität von Kinderbetreuung. Konzepte Forschungsergebnisse, internationaler Vergleich. – Weinheim, S. 75-85.

THRUM, K./SCHNEIDER, R./SANN, A. (2003): Ostapje – Sprachförderung mit 2- bis 4-jährigen Kindern in sozial benachteiligten Familien. In: HAMMES-DI BERNADO, E./OBERHUEMER, P. (Hrsg.): Startchance Sprache. Sprache als Schlüssel zur Bildung und Chancengleichheit. – Hohengehren, S. 97-102.

TIETZE, W. (Hrsg.) (1998): Wie gut sind unsere Kindergärten? – Neuwied.

TIETZE u.a. (1998): TIETZE, W./BOLZ, M./GRENNER, K./SCHLECHT, D./WELLNER, B. (2005): Krippenskala (KRIPS-R). – Weinheim, Basel.

TIETZE, W./FÖRSTER, C. (2005): Allgemeines pädagogisches Gütesiegel für Kindertageseinrichtungen. In: DILLER, A./LEU, H.-R./RAUSCHENBACH, T. (Hrsg.): Der Streit ums Gütesiegel. Qualitätskonzepte für Kindertageseinrichtungen. 3. DJI Fachforum Bildung und Erziehung. – München, S. 31-64.

TIETZE, W./KNOBELOCH, J./GERSZONOWICZ, E. (2005): Tagespflegeskala (TAS). – Weinheim, Basel.

TIETZE, W./ROßBACH, H.-G./GRENNER, K. (2005): Kinder von 4 bis 8 Jahren. Zur Qualität der Erziehungs- und Bildungsinstitutionen Kindergarten, Grundschule und Familie. – Weinheim, Basel.

TIETZE, W./ROßBACH, H.-G./STENDEL, M./WELLNER, B. (2005): Hort und Ganztagsangeboteskala (HUGS). – Weinheim, Basel.

TIETZE, W./SCHUSTER, K.-M./GRENNER, K./ROßBACH, H.-G. (2005): Kindergarten – Skala (KES-R). – Weinheim, Basel.

TSCHÖPE-SCHEFFLER, S. (Hrsg.) (2005): Konzepte der Elternbildung – eine kritische Übersicht. – Opladen.

WOLF, B./BECKER, P./CONRAD, S. (1999): Der Situationsansatz in der Evaluation. Ergebnisse der Externen Empirischen Evaluation des Modellvorhabens „Kindersituationen". – Landau.

Anschrift des Verfassers: Prof. Dr. Wolfgang Tietze, Freie Universität Berlin, Habelschwerdter Allee 45 – Raum KL 23/226, 14195 Berlin, Tel.: (030) 838-546 64/555 40, Fax: (030) 838-540 23, E-Mail: tietze@zedat.fu-berlin.de

Heinz-Hermann Krüger/Thomas Rauschenbach

Bildung im Schulalter – Ganztagsbildung als neue Perspektive?

Zusammenfassung

In diesem Beitrag werden die zentralen Prämissen und Resultate des zweiten thematischen Schwerpunkts des Zwölften Kinder- und Jugendberichts dargestellt, der sich mit den Bildungsangeboten und -leistungen im Kindes- und Jugendalter beschäftigt hat. Genauer gesagt werden zunächst die spezifischen Problemstellungen dieses Berichtsteils thematisiert, der nicht nur die aktuelle Lage der Kindheit und Jugend sowie die Leistungen der Jugendhilfe analysiert, sondern auch zum aktuellen Ausbau ganztägiger Bildungsangebote Stellung nehmen sollte. Anschließend werden die Bildungsprozesse im individuellen Lebenslauf von Heranwachsenden im Schulalter rekonstruiert und die Angebote und Leistungen der verschiedenen Bildungsorte und Lernwelten für diese Altersgruppe untersucht. Abschließend werden einige Empfehlungen der Kommission zum Ausbau ganztägiger Bildungs-, Erziehungs- und Betreuungsangebote dargestellt und die Frage diskutiert, welche Konsequenzen die Leitideen und Ergebnisse des Zwölften Kinder- und Jugendberichts für die Disziplin Erziehungswissenschaft haben.

Schlüsselwörter: Bildungsprozesse im Kindes- und Jugendalter; Kooperation Kinder- und Jugendhilfe und Schule; Ganztagsschule

Summary

Education at School Age – All-Day-Schools as a new perspective?

In this paper, the central premises and results of the second thematic focus of the German government's twelfth children and youth report will be presented. This section of the report centered on education provisions and activities for children and youth. In particular, the specific issue of this section was, besides an analysis of the current situation regarding children and youth and the provision of support for this group, a critical analysis of the current extension of educational provision through schools open all day. Following this, the educational processes in the individual daily life of young people of school age will be reconstructed and the provisions of the different educational institutions and places of learning for this age group will be investigated. In conclusion, some recommendations of the commission on the extension of education and supervision provisions will be presented and the consequences of the principles and results of the twelfth children and youth report for the discipline education science will be discussed.

Keywords: educational processes in childhood and youth; cooperation between schools and children and youth support; all-day schools

Während in dem Beitrag von RAUSCHENBACH in diesem Band die konzeptionellen Annahmen des Zwölften Kinder- und Jugendberichts dargestellt und in dem Beitrag von TIETZE die Bildungsprozesse und Bildungsangebote im frühen Kindesalter thematisiert werden, liegt der Akzent in diesem Artikel auf dem zweiten thematischen Schwerpunkt des Berichts, den Bildungsprozessen und Bildungsangeboten im Schulalter. Dabei werden wir im Folgenden in einem ersten Schritt auf die spezifischen Problemstellungen dieses Berichtsteils eingehen, in einem zweiten Schritt die Herangehensweisen und zentralen Ergebnisse zu den Bildungserfahrungen der Heranwachsenden im Schulalter sowie zu den Bildungsleistungen und zur Kooperation zwischen verschiedenen Bildungsorten auch im Rahmen des Projektes Ganztagsschule vorstellen und in einem abschließenden Ausblick diskutieren, welche Konsequenzen sich aus den Erkenntnissen und Empfehlungen des Zwölften Kinder- und Jugendberichts für die Disziplin Erziehungswissenschaft ergeben.

1 Problemstellungen – Bildung neben der Schule

1.1 Problem I: der Entwicklungsauftrag

Der Bericht hat in seinem zweiten Teil eine dreifache Themenstellung: Von Gesetzes wegen sollen die Kinder- und Jugendberichte Auskunft geben zur aktuellen Lage der Kindheit und Jugend, aber auch zu Leistungen der Jugendhilfe (vgl. RAUSCHENBACH in diesem Band). Die Themenstellung des Zwölften Kinder- und Jugendberichts zielt jedoch noch darüber hinaus. Zusätzlich stellte sich die Sachverständigenkommission der Aufgabe, zu der aktuellen Diskussion um den Ausbau ganztägiger Bildungsangebote Stellung zu nehmen bzw. diesbezüglich Ideen und Konzepte zusammenzutragen, zu bewerten und weiter zu entwickeln. Damit kommt dem Bericht neben der üblichen Berichtspflicht auch die Aufgabe zu, sich in eine Entwicklungsaufgabe aktiv einzubringen. Es ging also schon im Auftrag auch um Hinweise auf zukünftige Entwicklungen, und das gleichsam zu Beginn des von der damaligen Bundesregierung initiierten Programms zum Ausbau von Ganztagsschulen (IZBB), in einer Phase also, in der viele Schulen gerade einmal mit dem Umbau ihrer Räume angefangen hatten, und in der zwangsläufig noch keine belastbaren empirischen Ergebnisse zur Ganztagsschule vorliegen konnten.

1.2 Problem II: das Thema Schule im Kinder- und Jugendbericht

Bei dem Thema Ganztagsschule wurden die im Beitrag von RAUSCHENBACH bereits geschilderten Probleme der föderalistischen Trennung der politischen Zuständigkeiten zwischen Kinder- und Jugendhilfe und Schule besonders deutlich. Um keine unnötigen bildungspolitischen Kompetenzstreitigkeiten hervorzurufen, war das Berichtsthema zum Thementeil „Bildung neben der Schule" so formuliert, dass Schule selbst nicht zu einem zentralen Thema wurde. Infolgedessen wurde die Kommission auch nicht gleichrangig mit Expertinnen und Experten aus den beiden Bereichen Jugendhilfe *und* Schule zusammengesetzt, sondern wurden Sachverständige ausschließlich auf Vorschlag des Bundesministeriums für Familie, Senioren, Frauen und Jugend berufen, ohne etwa die Länder oder die Kultusministerkonferenz hinzu zu ziehen. Gleichwohl kann man das Thema Bildung im Jugendalter angesichts der zunehmenden Scholarisierung des Kindes- und Jugendalters in der Moderne nicht ohne das Thema Schule diskutieren. Da auch bestimmte Angebote der Jugendhilfe, wie Hort und Schulsozialarbeit, explizit auf Schule bezogen sind, lässt die Entwicklung im Ganztagsschulbereich vielfältige Kooperationsformen zwischen Schule und Projekten/Trägern der Kinder- und Jugendhilfe erkennen.

Die Inhalte des Berichts beziehen sich somit aufgrund der Berücksichtigung der Ganztagsschulthematik „systemtranszendierend" auch auf Schule und damit auf ein Kernthema in der Zuständigkeit der Bundesländer. Damit ist Schule indirekt doch zu einem Randthema des Zwölften Kinder- und Jugendberichts geworden, das allerdings nur in seiner Gesamtheit und in seiner Relation zur Kinder- und Jugendhilfe ins Blickfeld gerichtet wurde, ohne zu einem eigenen, ausführlichen und eigenständigen Thema zu werden.

1.3 Problem III: Fehlende Bildungsforschung außerhalb der Schule

Verlässliche empirische Daten in Bezug auf die Bildungsleistungen in der außerschulischen Bildung bzw. die Bildung in non-formalen und informellen Settings sind Mangelware. Für die Strukturdaten muss man auf eine beschränkte, für die Frage der Bildungswirkungen und Lerneffekte, also Fragen des Kompetenzerwerbs, auf eine noch bescheidenere Datenlage Bezug nehmen. Die außerschulischen Bildungsbereiche und -formen sind bislang kein bedeutsames Thema der empirischen Bildungsforschung.

In der Schulforschung, die zumindest auf lange und systematisch erhobene Strukturdaten zurückgreifen kann, hat sich jedoch im letzten Jahrzehnt eine systematische und großflächige Forschung etabliert (vgl. etwa BAUMERT/BOS/LEHMANN 2000; BAUMERT u.a. 2001; PRENZEL u.a. 2004), die den Kompetenzerwerb von Schülerinnen und Schülern in zentralen schulischen Fächern untersucht. Dabei erscheint jedoch nicht abschließend geklärt, in welchem Maße diese Kompetenzen im Kontext der Schule oder aber auch in anderen Lernwelten angeeignet worden sind. Bezogen auf die Ganztagsbildung und die Ganztagsschulen in ihrer neuen Organisationsgestalt ist die Datenlage ebenfalls sehr dürftig bzw. entsteht im Rahmen des Begleitprojekts STEG gerade erst systematisch (vgl. auch RADISCH/KLIEME/BOS 2006). Es gibt zwar Hinweise aus dem Ausland sowie aus dem bisherigen System der oft gebundenen Ganztagsschulen (vgl. RADISCH/KLIEME 2004), Wissen über die Wirkung ganztätiger Angebote und der Wirkung des Zusammenspiels der beiden Bereiche Kinder- und Jugendhilfe und Schule ist systematisch jedoch bislang nicht vorhanden. Mit dieser defizitären Datenlage musste die Berichtskommission zurechtkommen.

2 Bildung neben der Schule – Aufbau und Ergebnisse

Die Kommission ist bei ihren Analysen zur Bildung im Schulalter in zwei Schritten vorgegangen: Ausgehend von einem erweiterten Bildungsverständnis und einer neuen Sichtweise auf Bildungsprozesse, Bildungsorte und Lernwelten (vgl. den Beitrag von RAUSCHENBACH in diesem Band) wurden zunächst Bildungsprozesse im individuellen Lebensverlauf von Heranwachsenden im Schulalter rekonstruiert. Anschließend wurden Angebote und Leistungen der verschiedenen Bildungsorte und Lernwelten für diese Altersgruppe analysiert und Fragen der Passfähigkeit sowie Kooperationsmöglichkeiten zwischen Schule und Jugendhilfe vor dem Hintergrund der aktuellen Diskussion um den Ausbau von Ganztagsschulen bzw. von Modellen ganztätiger Bildung entwickelt.

2.1 Bildungsprozesse von Kindern und Jugendlichen im Schulalter

Die Darstellung der Bildungsprozesse von Kindern und Jugendlichen im Schulalter, also vom Eintritt in die Grundschule bis zum Ende der Sekundarstufe I, orientierte sich an einer bildungsbiographischen Perspektive. Infolgedessen wurde gefragt, welche Kompetenzen Heranwachsende im Kontext der verschiedenen Bildungsorte und Lernwelten im Verlaufe ihres individuellen Lebenslaufs erwerben. Der Kinder- und Jugendbericht führt dabei forschungssystematisch Erkenntnisse zusammen, die keine einheitliche disziplinäre Herkunft besitzen: Ansätze und Befunde aus der Erziehungswissenschaft, der Psychologie und der Soziologie. Zudem hat er die Erkenntnisse aus den oft unverbundenen, nebeneinander stehenden Forschungsgebieten der Kindheits-, Jugend-, Schul- und Familienforschung unter dieser Perspektive neu geordnet und zu integrieren versucht.

Welche instrumentellen, kulturellen, sozialen und personalen Kompetenzen erwerben Kinder und Jugendliche im Rahmen von formellen und informellen Bildungsprozessen in der Bildungswelt der Familie, in den schulischen und außerschulischen Bildungsorten sowie in den Lernwelten von Peers und Medien? Zur Beantwortung dieser Frage liefern die Ergebnisse der Familien-, Kindheits-, Jugend- und Schulforschung erste, z.T. noch sehr vorläufige Ergebnisse, die sich zugespitzt wie folgt zusammenfassen lassen (vgl. ausführlich BMFSFJ 2005, S. 131-162):

– Obwohl Heranwachsende sich auf dem Weg von der Kindheit in die Jugendphase ständig weitere Sozialwelten und Bildungsorte erschließen, stellt die Familie auch für Kinder und Jugendliche im Schulalter jene basale Bildungswelt dar, in der grundlegende Kompetenzen für den Umgang mit sich selbst sowie der kulturellen, materiell-dinglichen und sozialen Welt erworben werden (vgl. BUSSE/HELSPER 2004; GRUNDMANN u.a. 2003; GRUNERT 2005). Zumeist ist die Familie auch der „gatekeeper", der den Heranwachsenden Zugänge zu anderen Erfahrungswelten eröffnet, und die Auseinandersetzung mit den angebotenen Orientierungsmustern erfolgt in enger Wechselwirkung mit familialen Aneignungsprozessen (vgl. BÜCHNER/KRAH 2006). Sowohl die ökonomischen und sozialen Ressourcen als auch die Bildungsressourcen der Familie haben einen entscheidenden Einfluss darauf, wie sich die schulischen Bildungschancen der Kinder und deren Teilhabe an außerschulischen Bildungs- und Lerngelegenheiten gestalten (vgl. etwa BAUMERT u.a. 2001; STECHER 2001).
– Ein zweiter zentraler Bildungsort im Alltagsleben der Sechs- bis Sechzehnjährigen ist die Schule, die die Heranwachsenden mit der Erwartung konfrontiert, sich sukzessive systematisches Wissen und grundlegende Kompetenzen in den Bereichen der mathematisch-naturwissenschaftlichen, der sprachlichen, der historisch-politischen sowie der ästhetisch-expressiven Bildung anzueignen. De facto gelingt es dem deutschen Schulsystem jedoch gegenwärtig nicht hinreichend, allen Heranwachsenden eine Grundbildung im Bereich der mathematisch-naturwissenschaftlichen Kompetenzen sowie der Lesekompetenz zu vermitteln (vgl. BAUMERT u.a. 2001; PRENZEL u.a. 2004). Dieses Defizit gilt erst recht für den Bereich der politischen Bildung sowie der sozialen und personalen Kompetenzen zur Lebensbewältigung (vgl. OESTERREICH 2002; KRÜGER/REINHARDT u.a. 2002). Die Schule sortiert zudem einen Teil der Schülerinnen und Schüler zu früh aus, produziert hohe und pädagogisch wenig sinnvolle Sitzenbleiberquoten sowie zu viele Schüler mit prekären Bildungsbiographien, unter denen Arbeiterkinder und Kinder aus Familien mit Migrationshintergrund überproportional vertreten sind (vgl. zusammenfassend HELSPER/

HUMMRICH 2005). Zudem hat sie sich bislang nur punktuell gegenüber den kindlichen und jugendlichen Lebenswelten geöffnet und mit den insgesamt noch zu wenigen außerunterrichtlichen Bildungs- und Betreuungsangeboten nur bedingt jene Schüler erreicht, die auf außerunterrichtliche Förderangebote besonders angewiesen wären (vgl. z.B. KRÜGER/KÖTTERS 2000; OLK 2005).

– Während die Grundschule und die verschiedenen Schulformen der Sekundarstufe I mehr oder weniger erfolgreich von allen Heranwachsenden besucht werden, nehmen darüber hinaus zwischen einem Fünftel und knapp der Hälfte der Kinder und Jugendlichen Lerngelegenheiten an verschiedenen außerschulischen Bildungsorten wahr. Dabei kann man typologisch zwischen Bildungsorten unterscheiden, die sich direkt auf die Kompensation und Ergänzung schulischer Leistungen beziehen (z.B. Nachhilfe, Musikschulen, Sprachkurse). Daneben sind es die Bildungsangebote der Jugendarbeit, Vereine, Verbände und kulturellen Einrichtungen, die ihre Stärken insbesondere in der Förderung der kulturellen, sozialen und personalen Kompetenzen der Heranwachsenden haben (vgl. etwa FURTNER-KALLMÜNZER u.a. 2002; HAGSTEDT 1998).

– Bildungspotenziale liegen auch in den selbst organisierten kulturellen Freizeitpraxen sowie in den von über einem Drittel der Heranwachsenden ausgeübten Schülerjobs, die nicht nur Erfahrungen im Umgang mit Verantwortung und Geld, sondern auch den Erwerb eines breiten Spektrums an praktisch-technischen, kommunikativen und personalen Kompetenzen ermöglichen (vgl. etwa INGENHORST 2000; RAUSCHENBACH u.a. 2004; TULLY 2006).

– Weitere wichtige Lernwelten, die über die gesamte Schulzeit eine zentrale Rolle im Alltagsleben der meisten Kinder und Jugendlichen einnehmen, sind die Peers und die Medien. Die Gleichaltrigen-Gruppen stellen einen spezifischen Lern- und Erfahrungsraum für Heranwachsende dar, deren Potenziale vor allem im Bereich der Förderung der sprachlich-kommunikativen, sozialen und Selbstkompetenz liegen (vgl. etwa KRAPPMANN 2001; SCHRÖDER 2006). Im rezeptiven, insbesondere aber im aktiven Umgang mit Medien erwerben Heranwachsende beiläufig oder auch gezielt technische Fertigkeiten, kulturelles Wissen sowie Orientierungen zur Entwicklung von Persönlichkeits- und Lebenskonzepten (vgl. zusammenfassend THEUNERT 2005). Beide Lernwelten haben aber auch Schattenseiten (z.B. die Mitgliedschaft in aggressiven Straßencliquen, exzessiver Medienkonsum), die sich auf gelingende Bildungsprozesse eher negativ auswirken können.

Stellt sich die Forschungslage zum Bildungs- und Kompetenzerwerb von Heranwachsenden in den jeweiligen außerschulischen Bildungsorten insgesamt schon relativ bescheiden dar, so gilt dies erst recht für Untersuchungen, die die Prozesse des Bildungs- und Kompetenzerwerbs vor dem Hintergrund des Zusammenspiels mehrerer Bildungsorte und Lernwelten analysieren. Relativ gut untersucht ist als Teilausschnitt aus diesem Interdependenzzusammenhang nur der Einfluss familialer Lebenslagen auf den schulischen und außerschulischen Kompetenzerwerb. Dabei zeigt sich, dass Kinder und Jugendliche aus Familien mit geringen ökonomischen, kulturellen und sozialen Ressourcen (z.B. Arbeiterfamilien, Familien mit Migrationshintergrund, von Armut betroffene Familien) in doppelter Weise benachteiligt sind. Sie haben nicht nur die schlechteren schulischen Bildungschancen, sondern auch weniger Zugänge und Möglichkeiten zum außerschulischen Bildungserwerb in der Welt der Vereine, Jugendverbände und der Kulturarbeit, der kulturellen Freizeitpraxen sowie der Medien (vgl. zusammenfassend KRÜGER/GRUNERT 2002;

GRUNERT 2005). Die bisher vorliegenden Studien, die den Erwerb von mathematischen Kompetenzen, Lesekompetenzen oder politischer Bildung vor dem Hintergrund des Zusammenspiels von schulischen, familialen und außerschulischen Bedingungsfaktoren untersucht haben, machen darüber hinausgehend deutlich, dass der Prozess des Bildungs- und Kompetenzerwerbs von Kindern und Jugendlichen nicht nur vom formalen Bildungsort Schule, sondern ganz wesentlich auch von nicht-schulischen Einflüssen abhängig ist (vgl. BÖHM-KASPER 2004; TILLMANN/MEIER 2003).

Für die aktuellen Debatten um den Ausbau ganztägiger Bildungs-, Erziehungs- und Betreuungsangebote sowie um die Neubestimmung des Verhältnisses von Schule und Jugendhilfe haben diese Erkenntnisse zur Konsequenz, dass neben der schulischen Bildung auch den Orten der außerschulischen Bildung ein weitaus größerer Stellenwert zukommt, als er ihnen in den bisherigen bildungspolitischen Diskussionen eingeräumt wurde. Zugleich stellt sich im Rahmen neuer vernetzter und ganztägiger Bildungslandschaften vor allem die Herausforderung, kumulative Benachteiligungseffekte auszugleichen.

2.2 Bildungsangebote und -leistungen im Schulalter

Inhaltlich wird in diesem Teil des Zwölften Kinder- und Jugendberichts ein Perspektivenwechsel vorgenommen. Der Blick wird hier auf die institutionelle Seite von Bildung, auf die Bildungsangebote und -leistungen der verschiedenen Bildungsorte und Lernwelten für Kinder und Jugendliche im Schulalter gerichtet.

Dabei wird zunächst eine ausführliche Bestandsaufnahme der Bildungsziele, der organisatorischen Verfasstheit und materiellen Ausstattung sowie der Bildungsleistungen der Systeme Jugendhilfe und Schule versucht, und exemplarisch werden auch einige informelle Lernwelten analysiert (z.B. Auslandsaufenthalte, kommerzielle Sportanbieter, Kinder- und Jugendreisen). Daneben werden Felder der Jugendhilfe, die ein dezidiertes Bildungsverständnis und einen eigenständigen Bildungsauftrag haben (Jugendarbeit, Hort, schulbezogene Jugendsozialarbeit) eingehender betrachtet, während die Schule neben ihren Bildungszielen und ihren Bildungsleistungen vor allem unter der Perspektive ihrer Anschlussfähigkeit bei der Ausgestaltung ganztägiger Bildungsangebote untersucht wird.

Daran anknüpfend wird die historische Entwicklung der faktischen Kooperationen zwischen den Akteuren Jugendhilfe und Schule beschrieben. Und schließlich werden die aktuellen Entwicklungen zum Ausbau von Ganztagsschulen und die sich daraus ergebenden Herausforderungen für die Schule und die Kinder- und Jugendhilfe in den Blick genommen, die abschließend in politikrelevante Empfehlungen zur Neugestaltung eines Systems von ganztägiger Bildung, Erziehung und Betreuung einmünden. Der Zwölfte Kinder- und Jugendbericht bezieht sich in diesem Teil auf die Ansätze und Ergebnisse der Jugendhilfe- und der Schulforschung, die, wie beschrieben, an vielen Stellen noch lückenhaft sind. Die Analyse der aktuellen Ganztagsschulentwicklung basiert hingegen auf Recherchen eines parallel laufenden DJI-Projekts (vgl. MACK 2005).

Da hier nicht der Raum ist, diesen umfassenden Berichtssteil ausführlich vorzustellen (vgl. dazu BMFSFJ 2005, S. 232-353), sollen im Folgenden eher thesenhaft zugespitzt die Vorzüge und Schwächen der Bildungsorte (1) Kinder- und Jugendhilfe, (2) Schule sowie (3) des neuen Projektes Ganztagsschule skizziert werden. Abschließend werden einige zentrale Empfehlungen des Berichts zum Ausbau ganztätiger vernetzter Bildungsangebote vorgestellt.

(1) Kinder- und Jugendhilfe

Die Kinder- und Jugendhilfe ist seit den 1970er Jahren zu einem wichtigen und integralen Bestandteil der öffentlichen Grundversorgung im Prozess des Aufwachsens geworden. Sie versteht sich als freiwilliges Dienstleistungsangebot, wobei ihre Bildungsangebote vor allem die Bereiche der kulturellen und politisch-sozialen Bildung umfassen, aber auch auf die Unterstützung für Kinder mit Schulschwierigkeiten abzielen. Im Unterschied zur Schule, die vorrangig auf Länderebene und staatlich organisiert wird, ist die Kinder- und Jugendhilfe primär kommunal organisiert und basiert auf dem Subsidiaritätsprinzip, d.h. den Trägern der freien Jugendhilfe steht ein gewisser Vorrang gegenüber den öffentlichen zu (vgl. MÜNDER u.a. 1998). Mit Blick auf den Ausbau verbesserter ganztätiger Bildungs-, Erziehungs- und Betreuungsangebote bietet sich die Kinder- und Jugendhilfe der Schule als Kooperationspartner an. Dies trifft jedoch nicht in gleicher Weise auf das gesamte System der Kinder- und Jugendhilfe zu, sondern vor allem auf drei Bereiche, die einen expliziten Bildungsanspruch aufweisen: die schulbezogene Jugendsozialarbeit, deren Aufgabe es schon seit Jahrzehnten ist, Kinder mit Schulschwierigkeiten oder Jugendliche bei schwierigen Übergängen in den Beruf individuell zu fördern; den Hort, der für Kinder im (Grund-)Schulalter ein erweitertes Bildungsangebot bereitstellt, in dem individuelle Förderung und soziales Lernen eine zentrale Rolle spielen, sowie das weit verzweigte Feld der Jugendarbeit, die auch einen gesetzlich verankerten Bildungsauftrag hat.

Fragt man nach den strukturellen Schwächen der Kinder- und Jugendhilfe in diesen drei Praxisfeldern, so lassen sich vor allem drei Problemzonen aufzeigen. Nicht alle Kinder und Jugendliche, für die die Bildungsangebote der Kinder- und Jugendhilfe von Vorteil sein könnten, werden auch tatsächlich erreicht. So werden Angebote der Jugendarbeit in vielen Bereichen überproportional von Gymnasiasten wahrgenommen, während Hauptschüler und Kinder mit Migrationshintergrund in den Vereinen und Verbänden seltener aktiv sind (vgl. GILLE u.a. 2006). Aber auch die Schulsozialarbeit erreicht nicht unbedingt alle Schüler, die auf spezifische Förderangebote besonders angewiesen wären (vgl. OLK 2005). Ein zweites Problem der Kinder- und Jugendarbeit ist, dass sie ihre Bildungsziele nicht präzise definiert, sondern bei der Formulierung ihrer Bildungsansprüche eher programmatisch breit und vage argumentiert. Dementsprechend setzt sich die Kinder- und Jugendhilfe, drittens, auch zu wenig mit der Diskrepanz zwischen beabsichtigter und realisierter Wirkung auseinander. Es gibt in Deutschland bislang kaum aussagekräftige Evaluationsdaten zu den spezifischen Bildungsleistungen der Jugendarbeit, der Horterziehung oder der schulbezogenen Jugendsozialarbeit (vgl. etwa SPECK/OLK 2004).

(2) Schule

Die Schule hat sich in den vergangenen zwei Jahrhunderten zu dem zentralen Bildungsort für Kinder und Jugendliche entwickelt. Insbesondere seit den 1960er Jahren wird die Schule von allen Schülern länger und weiterführende Bildungsgänge von immer mehr Schülern besucht. Insofern hat sie Bildung demokratisiert und eine Bildung für alle ermöglicht. Schule eröffnet unterschiedliche Modi der Welterfahrung und erschließt unterschiedliche Horizonte des Weltverstehens. Schulische Bildung formuliert den Anspruch, Heranwachsenden die Dimensionen der sprachlichen, mathematischen-naturwissenschaftlichen, historisch-sozialen und personalen Welt zu erschließen (vgl. TENORTH 1994; BAUMERT 2003).

Vergleicht man jedoch diese Ansprüche mit der schulischen Realität, wie sie sich etwa in Stundenplänen dokumentiert, so muss man feststellen, dass der Politikunterricht sowie der Unterricht in den ästhetischen Fächern im Curriculum der Schule der Sekundarstufe I nur mit geringen Stundenzahlen vertreten ist (vgl. KMK 2003). Schwächen hat das deutsche Schulsystem aber nicht nur im Bereich der politischen und der ästhetisch-expressiven Bildung, sondern auch im Hinblick auf das nicht hinreichende Gelingen, eine Grundbildung in der Vermittlung sprachlicher sowie mathematisch-naturwissenschaftlicher Kompetenzen für alle SchülerInnen sicherzustellen. So zeigen die Ergebnisse der PISA-Studien 2000 und 2003, dass unter den 15-Jährigen etwa ein Viertel der Befragten als „Risikogruppe" eingestuft werden muss, die ein Bildungsminimum in diesen Fächern nicht erreicht (vgl. BAUMERT u.a. 2001; PRENZEL u.a. 2004). Unter diesen Risikoschülern sind Heranwachsende aus bildungsbenachteiligten Familien und aus Familien mit Migrationshintergrund besonders stark vertreten (vgl. BAUMERT/ SCHÜMER 2001; PRENZEL u.a. 2004). Diese Befunde verweisen zugleich auf die kontraproduktiven Wirkungen in punkto Chancengleichheit und auf notwendige Reformmaßnahmen des deutschen Schulsystems, um diese nicht intendierten Nebenwirkungen auszugleichen.

Betrachtet man das deutsche Schulsystem vor dem Hintergrund der durch die Ganztagsschuldebatte neu belebten Diskussion um eine Öffnung der Schule und ihre Vernetzung, so verdeutlichen einige wenige empirische Studien (vgl. KRÜGER/KÖTTERS 2000; KMK 2003; MACK/RAAB/RADEMACKER u.a. 2003), dass die meisten Schulen Kultur- und Freizeitangebote sowie die Hälfte auch berufsorientierte Angebote und Förderangebote machen. Zudem sind drei Viertel der Grundschulen und Schulen der Sekundarstufe I mit mehreren Kooperationsfeldern vernetzt (z.B. schulunterstützende Dienste, andere Einrichtungen und Betriebe in der Kommune, Sponsoren und Fördervereine), wobei diese Kooperationen jedoch selten schriftlich fixiert und damit institutionell abgesichert sind (vgl. LIPSKI/KELLERMANN 2002).

(3) Das Projekt Ganztagsschule

Das in den vergangenen vier Jahren bildungspolitisch forciert in Gang gesetzte Projekt Ganztagsschule scheint auf den ersten Blick ein „Allheilmittel" zu sein, mit dem die beschriebenen Schwächen von Jugendhilfe und Schule kompensiert werden können. Mit ihm wird die Hoffnung verbunden, das Korsett der Unterrichtsschule zu lockern und durch die Einführung neuer und erweiterter Bildungsinhalte die sozialen und personalen Kompetenzen der Schüler besser fördern zu können. Zudem verspricht man sich davon, die Betreuungssituation für Kinder und Eltern zu verbessern, Talente und Stärken bei allen Schülern zu fördern sowie bildungsschwächere Kinder individuell unterstützen zu können. Außerdem soll durch das Projekt Ganztagsschule die Öffnung der Schule hin zum regionalen Umfeld erreicht und die Kooperation mit außerschulischen Trägern insbesondere der Kinder- und Jugendhilfe ermöglicht werden (vgl. auch HOLTAPPELS 2006).

Betrachtet man jedoch die faktische Entwicklung von Ganztagsschulen, die inzwischen von rund 10 Prozent eines Altersjahrgangs besucht werden, so dominieren in den neuen Ganztagsschulen eher additive Modelle, die keine Rhythmisierung des Unterrichts erlauben und auf eine Trennung von Unterricht am Vormittag und Freizeitangeboten sowie Betreuung am Nachmittag hinauslaufen. Ferner werden in einigen Bundesländern für die Gestaltung der nachmittäglichen Angebote nicht professionelle Fachkräfte, sondern Honorarkräfte und Ehrenamtliche eingesetzt (vgl. BEHER u.a. 2005; RAUSCHENBACH 2005). Die bereits in Gang gekommene Kooperation zwischen Schule und Jugendhilfe bei der Realisierung von Ganztagsangeboten ist insoweit noch nicht hinreichend institutionell abgesichert, Fragen und Aufgaben der Steuerung auf kommunaler Ebene und Landesebene sind nicht abschließend geklärt.

3 Empfehlungen zur Bildung, Betreuung und Erziehung im Schulalter

Vor dem Hintergrund dieser Bestandaufnahme hat die Sachverständigenkommission u.a. folgende Empfehlungen zum Ausbau ganztägiger Bildungs-, Erziehungs- und Betreuungsangebote formuliert (vgl. ausführlich BMFSFJ 2005, S. 349-353):

– Die Realisierung eines umfassenden Bildungskonzepts setzt eine grundlegende Veränderung der Schule sowie ein Zusammenspiel von Schule und anderen Bildungsorten voraus, deren Ziel es sein muss, zu einer erweiterten Kompetenzentwicklung beizutragen und Kinder und Jugendliche individuell optimal zu fördern.
– Ganztägige Angebote für Kinder und Jugendliche im Schulalter sind schnellstmöglich und bedarfsdeckend auszubauen. Dabei werden gebundene Formen von Ganztagsschulen favorisiert, da nur sie eine grundlegende Reform der Schule mit einer Rhythmisierung des Tagesablaufs und der Einbeziehung alternativer Lernformen ermöglichen.
– Ganztagsschulen und ganztägige Angebote sollen von multiprofessionellen Teams mit einem aufgabenangemessenen Qualifikationsprofil aufgebaut und verantwortet werden. Erforderlich ist eine neue Form der Kooperation von Lehrpersonal und sozialpädagogischen Fachkräften. Dazu gehören auch ein neues Verständnis von Lehrerarbeit im Verhältnis zum Unterricht und anderen Aufgaben, längere Präsenzzeiten in der Schule, die Einrichtung von individuellen Lehrerarbeitsplätzen in der Schule sowie die Einstellung von für Bildungsaufgaben qualifizierten sozialpädagogischen Fachkräften. Notwendig sind zudem zusätzliche finanzielle Anstrengungen, da Ganztagsschulen höhere Personalkosten und zusätzliche Mittel für Infrastrukturmaßnahmen erfordern.
– Das Zusammenspiel unterschiedlicher Bildungsorte ist sozialräumlich auszugestalten und in kommunaler Verantwortung zu organisieren.

Ziel ist der Aufbau einer kommunalen Bildungslandschaft als Infrastruktur für Kinder und Jugendliche, die getragen wird von den Leistungen und Einrichtungen der Schule, der Kinder- und Jugendhilfe sowie von anderen Institutionen und Akteuren vor Ort. In jedem kommunalen Jugendamt sollte ein eigener Arbeitsbereich „Jugendhilfe und Schule" eingerichtet werden, der die Gesamtverantwortung für die Kooperation der Kinder- und Jugendhilfe mit den Schulen im lokalen Raum übernimmt. Zudem muss die kommunale Jugendhilfe- und Schulentwicklungsplanung besser und enger aufeinander abgestimmt werden. Schließlich ist auch auf Länder- und Bundesebene eine intensivere Kooperation zwischen Bildungs- und Jugendministerien erforderlich.

4 Konsequenzen aus dem Zwölften Kinder- und Jugendbericht für das Fach Erziehungswissenschaft

Welche Konsequenzen resultieren aus den Leitideen, Konzepten und Ergebnissen des Zwölften Kinder- und Jugendberichts für die Disziplin Erziehungswissenschaft? Die aktuelle Debatte um einen erweiterten, empirisch rückgebundenen Bildungsbegriff sowie um die Neujustierung und Kooperation verschiedener Bildungsorte in einem System ganztägiger Bildung, Erziehung und Betreuung setzt auch eine stärkere Kooperation zwischen den erziehungswissenschaftlichen Teildisziplinen der Sozialpädagogik, der Schulpädagogik und auch der Allgemeinen Erziehungswissenschaft voraus. Diese Notwendigkeit zur Kooperation betrifft zum einen die Ebene des grundlagentheoretischen Diskurses über die Neubestimmung des Verhältnisses zwischen formaler und informeller Bildung bzw. zwischen schulischer und außerschulischer Bildung. Sie bezieht sich zum anderen auf die Initiierung von Forschungsprojekten, die nicht nur die Bildungseffekte der außerschulischen Bildungsorte auf den Kompetenzerwerb von Kindern und Jugendlichen, sondern auch das Interdependenzverhältnis zwischen Wirkungen schulischer und außerschulischer Bildung empirisch untersuchen. Forschungsbedarf besteht zudem hinsichtlich quantitativer Evaluationsstudien, qualitativer Fallstudien sowie vergleichender experimenteller Interventionsstudien zu den Effekten der neu eingerichteten Ganztagsschulen bzw. anderen Modellen ganztägiger Bildung, Erziehung und Betreuung.

Eine stärkere Zusammenarbeit zwischen den erziehungswissenschaftlichen Teildisziplinen der Allgemeinen Erziehungswissenschaft, der Schulpädagogik und der Sozialpädagogik ist auch in der Ausbildung von Lehrkräften und Hauptfachpädagogen an den Hochschulen erforderlich. Der gemeinsame Einsatz von Lehrkräften und Hauptfachpädagogen in Ganztagsschulen macht es nicht nur notwendig, die sozialpädagogischen Anteile im Rahmen der Lehrerausbildung zu stärken, sondern erfordert umgekehrt auch eine größere Berücksichtigung schulbezogener Lehrinhalte in der Ausbildung von Hauptfachpädagogen. Erforderlich sind somit gemeinsame Studienanteile in beiden Studiengängen, um die zukünftigen Pädagogen auf eine produktive Zusammenarbeit in einem neuen System ganztägiger Bildung, Erziehung und Betreuung vorzubereiten.

Literatur

BAUMERT, J. (2003): Transparenz und Verantwortung. In: KILLIUS, N./KLUGE, J./REISCH, L. (Hrsg.): Die Bildung der Zukunft. – Frankfurt a.M., S. 213-228.

BAUMERT, J./BOS, W./LEHMANN, R. H. (2000): TIMSS III. Dritte internationale Mathematik und Naturwissenschaftsstudie. – Opladen.

BAUMERT, u.a. 2001 = BAUMERT, J./KLIEME, E./NEUBRAND, M./PRENZEL, M./SCHIEFFELE, U./SCHNEIDER, W./STANAT, P./TILLMANN, K.-J./WEISS, M. (Hrsg.) (2001): PISA 2000. Basiskompetenzen von Schülerinnen und Schülern im internationalen Vergleich. – Opladen.

BAUMERT, J./SCHÜMER, G. (2001): Familiäre Lebensverhältnisse, Bildungsbeteiligung und Kompetenzerwerb. In: BAUMERT, J. u.a. (Hrsg.): PISA 2000. Basiskompetenzen von Schülerinnen und Schülern im internationalen Vergleich. – Opladen, S. 159-202.

BEHER u.a. 2005 = BEHER, K./HAENISCH, H./HERMENS, C./LIEBIG, R./NORDT, G./SCHULZ, U. (2005): Offene Ganztagsschule im Primarbereich. Begleitstudie zur Einführung, Zielsetzungen und Umsetzungsprozesse in Nordrhein-Westfalen. – Weinheim und München.

BMFSFJ 2005 = Bundesministerium für Familie, Senioren, Frauen und Jugend (2005): Bericht über die Lebenssituation junger Menschen und die Leistungen der Kinder- und Jugendhilfe in Deutschland. Zwölfter Kinder- und Jugendbericht. – Berlin.

BÖHM-KASPER, O. (2004): Überprüfung des Einflusses von Elternhaus, Schule und Gleichaltrigengruppe auf politikbezogene Wissensbestände und die politische Teilhabe von Jugendlichen. Expertise für den Zwölften Kinder- und Jugendbericht. Unv. Ms. – Halle.

BÜCHNER, P./KRAH, K. (2006): Der Lernort Familie und die Bildungsbedeutsamkeit der Familie im Kindes- und Jugendalter. In: RAUSCHENBACH, T./DÜX, W./SASS, E. (Hrsg.): Informelles Lernen im Jugendalter. Vernachlässigte Dimensionen der Bildungsdebatte. – Weinheim und München, S. 123-154.

BUSSE, S./HELSPER, W. (2004): Schule und Familie. In: HELSPER, W./BÖHME, J. (Hrsg.): Handbuch der Schulforschung. – Wiesbaden, S. 439-465.

FURTNER-KALLMÜNZER u.a. 2002 = FURTNER-KALLMÜNZER, M./HÖSSL, A./JAHNKE, D./KELLERMANN, D./LIPSKI, J. (2002): In der Freizeit für das Leben lernen. Eine Studie zu den Interessen von Schulkindern. – Opladen.

GILLE u.a. = GILLE, M./SARDEI-BIERMANN, S./GAISER, W./DE RIJKE, J. (2006): Jugendliche und junge Erwachsene in Deutschland. Lebensverhältnisse, Werte und politische Beteiligung 12- bis 29-Jähriger. DJI-Jugendsurvey 3. – Wiesbaden.

GRUNDMANN, M. u.a. 2003 = GRUNDMANN, M./GROH-SAMBERG, O./BITTUNGMAYER, U.-H./BAUER U. (2003): Milieuspezifische Bildungsstrategien in Familie und Gleichaltrigengruppe. In: Zeitschrift für Erziehungswissenschaft, 9. Jg., S. 25-45.

GRUNERT, C. (2005): Kompetenzerwerb von Kindern und Jugendlichen in außerunterrichtlichen Sozialisationsfeldern. In: Sachverständigenkommission Zwölfter Kinder- und Jugendbericht (Hrsg.): Kompetenzerwerb von Kindern und Jugendlichen im Schulalter. – München, S. 9-94.

HAGSTEDT, H. (1998): Nebenschulen. Der freie Unterrichtsmarkt. In: Grundschulzeitschrift, 12. Jg., S. 46-51.

HELSPER, W./HUMMRICH, M. (2005): Erfolg und Versagen in der Schulkarriere. Ausmaß, Erklärungen, biographische Auswirkungen und Reformvorschläge. In: Sachverständigenkommission Zwölfter Kinder- und Jugendbericht (Hrsg.): Kompetenzerwerb von Kindern und Jugendlichen im Schulalter. – München, S. 95-174.

HOLTAPPELS, H. G. (2006): Stichwort: Ganztagsschule. In: Zeitschrift für Erziehungswissenschaft, 9. Jg., S. 5-29.

INGENHORST, H. (2000): Jobben in Westdeutschland. In: HENGST, H./ZEIHER, H. (Hrsg.): Die Arbeit der Kinder. Kindheitskonzepte und Arbeitsteilung zwischen den Generationen. – Weinheim und München, S. 133-141.

KMK 2003 = Kultusministerkonferenz (2003): Das Bildungswesen in der Bundesrepublik Deutschland 2002. – Bonn.

KRAPPMANN, L. (2001): Die Sozialwelt der Kinder und ihre Entwicklung. In: EDELSTEIN, W./OSER, F./SCHUSTER, P. (Hrsg.): Moralische Erziehung in der Schule. – Weinheim/Basel, S. 155-173

KRÜGER, H.-H./GRUNERT, C. (2002): Jugend und Bildung. In: TIPPELT, R. (Hrsg.): Handbuch der Bildungsforschung. – Opladen, S. 495-512.

KRÜGER, H.-H./KÖTTERS, C. (2000): Schule und jugendliches Freizeitverhalten. In: KRÜGER, H.-H./ KÖTTERS, C./GRUNDMANN, G.: Jugendliche Lebenswelten und Schulentwicklung. – Opladen, S. 111-146.

KRÜGER, H.-H./REINHARD, S. u.a. (2002): Jugend und Demokratie. Politische Bildung auf dem Prüfstand. – Opladen.

LIPSKI, J./KELLERMANN, D. (2002): Schule und soziale Netzwerke. Erste Ergebnisse der Befragung von Schulleitern zur Zusammenarbeit allgemein bildender Schulen mit anderen Einrichtungen und Personen. – DJI München.

MACK, W. (2005): Empirische Bestandsaufnahme zur aktuellen Entwicklung von Ganztagsschulen. Unv. Ms. – München.

MACK, W./RAAB, E./RADEMACKER, H. (2003): Schule, Stadtteil, Lebenswelt. Eine empirische Untersuchung. – Opladen.

MÜNDER, J. u.a. 1998 = MÜNDER, J./JORDAN, E./KREFT, D./LAKIES, T./LAUER, H./PROKSCH, R./SCHÄFER, K. (1998): Frankfurter Lehr- und Praxiskommentar zum KJHG/SGB VIII. 3. Auflage – Münster.

OESTERREICH, D. (2002): Politische Bildung von 14-Jährigen. – Opladen.

OLK, T. (2005): Kooperation zwischen Jugendhilfe und Schule. In: Sachverständigenkommission Zwölfter Kinder- und Jugendbericht (Hrsg.): Kooperation zwischen Jugendhilfe und Schule – München, S. 9-100.

PRENZEL, M. u.a. 2004 = PRENZEL, M./BAUMERT, J./BLUM, W./LEHMANN, D./NEUBAUER, D. M./PEKRUN, R./ROLFF, H.-G./ROST, J./SCHIEFELE, U. (Hrsg.): PISA 2003. Der Bildungsstand der Jugendlichen in Deutschland – Ergebnisse des zweiten internationalen Vergleichs. Münster/New York/München/Berlin.

RADISCH, F./KLIEME, E. (2004): Wirkungen ganztägiger Schulorganisation. Bilanz und Perspektiven der Forschung. In: Die Deutsche Schule, 96. Jg., S. 153-169.

RADISCH, F./KLIEME, E./BOS, W. (2006): Gestaltungsmerkmale und Effekte ganztägiger Angebote im Grundschulbereich. In: Zeitschrift für Erziehungswissenschaft. 9. Jg., S. 30-51.

RAUSCHENBACH u.a. 2004 = RAUCHENBACH, TH./LEU, H. R./LINGENHUBER, S./MACK, W./SCHILLING, M./SCHNEIDER, K./ZÜCHNER, I. (2004): Non-formale und informelle Bildung im Kindes- und Jugendalter. – Berlin.

RAUSCHENBACH, T. (2005): Bildung, Erziehung und Betreuung in der offenen Ganztagsschule: Schlussfolgerungen aus einem Jahr offene Ganztagsschule. In: Institut für soziale Arbeit e.V. (Hrsg.): ISA-Jahrbuch zur sozialen Arbeit 2005. – Münster, S. 68-86.

SCHRÖDER, A. (2006): Cliquen und Peers als Lernort im Jugendalter. In: RAUSCHENBACH, T./DÜX, W./SASS, E. (Hrsg.): Informelles Lernen im Jugendalter. Vernachlässigte Dimensionen der Bildungsdebatte. – Weinheim und München, S. 173-202.

SPECK, K./OLK, T. (2004): Qualitätsstandards, Qualitätsentwicklung und Selbstevaluation in der Forschung und im Arbeitsfeld Schulsozialarbeit. In: HARTNUSS, B./MAYKUS, S. (Hrsg.): Handbuch Kooperation von Jugendhilfe und Schule. – Berlin, S. 923-953.

STECHER, L. (2001): Die Wirkung sozialer Beziehungen. – Weinheim und München.

TENORTH, H.-E. (1994): „Alles zu lehren" – Möglichkeiten und Perspektiven Allgemeiner Bildung. – Darmstadt.

THEUNERT, H. (2005): Medien als Orte informellen Lernens im Prozess des Heranwachsens. In: Sachverständigenkommission Zwölfter Kinder- und Jugendbericht (Hrsg.): Kompetenzerwerb von Kindern und Jugendlichen im Schulalter. – München, S. 175-300.

TILLMANN, K.-J./MEIER, U. (2003): Familienstrukturen, Bildungslaufbahnen und Kompetenzerwerb. In: BAUMERT, J. u.a. (Hrsg.): PISA 2000. Ein differenzierender Blick auf die Länder der Bundesrepublik Deutschland. – Opladen, S. 361-392.

TULLY, C. (2006): Lernen im Nebenjob. In: RAUSCHENBACH, T./DÜX, W./SASS, E. (Hrsg.): Informelles Lernen im Jugendalter. Vernachlässigte Dimensionen der Bildungsdebatte. – Weinheim und München, S. 155-172.

*Anschriften der Verfasser:*Prof. Dr. Heinz-Hermann Krüger, Martin-Luther-Universität Halle-Wittenberg, Institut für Pädagogik, Franckeplatz 1, 06099 Halle/S. E-Mail: heinz-hermann.krueger@paedagogik. uni-halle.de; Prof. Dr. Thomas Rauschenbach, Deutsches Jugendinstitut München, Nockherstraße 2, 81541 München. E-Mail: rauschenbach @dji.de

Andreas Kruse

Potenziale des Alters in Wirtschaft und Gesellschaft

Der Fünfte Altenbericht der Bundesregierung

Zusammenfassung
Der vorliegende Beitrag gibt einen Überblick über zentrale Fragestellungen und Ergebnisse des Fünften Altenberichts der Bundesregierung. Mit diesem Bericht sollten Potenziale des Alters in Wirtschaft und Gesellschaft aufgezeigt und Handlungsempfehlungen für eine effektivere Nutzung dieser Potenziale erarbeitet werden. Den Aussagen zur Entwicklung, Aufrechterhaltung und Nutzung von Potenzialen wurden von der Expertenkommission fünf Leitbilder zugrunde gelegt, die als mitverantwortliches Leben älterer Menschen und Solidarität, Alter als Innovationsmotor stärken, Nachhaltigkeit und Generationensolidarität, Lebenslanges Lernen und Prävention beschrieben werden. Des Weiteren werden zentrale Befunde der von der Altenberichtskommission geleisteten Lageanalyse zur Bildung, zur Einkommenslage im Alter und deren künftiger Entwicklung, zu den Chancen der Seniorenwirtschaft in Deutschland, zu den Potenzialen des Alters in Familie und privaten Netzwerken, zu Engagement und Teilhabe älterer Menschen sowie zu den Potenzialen von Menschen mit Migrationshintergrund skizziert und die aus diesen abgeleiteten Handlungsempfehlungen benannt.

Schlüsselwörter Altenpolitik – Bildung im Alter – Einkommenslage im Alter – Engagement und Teilhabe älterer Menschen – Erwerbsbeteiligung älterer Menschen – Innovationsfähigkeit – Potenziale des Alters

Summary
The Potential of the Elderly in Business and Society – The German government's fifth report on the Elderly
This contribution gives an overview of the central themes and results of the fifth edition of the report on the elderly of the German government. This report attempts to show the potential of the elderly for business and society and to formulate recommendations for action in order to assure the effective harnessing of such potential. The expert gerontology commission based its statements on the maintenance, development and use of this potential around five lead concepts: responsible living of the elderly and solidarity; strengthening age as a motor for innovation; sustainability and solidarity between the generations; life-long learning; and prevention. Furthermore, central findings of the commission's situation analysis on education, on income of elderly and future developments, on the chances of an economy of the elderly, on the potential of age in families and private networks, on engagement and participation of elderly people, and on the potential of people with immigration backgrounds will be sketched and recommendations for action will be formulated.

Keywords: gerontology politics; education at an advanced age; income situation at an advanced age; engagement and participation of elderly people; participation in the labor market of elderly people; innovation capacity; potentials of age

1 Der Auftrag des Fünften Altenberichts

Die Bundesregierung hat die Sachverständigenkommission zur Erstellung des Fünften Altenberichts „Potenziale des Alters in Wirtschaft und Gesellschaft – der Beitrag älterer Menschen zum Zusammenhalt der Generationen" beauftragt, ausgehend von einer wissenschaftlich fundierten Bestandsaufnahme Potenziale des Alters in Wirtschaft und Gesellschaft aufzuzeigen und politikrelevante Handlungsempfehlungen im Hinblick auf eine bessere Nutzung dieser Potenziale zu erarbeiten. Angesichts eines überwiegend durch ökonomische Belastungsargumente geprägten öffentlichen Diskurses sollten die Folgen des demografischen Wandels differenziert beschrieben und dabei die *Chancen* einer alternden Gesellschaft in das Zentrum der Argumentation gestellt werden. Der Auftrag der Bundesregierung an die Fünfte Altenberichtskommission sieht vor, dass der Altenbericht zukunftsgerichtete Aussagen für die weitere Entwicklung bis zum Jahr 2020 treffen soll.

Ausgehend von der genannten Zielsetzung befasst sich der Fünfte Altenbericht (Kommission Fünfter Altenbericht der Bundesregierung 2006) mit den folgenden sieben Themenbereichen: 1. Erwerbsarbeit, 2. Bildung, 3. Einkommenslage im Alter und künftige Entwicklung, 4. Chancen der Seniorenwirtschaft in Deutschland, 5. Potenziale des Alters in Familie und privaten Netzwerken, 6. Engagement und Teilhabe älterer Menschen, 7. Migration und Potenziale des Alters in Wirtschaft und Gesellschaft. Für jeden dieser sieben Themenbereiche werden zentrale wissenschaftliche Befunde, die aktuelle gesellschaftliche Praxis und zukünftige Gestaltungsmöglichkeiten diskutiert.

Der Altenbericht wendet sich – da seine Auftraggeber der Deutsche Bundestag und die Bundesregierung sind – primär an politische Entscheidungsträger auf der Bundesebene. Er hat darüber hinaus aber das Ziel, im Rahmen des gestellten Auftrags zur Aufklärung über die soziale Lage älterer Menschen in der Gesellschaft beizutragen und andere Akteure wie Arbeitgeber, Gewerkschaften und zivilgesellschaftliche Organisationen, aber auch die Einzelne und den Einzelnen anzusprechen.

2 Leitbilder der Kommission

Im Hinblick auf die Entwicklung, die Aufrechterhaltung und die gesellschaftliche Nutzung von Potenzialen im Alter geht die Kommission von fünf Leitbildern aus:

2.1 Mitverantwortliches Leben älterer Menschen und Solidarität

Dieses Leitbild gründet auf dem von NELL-BREUNING in seiner christlichen Soziallehre (1977) explizierten Subsidiaritätsprinzip. Dieses besagt, dass Probleme vorzugsweise dort zu lösen sind, wo sie entstehen, bzw. dass größere soziale Einheiten erst dann für Problemlösungen zuständig sind und unterstützend („subsidiär") tätig werden, wenn die jeweils kleineren sozialen Einheiten nicht zu einer selbstständigen Lösung in der Lage sind. Das Subsidiaritätsprinzip betont damit gleichermaßen die Nutzung bestehender Problemlösepotenziale (des Einzelnen, der Familie, der Kommune usw.) durch Förderung von Eigenverantwortung sowie die Verpflichtung übergeordneter sozialer Einheiten (der Familie, der Kommune, des Staates), im Bedarfsfalle unterstützend tätig zu werden. Das

Leitbild eines mitverantwortlichen Lebens verweist entsprechend sowohl auf die Verpflichtung des Einzelnen, durch eine selbstverantwortliche Lebensführung Potenziale auszubilden und für sich selbst und andere zu nutzen, als auch auf die Verpflichtung des Staates, für Rahmenbedingungen zu sorgen, die Individuen eine angemessene Ausbildung und Verwirklichung von Potenzialen ermöglichen (KRUSE 2005; KRUSE/SCHMITT 2005).

2.2 Alter als Innovationsmotor stärken

Diesem Leitbild liegt die Annahme zugrunde, dass angesichts des demografischen Wandels gesellschaftlicher Wohlstand nicht mehr alleine durch eine Verwirklichung von Potenzialen jüngerer Menschen gesichert werden kann (vgl. NAEGELE 2003). Mit der Alterung des Erwerbspersonenpotenzials und von Betriebsbelegschaften steigt die Notwendigkeit, die innovativen und kreativen Fähigkeiten älterer Beschäftigter und Selbstständiger zu erkennen und zu fördern. Entsprechend sind von betrieblicher und gesellschaftlicher Seite die Voraussetzungen für den Erhalt und die Entwicklung von Kreativität im Alter zu schaffen. Zu diesen Voraussetzungen zählt nicht zuletzt die Schaffung von lernfördernden Arbeitsumgebungen für Arbeitnehmerinnen und Arbeitnehmer aller Altersgruppen und spezifischen Bildungsmaßnahmen für ältere Beschäftigte und Arbeitsuchende. Des Weiteren berücksichtigt dieses Leitbild, dass Wirtschaftswachstum in einer alternden Gesellschaft zunehmend davon abhängt, dass den Konsumbedürfnissen älterer Menschen angemessen Rechnung getragen wird.

2.3 Nachhaltigkeit und Generationensolidarität

Mit diesem Leitbild wird berücksichtigt, dass in dynamischen Gesellschaften die Chancen, die sich für eine Gruppe ergeben, nicht selten mit Risiken für andere Gruppen verbunden sind. Entsprechend ist es denkbar, dass die gezielte Förderung der Nutzung von Ressourcen des Alters zu Lasten der für nachfolgende Generationen bestehenden Möglichkeiten geht, ihre eigenen Ressourcen zu vermehren oder zu verwirklichen, insbesondere unter der Bedingung der Knappheit von Ressourcen (KRUSE 2005). Die Förderung von Potenzialen des Alters ist deshalb auch im Zusammenhang mit der Notwendigkeit, eine kinderfreundliche Gesellschaft zu schaffen, zu sehen. Eine kinderfeindliche Gesellschaft ist auf Dauer nicht überlebensfähig, eine Verwirklichung von Potenzialen des Alters langfristig nur in einer kinderfreundlichen Gesellschaft möglich. In diesem Zusammenhang sollte nicht übersehen werden, dass gesellschaftliche Innovationen subjektiv – und eben nicht notwendigerweise objektiven Gegebenheiten entsprechend – wahrgenommen und bewertet werden. So kann eine Verbesserung der Erwerbschancen Älterer von Jüngeren auch dann im Sinne einer nicht gerechtfertigten Benachteiligung der eigenen Generation interpretiert werden, selbst wenn die jüngere Generation objektiv von dieser Entwicklung profitiert. Entsprechend ist eine Förderung von Potenzialen älterer Menschen nur im Kontext einer generationenübergreifenden Perspektive möglich, die sich gleichzeitig kontinuierlich um die Transparenz von Zielsetzungen und Maßnahmen bemüht.

2.4 Lebenslanges Lernen

Mit diesem Leitbild wird berücksichtigt, dass technische Innovationen und eine gestiege-ne Lebenserwartung auch mit dem Risiko verbunden sind, dass in früheren Jahren ausge-bildete Wissenssysteme und erworbene Erfahrungen veralten und nutzlos werden, die Vorstellung, man könne berufliche Bildungsprozesse ausschließlich auf einen frühen Ab-schnitt der Biografie konzentrieren, mithin nicht mehr zeitgemäß ist. Ebenso wie sich nachfolgende Generationen lebenslang weiterbilden müssen, sollten sich auch ältere Menschen für Bildungsangebote öffnen (STAUDINGER 2003). Gleichzeitig betont die Kommission, dass ältere Menschen heute über einen im Vergleich zu früheren Kohorten höheren durchschnittlichen Bildungsstand sowie über eine im Durchschnitt höhere Ver-trautheit im Umgang mit Bildungsangeboten verfügen, derart veränderte Bildungsbiogra-fien mit einer gesteigerten Lernfähigkeit im Alter einhergehen und damit die Vorausset-zungen für lebenslanges Lernen auch bei älteren Menschen gegeben sind (WALKER 2002).

2.5 Prävention

Mit diesem Leitbild wird zum einen berücksichtigt, dass die Voraussetzungen für eine Verwirklichung von Potenzialen im Alter zu einem guten Teil in früheren Lebensaltern geschaffen werden, zum anderen, dass Gesundheit und Leistungsfähigkeit auch im hohen Alter noch beeinflusst werden können und über die gesamte Lebensspanne die Möglich-keit, Neues zu lernen, besteht (KRUSE 2002; ROWE/KAHN 1997). Ähnlich wie der Ge-sundheitszustand und das Bildungsniveau haben auch Mit- und Selbstverantwortung so-wie Selbstsorge im Alter ihre biografischen und lebenslagespezifischen Voraussetzungen. Wer etwa sein Leben in Kindheit, mittlerem und höherem Erwachsenenalter bereits als in hohem Maße fremdbestimmt und wenig kontrollierbar erfährt und dadurch die einer selbstverantwortlichen Lebensführung förderlichen Fertigkeiten und Gewohnheiten nur eingeschränkt ausbilden konnte, wird auch im Alter seine vorhandenen Fähigkeiten nur selten in mit- und selbstverantwortlicher Weise einsetzen. Bei aller Betonung der sozialen und biografischen Voraussetzungen von Potenzialen des Alters darf aber nicht übersehen werden, dass Menschen bis ins sehr hohe Alter in der Lage sind, die Entwicklung ent-sprechender Potenziale durch eigenes Verhalten zu fördern. So kann etwa der Gesund-heitszustand bis ins sehr hohe Alter durch den Verzicht auf Risikofaktoren, gesunde Er-nährung, ein ausreichendes Maß an körperlicher und geistiger Aktivität sowie den Ver-zicht auf Risikofaktoren gefördert werden. Die Kommission betont, dass gegenwärtig sowohl die Möglichkeiten der Prävention für das Alter als auch die Möglichkeiten der Prävention im Alter bei weitem noch nicht ausgeschöpft sind.

3   Lageanalyse und Handlungsempfehlungen

Im Folgenden sollen für die sieben im Altenbericht behandelten Themen zentrale Ergeb-nisse der wissenschaftlichen Bestandsaufnahme und die aus diesen abgeleiteten politik-relevanten Handlungsempfehlungen dargestellt werden.

3.1 Erwerbsarbeit

Von den 55-64-Jährigen waren in Deutschland im Jahre 2004 nur 41,4 Prozent erwerbstätig. Während der Anteil der Erwerbstätigen unter den Männern vor allem infolge der Frühverrentung zwischen 1970 und 2000 von 80,7 auf 52,4 Prozent gesunken ist, zeigt sich für die Frauen im gleichen Zeitraum ein leichter Anstieg von 31,1 auf 33,5 Prozent. Anders als bei den Männern schneiden sich hier bei den Frauen zwei gegenläufige Trends: Die Beschäftigungsquote nimmt trotz zunehmender Frühverrentung nicht ab, weil später geborene Frauen im Vergleich zu früher geborenen eine bessere Ausbildung und eine stärkere Erwerbsorientierung aufweisen (BOSCH/SCHIEF 2005). Im europäischen Vergleich entspricht die für Deutschland ermittelte Beschäftigungsquote der 55-64-Jährigen dem Durchschnitt der EU 15. Sie liegt aber deutlich unter der Zielmarke, die der Europäische Rat in Stockholm im Rahmen der europäischen Beschäftigungsstrategie für die Beschäftigung Älterer bis zum Jahre 2010 gesetzt hat (Abbildung 1).

Abbildung 1:   Beschäftigungsquoten der 25- bis 44-Jährigen und der 55- bis 64-Jährigen in der Europäischen Union (15) 2004 (Datenbasis: Europäische Arbeitskräftestichprobe 2004)

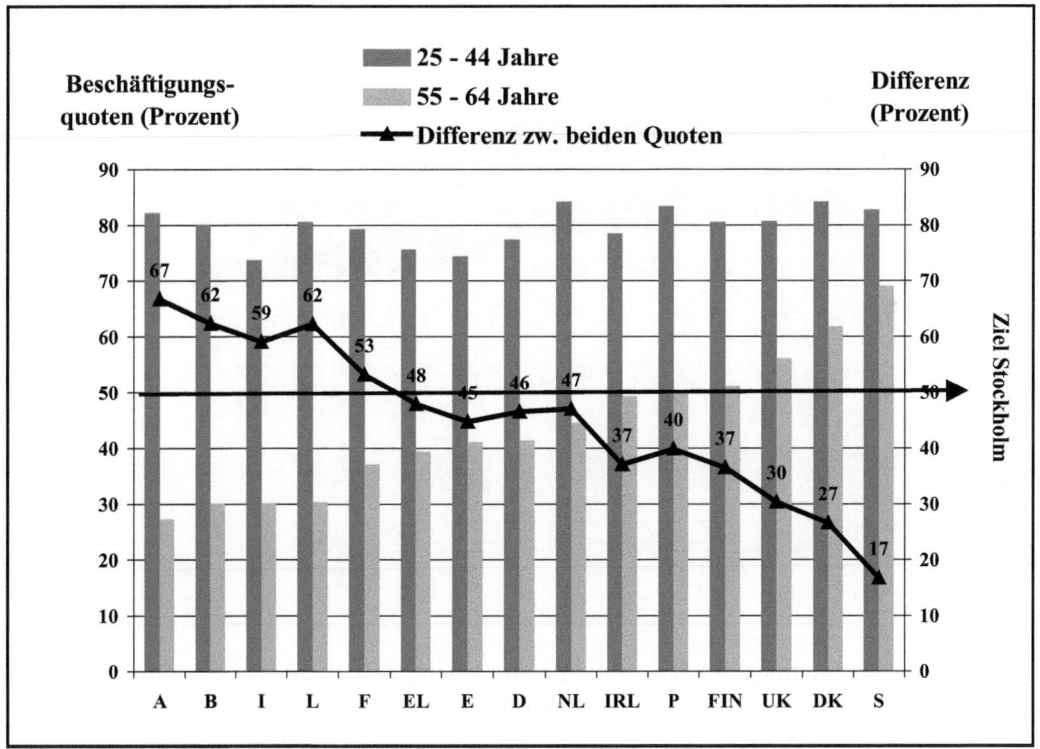

Aus dem demografischen Wandel ergibt sich auch eine veränderte Altersstruktur der Bevölkerung im Erwerbsalter. Abbildung 2 verdeutlicht die wachsenden Anteile der 50- bis 64-Jährigen. Deren Anteil an der Altersgruppe der 20- bis 64-Jährigen steigt von heute 30 Prozent auf 39 Prozent im Jahr 2020 an und geht nach dem Ausscheiden der Baby-

Boomer-Jahrgänge aus dem Erwerbsleben wieder auf 37 Prozent im Jahr 2050 zurück (Prognos 2002).

Aus Abbildung 2 wird deutlich, wie sehr unsere Gesellschaft auf Dauer auf eine Erhöhung der Geburtenrate angewiesen ist. Eine bessere Vereinbarkeit von Kindererziehung und Beruf und eine Verbesserung der Situation junger Familien sowie Alleinerziehender stellen deshalb vorrangige gesellschaftspolitische Zielsetzungen dar. Selbst wenn es gelingen sollte, die Geburtenrate nachhaltig zu erhöhen, wird sich dies aber erst in Jahrzehnten auf die Situation am Arbeitsmarkt auswirken. Gleichzeitig kann, da eine Alterung der Bevölkerung im Erwerbsalter für alle europäischen Staaten zu erwarten ist, ein Mangel an qualifizierten Fachkräften nur in Teilen durch Zuwanderung kompensiert werden.

Abbildung 2

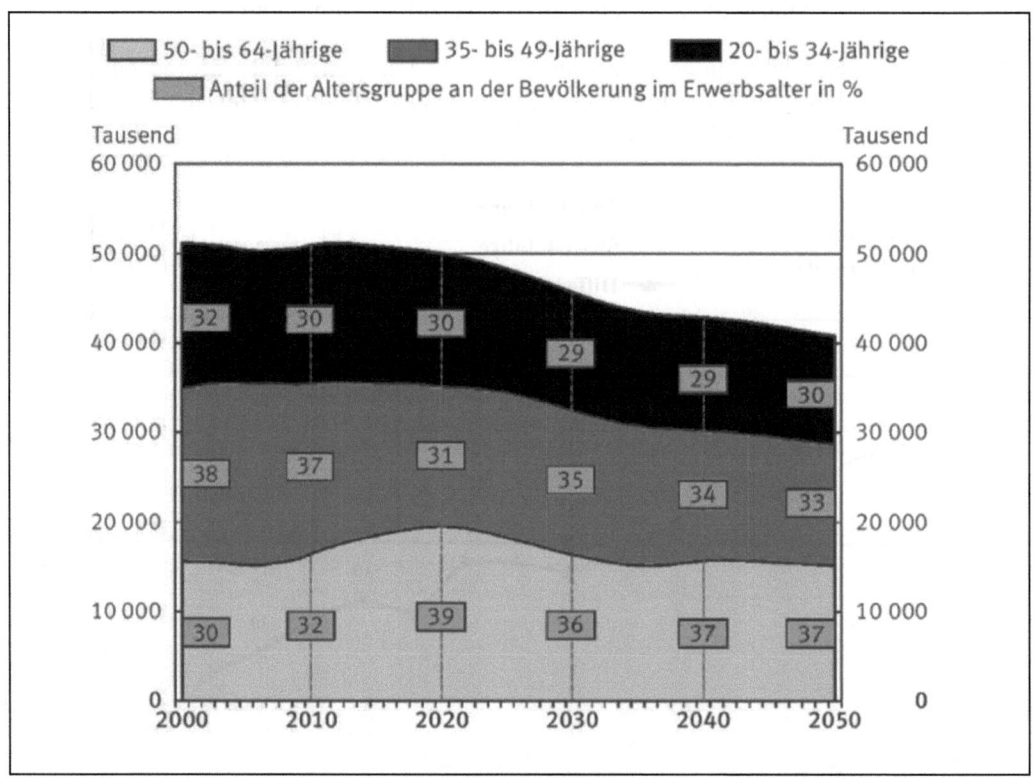

Zahlreiche Untersuchungen belegen die Leistungsfähigkeit älterer Arbeitnehmer (KRUSE/ PACKEBUSCH 2006; NAEGELE 2005). Durch die im Laufe des Erwerbslebens erworbenen Wissenssysteme und Erfahrungen können altersbedingte Einbußen in aller Regel gut kompensiert werden. Des Weiteren verfügen ältere Arbeitnehmer häufig auch über spezifische Stärken, wie sie etwa in einer größeren Übersicht über Arbeitsverläufe und Kommunikationsstrukturen, in einem besseren Konfliktmanagement oder auch in einer besonderen Zuverlässigkeit und einer höheren Identifikation mit dem Betrieb zum Ausdruck kommen. Ältere Arbeitnehmer sind damit nicht per se weniger, sondern anders leistungsfähig als jüngere Arbeitnehmer. Aus diesem Grund erweisen sich auch generationenge-mischte Teams als besonders effektiv. Trotz dieser wissenschaftlichen Erkenntnisse sind Vorstellungen von einer eingeschränkten Einsatzfähigkeit Älterer im Erwerbsleben und Bilder einer nachlassenden Tatkraft, Innovationsfähigkeit und Kreativität Älterer nach wie vor weit verbreitet.

Nachdem die verschiedenen Anreize zur Frühverrentung weitestgehend abgebaut sind, geht es nun darum, die Beschäftigungsfähigkeit im Alter und die Motivation, länger zu arbeiten, zu erhöhen. Zentrale Akteure, um die Beschäftigungsfähigkeit im Alter zu er-halten und zu fördern, sind hier die Betriebe. Zu den Bestandteilen einer „demografiesen-siblen" Beschäftigungspolitik gehören eine präventive Gesundheitsförderungspolitik und lebenslange berufliche Weiterqualifizierung in lernförderlichen Arbeitsbedingungen. Ar-beitsplätze, Arbeitsorganisation und Arbeitszeit müssen zukünftig auf das veränderte, stärker durch Lebens- und Berufserfahrung geprägte Leistungsvermögen älter werdender Belegschaften flexibel ausgerichtet werden.

Gleichzeitig fordert die Kommission dazu auf, viel stärker als bisher auch die bislang noch unausgeschöpften Potenziale, insbesondere von Frauen, Migranten und auch behin-derten Menschen, auf dem Arbeitsmarkt zu mobilisieren und zu nutzen. Betriebe und Verwaltungen müssen sich zukünftig sowohl auf die besonderen Beschäftigungsvoraus-setzungen und -bedürfnisse hinsichtlich des Alters und des Geschlechts als auch hinsicht-lich der kulturellen Herkunft und damit auf insgesamt zunehmend heterogene Belegschaf-ten einstellen. Hinter einer durchschnittlichen Beschäftigungsquote verbergen sich sehr unterschiedliche Lebens- und Erwerbsverläufe: Wer etwa besser qualifiziert und gesund ist, hat nicht nur größere Chancen, eine Stelle zu finden, sondern dann auch nach dem 55. Lebensjahr beschäftigt zu bleiben. Gefordert sind deshalb *differenzierte* Lösungen, um Potenziale aller Alters- und Erwerbstätigengruppen zu nutzen.

Wenn in weiten Teilen der Bevölkerung die berufliche Leistungsfähigkeit über das Er-reichen der gegenwärtigen Altersgrenze hinaus erhalten und gleichzeitig die Gemein-schaft auf eine optimale Ausschöpfung des Erwerbspersonenpotenzials angewiesen ist, dann sollte verstärkt über eine Flexibilisierung des Übergangs in den Ruhestand diskutiert werden, die von der Tendenz auf eine Anhebung des Renteneintrittsalters zielt. Auf Grund der sehr unterschiedlich verteilten körperlichen und psychischen Belastungen zwi-schen den Berufsgruppen sind allerdings auch hier differenzierte Antworten nötig. An-sonsten könnten gerade diejenigen Gruppen von Arbeitnehmern und Arbeitnehmerinnen, die in ihrer Jugend früh ins Arbeitsleben eintreten mussten, damit lange Beitragszahlun-gen geleistet haben, belastende Arbeitsverhältnisse hatten und krankheitsbedingt häufig früh ausscheiden, zusätzlich durch hohe Rentenabschläge bestraft werden.

Im Bereich Erwerbsarbeit empfiehlt die Kommission

- die Schaffung einer „demografiesensiblen" Unternehmenskultur und Entwicklung von „Leitlinien einer guten Praxis",
- die Schaffung von Anreizstrukturen für Gesundheitsschutz, Gesundheitsförderung und Prävention,
- den Abschluss demografiegerechter Tarifverträge,
- eine „echte" Altersteilzeit als Bestandteil flexibler Lebensarbeitszeiten,
- den Kündigungsschutz für ältere Beschäftigte nicht zu lockern, aber Barrieren bei der Einstellung Älterer abzubauen,
- ein Arbeiten über das Erreichen der Altersgrenze hinaus zu ermöglichen,

- arbeitsmarktpolitische Instrumente zu vereinfachen,
- den Übergang vom Erwerbsleben in die Nacherwerbsphase flexibler zu gestalten und
- Erwerbsunfähigkeitsrenten streng an medizinische Kriterien zu koppeln.

Ein Teil der Kommission sprach sich dafür aus, dass keine Erhöhung des abschlagfreien Rentenalters erfolgen sollte, ein anderer Teil der Kommission sah in einer Anhebung eine sinnvolle Maßnahmen zur Erhöhung der Erwerbsbeteiligung Älterer, ein Kommissionsmitglied vertrat die Position, dass es keine auf ein bestimmtes Lebensalter festgelegte allgemeine Renteneintrittsgrenze geben sollte.

3.2 Bildung

Zu den positiven Entwicklungen in der Altersphase, die gleichsam die Basis für die individuellen wie gesellschaftlichen „Potenziale des Alters" bilden, zählen das im Vergleich mit früheren Altengenerationen durchschnittlich höhere Bildungs- und Qualifikationsniveau, ein breiteres Spektrum von Interessen und Kompetenzen sowie ein umfangreiches Erfahrungswissen.

In der Teilnahme an Bildungsangeboten spiegeln sich auch die in früheren Lebensphasen erworbenen Bildungsgewohnheiten wider. Die Grundlagen lebenslangen Lernens werden bereits in den frühen Bildungsphasen geschaffen. In der Teilnahme an allgemeiner Bildung und beruflicher Weiterbildung bestehen erhebliche soziale Ungleichheiten nach Bildungs- und Qualifikationsniveau, Erwerbstätigkeit, beruflichem Status, Geschlecht, Nationalität und Alter (NAEGELE/WALKER 2003). Wird bei der Betrachtung der betrieblichen Weiterbildung ein umfassender Bildungsbegriff zugrunde gelegt, der formales und nicht-formales Lernen integriert, so zeigt sich, dass dem Alter kein eigenständiger Erklärungswert bei der Erklärung der Bildungsteilnahme zukommt. Bestimmte Beschäftigtengruppen, z.B. hoch qualifizierte Beschäftigte, zeigen am Ende des Erwerbslebens sogar steigende Teilnahmequoten.

Eine effektive Nutzung von Potenzialen älterer Menschen in der Erwerbs- und Nacherwerbsphase ist ohne ein effizientes Bildungssystem nicht möglich. Die insbesondere unter An- und Ungelernten geringe Weiterbildungsbeteiligung und das damit einhergehende Risiko reduzierter Beschäftigungsfähigkeit verweisen auf die Notwendigkeit möglichst frühzeitig einsetzender präventiver Bildungsmaßnahmen (VOLKHOLZ/KIEL/WINGEN 2002). Die vorliegenden Befunde zur Nutzung von Bildungsangeboten machen deutlich, dass Personen mit höherer Schul- und Berufsausbildung überproportional an Bildungsangeboten partizipieren, sodass Bildungsungleichheiten im Alter noch verstärkt werden. Im Alterssurvey von 1996 hatten etwa von den 258 Teilnehmern an Bildungsangeboten 46,2 Prozent einen Volks- oder Hauptschulabschluss, 27,8 Prozent einen Realschulabschluss und 18,8 Prozent Abitur, Hochschulreife oder EOS. Unter den Nicht-Teilnehmern hatten dagegen 75,5 Prozent einen Volks- oder Hauptschulabschluss, 11,9 Prozent einen Realschulabschluss und nur 5,6 Prozent Abitur, Hochschulreife oder EOS.

Dringend erforderlich erscheint der Kommission eine Verbesserung der Bildungschancen von Angehörigen unterprivilegierter sozialer Schichten. Entsprechende Bemühungen sollten bereits auf der Ebene des Schulsystems ansetzen, indem durch die gezielte Ausschöpfung von Fördermöglichkeiten die Grundlage für Bildungsmotivation, positive Bildungserfahrungen und spätere Qualifikationen gelegt wird. In keinem vergleichbaren Land ist der Zusammenhang zwischen sozialer Herkunft und Schulerfolg so ausgeprägt wie in Deutschland. Die PISA-Studien belegen, dass das deutsche Bildungssystem im internationalen Vergleich in seiner Leistungsfähigkeit nur mittelmäßig ist und fachspezifische sowie allgemeine Kompetenzen weniger erfolgreich vermittelt werden als etwa in den nordeuropäischen Staaten. Im Vergleich mit anderen europäischen Staaten machen in Deutschland weniger Schüler Abitur, wobei unter diesen der Anteil an Kindern aus Akademikerfamilien größer ist als in jedem anderen europäischen Land. Die langfristigen Auswirkungen eines Schulsystems, das gegenwärtig offensichtlich eher zu einer Verstetigung denn zu einer Nivellierung von schichtspezifischen Ungleichheiten beiträgt, werden deutlich, wenn man sich vergegenwärtigt, dass frühe Bildungserfahrungen die weitere Bildungsbiografie prägen, der Schulabschluss entscheidend für die Arbeitsmarktchancen und das individuelle Arbeitsmarktrisiko ist, gerade unter gering Qualifizierten eine niedrige Weiterbildungsbeteiligung besteht und schließlich die Beschäftigungsfähigkeit bei gering Qualifizierten mit dem Alter deutlich zurückgeht.

Im IAB-Betriebspanel 2002 (BRUSSIG 2005) gaben 60 Prozent aller Betriebe an, über 50-jährige Mitarbeiter zu beschäftigen. Von diesen gaben sechs Prozent in den alten und sieben Prozent in den neuen Bundesländern an, ältere Mitarbeiter in Weiterbildungsangebote einzubeziehen. Spezielle Weiterbildungsangebote für Ältere unterbreiten nach IAB-Panel nur etwa ein Prozent aller Betriebe. Differenziertere Analysen zeigen, dass ältere Beschäftigte mit zunehmender Betriebsgröße eher an Weiterbildungsmaßnahmen partizipieren.

Die deutsche Betriebsbefragung im Rahmen der Zweiten Europäischen Erhebung zur Betrieblichen Weiterbildung (Statistisches Bundesamt 2002) zeigt zudem, dass lediglich 24 Prozent der Betriebe Analysen zum zukünftigen Personal- und Qualifikationsbedarf durchführen, nur 22 Prozent einen Weiterbildungsplan oder ein Weiterbildungsprogramm erstellen, nur 17 Prozent Weiterbildungsmaßnahmen aus einem speziellen Budget finanzieren, vier Prozent einen eigenständigen Arbeitsbereich als „berufliche Weiterbildung" ausweisen, zwei Prozent Mitarbeiter beschäftigen, deren Aufgabenbereich ausschließlich berufliche Weiterbildung umfasst und 44 Prozent den Erfolg von Weiterbildungsmaßnahmen überprüfen. Der Professionalisierungsgrad der betrieblichen Weiterbildung in Deutschland erscheint damit als gering.

Im Bereich Bildung empfiehlt die Kommission

– eine Erwachsenenbildungsförderung, die geringer qualifizierten Beschäftigten ermöglicht, durch ein frühzeitiges Nachholen von schulischen, beruflichen und Hochschulabschlüssen ihre Beschäftigungsfähigkeit zu verbessern,
– die Sicherstellung einer flächendeckenden Grundversorgung mit Angeboten allgemeiner, politischer und kultureller Weiterbildung durch die Bundesländer und Kommunen,
– die staatliche Förderung von Bildungssparen nach dem Fünften Vermögensbildungsgesetz,
– einen Ausbau betrieblicher Weiterbildung,
– die Weiterbildung der auf dem Arbeitsmarkt am stärksten gefährdeten Gruppe der An- und Ungelernten im Betrieb präventiv durch die Bundesagentur für Arbeit zu fördern,
– die Rahmenbedingungen für lebenslanges Lernen durch eine Stärkung eigenverantwortlichen Patientenhandelns, erhöhte Transparenz auf dem Arbeitsmarkt, Zertifizierung erworbener Kenntnisse und zeitlich flexiblere Weiterbildungsangebote zu verbessern,
– die Eigenverantwortung im Gesundheitssystem zu fördern sowie
– Qualitätsstandards als Grundlage gezielter Förderung von Bildungsbeteiligung nach der Erwerbsphase zu entwickeln.

3.3 Einkommenslage im Alter und künftige Entwicklung

In Tabelle 1 sind Daten aus dem 2005 veröffentlichen Armutsbericht der Bundesregierung (Bundesregierung 2005) zusammengestellt, wobei gruppenspezifische Armutsrisiken für die Jahre 1998 und 2003 einmal auf der Grundlage der neuen OECD-Skala und einmal auf der Grundlage der alten OECD-Skala bestimmt wurden. Diese beiden Skalen unterscheiden sich in der Berechnung des äquivalenzgewichteten Pro-Kopf-Einkommens. In der neuen OECD-Skala geht die erste erwachsene Person mit einem Gewicht von 1,0, jeder weitere Erwachsene mit einem Gewicht von 0,5 und jedes Kind unter 14 Jahren mit einem Gewicht von 0,3 in der alten OECD-Skala gehen dagegen die erste erwachsene Person mit einem Gewicht von 1,0, jeder weitere Erwachsene mit einem Gewicht von 0,7 und jedes Kind unter 14 Jahren mit einem Gewicht von 0,5 in die Berechnung des äquivalenzgewichteten Pro-Kopf-Einkommens ein. In der neuen Skala werden die Einsparungen durch gemeinsames Wirtschaften im Haushalt also höher angesetzt als in der alten OECD-Skala.

Tabelle 1: Gruppenspezifische Armutsrisikoquoten[1] in Prozent in Deutschland nach Geschlecht, Alter, Erwerbsstatus und Haushaltstypen
(Datenbasis: Armutsbericht der Bundesregierung)

Bevölkerungsgruppe	Neue OECD-Skala		Alte OECD-Skala	
	1998	2003	1998	2003
Differenzierung nach Geschlecht				
Männer	10,7	12,6	11,6	12,9
Frauen	13,3	14,4	12,6	13,3
Differenzierung nach Alter				
bis 15 Jahre	13,8	15,0	18,6	18,6
16 bis 24 Jahre	14,9	19,1	14,6	19,0
25 bis 49 Jahre	11,5	13,5	12,3	13,5
50 bis 64 Jahre	9,7	11,5	7,7	9,8
65 und mehr Jahre	13,3	11,4	9,3	7,5
Differenzierung nach Erwerbsstatus[2]				
Selbstständige(r)	11,2	9,3	11,2	9,6
Arbeitnehmer(in)	5,7	7,1	5,9	6,8
Arbeitslose(r)	33,1	40,9	31,2	37,4
Rentner(in)/Pensionär(in)	12,2	11,8	8,4	7,8
Personen in Einpersonenhaushalten				
Insgesamt	22,4	22,8	13,7	14,1
Männer	20,3	22,5	13,8	15,0
Frauen	23,5	23,0	13,7	13,6
Personen in Haushalten mit Kind(ern)[3]				
Alleinerziehende	35,4	35,4	37,0	36,4
2 Erwachsene mit Kind(ern)	10,8	11,6	14,6	14,6
Armutsrisikoquote insgesamt	12,1	13,5	12,1	13,1

1 Armutsrisikogrenze 60% des Medians der laufend verfügbaren Äquivalenzeinkommen
2 nur Personen im Alter ab 16 Jahren
3 Kinder: Personen unter 16 Jahren sowie Personen von 16 bis 24 Jahren, sofern sie nichterwerbstätig sind und mindestens ein Elternteil im Haushalt lebt

Wenn man Äquivalenzgewichte auf der Grundlage der neuen OECD-Skala berechnet, ergibt sich für das Jahr 2003 für die Gesamtheit aller Haushalte eine Armutsrisikoquote von 13,5 Prozent, für die alten Bundesländer eine Armutsrisikoquote von 12,2 Prozent und für die neuen Bundesländer eine Armutsrisikoquote von 19,3 Prozent. Für Personen im Alter von 65 und mehr Jahren wird diese Quote für Gesamtdeutschland mit 11,4 Prozent und für Rentner/Pensionäre mit 11,8 Prozent angegeben. Demgegenüber liegt die Quote für Alleinerziehende mit 35,4 Prozent etwa dreimal so hoch.

Nach der alten Skala ergibt sich für die Gesamtheit aller Haushalte eine Quote von 13,1 Prozent und für Rentner/Pensionäre von 7,8 Prozent. Mit der Anwendung der neuen Skala erhöht sich also die Quote für die Gesamtheit aller alle Haushalte nur geringfügig (um 0,4 Prozent), jene für Rentner/Pensionäre dagegen deutlich (um 4 Prozent). Unabhängig davon, ob man das Armutsrisiko auf der Grundlage der neuen oder der alten OECD-Skala berechnet, erscheint die Aussage gerechtfertigt, dass Rentner/Pensionäre im Vergleich zu anderen gesellschaftlichen Gruppen von keinem besonderen Armutsrisiko betroffen sind. Zwischen 1998 und 2003 ist die Quote für die Gesamtheit aller Haushalte ebenso angestiegen wie die Quoten für alle Altersgruppen unterhalb von 65 Jahren. Dagegen zeigt sich in diesem Zeitraum sowohl bei Rentnern/Pensionären als auch bei Personen im Alter von 65 und mehr Jahren ein Rückgang des Armutsrisikos.

Auch die vorliegenden Daten zum Nettovermögen von Altenhaushalten stützen die These, dass Personen jenseits des 65. Lebensjahres gegenwärtig keinem besonderen Armutsrisiko ausgesetzt sind, sondern, im Gegenteil, zum Teil über beträchtliche finanzielle Ressourcen verfügen (Tabelle 2). Von der gegenwärtigen Einkommenssituation kann allerdings nicht ohne weiteres auf das zukünftige Einkommen geschlossen werden. Neben der Höhe des Gesamteinkommens ist die Zusammensetzung der Einkünfte für eine Charakterisierung der ökonomischen Situation von Bedeutung, erfolgt doch beispielsweise die Anpassung der verschiedenen Leistungen nach unterschiedlichen Prinzipien. Hieraus könnten sich angesichts einer längeren Phase des Rentenbezugs je nach Zusammensetzung des Einkommens nach Einkunftsarten beträchtliche Veränderungen in der Höhe des Einkommens im Zeitablauf ergeben.

Tabelle 2: Nettovermögen von „Altenhaushalten" (65 Jahre und älter) 2003 (Datenbasis: Einkommens- und Vermögensstichprobe)

Haushaltstyp	Arithmetisches Mittel – in 1.000 Euro –		
	West	Ost	Deutschland
Alleinlebender Mann	135,7	35,7	128,1
Alleinlebende Frau	103,6	22,5	88,8
Ehepaar	231,7	72,5	200,4

Die Kommission wendet sich in diesem Zusammenhang deutlich dagegen, dass diese günstigen Durchschnittswerte in der öffentlichen Diskussion als Argument eingesetzt werden, um Einschnitte bei den Alterseinkommen zu rechtfertigen. Die empirischen Erhebungen belegen allerdings eine große Spreizung bei der Verteilung der Einkommen in der älteren Bevölkerung und eine noch größere Spreizung der Vermögensverteilung. Ferner ist abzusehen, dass sich infolge der Sozialreformen nach der deutschen Einheit die Einkommensverteilung im Alter vermutlich deutlich ungleicher als bisher gestalten wird und die heute mittleren Altersgruppen zukünftig stärker auf bedürftigkeitsgeprüfte Leistungen zurückgreifen müssen, um Altersarmut zu vermeiden.

Im Bereich Einkommenslage im Alter und künftige Entwicklung empfiehlt die Kommission

- in der gesetzlichen Rentenversicherung (GRV) bei längerer Versicherungsdauer ein Leistungsniveau beizubehalten, das deutlich über der steuerfinanzierten bedarfs- oder bedürftigkeitsgeprüften armutsvermeidenden Mindestsicherung liegt,
- eine enge Beitrags-Leistungs-Beziehung in der GRV herzustellen,
- die Erwerbsbeteiligung Älterer zu erhöhen,
- anstelle der Subventionierung von Finanzkapital stärker auf eine Förderung von „Humankapital" zu setzen,
- die Ergänzungsfunktion der privaten und betriebliche Vorsorge zu erhalten und diese nicht zum (partiellen) Ersatz für die GRV werden zu lassen,
- alle bislang nicht obligatorisch abgesicherten Selbstständigen in die GRV einzubeziehen sowie
- einen integrierten Ansatz in der Alterssicherungspolitik zu verfolgen, der sich nicht allein auf die Alterssicherungssysteme (deren Finanzierung, Leistungen und Besteuerung) beschränkt, sondern auch weitere für die (reale) Einkommenslage im Alter wichtige – und politisch gestaltbare – Entwicklungen berücksichtigt wie insbesondere Höhe und Struktur von Sozialversicherungsleistungen im Falle von Krankheit und Pflegebedürftigkeit.

3.4 Chancen der Seniorenwirtschaft in Deutschland

Die durchschnittlich gute materielle Situation älterer Menschen weist auch darauf hin, dass Senioren bereits heute durch ihren Konsum in beträchtlichem Umfang zur wirtschaftlichen Entwicklung beitragen und aufgrund der Entwicklung ihrer Kaufkraft in Zukunft wahrscheinlich noch mehr für lebensqualitätssteigernde altersspezifische Waren und Dienstleistungen ausgeben werden.

Mit der Altersstruktur der Bevölkerung werden sich auch Veränderungen in der Nachfrage nach Gütern und Dienstleistungen ergeben. Jene Branchen, deren Leistungen verstärkt von älteren Menschen bzw. von Menschen, die sich auf das Alter vorbereiten, gekauft werden, werden von einer veränderten Altersstruktur profitieren (vgl. DIW 2005). Hier ist die Gesundheitsbranche ebenso zu nennen wie der Bereich Freizeit/Unterhaltung/Kultur oder Finanzdienstleistungen im Zusammenhang mit dem Aufbau einer privaten Altersvorsorge. Andere Branchen, deren Produkte und Dienste von Angehörigen aller Altersgruppen nachgefragt werden, werden ihr Angebot zum Teil qualitativ an die Bedürfnisse und Gewohnheiten älterer Kunden anpassen müssen; etwa durch eine Veränderung von Produktgestaltung, Marketing oder Vertriebswegen.

Private wie öffentliche „Seniorenmärkte" können gegenwärtig als nur unzureichend entwickelt gelten. Den spezifischen Konsumbedürfnissen älterer Menschen wird in vielen Marktsegmenten noch nicht in ausreichender Weise Rechnung getragen. Die Konsequenzen sind vielfältig und reichen von einem Verlust an Lebensqualität für viele ältere Menschen über Fehl- und Mehrausgaben in den Gesundheits- und Pflegesystemen durch fehlende bzw. unzureichend verfügbare Alternativangebote (z.B. im Bereich der häuslichen Versorgung) bis dahin, dass die Chance, neue und zukunftsfähige Arbeitsplätze zu schaffen, ungenutzt bleibt.

Man kann davon ausgehen, dass viele Bedürfnisse älterer Menschen, die gegenwärtig noch überwiegend in sozialen Netzwerken oder durch die öffentliche Hand befriedigt werden, in Zukunft über den Markt befriedigt werden müssen. Speziell im Bereich der haushaltsnahen Dienste ist zudem die öffentliche Förderung unterentwickelt bzw. in Teilen – insbesondere seit Einführung der Pflegeversicherung – sogar rückläufig, sodass sich für privatwirtschaftlich getragene Initiativen zunehmend Marktchancen eröffnen.

Vergleichsweise hohe Ausgabenanteile entfallen bei älteren Menschen auf die Bereiche Wohnen, Energie und Wohnungsinstandhaltung. Hier wirkt sich unter anderem aus, dass gemessen am bestehenden Bedarf sehr große und teure Wohnungen häufig weitergenutzt werden, Veränderungen in der Haushaltsgröße oder im Haushaltseinkommen vielfach keinen Wohnungswechsel motivieren. Weiterhin finden sich steigende Ausgabenanteile für Güter der Gesundheitspflege. Dagegen gehen die Ausgabenanteile für Verkehr und Mobilität mit steigendem Alter zurück. Bei den Ausgaben für Körperpflege dominieren bei Älteren solche für gesundheitsbezogene Dienstleistungen, während bei den Jüngeren solche für Produkte dominieren. Schließlich kann festgestellt werden, dass mit dem Alter die Ausgabeanteile für Pauschalreisen wachsen.

Im Bereich Chancen der Seniorenwirtschaft in Deutschland empfiehlt die Kommission

– Märkte differenziert zu erschließen und Akteure zu sensibilisieren,
– auch die Konsumbedürfnisse sozial schwacher älterer Menschen zu berücksichtigen,
– die ältere Generation zur Selbstorganisation und zu einer stärker konsumrelevanten Interessenvertretung zu befähigen,
– eine dialogische Produkt- und Dienstleistungsentwicklung,
– die Verbesserung und Erweiterung der vorhandenen Produkte und Dienstleistungen,
– eine Senioren-Wirtschaftsförderung, die kleine Unternehmen stärker berücksichtigt sowie
– die Einrichtung eines Verbraucherschutzes für ältere Menschen.

3.5 Potenziale des Alters in Familie und privaten Netzwerken

Den Daten des Alterssurveys zufolge hatten im Jahre 2002 86 Prozent der 40-85-jährigen Deutschen Kinder. Dabei zeigt sich der Trend zu einer geringeren Geburtenrate weniger in einer Zunahme von Kinderlosigkeit, als vielmehr in einer geringer werdenden Kinderzahl. Die 70- bis 85-Jährigen hatten im Durchschnitt 2,09 Kinder, die 55- bis 69-Jährigen 1,99 und die 40- bis 54-Jährigen 1,64 Kinder. Die sozialen Netzwerke der meisten älteren Menschen sind heute überwiegend durch Kontakte zu Familienangehörigen mehrerer Generationen geprägt (HOFF 2005). Für die heute 40-Jährigen wird dies nur in weit geringerem Ausmaß der Fall sein, auf der Grundlage der amtlichen Statistiken wird geschätzt, dass etwa ein Viertel bis ein Drittel der 1965 geborenen Frauen keine Kinder haben wird. Der demografische Wandel wird auch dazu führen, dass unter den Familienbeziehungen jene zwischen erwachsenen Kindern und ihren Eltern im Vergleich zu jenen zwischen Menschen im frühen Erwachsenenalter und ihren Kindern zumindest quantitativ erheblich an Bedeutung gewinnen.

Das Verhältnis zwischen erwachsenen Kindern und ihren Eltern ist mit dem Begriff der Intimität auf Abstand treffend beschrieben worden. Alte Eltern leben in der Regel nicht mit ihren Kindern im selben Haushalt. Im Vergleich mit den anderen europäischen Staaten hat Deutschland in der Altersgruppe der 65-Jährigen und Älteren den höchsten Anteil an Einpersonenhaushalten und den niedrigsten Anteil an Mehrpersonenhaushalten. Gleichwohl ist für die verschiedenen Generationen ein hohes Maß an räumlicher Nähe ebenso charakteristisch wie eine hohe Kontakthäufigkeit.

Im Jahre 2002 schätzten fast 80 Prozent der 40-69-Jährigen und etwas mehr als 80 Prozent der 70-85-Jährigen ihre Familienbeziehungen als gut oder sehr gut ein. Deutlich über 80 Prozent berichteten, in den vorangegangenen 12 Monaten kognitive und emotionale Unterstützung geleistet zu haben. Lediglich für den Bereich der instrumentellen Unterstützung zeigt sich ein deutlicher Rückgang mit dem Lebensalter. Während unter den 40-54-Jährigen 37,3 Prozent angeben, diese Form von Unterstützungsleistung in den letzten 12 Monaten erbracht zu haben, liegt dieser Anteil in der Altersgruppe der 55-69-Jährigen bei 29,1 Prozent und in der Altersgruppe der 70-85-Jährigen bei 15,5 Prozent.

Das Ausmaß an erhaltener kognitiver, emotionaler und finanzieller Unterstützung geht mit dem Alter zurück, während das Ausmaß an erhaltener instrumenteller Unterstützung in der Gruppe der 70-85-Jährigen deutlich höher liegt als in der Gruppe der 55-69-Jährigen (26,4 Prozent) und in der Gruppe der 40-54-Jährigen (29,8 Prozent). Aus den Daten des Alterssurveys ergibt sich für alle Altersgruppen und alle Formen von Unterstützung ein Trend zu einer positiven Bilanzierung in dem Sinne, dass der Anteil der Personen, die berichten, in den letzten 12 Monaten Unterstützungsleistungen erbracht zu haben, größer ist als der Anteil der Personen, die berichten, in den letzten 12 Monaten Unterstützungsleistungen erhalten zu haben. Die einzige Ausnahme von diesem allgemeinen Trend zeigt sich in der Gruppe der 70-85-Jährigen. Hier ist der Anteil der Personen, die in den letzten 12 Monaten instrumentelle Unterstützung erhalten haben, mit 36,3 Prozent mehr als doppelt so hoch wie der Anteil der Personen, die berichten, instrumentelle Unterstützungsleistungen erbracht zu haben (15,6 Prozent).

Insgesamt zeigt sich, dass die Familie nach wie vor der primäre Ort intergenerationeller Unterstützungsleistungen ist; so werden gegenwärtig etwa 80 Prozent der Menschen mit Hilfe- oder Pflegebedarf zuhause durch Familienangehörige versorgt. Der so genannte „kleine Generationenvertrag" ist in seinem Bestand nicht gefährdet.

Angesichts des Umfangs an Unterstützungsleistungen, die gegenwärtig bereits geleistet werden, geht es kurzfristig vor allem um das „Bewahren des Vorhandenen". Demzufolge sollten die Potenziale des Alters innerhalb von Familien und privaten Netzwerken durch geeignete Rahmenbedingungen und Maßnahmen erhalten und stabilisiert werden. Einen Beitrag dazu könnte beispielsweise der Ausbau von Beratungs-, Qualifizierungs- und Unterstützungsangeboten für pflegende Angehörige, Nachbarn und andere informelle Helfer leisten.

Im Bereich Familie und private Netzwerke empfiehlt die Kommission

– die erweiterten Aufgaben von Familien wahrzunehmen und diese neuen Leistungen anzuerkennen,
– fragiler und vielfältiger werdende partnerschaftliche Lebensbezüge zu stützen,
– unterschiedliche Partnerschaftsformen anzuerkennen,
– die Unterstützung zwischen alt werdenden Eltern und erwachsenen Kindern zu sichern,
– die Vereinbarkeit von Familienarbeit, Pflege und Erwerbsarbeit zu unterstützen,
– die Beziehung zwischen Großeltern und Enkelkindern zu stärken,
– private Hilfenetzwerke zu unterstützen und neue Wohnformen zu entwickeln,
– professionelle Angebotsstrukturen an individuellen Bedürfnissen von Pflegearrangements auszurichten sowie
– professionelle Angebote zu vernetzen und die Beratung zu verbessern.

3.6 Engagement und Teilhabe älterer Menschen

Mit dem zunehmenden Anteil älterer Menschen gewinnt auch deren bürgerschaftliches Engagement an Bedeutung für die Erhaltung gesellschaftlicher Produktivität und Innovationsfähigkeit. Die im Vergleich zu früheren Geburtsjahrgängen bessere Ausstattung mit den Potenzialen Gesundheit, Bildung, finanzielle Ressourcen und Zeit rechtfertigt hier eine optimistische Prognose unter der Voraussetzung, dass es gelingt, ältere Menschen in angemessener Weise zur Übernahme einer entsprechenden Aufgabe zu motivieren. Angesichts veränderter Erwerbs- und Bildungsbiografien ist hier davon auszugehen, dass in Zukunft vor allem anspruchsvolle Aufgaben und Tätigkeiten nachgefragt werden, die eigenverantwortliches Handeln zulassen und gleichzeitig Möglichkeiten zum Austausch von Erfahrungen und zur gezielten Fort- und Weiterbildung eröffnen. Ältere Menschen können auch im sozialen und politischen Engagement zukünftig stärker Initiatoren von Innovationen werden.

Das ehrenamtliche Engagement älterer Menschen ist bemerkenswert und nimmt erst in der höchsten Altersgruppe deutlich ab (BRENDGENS/BRAUN, 2001; ENQUETE-KOMMISSION 2002). Aus Tabelle 3 wird deutlich, dass die Engagementquoten der „jungen Alten" durch Zuwächse in den letzten Jahren heute den Stand der Bevölkerung im mittleren Alter erreichen. Im Freiwilligensurvey hat sich der Abstand zwischen den 45-54-Jährigen und den 55-64-Jährigen um 5 Prozentpunkte verringert und zur Angleichung auf jeweils 40 Prozent geführt, während der Alterssurvey im Zeitraum von 1996-2002 sogar eine Abstandsverringerung von 9 auf 2 Prozentpunkte bei den Altersgruppen der 40-54-Jährigen (1996: 22 Prozent, 2002: 23 Prozent) und den 55-69-Jährigen (1996: 13 Prozent, 2002: 21 Prozent) aufzeigt.

Bei den Frauen haben sich vor allem in der mittleren Altersgruppe die Engagementquoten stark erhöht: im Freiwilligensurvey von 29 auf 37 Prozent (Altersgruppe der 55-64-Jährigen), im Alterssurvey von 9 auf 18 Prozent (Altersgruppe der 55-69-Jährigen). Dagegen sind, je nach Studie, in den beiden benachbarten weiblichen Altersgruppen mittlere bis gar keine Anstiege zu verzeichnen. Etwas anders liegt die Situation bei den Männern: Hier liegen die höchsten Zuwächse in der Altersgruppe der 65-74-Jährigen mit einem Anstieg von 31 auf 39 Prozent im Freiwilligensurvey bzw. von 9 auf 15 Prozent im Alterssurvey (70 bis 85 Jahre).

Tabelle 3:   Beteiligung am bürgerschaftlichen Engagement in verschiedenen Studien

| | Beteiligungsquoten (%) | | | Altersgruppe | Bezugsgröße |
	Insg.	Männer	Frauen		
Freiwilligensurvey 1999	40%	45%	36%	45-54 Jahre	freiwilliges
	35%	41%	29%	55-64 Jahre	Engagement
	27%	31%	22%	65-74 Jahre	
	17%	–	–	75 Jahre +	
Freiwilligensurvey 2004	40%	44%	36%	45-54 Jahre	freiwilliges
	40%	42%	37%	55-64 Jahre	Engagement
	32%	39%	27%	65-74 Jahre	
	19%	–	–	75 Jahre +	
Alterssurvey 1996	22%	25%	18%	40-54 Jahre	Ehrenamtliche Tätigkeiten in
	13%	18%	9%	55-69 Jahre	Vereinen und Verbänden
	7%	9%	6%	70-85 Jahre	
Alterssurvey 2002	23%	22%	23%	40-54 Jahre	Ehrenamtliche Tätigkeiten in
	21%	23%	18%	55-69 Jahre	Vereinen und Verbänden
	9%	15%	5%	70-85 Jahre	

Ältere Menschen engagieren sich gegenwärtig vor allem in den traditionellen Ehrenamts-feldern Sport, Kirche und soziale Organisationen. Es gibt daneben aber auch eine kleine Gruppe von „Pionieren", die mit zentralen Zukunftsthemen wie „Wohnen im Alter", „intergenerationelles Engagement", „Umwelt- und Denkmalschutz" oder „Ältere als Akteure des Verbraucherschutzes für ältere Menschen" neue zukunftsweisende Engagementfor-men erproben und entwickeln, die innovative Antworten auf die Herausforderungen der Zeit und der demografischen Alterung geben.

Der Bericht hat darüber hinaus deutlich gemacht, dass bei den bisher unterdurch-schnittlich engagierten bildungsfernen Gruppen ein Potenzial für bürgerschaftliches En-gagement liegt, das durch zielgerichtete Maßnahmen aktiviert werden kann. Hier geht es nicht nur um die Nutzung von Ressourcen für die Gesellschaft, sondern auch um eine Er-höhung der Selbsthilfepotenziale und die Erschließung von Zugängen zu politischen Ent-scheidungsprozessen und Ressourcen im Sinne einer Befähigung zur Selbsthilfe.

Im Bereich Engagement und Teilhabe älterer Menschen empfiehlt die Kommission

- eine Kultur des bürgerschaftlichen Engagements zu fördern,
- das Verhältnis von hauptamtlicher und freiwilliger Arbeit aktiv zu gestalten,
- Pluralität und Wandel von Motiven und Engagementformen zu berücksichtigen und zu ermöglichen,
- Wissensdefizite in den Unternehmen zu beseitigen und deren Engagementkultur zu stärken,
- den Ausbau und die Verstetigung der Engagement fördernden Infrastruktur,
- die kommunale Bürgerbeteiligung auszubauen,
- eine Instrumentalisierung des Engagements zu verhindern und die sozialen Vorausset-zungen für Engagement zu schaffen,
- soziale Ungleichheiten des Engagements abzubauen sowie
- das bürgerschaftliche Engagement bei Reformen der Versorgungssysteme für ältere und alte Menschen zu berücksichtigen.

3.7 Migration und Potenziale des Alters in Wirtschaft und Gesellschaft

Die in Deutschland lebenden älteren Migranten gehören gegenwärtig zum überwiegenden Teil bildungsfernen Schichten an, soweit sie aus den ehemaligen Anwerbeländern stam-men. Im Allgemeinen spiegeln sich geringe berufliche Qualifikationen im Vergleich zur Gesamtbevölkerung in einem deutlich erhöhten Arbeitslosigkeitsrisiko wider. Des Weite-ren arbeiten Migranten in aller Regel unter körperlich vergleichsweise stark beanspru-chenden Bedingungen, was eine höhere Anfälligkeit für Verschleißerkrankungen zur Folge hat. Mit dem Ausscheiden aus dem Erwerbsleben verringert sich für einen großen Teil dieser Menschen die soziale Integration, da sich Kontakte zur einheimischen Bevöl-kerung in der Regel auf Arbeitskollegen reduzieren. Diese Annahme wird auch durch Be-funde belegt, dass im Alter die Orientierung am Herkunftsland wieder zunimmt.

Selbsthilfepotenziale und soziales Engagement von Migranten wurden in der Öffent-lichkeit lange Zeit nicht wahrgenommen. Ihr Engagement konzentriert sich auf Familien- und Nachbarschaftshilfe sowie auf meist eigenethnische Vereinsaktivitäten. Die hohen Solidaritätspotenziale von Familien ausländischer Herkunft und das bürgerschaftliche Engagement in demokratischen Selbstorganisationen stellen wichtige soziale Ressourcen für die Integration dar (GAITANIDES 2003). Die räumliche Mobilität älterer Migranten und die Bereitschaft zum freiwilligen Engagement in ethnischen Organisationen lassen sich als zwei für Migranten typische Potenziale beschreiben.

Die Integration der ausländischen Mitbürger ist eine der wichtigsten Zukunftsfragen in Deutschland. Die Beherrschung der deutschen Sprache ist eine Voraussetzung für den Zugang zu Bildung und Qualifikation und damit auch für beruflichen Erfolg, für die Möglichkeit zu gleichberechtigter Teilhabe am gesellschaftlichen, ökonomischen, politischen und kulturellen Leben. Die Erhöhung der Selbsthilfepotenziale, die Erschließung von Zugängen zu politischen Entscheidungsprozessen und Ressourcen hängen, wie die Integration insgesamt, nicht nur von der „Eingliederungsbereitschaft" der Zugewanderten ab. Auch die gesellschaftlichen Institutionen müssen hier entsprechende Angebote und Möglichkeiten eröffnen. Migranten nehmen überdurchschnittlich häufig Vorruhestandsregelungen in Anspruch. Der Erhaltung ihrer Beschäftigungsfähigkeit und Arbeitsmotivation sollte mehr Aufmerksamkeit geschenkt werden. In diesem Sinne müssen Migranten stärker in Weiterbildungsmaßnahmen einbezogen werden, wobei diese unbedingt mit der Sprachförderung kombiniert werden sollten. Bildung und Ausbildung der zweiten und der nachfolgenden Migrantengenerationen sollten zu den Prioritäten der Bildungspolitik gehören, da sich ansonsten die Benachteiligung über mehrere Generationen fortsetzt.

Im Bereich Migration und Potenziale des Alters in Wirtschaft und Gesellschaft empfiehlt die Kommission

– die Datenlage zu verbessern,
– Potenziale älterer Migranten in Arbeitswelt und Wirtschaft zu fördern,
– Potenziale in der Bildung zu entwickeln,
– Potenziale im Gesundheitsbereich bei älteren Migranten zu nutzen,
– Potenziale in der Familie zu erhalten sowie
– migrationsspezifische Potenziale zu beachten und diese anzuerkennen.

Literatur

BOSCH, G./SCHIEF, S. (2005): Ältere Beschäftigte in Europa: Neue Formen sozialer Ungleichheit. In: WSI-Mitteilungen 58, S. 32-39.

BRENDGENS, U./BRAUN, J. (2001): Freiwilliges Engagement der Seniorinnen und Senioren. In: PICOT, S. (Hrsg.): Freiwilliges Engagement in Deutschland – Freiwilligensurvey 1999. – Stuttgart, S. 209-301.

BRUSSIG, M. (2005): Die „Nachfrageseite des Arbeitsmarktes": Betriebe und die Beschäftigung Älterer im Lichte des IAB-Betriebspanels 2002. Altersübergangs-Report 2005-02. – Düsseldorf/Gelsenkirchen.

Bundesregierung (2005): Lebenslagen in Deutschland. Der 2. Armuts- und Reichtumsbericht der Bundesregierung. – Berlin.

Deutsches Institut für Wirtschaft (2005): „Mit der steigenden Wirtschaftskraft Älterer rechnen" – Erste Ergebnisse der DIW-Studie zu den Auswirkungen des demographischen Wandels auf den Konsum. Pressemitteilung des Bundesministerium für Familie, Senioren, Frauen und Jugend vom 13. August 2005. – Berlin.

Enquete-Kommission „Zukunft des Bürgerschaftlichen Engagements" (2002): Bürgerschaftliches Engagement – auf dem Weg in eine zukunftsfähige Bürgergesellschaft. Endbericht. Schriftenreihe der Enquete-Kommission „Zukunft des Bürgerschaftlichen Engagements" des Deutschen Bundestages. Bd. 4. – Opladen.

GAITANIDES, S. (2003): Freiwilliges Engagement und Selbsthilfepotential von Familien ausländischer Herkunft und Migrantenselbstorganisationen – Anforderungen an die Bundes-, Landes- und Kommunalpolitik. – Berlin/Bonn.

HOFF, A. (2005): Intergenerationale Familienbeziehungen im Wandel. In: TESCH-RÖMER, C./ENGSTLER, H./WURM, S. (Hrsg.): Sozialer Wandel und individuelle Entwicklung in der zweiten Lebenshälfte. – Wiesbaden.

Kommission Fünfter Altenbericht der Bundesregierung (2006): Potenziale des Alters in Wirtschaft und Gesellschaft. Bundesministerium für Familie, Senioren, Frauen und Jugend. – Berlin.

KRUSE, A. (2002): Gesund altern. Stand der Präventionsforschung und Entwicklung ergänzender Präventionsstrategien. – Baden-Baden.

KRUSE, A. (2005): Selbstständigkeit, Selbstverantwortung, bewusst angenommene Abhängigkeit und Mitverantwortung als Kategoien einer Ethik des Alters. Zeitschrift für Gerontologie & Geriatrie 38, S. 273-286.

KRUSE, A./PACKEBUSCH, L. (2006): Alternsgerechte Arbeitsplatzgestaltung. In: Zimolong, B. (Hrsg.): Enzyklopädie der Psychologie – Ingenieurpsychologie. – Göttingen. Im Druck.

KRUSE, A./SCHMITT, E. (2005): Zur Veränderung des Altersbildes in Deutschland. In: Aus Politik und Zeitgeschichte, 49-50, S. 11-17.

NAEGELE, G. (2003): Wirtschaftliche Auswirkungen und Herausforderungen. In: Pohlmann, S. (Hrsg.): Der demografische Imperativ. – Hannover, S. 57-64.

NAEGELE, G. (2005): Nachhaltige Arbeits- und Erwerbsfähigkeit für ältere Arbeitnehmer. In: WSI-Mitteilungen 58, S. 214-219.

NAEGELE, G./WALKER, A. (2003): Altern in der Arbeitswelt. Europäische Leitlinien einer guten Praxis für die Gleichbehandlung älterer Arbeitnehmerinnen und Arbeitnehmer in der betrieblichen Personalpolitik. In: BADURA, B./SCHELLSCHMIDT, H./VETTER, C. (Hrsg.): Fehlzeiten-Report 2002. Demografischer Wandel. Herausforderungen für die betriebliche Personal- und Gesundheitspolitik. – Berlin, S. 225-234.

NELL-BREUNING, O. v. (1977): Soziallehre der Kirche. Erläuterungen der lehramtlichen Dokumente. – Wien.

Prognos AG (2002): Prognos Deutschland Report 2002-2020. – Basel.

ROWE, J.W./KAHN, R.L. (1997): Successful aging. Gerontologist 37, S. 433-440.

Statistisches Bundesamt (2002): Zweite europäische Erhebung zur beruflichen Weiterbildung (CVTS2). Ergebnisse der schriftlichen Erhebung bei ca. 3200 Unternehmen mit 10 und mehr Beschäftigten in Deutschland. – Wiesbaden.

STAUDINGER, U.M. (2003): Die Zukunft des Alterns und das Bildungssystem. In: POHLMANN, S. (Hrsg.): Der demografische Imperativ. – Hannover, S. 65-81.

VOLKHOLZ, V./KIEL, U./WINGEN, S. (2002): Strukturwandel des Arbeitskräfteangebots. In: BRÖDNER, P./ KNUTH, M. (Hrsg.): Nachhaltige Arbeitsgestaltung: Trendreports zur Entwicklung und Nutzung von Humanressourcen. – München, S. 241-302.

WALKER, A. (2002): The principles and potential of active ageing. In: POHLMANN, S. (Ed.): Facing an ageing world – recommendations and perspectives. – Regensburg, pp. 113-118.

Anschrift des Verfassers: Prof. Dr. Andreas Kruse, Universität Heidelberg, Institut für Gereontologie, Bergheimer Str. 20, 69115 Heidelberg, Tel.: 06221-548181, Fax: -545961, E-mail: sekretariat@gero.min-heidelberg.de

III Aktuelle Bildungsberichterstattung

Eckhard Klieme/Hermann Avenarius/Martin Baethge/Hans
Döbert/Heinz-Werner Hetmeier/Gisela Meister-Scheufelen/
Thomas Rauschenbach/Andrä Wolter

Grundkonzeption der Bildungsberichterstattung für Deutschland

Zusammenfassung

Im vorliegenden Beitrag formulieren die Autoren, die gemeinsam den ersten indikatorengestützen Bericht „Bildung für Deutschland" verantwortet haben, die Grundlagen ihrer Arbeit an einem Gesamtsystem der Bildungsberichterstattung für Deutschland. Der erste Abschnitt enthält gewissermaßen die „Philosophie" der Bildungsberichterstattung. Gemeinsam mit den Abschnitten 2 (Inhalte) und 3 (Elemente) erläutert er, welche Ziele ein nationaler Bildungsbericht im Kontext des Bildungsmonitoring verfolgt, begründet die inhaltlichen Schwerpunkte und skizziert die erforderliche wissenschaftliche und statistische Infrastruktur einschließlich der Strategien zur regelmäßigen Erhebung von benötigten Daten. Abschnitt 4 ergänzt diese Grundkonzeption durch detaillierte Überlegungen zu Definition und Darstellung von Indikatoren. Abschnitt 5 schließlich setzt sich mit den Grenzen der Bildungsberichterstattung, insbesondere im Hinblick auf deren analytische Aussagekraft auseinander.

Schlüsselbegriffe: Bildungsmonitoring, Bildungsbericht, Indikatoren, Steuerung im Bildungswesen

Summary

Basic Concepts for an Education Report for Germany

In this contribution, the authors, who together were responsible for the first indicator-based education report "Education for Germany", will describe the basis for their work on a comprehensive education monitoring system for Germany. The first section presents the "philosophy" of education monitoring. Together with sections 2 (contents) and 3 (elements), it explains the goals followed by national education reports within the context of education monitoring and the choice of focal topics and sketches the necessary scientific and statistic infrastructure, including strategies for regular surveys of the required data. In the fourth section, the presentation of the basic concept will be extended through detailed consideration of the definition and the presentation of the indicators. Finally, the fifth section evaluates the limitations of education monitoring, in particular in respect of the analytical value of the results.

Keywords: monitoring education; German Education Report; indicators; steering education systems

1 Was ist Bildungsberichterstattung und welche Aufgaben erfüllt sie?

Aufgabenstellung und Indikatorenbegriff. Bildungsberichterstattung ist die kontinuierliche, datengestützte Information der bildungspolitischen Öffentlichkeit über Rahmenbedingungen, Verlaufsmerkmale, Ergebnisse und Erträge von Bildungsprozessen. Sie macht das Bildungsgeschehen in der Gesellschaft transparent und ist damit Grundlage für Zieldiskussionen und politische Entscheidungen. Im Zentrum der Bildungsberichterstattung steht die Arbeit der Institutionen des Bildungswesens, von der Kinderkrippe bis zur Erwachsenenbildung. Über das Spektrum der Bildungsstufen hinweg werden Umfang und Qualität der institutionellen Angebote, aber auch deren Nutzung innerhalb der Lernbiographie dargestellt (*Bildung im Lebenslauf*). Kern der Bildungsberichterstattung ist ein überschaubarer, systematischer, regelmäßig aktualisierbarer Satz von *Indikatoren*, d.h. von statistischen Kennziffern, die jeweils für ein zentrales Merkmal von Bildungsprozessen bzw. einen zentralen Aspekt von Bildungsqualität stehen. Diese Indikatoren werden aus amtlichen Daten und sozialwissenschaftlichen Erhebungen in Zeitreihe ermittelt und dargestellt, wenn möglich im internationalen Vergleich und auch aufgeschlüsselt nach Bundesländern. Die Interpretation dieser Zahlen ermöglicht es, die Entwicklung des Bildungswesens zu verstehen, Stärken und Schwächen zu identifizieren, die Leistungsfähigkeit von Systemen inter- wie intranational zu vergleichen und somit politischen Handlungsbedarf zu identifizieren. Solche datengestützten Analysen, zusammengestellt in regelmäßigen Bildungsberichten, stellen das wichtigste „Produkt" der Bildungsberichterstattung dar. Die Befunde zu werten und Handlungsempfehlungen abzuleiten, bleibt hingegen Politik und Öffentlichkeit vorbehalten.

Bildungskonzept und Zielkriterien. Die Bildungsberichterstattung stellt nicht bloß Daten über institutionalisierte Bildungsangebote und deren Nutzung zur Verfügung, sondern sie fragt umfassender nach den Chancen von Menschen, sich kulturelle Traditionen und Wissensinhalte anzueignen, ihre individuelle Persönlichkeit zu entwickeln und so eigenverantwortlich ihr Leben in Partnerschaft und Familie zu gestalten, beruflichen Ansprüchen gerecht zu werden sowie aktiv am sozialen und politischen Leben teilzunehmen. Genau dies ist mit dem Begriff der *Bildung* gemeint. Bildung ist insofern ein Prozess, den jeder Einzelne und sein soziales Umfeld zu gestalten hat. Bildungswege zu eröffnen, entsprechende Angebote formaler und non-formaler Art zu gestalten und vorzuhalten, personelle und materielle Ressourcen bereitzustellen, verbindliche Bildungsziele zu setzen sowie die Qualität von Bildungsinstitutionen zu sichern sind hingegen gesellschaftliche Aufgaben, an denen – je nach Bildungsbereich – Kommunen, Länder und/oder der Bund, aber auch nicht-staatliche gemeinnützige und gewerbliche Anbieter beteiligt sind.

Im Rahmen der Bildungsberichterstattung, die eine gesamtgesellschaftliche Perspektive einnimmt, werden Bildungsprozesse und Bildungssysteme daraufhin analysiert, inwieweit es gelingt, (a) die Individuen zu befähigen, die eigene Biografie, das Verhältnis zur Umwelt und das Leben in der Gemeinschaft selbstständig zu gestalten (*individuelle Regulationsfähigkeit*), (b) die auf dem Arbeitsmarkt benötigten Kompetenzen bereit zu stellen und somit quantitativ wie qualitativ das Arbeitskräftevolumen zu sichern, das für Wohlstand und gesellschaftliche Entwicklung erforderlich ist (*Humanressourcen*), sowie (c) gesellschaftliche Teilhabe, auch unter dem Gesichtspunkt sozialer Kohäsion, zu gewährleisten und systematischer Benachteiligung nach Geschlecht, Religion, sozialer Herkunft, nationaler oder ethnischer Zugehörigkeit entgegenzuwirken (*Chancengleichheit*).

Der politischen und öffentlichen Diskussion zur Verwirklichung dieser drei Kriterien mangelt es nach wie vor an systematischer Information über die unmittelbaren Ergebnisse von Bildungsprozessen (*Output*), die mittel- und langfristigen Erträge bei Bildungsteilnehmern (*Outcome*) sowie die Auswirkungen auf soziale Verhältnisse (*Impact*). Soweit entsprechende Messverfahren zur Verfügung stehen, wird die Bildungsberichterstattung hierfür Indikatoren bereitstellen. Neben diese *Wirkungs-Indikatoren* müssen aber Prozessmerkmale von Bildung bzw. Qualitätsmerkmale der Institutionen (*Prozess-Indikatoren*) sowie Informationen über deren Ausgangsbedingungen (*Input- und Kontext-Indikatoren*) treten, denn verbesserte Ergebnisse lassen sich nur über die Veränderung von Prozessen und Rahmenbedingungen erreichen – unter Respektierung von z.B. demographischen und wirtschaftlichen Voraussetzungen, die bildungspolitisch kaum beeinflussbar sind.

Verhältnis von individueller und System-Ebene. Die Bildungsberichterstattung nimmt den Begriff der Bildung als individueller Entwicklung auf. Sie erfasst mit ihren Daten die Bildungsvoraussetzungen, Bildungswege und Bildungsergebnisse von Individuen. Diese Informationen werden mit Qualitätsmerkmalen von Institutionen zusammengebracht, um das Zusammenwirken bildungsorganisatorischer und lebensweltlicher Faktoren zu erschließen. Die Daten werden letztlich zu Indikatoren gebündelt, die auf der Ebene des Gesamtsystems bzw. einzelner Bildungsbereiche angesiedelt sind. Die Bildungsberichterstattung ist insoweit system-, nicht personenbezogen. Sie unterstützt Politik und Öffentlichkeit im Blick auf Systemintervention und -optimierung. Systemleistungen lassen sich jedoch nur anhand individueller Bildungsverläufe, Kompetenzfortschritte und Bildungserträge untersuchen. Die vorliegende Konzeption wird dem gerecht, indem sie die Bildungsberichterstattung unter den Leitbegriff *„Bildung im Lebenslauf"* stellt.

Mehrwert gegenüber bestehenden Berichten: Mit diesen thematischen Leitbegriffen ähnelt die Bildungsberichterstattung für Deutschland beispielsweise dem US-Bildungsbericht „Conditions of Education"; zugleich unterscheidet sie sich von den Indikatorensystemen der OECD („Education at a glance") wie auch von bereits bestehenden Berichtssystemen in Deutschland, die weitgehend der Systemberichterstattung für einzelne Teilbereiche (z.B. Berufsbildung, Hochschule, Weiterbildung) gewidmet sind. Der „Mehrwert" einer integrierten Bildungsberichterstattung liegt (a) in der Gesamtschau über die Stufen und administrativen Zuständigkeitsbereiche hinweg, so einheitlich aufbereitet wie irgend möglich (z.B. wenn es um das Grundkriterium der Chancengleichheit geht), (b) in dem Versuch einer Verknüpfung zwischen den Teilsystemen (z.B. bei der Untersuchung von Übergängen, Ausgleichsfunktionen und inkrementellen Erträgen unter der Leitidee „Bildung im Lebenslauf"), (c) in der konsequent indikatorengestützten, somit besonders konzentrierten und auf Dauer angelegten Darstellung.

Funktion im Rahmen des Bildungsmonitorings. Die Bildungsberichterstattung ist Teil eines übergreifenden Bildungsmonitorings, das Bildungspolitik und Bildungsadministration gegenwärtig in Deutschland entwickeln. Weitere Komponenten dieses Systems sind Bildungsstandards und deren Normierung, Vergleichsuntersuchungen (landesintern, länderübergreifend, national und international), die Akkreditierung sowie die interne und externe Evaluation von Bildungseinrichtungen. Während diese Komponenten jedoch unmittelbar auf die Arbeit von Bildungseinrichtungen bezogen sind, die darin tätigen und betroffenen Personen (Lehrende und Lernende, Eltern und „Abnehmer") ansprechen, geht es der Bildungsberichterstattung um Transparenz gegenüber einer breiten, bildungspolitisch interessierten Öffentlichkeit. Die Breite und Heterogenität dieses Adressatenkreises macht es erforderlich, Informationen konzentriert und verständlich aufzubereiten, aber zugleich einen flexiblen Zugang zu vertiefenden Informationen zu ermöglichen (s.u.).

Die Bildungsberichterstattung liefert dieser Öffentlichkeit Informationen darüber, wie es um Bildungschancen und Bildungsergebnisse in Deutschland bestellt ist. Darin eingeschlossen ist gewissermaßen eine Rechenschaftslegung für das Gesamtsystem bzw. seine Stufen (Elementarpädagogik, Primarerziehung usw.) auf nationaler Ebene und gegebenenfalls auf der Ebene der Länder. Eine Verbindung zur Rechenschaftslegung einzelner Institutionen (z.B. Schulen und Hochschulen) besteht vor allem darin, dass Output/Outcome-, Prozess- und Input-Merkmale, die in den Indikatoren auf gesamtstaatlicher Ebene erfasst werden, auch herangezogen werden können, um die Qualität einzelner Institutionen zu evaluieren – und umgekehrt. Beispielsweise können Merkmale des Hochschulsystems wie etwa die Beschäftigungschancen seiner Absolventen – wie manchenorts bereits erwogen wurde – auch auf der Ebene einer Hochschule oder für einen Studiengang ermittelt werden, und umgekehrt soll die Bildungsberichterstattung auf Bildungsstandards und deren Normierung zurückgreifen, wenn sie Indikatoren zum Erwerb von Kompetenzen im Schulalter entwickelt. Die Bildungsberichterstattung und die Evaluation einzelner Institutionen überschneiden sich somit hinsichtlich der verwendeten Zielkriterien, Daten und Indikatoren. Dadurch lassen sich Messzahlen aus der Bildungsberichterstattung – nationale oder landesbezogene Indikatoren – als „benchmarks" für die Evaluation verwenden.

Konzept von Steuerung. *Ein* Adressatenkreis, der auf spezifische, zeitnahe und besonders verlässliche Informationen angewiesen ist, sind Verantwortliche in der Bildungsadministration und der Bildungspolitik. Sie steuern Bildung teils direkt, teils indirekt durch Setzung von Rahmenbedingungen für die individuellen Entscheidungen der Bildungsteilnehmer. Zu den direkten Steuerungsinstrumenten gehört insbesondere die Institutionalisierung von Bildungsgängen sowie Regeln für Zugang und Zertifizierung, mit denen Bildungswege mehr oder weniger geöffnet werden. Zum zweiten steuern sie durch die Bereitstellung und Verteilung von Ressourcen (Finanzmittel, Personal, Infrastruktur), deren sektorale und regionale Verteilung. Zum dritten steuern sie über inhaltliche Vorgaben (Curricula, Standards, Akkreditierungskriterien und ähnliches), und zum vierten über Maßnahmen der Qualitätssicherung (Evaluation, Kosten-Leistungs-Rechnung usw.).

Um Bildungspolitik und Administration bei diesen Steuerungsaufgaben zu unterstützen, muss die Bildungsberichterstattung Indikatoren beinhalten, die Quantität und Qualität der genannten „Steuergrößen" und deren zeitliche Entwicklung widerspiegeln. Die Bildungsberichterstattung liefert Wissen, das benötigt wird, um politisch-administrative Steuerungsmaßnahmen zu entwickeln, zu begründen und ggfs. zu revidieren. Durch die Veröffentlichung dieses Wissens trägt sie der Tatsache Rechnung, dass die politisch-administrative Steuerung in die demokratische Willensbildung eingebunden ist.

Ihre Indikatoren beziehen sich (a) auf die genannten politisch beeinflussbaren Steuergrößen selbst, (b) auf den Grad, in dem unterschiedliche Ziel- bzw. – allgemeiner gesagt – Qualitätsdimensionen bislang verwirklicht worden sind, und (c) auf Faktoren wie die finanziellen Restriktionen der öffentlichen Haushalte und die demographische Entwicklung, welche den bildungspolitischen Steuerungsbemühungen vorgelagert sind und die

Grenzen der Steuerbarkeit markieren. Zu letzteren können unter Umständen auch prognostische Informationen gegeben werden.

Das Indikatorensystem beschreibt somit die Ausgangsbedingungen für politische Entscheidungen und zeigt auf, wo Handlungsbedarf besteht. Welche Handlungsbereiche Priorität haben, welche Maßnahmen zur Verfügung stehen und welche Effekte von ihnen zu erwarten sind, ist hingegen nicht Gegenstand einer indikatorengestützen Bildungsberichterstattung. Hierzu müssen sich Politik und Administration auf Erfahrungswissen und wissenschaftliche Erkenntnisse anderer Provenienz stützen. Soweit politische Entscheidungen gezielt darauf ausgerichtet sind, bestimmte, durch Indikatoren bezifferbare Steuergrößen zu beeinflussen, kann die Bildungsberichterstattung anschließend als Feedbacksystem fungieren – wobei allerdings die Problematik von Kausalzuschreibungen in komplexen Systemen zu berücksichtigen ist.

Es ist damit zu rechnen, dass die zuständigen staatlichen Instanzen zukünftig, auch in Abstimmung mit Organen der Europäischen Union und/oder der OECD, zunehmend bildungspolitische Ziele festlegen, auch mit Bezug auf Indikatoren operationalisieren sowie Standards (angestrebte Niveaus des jeweiligen Indikators) bzw. Benchmarks (Vergleichsgruppen, mit denen man in Wettbewerb steht) festlegen werden. Je mehr das Indikatorensystem weiterentwickelt wird, desto eher kann Bildungspolitik solche Setzungen vornehmen, und umgekehrt werden diese Setzungen Thematik und Interpretationsansatz der Berichterstattung bestimmen.

2 Inhalte der Bildungsberichterstattung

Die Bildungsberichterstattung für Deutschland informiert, wie in Abschnitt 1 begründet, über die Wirkungen von Bildungsprozessen, ihre Ausgangsbedingungen im Sinne von Kontext- und Inputmerkmalen sowie über die Prozesse selbst, wobei Bildungsverläufe wie auch die Qualität von Bildungsinstitutionen in den Blick kommen. Das Konzept übernimmt somit die Systematik, die in der Bildungsforschung entwickelt wurde und ganz allgemein für das Bildungsmonitoring international eingeführt ist. Allerdings kann es nicht Ziel der politikbezogenen Berichterstattung sein, ein Input-Prozess-Wirkungs-Modell umfassend abzuarbeiten. Vielmehr sind die Inhalte begründet und nachvollziehbar auszuwählen. Zentrale Themen müssen kontinuierlich bearbeitet, andere in gewissen Abständen fokussiert werden.

Wichtigstes *Kriterium für die Auswahl* der Inhalte ist die Leitidee *„Bildung im Lebenslauf"*. Hinzu kommen die *Orientierung an Problemen des Bildungswesens*, die aktuell bedeutsam sind und voraussichtlich für einige Jahre wichtig bleiben werden, sowie die *Relevanz für bildungspolitische Steuerungsfragen*. Als Referenzpunkte können zurzeit vor allem Forschungsbefunde über kritische Phasen in Bildungsverläufen, die laufenden Debatten zu Fragen der Bildungsqualität sowie die Reformthemen der vergangenen Jahre (z.B. sieben Handlungsfelder der KMK, Empfehlungen des Forums Bildung) herangezogen werden. Auch der *Verfügbarkeit und Aussagefähigkeit von Daten* muss Rechnung getragen werden.

Unter Berücksichtigung dieser Kriterien wurden nach Diskussion mit Experten folgende *Themen* festgelegt:

- Wirkungsebene: (1) Kompetenzen, (2) Abschlüsse, (3) Bildungserträge,
- Kontextebene: (4) Demographie,
- Inputebene: (5) Bildungsausgaben, (6) Personalressourcen, (7) Bildungsangebote / Bildungseinrichtungen, (8) Bildungsbeteiligung / Bildungsteilnehmer,
- Prozessebene: (9) Umgang mit Bildungszeit, (10) Übergänge, (11) Qualitätssicherung / Evaluierung.

Die Liste dieser 11 Themen soll für die ersten Jahre der Bildungsberichterstattung Bestand haben, kann und muss jedoch langfristig veränderbar sein. Beispielsweise wären Ergänzungen auf der Kontext- und der Prozessebene wünschenswert.

Im Folgenden sollen, mit der gebotenen Kürze, einige Argumente für die Wahl dieser Themenbereiche vorgelegt werden, einschließlich exemplarischer bildungspolitischer Fragestellungen, die hier ohne Anspruch auf Vollständigkeit genannt sind.

(1)   Das entscheidende „Produkt" eines Bildungssystems sind die Kenntnisse, Fähigkeiten und Fertigkeiten, die Menschen vermittelt werden. Zunächst in der Weiterbildung und der beruflichen Bildung, sodann auch in der allgemeinen Schulbildung und der Hochschulbildung sind diese Zielgrößen als *Kompetenzen* beschrieben worden. Neben kognitivem Wissen und Können gehören zur Kompetenz auch Einstellungen, Motive und Bereitschaften. Bildungspolitisch relevant sind in diesem Zusammenhang folgende Fragen: Sichern die Bildungsanstrengungen letztlich – als Gesamtresultat formaler, non-formaler und informeller Bildung – zentrale Basiskompetenzen (Lesekompetenz, mathematische und naturwissenschaftliche Fähigkeiten, computerbezogenen Fähigkeiten, Fremdsprachenkompetenz, soziale Kompetenzen und Selbstregulationsfähigkeit) für alle? Wird die Nachfrage des Beschäftigungssystems nach Qualifikationen erfüllt? Und bezogen auf Bildungsinstitutionen: Erreichen sie befriedigende[1] Ergebnisse im Blick auf das Niveau der vermittelten Kompetenzen, die Sicherung von Mindeststandards und die Förderung von Spitzenleistungen?

(2)   *Bildungs- und Ausbildungsabschlüsse* sind in der Regel mit bestimmten Kompetenzanforderungen bzw. -zuschreibungen verbunden. Letztlich sind es die Abschlüsse, die den Zugang zu weiteren schulischen und beruflichen Bildungsgängen steuern und die Chancen beim Übertritt ins Arbeitsleben in hohem Maße beeinflussen. Das Niveau der erreichten Abschlüsse erlaubt Aussagen zum Bildungsstand der Bevölkerung; es wirkt sich auf den Wohlstand und den sozialen Zusammenhalt der Gesellschaft aus. Bildungspolitisch sind die Flexibilisierung der Wege zum Erreichen von Abschlüssen sowie das Abschlussverhalten sozioökonomisch und soziokulturell benachteiligter Gruppen von besonderem Interesse.

(3)   Mit dem Thema „*Bildungserträge*" werden schließlich die längerfristig zu erwartenden Bildungseffekte („outcomes") in den Blick genommen. Inwieweit „lohnt" sich Bildung für den Einzelnen und die Gesellschaft? Lässt sich der „investive Charakter" von Bildungsmaßnahmen belegen? Diese Fragen zur Einschätzung der externen Funktionalität des Bildungssystems – seiner Bedeutung für die Erreichung wirtschaftlicher und gesellschaftlicher Ziele – haben bis in politische Diskussionen hinein Bedeutung erfahren. Auch die Frage nach der Chancengleichheit muss an dieser Stelle aufgegriffen werden: Sind die Bildungserträge unabhängig von Geschlecht, sozialer Herkunft und Migrationshintergrund oder werden Unterschiede in den Lebenslagen noch verstärkt, weil diese Gruppen von der Teilnahme an Bildung unterschiedlich stark profitieren können?

(4) Deutschland ist eine der am schnellsten alternden Gesellschaften der Welt. Für das Bildungswesen entstehen durch den *demographischen Trend* große, in ihrer ganzen Tragweite heute noch nicht voraussehbare Herausforderungen, und zwar sowohl auf der planerischen als auch der inhaltlichen Seite. Auf der organisatorischen und inhaltlichen Ebene geht es – um nur eine zentrale Perspektive anzudeuten – neben einer besseren Ausschöpfung von Begabungsreserven um den Erhalt von Arbeits- und Selbstorganisationsfähigkeit über die Lebensspanne. Neben dem Alterungsprozess wird man in der bildungspolitischen Planung weitere demographische Phänomene berücksichtigen müssen, vor allem die Migration. Das Thema „Demographie" wurde daher als Kontextbereich von besonderer Bedeutung ausgewählt.

(5) Unter den politisch beeinflussbaren Inputgrößen haben die finanziellen Ressourcen, die für das Bildungswesen bereit gestellt werden, eine zentrale Stellung. Aus den *Ausgaben* für Bildung lassen sich die absolute und relative Mittelausstattung des Bildungswesens und seiner einzelnen Teilbereiche sowie die Finanzierungsstruktur erschließen. Im internationalen Vergleich wird den Ausgabenindikatoren besondere Bedeutung für die Einschätzung der bildungsbezogenen Qualität des Wirtschaftsstandortes und der Wettbewerbsfähigkeit eines Landes beigemessen. Politische Fragen lauten in diesem Zusammenhang etwa: Stehen den Bildungsinstitutionen ausreichende Finanzen zur Verfügung, werden sie sinnvoll und effizient verteilt und eingesetzt? Sind staatliche und private Investitionen im Bildungswesen ausgewogen?

(6) Den größten Teil des Bildungsbudgets beansprucht das pädagogische Personal. Dessen Professionalisierung nimmt bei dem Bemühen um die Verbesserung und Sicherung der Qualität des Bildungswesens eine Schlüsselrolle ein. Im Zusammenhang mit *Personalressourcen* geht es vor allem um die Intensität der pädagogischen Betreuung der Lernenden in den einzelnen Bildungsbereichen und ihre Entwicklung im Zeitablauf. Für politisches Steuerungshandeln sind zudem Informationen über die Personalstruktur – ihre Verteilung nach Alter, Geschlecht, Qualifikation, Beschäftigungsumfang und Funktion – wichtig.

(7) Bildungsprozesse sind in der Regel an erreichbare *Angebote von Kindergärten, Schulen, Ausbildungsplätzen, Hochschulen und nicht-formalisierten Bildungsprozessen* gebunden. Deren regionale Verfügbarkeit, ihre gute und ausgewogene Erreichbarkeit sind wichtige Voraussetzungen sowohl für die Verfolgung individueller Bildungsinteressen als auch für die Bereitstellung eines gut verteilten Angebots qualifizierter Absolventen des Bildungssystems. Gerade die Nachfrage bildungsferner Gruppen hängt in hohem Maße von wohnortnaher Verfügbarkeit der Bildungsangebote ab. Politisch geht es um die Frage, ob der verfassungsrechtliche Grundsatz der Chancengleichheit unabhängig vom Wohnort tatsächlich eingelöst wird.

(8) Der Angebotsseite müssen Informationen über die Intensität der Nutzung von Bildungsangeboten durch die verschiedenen Altersgruppen gegenüber gestellt werden. Die *Bildungsbeteiligung* ist ein „Schlüsselfaktor" für das künftig zu erwartende Qualifikations- und Absolventenpotenzial. Wichtige Entwicklungen wie die Expansion weiterführender Bildungsgänge („upgrading") und die wachsende Bedeutung lebenslangen Lernens sind an der Bildungsbeteiligung abzulesen. Die Differenzierung nach bestimmten Merkmalen der Lernenden (Sozialschicht, Migrationsstatus, Geschlecht, Wohnort) gibt wiederum Hinweise auf gruppenspezifische Bildungschancen.

(9) *Bildungszeit* wird in mehrfacher Hinsicht verbraucht: individuell und gesellschaftlich, von Lernenden und Lehrenden, in formalen und in nicht formalisierten Bil-

dungsprozessen. Der kontinuierlich ansteigende Verbrauch an Zeit für institutionalisierte Bildung war bisher gesellschaftlich weitgehend akzeptiert und bedurfte daher kaum einer Rechtfertigung, zumal er zusätzliche Möglichkeiten der Selbstentfaltung eröffnet. Doch erweist sich der großzügige Umgang mit Bildungszeit inzwischen angesichts der Finanznöte von Staat und Kommunen als eine zunehmende Belastung für die öffentlichen Haushalte. Politische Entscheidungen benötigen daher Informationen beispielsweise zum Verhältnis von Regeldauer und tatsächlicher Verweildauer in einzelnen Bildungsgängen.

(10) Herausragende Bedeutung ist den *Übergängen* im Bildungssystem, zwischen dessen Stufen und Bildungsgängen, als einem prägenden Merkmal der Bildungsbiographien von Kindern, Jugendlichen und Erwachsenen, sowie dem Übergang ins Beschäftigungssystem beizumessen. Bereits im Schulwesen sind gravierende Unterschiede in der Bildungsbeteiligung und im Kompetenzerwerb je nach sozioökonomischer und soziokultureller Herkunft der Kinder und Jugendlichen offenkundig. Diese Disparitäten lassen sich nur reduzieren, wenn es gelingt, die Übergangs- und Passungsprobleme zu mildern. Aus politischer Sicht ist zu fragen: Ergänzen sich die Stufen und Gliederungen des Bildungssystems so, dass Individuen über die Lebensspanne unterschiedliche Bildungswege flexibel wählen, Kompetenzen aufbauen und Zertifikate erwerben können, oder funktioniert die Stufung und horizontale Gliederung des Bildungssystems im Wesentlichen als Mechanismus zur Fixierung von Bildungschancen?

(11) Mit dem Thema *Qualitätssicherung und Evaluierung* wird eine entscheidende Steuerungsstrategie angesprochen, die seit etwa 20 Jahren international diskutiert und in neuerer Zeit auch in allen Bereichen des deutschen Bildungswesens eingeführt wird. Durch Ergebniskontrolle („Outputsteuerung") sollen Anreize gesetzt werden, um Qualität, Effektivität und Effizienz der Bildungseinrichtungen zu verbessern und insbesondere die Selbststeuerungsfähigkeit der Einrichtungen zu erhöhen. Maßnahmen der Qualitätssicherung und -entwicklung werden auf diese Weise zum charakteristischen Handlungsmodus staatlicher Bildungspolitik und -verwaltung. Aus politischer Sicht stellt sich die Frage, ob diese neuen Strategien bereits ausreichend in den Institutionen des Bildungswesens verankert sind.

Die ausgewählten Themen sprechen – dies sollen die skizzierten Hinweise verdeutlichen – zentrale Probleme und Handlungsfelder an, die eine Bildungsberichterstattung berühren muss. Dahinter stehen letztlich Herausforderungen durch gesellschaftliche Umbrüche wie z.B. demografische Entwicklungen, veränderte Anforderungen der Arbeitswelt und Globalisierungsprozesse. Die Fähigkeit der Gesellschaft und insbesondere des Bildungssystems, auf diese Herausforderung zu reagieren, lässt sich jedoch kaum allgemein einschätzen, sondern nur konkret über die Bearbeitung von Fragestellungen, die sich unmittelbar in die Sprache bildungsbezogener *Indikatoren* übersetzen lassen.

Die 11 Themen werden dementsprechend durch Indikatoren ausdifferenziert, die zukünftig in unterschiedlichen Intervallen – abhängig u.a. vom Rhythmus relevanter Erhebungen – und in wechselnder Aufgliederung berichtet werden sollen (vgl. Abschnitt 4, S.140ff). Themen wie auch Indikatoren können und müssen entsprechend den politische Erfordernissen, dem Stand der Bildungsforschung und den – auch im internationalen Vergleich – verfügbaren Daten weiter entwickelt werden. Die hier vorgeschlagene Struktur kann voraussichtlich für die ersten drei Berichte (2006 bis 2010) Bestand haben.

Die Gliederung der Bildungsberichterstattung und damit die Anordnung der einzelnen Indikatoren wird sich primär an der Binnenstruktur des Bildungssystems orientieren, d.h. an den *Stufen des Bildungssystems*:

- Frühkindliche Bildung, Betreuung und Erziehung,
- Bildung im Schulalter, einschließlich non-formaler Lernwelten und informeller Bildungsprozesse,
- Berufliche Erstausbildung (duales System, Schulberufssystem, Chancenverbesserungssystem)
- Hochschulbildung
- Erwachsenenbildung einschließlich beruflicher Weiterbildung und informeller Lernumgebungen.

Diese Struktur bildet die Grundsystematik, innerhalb derer Indikatoren angeordnet werden. Darüber hinaus werden einige ausgewählte, über die Bildungsbereiche hinweg verfügbare Input- und Wirkungsindikatoren in übergreifenden Kapiteln zusammengestellt.

In der Ausschreibung des Bundesministeriums für Bildung und Forschung und der Kultusministerkonferenz für eine nationale Bildungsberichterstattung spielte der Leitbegriff *„Bildung im Lebenslauf"* eine prominente Rolle. Abschließend soll daher diskutiert werden, inwieweit die beschriebene inhaltliche Struktur dieser Leitidee gerecht wird.

Zunächst ist hier auf den Grundaufbau der Berichterstattung zu verweisen. Die Bildungsberichterstattung und insbesondere der zweijährliche Bericht bearbeitet das gesamte Spektrum der Bildungsstufen systematisch und hält dabei ein Grundgerüst von Themen (wie soeben aufgelistet) durch.

Insbesondere die Verknüpfung von Angaben zu Lebensformen, Beschäftigung und Einkommen Erwachsener mit Informationen zu deren Bildungsbiographie entspricht dem Leitthema „Bildung im Lebenslauf". Aus solchen Daten lassen sich kumulative Erträge von Bildung ermitteln. Beispielsweise kann gefragt werden, welches Einkommen oder welchen Gesundheitsstatus Personen mit unterschiedlichen Schulabschlüssen erreichen. Aus bildungsökonomischer Perspektive entspricht dem die Berechnung von Bildungsrenditen. Voraussetzung hierfür ist, dass entweder aus der amtlichen Statistik, aus Surveys oder aus Längsschnittstudien entsprechende Datenkombinationen vorliegen. Da solche Informationen gegenwärtig nur lückenhaft verfügbar sind, soll in den ersten Jahren der Bildungsberichterstattung zusätzlich zu Indikatoren aus diesem Bereich, die regelmäßig in Zeitreihe verfügbar sind, auf weitere Daten aus der sozialwissenschaftlichen Forschung zurückgegriffen werden, die in einem gesonderten Kapitel mit dem Titel „Bildung im Lebenslauf" zusammengestellt werden (vgl. Kapitel I des Berichts „Bildung in Deutschland").

Besondere Bedeutung für „Bildung im Lebenslauf" haben auch Merkmale des Übergangs. Gerade in einem vertikal und horizontal stark gegliederten Bildungssystem wie dem deutschen sind Übergänge die entscheidenden Nahtstellen, an denen erreichte Kompetenzen bewertet und neue Chancen eröffnet werden. Personale, familiäre und institutionelle Faktoren, die den Übergang in weiterführende Bildungsstufen, in andere Bildungsgänge oder in das Beschäftigungssystem beeinflussen, sollten durch geeignete Daten identifiziert werden. Eine korrekte Schätzung entsprechender Indikatoren (sog. *flow*-Indikatoren) setzt allerdings entsprechende Erhebungsstrategien voraus wie z.B. Umstellung der amtlichen Statistik auf Individualdaten unter Einbeziehung relevanter Personenmerkmale, Einführung von individuellen Kennziffern zur Identifikation von Personen über Institutionen hinweg, oder regelmäßige repräsentative Längsschnitterhebungen (sog. *Panelstudien*).

3 Elemente der Bildungsberichterstattung und Strategien zur Erhebung der erforderlichen Daten

Bislang ist in diesem Text bewusst nicht von „dem Bildungsbericht" die Rede gewesen, sondern von „der Bildungsberichterstattung", die ein umfassender Prozess der Gewinnung, Aufbereitung, Darstellung, Verfügbarmachung und Analyse von Daten ist. Der Bildungsbericht, der – beginnend mit 2006 – alle zwei Jahre vorgelegt werden soll, ist nur eine, wenngleich die öffentlichkeitswirksamste Komponente. Länder und Bund müssen Strukturen schaffen und Ressourcen bereitstellen, um den Gesamtkontext der Bildungsberichterstattung herzustellen, der – angefangen beim Bildungsbericht selbst, über ergänzende Internetangebote bis zur Erweiterung der Datenbasis und zu konzeptuellen Vertiefungen – verschiedene Elemente enthält:

– **Bildungsbericht:** Alle zwei Jahre (2006ff.) erscheint ein schriftlicher Bildungsbericht im Umfang von etwa 150 bis 200 Seiten (zuzüglich Tabellenanhang), der in seinem Hauptteil indikatorengestützt aufgebaut ist, wobei auf ein bereichsübergreifendes Kapitel mit Grundinformationen zu Bildungsstand der Bevölkerung, Bildungsteilnehmern und Bildungsausgaben bereichsspezifische Darstellungen von unterschiedlicher Länge folgen – je nach Bedeutung des Bereichs und Verfügbarkeit der Datenbasis. Formale und non-formale/informelle Bildungsprozesse werden integriert dargestellt. Der Bericht wird abgerundet mit einem Schwerpunktteil (im Jahr 2006 zum Thema Migration), einer Gesamtdarstellung von kumulativen Bildungserträgen unter dem Titel „Bildung im Lebenslauf" sowie einer Zusammenfassung, die zentrale Aussagen hervorhebt und Handlungsbedarf identifiziert. Diese drei abschließenden Kapitel haben den Charakter fortlaufender Texte mit datengestützten Argumenten, während der Hauptteil des Berichts nacheinander die Indikatoren vorstellt und interpretiert.
– **Datenbank und Internetportal:** Indikatoren – ausgewählt und definiert durch das mit den Auftraggebern vereinbarte Indikatorensystem – werden teils aus Vollerhebungen der amtlichen Statistik, teils aus Stichprobenerhebungen und regelmäßigen repräsentativen Studien laufend ermittelt und dokumentiert. Sofern die Datenerhebung dies zulässt, sollen die Indikatoren in jährlichem Rhythmus aktualisiert, mit internationalen Benchmarks versehen und auch auf Ebene der Bundesländer ausgewiesen werden. Individuumsbezogene Indikatoren sollen nach Möglichkeit für Geschlechter, Personen mit unterschiedlichem sozialen Hintergrund und nach Migrationsstatus getrennt ermittelt werden. Die Datenbank steht im Internet für Recherchen zur Verfügung. Hierzu muss eine nutzerfreundliche, interaktive Benutzungsoberfläche entwickelt und laufend gewartet werden.[2]

Basis der Bildungsberichte, der Datenbanken und Internetangebote sind verschiedene Datenbestände, die in den nächsten Jahren jedoch erst schrittweise aufgebaut bzw. erweitert und erschlossen werden müssen. Das Design der Erhebungen bzw. Studien muss weiterentwickelt und gegebenenfalls an internationale Erhebungsprogramme angepasst bzw. mit diesen koordiniert werden. Folgende Elemente gehören daher notwendig zum Arbeitsprogramm der Bildungsberichterstattung hinzu:

- **Vollerhebungen der amtlichen Statistik:** Die Erhebungen sollten so weit wie möglich auf Individualstatistik umgestellt und – wenn dies datenschutzrechtlich möglich ist – über Personenkennziffern vernetzt werden. Sie werden jährlich aufbereitet. Die Umstellung der amtlichen Statistik in allen Bereichen (Kinder- und Jugendhilfe, Schule, berufliche Bildung und Hochschule) auf Individualdaten erlaubt es, Basisdaten zu Bildungsangeboten, deren Nutzung und den erzielten Abschlüssen systematisch mit Merkmalen der Teilnehmer (Geschlecht, Alter, wenn möglich soziale Herkunft und Migrationshintergrund) und mit institutionellen Variablen (Art des Bildungs-, Ausbildungs- bzw. Studiengangs, Trägerschaft der Institution, regionale Gliederung) zu verknüpfen. Werden zusätzlich Fragen nach dem Bildungshintergrund (z.B. zuletzt besuchte Bildungseinrichtung, frühere Abschlüsse) in diese Individualstatistik einbezogen, würden Aussagen zu Bildungsverläufen (*flow-Indikatoren*) wesentlich präziser als heute. Diese Präzision, aber auch die Untersuchung von Bildungserträgen würden schließlich durch Einführung von personenbezogenen, institutionsübergreifend verwendbaren Kennziffern wesentlich verbessert. Die Umstellung der amtlichen Statistik im beschriebenen Sinne bildet daher den Kern einer zukünftigen Datenstrategie.
- **Stichprobenerhebungen und regelmäßige repräsentative Studien:** Komplexere Hintergrundfaktoren, Qualitätsmerkmale der Bildungsinstitutionen und vor allem die erreichten Kompetenzen können nicht im Rahmen von Vollerhebungen, sondern nur stichprobenbasiert in amtlichen Erhebungen (z.B. Mikrozensus) oder spezifischen sozialwissenschaftlichen Untersuchungen erfasst werden. Für den Bereich der allgemein bildenden Schulen wird hier – im Einklang mit Beschlüssen der Kultusministerkonferenz – angenommen, dass sowohl am Ende der Grundschulzeit (IGLU) als auch in der Sekundarstufe I (PISA) zukünftig in vierjährigem bzw. dreijährigem Rhythmus, bezogen auf internationale Vergleiche, repräsentative Erhebungen stattfinden, die durch nationale Tests und Befragungen („zweiter Testtag") ergänzt werden. Ohne diese Erhebungen ist auch im Schulbereich, für den insgesamt die Datenlage am besten ist, keine sinnvolle Berichterstattung möglich. Bereits angelaufene regelmäßig wiederholte Querschnitterhebungen in Hochschulen (z.B. HIS-Befragungen) und in der Weiterbildung (z.B. CVTS) sollten auf Dauer gestellt werden. Darüber hinaus sind regelmäßige Erhebungen mit Kompetenzmessungen im Vorschulbereich sowie in der Sekundarstufe II und bei repräsentativen Stichproben von Erwachsenen unterschiedlichen Alters (letztere eventuell koordiniert mit TIMSS/Oberstufe, mit der geplanten OECD-Studie PIAAC, einem „Berufsbildungs-PISA" oder/und einem möglichen Bildungspanel) unbedingt erforderlich.
- **Konzeptuelle Arbeiten:** Zu den Aufträgen an die Autoren des ersten Bildungsberichts gehörten die Entwicklung eines Indikatorenmodells und einer Datengewinnungsstrategie sowie die Klärung des Zusammenhangs zwischen nationalen und internationalen Indikatoren. Derartige Konzeptpapiere, Bestandsaufnahmen usw. sind in Zukunft fortzuschreiben und mit internationalen Entwicklungen abzustimmen. Sie bilden eine wesentliche methodische Grundlage der Berichterstattung. Besonders wichtig wird es in Zukunft sein, die konzeptuelle Basis zur einheitlichen Darstellung der sozialen Herkunft und des Migrationshintergrunds über alle Bildungsbereiche hinweg zu schaffen.
- **Begleitende Forschung:** Das Bildungsmonitoring insgesamt und die Bildungsberichterstattung im Besonderen bedarf der Unterstützung durch die empirische Bildungsforschung unter Einschluss von Kindheits- und Jugendbildungsforschung, relevanten Teilen der Arbeitsmarkt- und Berufsforschung und anderen Disziplinen

bzw. Forschungsfeldern. Wünschenswert wäre, dass ausgehend von der Bildungsbe-richterstattung sowohl zu deren methodischen Grundlagen und Datenstrategien als auch zu bestimmten inhaltlichen Fragen vertiefende Studien in Auftrag gegeben werden, die möglicherweise auch extern (etwa durch die DFG) finanzierbar wären. Beispielsweise gehören hierzu Arbeiten, die neue oder bessere Indikatorisierungen im Bereich der non-formalen und informellen Bildung erschließen, neue Formen der Kompetenzmessung, Grundlagenstudien zur Identifikation wichtiger Prozessmerk-male u.a.m. Auch wenn es darum geht, Erklärungsmodelle für die „Erzeugung" von Bildungsergebnissen und Bildungserträgen bereitzustellen, ist die Bildungsfor-schung gefordert, nicht zuletzt mit längsschnittlichen Studien. Eine indikatorenge-stützte Bildungsberichterstattung kann diese analytische Aufgabe auf keinen Fall er-füllen. Der Bildungsbericht kann entsprechende Forschungsbefunde nur in den Schwerpunktteilen aufgreifen.

Die derzeit in weiten Teilen unbefriedigende Datenbasis hat zur Folge, dass das Indikato-rensystem gegenwärtig noch nicht in der endgültigen Form beschrieben und schon gar nicht vollständig empirisch gefüllt werden kann, sodass Bildungsberichterstattung in den nächsten Jahren – auch bei größtem Bemühen um Nachhaltigkeit der Konzepte – einen vorläufigen Charakter haben wird.

4   Statistische Aufbereitung und Darstellungsform von Indikatoren im Bildungsbericht

In Vorbereitung der Bildungsberichterstattung kommt es vor allem darauf an, Indikatoren auszuwählen und operational zu definieren. Dabei ist es wichtig, zwischen den Indikatoren selbst und der Art ihrer Aufbereitung und Darstellung zu unterscheiden. Um dies klar zu machen, soll zunächst die formale und statistische Struktur der Indikatoren erläutert werden.

Indikatoren, so wurde oben definiert, sind statistische Kennziffern, die jeweils für ein zentrales Merkmal von Bildungsprozessen bzw. einen zentralen Aspekt von Bildungs-qualität stehen. Die exakte Definition solcher Kennziffern beinhaltet jedoch eine Vielfalt technischer Festlegungen: die Angabe der Datensätze und der Messgrößen/Variablen, aus denen sie ermittelt werden, die mathematische Berechnungsformel, die Eingrenzung der einzubeziehenden Population und die Regelung statistischer Detailfragen wie etwa zum Umgang mit fehlenden Werten. Diese *Operationalisierung* der Indikatoren wird im Rah-men des Indikatorenmodells geleistet. Allerdings wird dabei deutlich, dass zwischen der allgemeinen Bezeichnung eines Indikators (z.B. „Kompetenzen am Ende der Grundschul-zeit") und den konkreten, in einem Bildungsbericht wiedergegebenen Ziffern einige Vermittlungsschritte erforderlich sind.

Die Darstellungen im Bildungsbericht werden, wie oben beschrieben, nach Bildungs-bereichen und übergeordneten Themen (z.B. Kompetenzen) gegliedert. Jedes Thema kann für einen Bildungsbereich durch einen oder mehrere Indikatoren gefüllt werden. Auch diese Indikatoren sind aber, um die Diskussion darüber nicht mit technischen De-tails zu überfrachten, auf der Konstruktebene formuliert: „Kompetenzen am Ende der Grundschulzeit" ist keineswegs eine statistische Kennziffer, sondern eine vergleichsweise abstrakter, nur theoriegeleitet verstehbarer Begriff.

Zur konkreten Kennziffer, die in einen Bildungsbericht eingehen kann, gelangt man über mehrere Schritte. Von zentraler Bedeutung ist dabei die Verknüpfung von Basisdaten (im Beispiel: Testwerte als Messungen der erreichten Kompetenz) mit Hintergrundvariablen (im Beispiel: Bildungsgang, Geschlecht usw.) und Referenzdaten der Bevölkerungs-, Wirtschafts- und Finanzstatistik.

(1)   Zerlegung in *Komponenten*: Das Konstrukt (hier: Kompetenzen am Ende der Grundschulzeit) wird in Teilkonstrukte (hier: Leskompetenz, mathematische und naturwissenschaftliche Kompetenz) zergliedert, die in der Tat jeweils auf wohl definierte Messoperationen zurückgeführt werden können. Der Indikator „Kompetenzen" ist nämlich – wie viele andere Indikatoren auch – mehrdimensional angelegt.

(2)   *Bestimmung von Messvorschriften:* Zunächst ist zu klären, auf welcher Ebene die Daten erhoben werden: als Merkmale von Personen, Institutionen, oder (in Ausnahmefällen) Bereichen des Bildungssystems. Für jede Komponente müssen Datenbasis, zugrunde liegende Variablen, Zielpopulationen usw. bestimmt werden. In der Regel werden verschiedene Komponenten eines Konstrukts (im Beispiel: Teilkompetenzen) parallel erhoben, d.h. in derselben Studie, bei derselben Zielpopulation usw., damit die gemeinsame Darstellung überhaupt sinnvoll ist.

(3)   Ermittlung der *Basisdaten* und *Hintergrundvariablen*: Bei den Basisdaten wird es sich überwiegend um Kategorien handeln, deren Häufigkeiten ausgezählt werden können (z.B. „Wiederholer vs. Nicht Wiederholer"), um Werte auf Fragebogen- oder Testskalen (z.B. Testwerte in den IGLU-Leistungsdimensionen) oder um Geldbeträge (z.B. bildungsrelevante Ausgaben eines befragten Haushalts).

Die Basisdaten müssen so differenziert wie möglich erhoben und mit Hintergrundmerkmalen der untersuchten Personen bzw. Institutionen verknüpft werden. Standardbeispiele für Hintergrundvariablen, die wann immer möglich berücksichtigt werden sollten, sind auf individueller Ebene (a) der jeweilige Bildungs-, Ausbildungs- oder Studiengang von Bildungsteilnehmern, (b) Angaben zur Bildungsgeschichte (zuletzt besuchter Bildungsgang, erreichter Abschluss), (c) Geschlecht, (d) sozialer Status bzw. soziale Herkunft einschließlich Migrationsstatus, (e) Alter. Auf institutioneller Ebene wird nach Art der Bildungsinstitutionen (z.B. Schulform, Typ von Hochschule, Trägerschaft) unterschieden. Standardmäßig gehören ferner Erhebungsjahr und Ort (Staat, Land, ggfs. Region) zu den Hintergrundvariablen.

(4)   Aggregation der Daten und Darstellung in *mehrdimensionalen Tabellen:* Das wichtigste „Zwischenprodukt" der Bildungsberichterstattung sind deskriptiv-statistische Kennziffern (in der Regel Mittelwerte und Häufigkeiten), die aus den Basisdaten gewonnen und in tabellarischer Form aufbereitet werden. Die Tabellen sind dabei nach den Hintergrundvariablen aufgegliedert (z.B. mittlere Leistungen in einem IGLU-Test, aufgegliedert nach Testjahr, Land, Bildungsgang, Geschlecht, sozialem Status usw.). Diese Tabellen können (wie in Abschnitt 3 vorgeschlagen) als Element der nationalen Bildungsberichterstattung im Internet publiziert und für weitergehende Analysen zur Verfügung gestellt werden.

Bei Vollerhebungen im Rahmen der amtlichen Statistik lassen sich die tabellierten Werte direkt berechnen. Bei Daten aus repräsentativen Erhebungen sind u.U. komplizierte Schätzverfahren erforderlich; jede Kenngröße muss hier mit Angaben zu Variation und Standardfehler sowie zugrunde liegenden Fallzahlen versehen werden. Die Erstellung dieser Zwischenprodukte wird daher teils Aufgabe der Bildungsberichterstattung selbst sein, teilweise aber an Autoren der Ausgangserhebungen – seien es statistische Ämter oder Wissenschaftler – delegiert werden.

(5) *Ergänzung um Referenzdaten:* Manche Indikatoren (v.a. in den Themenbereichen Demographie, Bildungsausgaben und Bildungsstand) sind nur interpretierbar, wenn sie parallel zu anderen, aus der amtlichen Statistik verfügbaren Daten (die selbst nicht bildungsbezogen sind) betrachtet oder sogar mit diesen verrechnet werden, z.B. in Form von relativen Kenngrößen und Anteilen. Zu beachten ist, dass solche Referenzdaten meist nur auf hohen Aggregationsebenen (z.B. nur auf Bundes-, nicht auf Landesebene) verfügbar sind.

(6) *Berechnung abgeleiteter Kennziffern:* Wird beispielsweise nach Geschlechtsunterschieden in Kompetenzen gefragt, so wäre die Differenz der mittleren Testergebnisse für Mädchen und Jungen zu berechnen. Wird nach dem Einfluss der sozialen Herkunft auf die Lesekompetenz gefragt (Analyse dieser Indikatorkomponente unter dem Zielkriterium Chancengleichheit), wäre entweder die Korrelation zwischen dem Maß der sozialen Herkunft und der Lesekompetenz zu berechnen oder der sogenannte soziale Gradient (die Steigung der entsprechenden Regressionsgeraden) oder die Leistungsdifferenz zwischen dem ersten und dem letzten Quartil des sozialen Status. In vielen Fällen (so auch im Beispiel) können die abgeleiteten Kennziffern nicht der mehrdimensionalen Tabelle entnommen werden, sondern müssen anhand der Originaldaten eigens berechnet bzw. geschätzt werden.

Ein wichtiger Typus abgeleiteter Kennziffern sind – bei Daten, die in Zeitreihe erhoben werden – Veränderungswerte. Da absolute Veränderungen nur schlecht interpretiert und verglichen werden können, verwendet man daher häufig prozentuale Angaben, d.h. man fixiert den Ausgangswert zu einem bestimmten Zeitpunkt innerhalb der zu vergleichenden Teilgruppen (z.B. Länder) auf 100.

(7) *Graphische Darstellung, verbale Interpretation und statistische Prüfung von Zusammenhängen:* Die Berechnung abgeleiteter Kennziffern ist ein für die Analysekraft eines Bildungsberichts (siehe unten, Abschnitt 5) zentrales Instrument, denn hierdurch lassen sich Zusammenhänge zwischen Basisdaten, Referenzdaten und Hintergrundvariablen präzise anhand statistischer Kennwerte benennen. Eine detaillierte Sichtung vorhandener Beispiele für Bildungsberichte (v.a. *Education at a Glance* und *Conditions of Education*) zeigt allerdings, dass solche abgeleiteten Kennziffern nur sehr selten explizit berichtet oder gar graphisch dargestellt werden. Zusammenhänge zwischen Basisvariablen (z.B. Testergebnissen) und Hintergrundvariablen (z.B: Bildungsgang und Geschlecht), im Beispiel also bildungsgangspezifische Leistungsunterschiede zwischen Mädchen und Jungen, werden meist dadurch veranschaulicht, dass man Mittelwerte in Abhängigkeit von den Abstufungen der Hintergrundvariablen darstellt (im Beispiel etwa durch ein gruppiertes Balkendiagramm) und die Zusammenhänge verbalisiert.

Wissenschaftlich zulässig sind solche verbalen Interpretationen aber nur, wenn inferenzstatistische Prüfverfahren sie gegen den Zufall abgesichert haben. Solche Prüfungen werden routinemäßig nach festgelegten Regeln (z.B. bzgl. des Signifikanzniveaus) durchgeführt, erscheinen jedoch in Bildungsberichten selbst nicht, sondern im Internet im Rahmen technischer Ergänzungen.

Die Bildungsberichterstattung und insbesondere der zweijährlich erscheinende Bericht kann und soll nicht immer die vollständigen Ergebnisse mitteilen. Vielmehr ist für jeden

Bericht neu eine Spezifikation vorzunehmen im Blick auf die darzustellenden Komponenten (z.B. nur Lesekompetenz oder mehrere Kompetenzbereiche?), die Hintergrundvariablen, die explizit dargestellt werden (z.B. sollen Geschlechtsunterschiede angesprochen werden?), sowie zu verwendende Referenzdaten und abgeleitete Kennziffern. Diese Auswahl muss so erfolgen, dass ein angemessenes Komplexitätsniveau der Darstellung erreicht wird, und dass die Darstellung für die Adressaten aussagefähig ist.

Eine enge Verwendung des Begriffs „Indikator" könnte diesen begrenzen auf konkrete, quantifizierte Darstellungen, also z.B. „Veränderung des Unterschieds zwischen Übergangsquoten ins Gymnasium für Schülerinnen und Schüler mit und ohne Migrationshintergrund zwischen 1970 und 2002". Im Indikatorenmodell, das dem ersten Bildungsbericht zugrunde lag, würde der Sachverhalt, um den es dabei geht, hingegen unter dem bildungsbereichsübergreifenden Indikator „Übergänge" erfasst; die Feingliederung des Bildungsberichts würde ihn im Kapitel „Bildung im Schulalter" abhandeln. Der Übergang zwischen Primar- und Sekundarstufe ist also, in der hier entwickelten Terminologie, nur eine Komponente (Teildimension) des Indikators „Übergänge", und seine Aufgliederung nach den drei Hintergrundvariablen Geschlecht, Migrationshintergrund, Erhebungszeitpunkt gehört zu den vielen Auswertungs- und Darstellungsmöglichkeiten *innerhalb* dieses Indikators.

Mit der Unterscheidung zwischen Themenbereichen, Indikatoren, Komponenten und Hintergrundvariablen versucht das vorliegende Konzept, ein Maximum an Klarheit in der Systematik der Berichterstattung herzustellen. Es folgt hierin der im OECD-Kontext üblichen Verwendung des Begriffs „Indikator". Gleichwohl ist festzuhalten, dass bei der Unterscheidung zwischen Indikatoren, deren Komponenten und Aufgliederungen eine gewisse „Willkür" gegeben ist. Beispielsweise führt *Education at a Glance* 2004 für Geschlechtsunterschiede bei Kompetenzen im Schulbereich einen eigenen Indikator ein (A9), der allgemeine kompetenzbezogene Indikatoren (A6, A7, A8) ergänzt, während bei anderen Indikatoren (z.B. A1, *educational attainment*) Geschlechtsunterschiede innerhalb des Indikators betrachtet werden. Der OECD-Bericht verteilt zudem Kompetenzen (A6, A7, A8) und Bildungsausgaben (B1 bis B4) auf verschiedene Indikatoren, während beispielsweise der Indikator *education and earnings* (A11) viele Teilkomponenten hat und intern sehr stark ausdifferenziert wird. Offenbar ist es bei *EaG* bislang nicht gelungen, formale Gliederungskriterien durchzuhalten.

5 Anmerkungen zum analytischen Potenzial der Bildungsberichterstattung

Programmatische Papiere zur Bildungsberichterstattung haben häufig gefordert, Indikatoren theoriegeleitet auszuwählen und auch Wechselwirkungen zwischen Indikatoren zu analysieren, sodass komplexe Wirkungsgefüge aufgezeigt werden können. Scheerens[3] stellt hierzu fest: „In the design of new indicator systems the demand for connectivity of different indicators is a crucial consideration, with important practical, organizational and financial implications", warnt aber auch: „the expectations on the explanatory potential of indicators are often too high, particularly when causal interpretations of input/process/outcome relationships are at stake."

Das analytische Potenzial der Bildungsberichterstattung beruht also im Wesentlichen darauf, dass statistische Größen verknüpft werden (*connectivity*). In der vorliegen-

Konzeption wird dies vor allem durch Verbindung von Basisdaten, Hintergrundmerkmalen und Referenzdaten erreicht. Jeder einzelne Indikator (z.B. „Zahl der Teilnehmer an einem Studiengang") kann – von Bericht zu Bericht wechselnd – in Relation zu verschiedenen Bezugsgrößen untersucht werden (z.B. Teilnehmerzahl in Relation zur Zahl der Studierenden insgesamt oder zur Größe relevanter Alterskohorten) und er kann nach verschiedenen Hintergrundaspekten aufgegliedert werden (z.B. nach sozialer Herkunft, Geschlecht, nach Art der Hochschule oder getrennt für Länder und Regionen). All diese abgeleiteten Kennziffern und Vergleichswerte können in Zeitreihe, über mehrere Jahre hinweg, dargestellt werden. In diesen Differenzierungen – also *innerhalb* der Darstellung des einzelnen Indikators – liegt der Ansatzpunkt für Interpretation, Analyse und letztlich für die politische Bewertung. Dadurch wird es möglich, das Indikatorensystem und die gesamte Berichterstattung modular aufzubauen, d.h. aus voneinander unabhängigen Einheiten, die je nach Datenlage und politischem Bedarf ausgewählt und dargestellt werden.

Auch *Education at a Glance* und andere Bildungsberichte nutzen diese Möglichkeiten der Ausdifferenzierung innerhalb der Indikatoren in vielfältiger Form. Nur sehr selten hingegen werden unterschiedliche Indikatoren kombiniert. Ebenso selten werden statistische Kennziffern verwendet, die Zusammenhänge quantifizieren (also etwa Korrelationskoeffizienten oder gar multivariate Auswertungen). „Wechselwirkungen" werden lediglich zwischen den Basisdaten eines Indikators und unterschiedlichen Hintergrundvariablen berücksichtigt und rein deskriptiv dokumentiert, z.B. wenn Geschlechtsunterschiede bei Migranten und nicht-Migranten für verschiedene Bildungsgänge tabelliert werden. Das hier vorgelegte Konzept steht insofern in Übereinstimmung mit Strategien anderer Berichte, auch wenn dies impliziert, dass Fragen nach Ursachen und Wirkungszusammenhängen indikatorenbasiert häufig nicht beantwortet werden können.

Im Unterschied zu wissenschaftlichen Studien, die in komplexen Designs Verläufe, Veränderungen und Wirkungen erschließen, ist der Zweck der Bildungsberichterstattung ein deskriptiver und evaluativer. Sie stellt der Öffentlichkeit und der Politik Daten (genauer: datengestützte Indikatoren) zur Verfügung, bietet Vergleichsmöglichkeiten an (inter- und intranational, nach Personengruppen und im Zeitverlauf) und ermöglicht den Adressaten so die Bewertung dieser Daten. Die Aufgabe der Bildungsberichterstattung ist aber *nicht* die eines Forschungsprojekts, das nachprüfbar, mit entsprechenden – vor allem längsschnittlichen und experimentellen – Designs, Ursachen und Wirkungen herausarbeitet. Bildungsberichterstattung ist „analytisch" um Sinne vielseitiger Vergleichs- und Bewertungs*möglichkeiten*, nicht kausal-analytisch. Sie übernimmt dadurch eine wichtige Rolle im wissenschaftlich gestützten Bildungsmonitoring, kann und soll aber nicht alle steuerungsrelevanten Fragen beantworten.

Anmerkungen

1 In der Formulierung exemplarischer bildungspolitischer Fragen wird mit Worten wie „ausreichend", „befriedigend", „erforderlich" und „unnötig" bewusst auf Bewertungsmaßstäbe eingegangen, denn politische Debatten kommen ohne solche Maßstäbe nicht aus. Sie finden ihre Legitimation letztlich in den Verfassungsbestimmungen und Gesetzen des Bundes und der Länder und gesellschaftlichen Zielkriterien wie etwa individuelle Regulationsfähigkeit, Humanressourcen und Chancengerechtigkeit. Konkrete Maßstäbe lassen sich allerdings daraus nicht „ableiten", sondern nur mittels expliziter Vorschriften (z.B. der Bildungsstandards der KMK), anhand des Urteils von Experten oder aus der öffentlichen Meinung bestimmen. Die Diskussion solcher Bewertungsmaßstäbe ist selbstverständlich nicht Aufgabe der Bildungsberichterstattung.

2 Die vereinfachte Version eines Internetportals würde – wie etwa beim US-Bericht *Conditions of Education* oder bei *Education at a Glance* – darin bestehen, Elemente der Bildungsberichte vergangener Jahre und ausgewählte Zusatztabellen ins Internet zu stellen. Die Idee, eine recherchierbare Datenbank verfügbar zu halten, geht darüber hinaus und wurde bislang nur für einzelne Erhebungen wie z.B. das *National Assessment of Educational Progess*, die sogenannte *National Report Card* für das Schulsystem der USA, realisiert.

3 SCHEERENS, J. (2004, October): The conceptual basis of indicator systems. Unveröff. Manuskript. Univ. Twente. Zitate von S.13 und S. 12.

Anschrift des federführenden Autors: Prof. Dr. Eckhard Klieme, Direktor des Deutschen Instituts für internationale pädagogische Forschung (DIPF), Schloßstr. 29, 60486 Frankfurt a.M., Tel.: 069-24708-0

Hans Döbert

Die „Schulindikatoren" im Bildungsbericht: konzeptionelle Aspekte, ausgewählte Befunde, offene Fragen

Zusammenfassung

Die Reaktionen in Bildungspolitik und -administration, Wissenschaft und Öffentlichkeit auf den am 2. Juni erschienenen Bericht „Bildung in Deutschland" konnten unterschiedlicher nicht ausfallen: Sie reichten von Zustimmung und Wertschätzung für den indikatorengestützten Bericht, der erstmals Stand und Entwicklung des deutschen Bildungswesens in systemischer Perspektive auf der Grundlage belastbarer empirischer Befunde darstellt, bis zu deutlicher Kritik etwa an der Aktualität der Befunde und der „Blindheit des Berichts gegenüber pädagogischem Personal und Lernprozessen". Ohne auf diese und andere kritische Kommentare im Einzelnen einzugehen, sollen im Folgenden einige konzeptionelle Grundlagen des Berichts näher beschrieben werden. Der Beitrag konzentriert sich dabei auf das Kapitel D „Allgemein bildende Schule und non-formale Lernwelten im Schulalter" und setzt seine Kenntnis weitgehend voraus. Die Darstellung verfolgt auch den Zweck, zu einem besseren Verständnis dafür, was in einem solchen Bericht aus wissenschaftlicher Perspektive möglich und machbar ist, beizutragen. Den Beitrag einleitend werden einige ausgewählte konzeptionelle Fragen des „Schulkapitels" behandelt. Anschließend werden Befunde nach den verschiedenen Differenzierungsaspekten – (a) sozioökonomischer Hintergrund, Geschlecht, Migration, (b) Bundesländer, Regionen, (c) inter-

Summary

The "School Indicators" in the Educaton Report: Conceptual aspects, selected findings, open questions

The reactions by politicians for education, administrators, the science community and the public to the Education Report (Bildung in Deutschland) published on 2nd June 2006 could not have been more diverse: They stretched from agreement and esteem for an indicator-based report, which for the first time reported on the status and development of German education in a systematic way using objective empirical evidence, to direct criticism regarding, for instance, the actuality of the findings and the report's blindness to pedagogic staff and learning processes. Without going into these and other criticisms in detail, in the following, the conceptual basis for the report will be described. This contribution focuses on chapter 'D' on general schooling and non-formal learning at school age and assumes that the reader has a familiarity with this section. The paper also has the purpose of contributing to a better understanding of the chances and limitations of such a report from a scientific standpoint. In the introduction, some of the conceptual questions related to the chapter on schooling will be dealt with. Following this, findings will be presented by various aspects of differentiation: a) socio-economic background, gender, migration; b) German states and regions; c)

nationaler Vergleich und (d) Zeitreihe – präsentiert, die nicht oder nicht so im Bericht dargestellt werden konnten. Abschließend werden einige offene Fragen skizziert, zu deren Beantwortung auch Forschungsbedarf offensichtlich ist.

international comparison; and d) data series. Finally, some open questions will be sketched, which require further research in order to be answered.

Schlüsselbegriffe: Deutsche Bildungsberichterstattung, non-formales Lernen, wissenschaftliche Evaluation von Expertenberichten

Keywords: German Education Report; schooling; non-formal learning; scientific evaluation of expert reports

1 Zu einigen konzeptionellen Aspekten des „Schulkapitels" und den ausgewählten Indikatoren

Der Bericht ist eine datengestützte und problemorientierte Analyse von Bildung in Deutschland. Schon durch diese Art der Darstellung liegen Empfehlungen „auf der Hand"; der Bericht verzichtet daher auf die lineare Ableitung von expliziten Wertungen und Empfehlungen. Seine Besonderheit liegt darin, dass er sich überwiegend auf *Indikatoren* stützt. Indikatoren sind, wie internationale Erfahrungen zeigen, die geeignetste Form der Erfassung des Zustands und der Entwicklung des Bildungswesens. Sie sind statistisch gesicherte Kennziffern, die für bestimmte Qualitätsaspekte stehen. Der Bericht stützt sich auf ein Set von Indikatoren, die *drei Kriterien* zu genügen haben: Sie müssen empirisch belastbare Informationen über einen relevanten Ausschnitt des Bildungswesens enthalten, sich auf fortschreibbare Datensätze stützen und bundesweite, soweit möglich auch international und länderspezifisch vergleichende Aussagen zulassen. Dieser Anspruch an die Qualität und Aussagekraft des Datenmaterials begrenzt allerdings gegenwärtig die analytischen Möglichkeiten der Bildungsberichterstattung. Auf einige damit zusammenhängende konzeptionelle Aspekte, die besonders für die „Schulindikatoren" relevant waren, soll im Folgenden näher eingegangen werden:

(1) Indikatorengestützte Darstellung vs. Berücksichtigung aktueller Entwicklungen
Repräsentative Daten zum Schulbereich liegen seitens des Statistischen Bundesamtes und der Statistischen Ämter der Länder sowie über die Schulstatistik der KMK immer mit einer zeitlichen Differenz im günstigsten Fall von einem, in der Regel jedoch von einleinhalb bis zwei Jahren vor. Wirkliche Neuerungen darstellende aktuelle Entwicklungen sind also über amtliche Daten kaum darstellbar. Auch die Aktualität von Schulleistungsstudien und Surveys ist zum Teil stark begrenzt (z.B. Befunde von PISA 2003, Zeitbudgetstudie von 2002).

Eine Reihe aktuell diskutierter Themen im Schulbereich findet daher aufgrund fehlender oder nicht aktueller Daten nicht die erforderliche Berücksichtigung im Bericht. Das betrifft Fragen des Umgangs mit Bildungszeit (z.B. Verkürzung der Gymnasialdauer von neun auf acht Jahre), der zentralen Prüfungen (Mittlerer Abschluss und Abitur) und der sozialen Selektivität in den Schulkarrieren ebenso wie weitere bildungspolitische Maßnahmen im Kontext von Struktur und Management der Sicherung von Qualität von Schule und Unterricht in den Ländern (wie Qualitätsinstitute und -agenturen, Inspektionen und Visitationen, Vergleichsarbeiten, Entwicklung eigenverantwortlicher Schulen). Diese Themen, so aktuell und interessant sie für eine breite Öffentlichkeit auch sein mögen, lassen sich nicht mittels

Indikatoren darstellen. Die Grundstruktur des Berichts, auf der Basis gesicherter Daten Indikatoren zu definieren und zu berechnen, da waren sich Auftraggeber, wissenschaftlicher Beirat und Konsortium trotz aller Bedenken weitgehend einig, sollte konsequent beibehalten werden. Angesichts dieser Prämisse gibt es drei wesentliche Handlungsoptionen, die Differenz von Indikatorendarstellung und Aktualität der Themen zu mindern:

- In den Darstellungen der einzelnen Indikatoren wurden, soweit möglich, aktuelle Bezüge hergestellt. So wurde beispielsweise im Einleitungstext zum Indikator D7 „Schulabgänger mit und ohne Abschluss" auf die Einführung zentraler Abschlussprüfungen in den Ländern hingewiesen.
- Jedes Kapitel wurde mit einem Abschnitt „Perspektiven" abgerundet, das aktuelle Entwicklungen explizit ausweist, zu denen künftig Daten bereit zu stellen wären und die als Indikatoren berichtet werden sollen. Aktuell ist dann zwar die Benennung neuer Entwicklungen. Die spätere Darstellung auf einer gesicherten Datenbasis hat dann allerdings wieder mit dem Problem der zeitlichen Verzögerung zu tun.
- Um beiden Ansprüchen gerecht zu werden, aktuelle Entwicklungen zu erfassen und zugleich Daten bereitzustellen, wurde die weitgehend standardisierte Darstellung neuerer Entwicklungen in Form zusätzlicher Tabellen (oder Abbildungen) auf der Homepage der Bildungsberichterstattung[1] vorgenommen. In Kapitel D wurde beispielsweise auf der Homepage eine solche Tabelle (Tab. D-1web) zu den Maßnahmen der Qualitätsentwicklung und -sicherung in allen Ländern mit Stand vom Mai 2006 aufgenommen. Die Tabelle enthält somit aktuellste Informationen zu den institutionellen Strukturen des Qualitätsmanagements (Landes- oder Qualitätsinstitute bzw. -agenturen), zum Stand der Umsetzung zentraler Abschlussprüfungen (Mittlerer Abschluss, Abitur), zu Leistungstests in den Ländern (Bezeichnung, Jahrgangsstufen und Fächer), zur Eigenverantwortlichkeit von Schulen (Strategie, Modellvorhaben, Projekte) sowie zu Entwicklungen der Schulinspektion (Verbindlichkeit, Verfahren und institutionelle Anbindung).

Darüber hinaus hat das als jeweils eigenes Kapitel konzipierte Schwerpunktthema eines Berichts, in diesem Bericht das Thema „Migration", die Funktion, einen aktuellen steuerungsrelevanten Problembereich systematisch aufzuarbeiten, um daraus künftige Indikatoren generieren zu können. Die Aussagen zum Schwerpunktthema sollen zwar ebenfalls datengestützt sein, wobei hier der Anspruch der Repräsentativität aber nicht erhoben wird. Dieses Kapitel hat im jeweiligen Bericht einen stärker „narrativen" Charakter, was den Vorteil bietet, dass die Darstellung aktueller wird. Im Schwerpunktthema „Migration" nehmen Informationen zu Bildungsbeteiligung und Bildungsverläufen von Kindern und Jugendlichen im Schulalter sowie zum Umgang des Schulsystems mit Schülern mit Migrationshintergrund einen breiten Raum ein.

Auch im nächsten Bericht soll dieser Weg – klar strukturierte Darstellung von Indikatoren mit sparsamen aktuellen Bezügen in der Indikatorenbeschreibung und nuancierter Beschreibung aktueller Entwicklungen im Ausblick, ausführlichere standardisierte Informationen zu solcher Entwicklungen im Bildungswesen auf der Homepage der Bildungsberichterstattung sowie Darstellung bildungspolitisch besonders relevanter Probleme im Rahmen eines Schwerpunktthemas – zunächst weiter beschritten werden.

(2) Allgemeines Indikatorenmodell vs. Indikatorenauswahl für jeden Bericht
Als erstes wesentliches Ergebnis der Arbeiten zur Bildungsberichterstattung war Anfang 2005 ein Indikatorenmodell[2] vorzulegen, aus dem sich die Auswahl und Darstellung der Indikatoren jedes Bildungsberichts speist. Im Indikatorenmodell ist ein Referenzrahmen be-

schrieben, der allgemeine Kriterien für die Auswahl der in einem Bericht zu behandelnden Themen und Indikatoren enthält: Bildungsberichterstattung hebt auf drei zentrale Ziele ab (individuelle Regulationsfähigkeit, Humanressourcen, gesellschaftliche Teilhabe und Chancengleichheit). Sie hat Herausforderungen durch langfristig und tief greifend wirkende Prozesse des gesellschaftlichen Wandels zu berücksichtigen, denen sich das Bildungswesen bei der Zielerreichung stellen muss. Zudem soll sie vor allem auf die bildungspolitisch steuerungsrelevanten Probleme eingehen sowie die Perspektive der „Bildung im Lebenslauf" in den Mittelpunkt rücken. Letztere soll es sowohl ermöglichen, die Übergänge und Schnittstellen im Bildungswesen ins Blickfeld zu nehmen, als auch die Perspektive der nonformalen Bildung und des informellen Lernens angemessen zu berücksichtigen.

Dieser Referenzrahmen gibt gewissermaßen Anhaltspunkte für die Themen- und Indikatorenauswahl und dient zugleich als Filter. Doch lassen sich die zu analysierenden und darzustellenden Probleme nicht allein und vollständig aus diesem Referenzrahmen herleiten. Darüber hinaus war es eine wichtige Aufgabe, die verbleibende Vielzahl der zu bearbeitenden Themen und Indikatoren kriteriengeleitet weiter einzugrenzen. Da manche die Bildungsberichterstattung konstituierenden Grundlagen (modifiziertes Erhebungsprogramm der amtlichen Statistik, repräsentative Studien, begleitende längsschnittlich angelegte Forschung) noch nicht in jedem Fall in dem erforderlichen Umfang und mit der nötigen Qualität vorliegen, ergeben sich zwangsläufig Konsequenzen für die Auswahl der zu berichtenden Indikatoren. Für eine Reihe wünschbarer Indikatoren fehlten vor allem für den ersten Bericht die erforderlichen Daten. So bestehen derzeit hinsichtlich der Analysemöglichkeiten individueller Schulkarrieren bzw. der Beurteilung der Gestaltung von Prozessen der Schul- und Unterrichtsentwicklung (z.B. Wirkungen der qualitätsentwickelnden und -sichernden Maßnahmen) erhebliche Informationsdefizite. Die amtliche Statistik enthält für das Schulsystem in erster Linie Angaben zu Inputgrößen; Informationen zu Lernenden und Lehrenden sowie zu Finanzressourcen der öffentlichen Schulen lassen sich daher relativ exakt darstellen. Datendefizite gibt es vor allem hinsichtlich der Gestaltung von Bildungsprozessen.

Jeder Bildungsbericht soll die zu erörternden Probleme jeweils unter Rückgriff auf wenige zentrale Indikatoren darstellen[3], je mindestens einen Indikator zu jeder der genannten Dimensionen (Input, Kontext, Prozess und Wirkungen) präsentieren und die vor allem aus der Systemperspektive steuerungsrelevanten Fragen in den Mittelpunkt stellen.

Für den vorliegenden Bericht hieß das, vor allem solche Problembereiche auszuwählen und in Indikatoren darzustellen, die den genannten Kriterien und den spezifischen Problemen des Schulbereichs am ehesten gerecht werden. Damit mussten zwangsläufig solche wünschbaren Themen wie die Gestaltung von Lernprozessen oder die Professionalisierung des pädagogischen Personals unberücksichtigt bleiben. Zur Prozessgestaltung von Lernen, ob von Schülern im Unterricht oder von Lehrkräften in der Fortbildung, gibt es kaum belastbare Daten. Daten zu personellen Ressourcen, die für Kinder und Jugendliche im Schulalter bereitgestellt werden, beziehen sich derzeit hauptsächlich auf die Zusammensetzung des Lehrpersonals nach diversen Merkmalen. Dagegen wird der Qualifizierungsstand des pädagogischen Personals momentan nur unzureichend erfasst: Während Daten zur Professionalität des pädagogischen Personals in der Horterziehung und in Einrichtungen der Kinder- und Jugendhilfe personalgruppenspezifisch abgebildet werden können, sind genaue Angaben zur Qualifizierungsstruktur der Lehrkräfte an allgemein bildenden Schulen bisher nicht verfügbar. Der Stand der Kenntnisse und Fähigkeiten des Lehrpersonals sowie die Weiterbildungsbereitschaft und -intensität sollten zukünftig entweder durch die Angliederung eines Lehrerfragebogens an bestehende Erhebungsinstrumente (z.B. PISA, PIRLS etc.) oder die Entwicklung eines eigenständigen, dauerhaften Lehrer-Surveys (Lehrer-PISA) erfasst werden. Zudem sind Aussagen zu den Personalressourcen insgesamt kein Thema allein des Schulbereichs. Es ist vorgesehen, sie als einen Indikator im Rahmen des Kapitels „Grundinformationen zum Bildungswesen" im nächsten Bericht aus bildungsbereichsübergreifender Perspektive zu behandeln.

(3) Übergreifende vs. bildungsbereichsspezifische Darstellung von Indikatoren
Im Bildungsbericht insgesamt wie auch im „Schulkapitel" wurde zwischen übergreifenden und bereichsspezifischen Indikatoren unterschieden.

Bereichsübergreifende Indikatoren beziehen sich auf einen Sachverhalt, der in sämtlichen oder den meisten Bildungsbereichen vorkommt, einheitlich definiert ist und einheitlich gemessen wird. Der Sachverhalt kann (wo sinnvoll) durch Aggregation Informationen über das System insgesamt liefern (z. B. Bildungsausgaben, Bildungszeit, Bildungsbeteiligung, Personal) und Vergleiche zwischen den einzelnen Bereichen ermöglichen. Hierbei sind zum Teil bereichsspezifische Differenzierungen notwendig (z.B. Ausgaben je Schüler nach Bildungsgang). Darüber hinaus gibt es Indikatoren, die sich auf einen für sämtliche oder die meisten Bereiche relevanten Sachverhalt beziehen, aber (derzeit noch) nicht einheitlich gemessen werden können (z.B. Kompetenzen). Schließlich lassen sich Indikatoren benennen, die sich auf einen bereichsspezifischen Sachverhalt beziehen, aber dem Grundgedanken der Berichterstattung von Bildung im Lebenslauf folgend, eher den bereichsübergreifenden Indikatoren zugeordnet werden (z.B. Übergänge im Schulwesen).

Ergänzend dazu werden als *bereichsspezifische Indikatoren* solche dargestellt, die für eine gegenstandsadäquate Darstellung von Problemen des jeweiligen Bildungsbereichs unverzichtbar sind und die nicht oder nicht hinreichend differenziert im Rahmen der übergreifenden Indikatoren berücksichtigt werden können.

Ein großer Teil der Indikatoren aus dem Indikatorenmodell ist bereichsübergreifend. Da diese Indikatoren auch für den Schulbereich relevant sind, ist daher eine spezielle differenzierte Betrachtung im „Schulkapitel" nur im Einzelfall sinnvoll. Darüber hinaus gibt es jedoch eine Reihe bereichsspezifisch für die Schule zu beschreibender Indikatoren, die den Besonderheiten des deutschen Schulwesens entsprechen müssen. Für den ersten Bericht wurden im Sinne dieser Besonderheiten die folgernden Problembereiche für die Darstellung von Indikatoren ausgewählt:

Das wichtigste Strukturmerkmal des allgemein bildenden Schulwesens ist die starke Ausdifferenzierung von Bildungsgängen und Schularten. *Übergangsentscheidungen* (von der Grundschule in die gestuften Bildungsgänge des Sekundarbereichs I) werden relativ früh getroffen; die damit verbundenen Schulwahlentscheidungen wirken sich langfristig auf weitere Bildungschancen und Zugänge zum Berufsleben aus. Verschiedenen Schularten und Bildungsgängen kommt in den Ländern unterschiedliche Bedeutung zu. Mit der kontinuierlichen Dokumentation der Übergänge und Schulartwechsel sollen bestehende Unterschiede sowie gruppenspezifische Entwicklungen beschrieben werden.

In dem für Deutschland typischen Berechtigungssystem spielen *Schulabschlüsse* bei der Zuweisung von Berufs- und Karrierechancen eine entscheidende Rolle. Regelmäßige Informationen über abschlussrelevante Entwicklungen werden zur Einschätzung der Leistungsfähigkeit des Schulsystems hinsichtlich der von ihm wahrzunehmenden Qualifizierungsfunktion benötigt. Dabei ist zu berücksichtigen, dass sich die tradierte Bindung unterschiedlicher Abschlüsse an unterschiedliche Schularten und Bildungsgänge gelockert hat. Diesem Aspekt soll durch eine Darstellung des Erwerbs von Schulabschlüssen nach Schularten bzw. Bildungsgängen Rechnung getragen werden.

Auch bei Einführung von Bildungsstandards sind Abschlüsse keine Ersatzindikatoren für das tatsächlich vorhandene Handlungsvermögen von Schülerinnen und Schülern. Die bei Kompetenzerhebungen deutlich gewordenen Schwächen des deutschen Schulsystems – das unzureichende Niveau, die große Streuung sowie die beträchtlichen sozialen und regionalen Disparitäten – begründen ein besonderes politisches und öffentliches Interesse an einer auf Dauer gestellten *Erhebung von basalen Kompetenzen* am Ende der Grundschulzeit und bei 15-Jährigen.

Allenthalben wird gefordert, *Zurückstellungen und Wiederholungen* zu reduzieren, Lernzeit intensiver zu nutzen und letztlich auch frühere Übergänge ins Beschäftigungssystem zu ermöglichen. Als wichtige Antwort auf diese Herausforderungen gilt die Devise, Kinder und Jugendliche möglichst früh, je nach ihren individuellen Möglichkeiten und Bedürfnissen, zu fördern. Das Hauptaugenmerk richtet sich hierbei auf jene Kinder und Jugendlichen, die unter ungünstigen sozialen und kulturellen Bedingungen aufwachsen und oftmals aufgrund ihrer hohen Konzentration in „Brennpunktschulen" in schwierigen Lernmilieus unterrichtet werden. Dem Bedarf an Informationen über die Situation von Schülergruppen mit ungünstigen Lernvoraussetzungen wurde immanent entsprochen.

In der neueren internationalen Diskussion wird der Blick zunehmend auch auf diejenigen Formen des Lernens gerichtet, die jenseits von institutionalisierten Bildungsorten die individuellen (Lern-) Kompetenzen erweitern und insbesondere die Selbststeuerungs- und Selbstorganisationsfähigkeit als wichtige individuelle Voraussetzung für lebenslanges Lernen stärken. Für diese Lernformen haben sich die Kategorien des *non-formalen und des informellen Lernens* eingebürgert. Eine besondere Betonung wurde im „Schulkapitel" daher auf die Vernetzung von formaler und non-formaler Bildung gelegt. Während der Indikator zum „Informellen Lernen durch freiwilliges Engagement" noch die komplementäre Perspektive zu formellen Lernprozessen in der Schule darstellt, versuchen die beiden Indikatoren „Ganztägige Bildung und Betreuung im Schulalter" und „Computernutzung in und außerhalb der Schule", die Verbindung von schulischen und außerschulischen Lernwelten exemplarisch herzustellen.

(4) Erwünschte Informationen vs. verfügbare Datenbasis
Wenngleich der Schulbereich insgesamt durch die amtliche Statistik besonders differenziert erfasst wird, zeigen sich bei der Berechnung konkreter Indikatoren erhebliche Lücken in der verfügbaren Datenstruktur. An den Indikatoren, die für den Schulbereich dauerhaft berichtet werden sollen, den sogenannten Kernindikatoren, sei das näher veranschaulicht[4]:

Übergänge im Verlauf von Schulkarrieren werden durch die amtliche Statistik weitgehend erfasst. Notwendige Modifikationen der Datenbasis betreffen erstens die Einschulungspraxis, die bisher zwar nach Art der Einschulung (vorzeitig, fristgemäß, verspätet), jedoch nicht nach Einschulungsalter abgebildet wird. Auch der jeweilige Anteil der Kinder, die mit und ohne Kindergartenbesuch/Vorschul- bzw. Vorklassenbesuch in die Grundschule übergehen, muss ausgewiesen werden. Eine Berücksichtigung des sozioökonomischen Hintergrunds und des Migrationshintergrunds ist bisher nur über Surveys möglich. Derzeit gibt es unterschiedliche Verfahrensweisen für die Abbildung des sozioökonomischen Hintergrunds. Sie unterscheiden sich grundlegend darin, ob komplexe Indizes oder einzelne Merkmale (Dimensionen) verwendet werden. Zur ersten Gruppe gehört der International

Socio-Economic Index of Occupational Status (ISEI)[5] und das Klassenschema von Erikson, Goldthorpe und Pontocarero (EGP)[6]. Bei den Einzeldimensionen werden als bildungsrelevant vor allem erfasst: Beruf (Arbeit, Erwerbsstatus), Bildungsabschluss, Einkommen, Haushaltskonstellation, kulturelles und soziales Kapital. Für die Bildungsberichterstattung, die vor allem darauf angewiesen ist, Indikatoren und Merkmale zu kombinieren, ergibt sich aus der sehr unterschiedlichen Erfassung und Verwendung des sozioökonomischen Hintergrunds eine zusätzliche Schwierigkeit. Hinsichtlich des Migrationsstatus liegen zwar mit dem Mikrozensus 2005 erstmals repräsentative Angaben zu einer Reihe von Merkmalen vor[7], da es im Mikrozensus jedoch keine Angabe zur Schulart mehr gibt, lässt sich kein Bezug zur Schule herstellen. Unter Umständen bietet die regelmäßige Erhebung zum Sprachstand bei Kindern, die das schulpflichtige Alter erreichen, wenigstens teilweise Informationen. Eine Weiterentwicklung der „Übergangsindikatoren" sollte auch dahingehend erfolgen, dass beim Eingang in den Sekundarbereich II künftig in der aufnehmenden Schulart die bisher erworbenen Abschlüsse und das Alter erfasst werden, was für die Berechnung der Übergangsquoten unerlässlich ist.

Erworbene *Abschlüsse* lassen sich gegenwärtig zwar mittels Abschluss- und Verteilungsquotierungen darstellen (nach typischem Altersjahrgang, nach Abschlussarten, nach Bildungsweg). Dennoch sollte das Erhebungsverfahren der Schulstatistik um die konkrete Altersangabe der Absolventen (für die Verteilung der Abschlussarten in einzelnen Altersjahrgängen) erweitert werden. Zudem sind bei dem bisherigen Erhebungsverfahren Doppelerfassungen von Schülern insofern nicht ausgeschlossen, als nicht ersichtlich ist, wie viele Schüler später einen (höheren) Abschluss erwerben (Anschlussbildungsgänge). Aus diesem Grund müssen die Absolventen nach ihren bereits erworbenen Abschlüssen getrennt erfasst werden.

Für den Indikatorenkomplex *Kompetenzen* beziehen sich Datenanforderungen auf die Entwicklung eines Messkonzeptes für Sprachstandserhebungen im Einschulungsalter einschließlich der Durchführung national repräsentativer Sprachstandserhebungen und begleitender Befragungen. Für die zentrale Messung von Outputs, die für eine Bildungsberichterstattung konstitutiv sind, sind einheitliche, bundesweit – und, da Ländervergleiche nötig sind, auch auf Länderebene – repräsentative Messungen erforderlich. Vollerhebungen hingegen sind in diesen Bereichen weder erforderlich noch finanzierbar. Aussagefähig werden Output-Messungen aber nur, wenn sie mit der Erfassung von Input- und Prozessmerkmalen auf individueller Ebene (einschließlich Geschlecht, sozialem Hintergrund und Migrationsstatus) und institutioneller Ebene (z.B. Personalressourcen) verbunden werden; ansonsten lassen sich weder Fragen der Chancengerechtigkeit noch analytische Fragen des Zusammenhangs von Input, Prozess und Outcome beantworten.

Der Umgang mit *Bildungszeit* kann derzeit nur in Teilaspekten berichtet werden. Abgesehen von der Wiederholerproblematik, die künftig stärker mit dem Themenbereich „Übergänge" verzahnt werden soll, liegt derzeit keine gesicherte Datenbasis zur Bildungszeit vor. Eine Fortführung der Zeitbudgetstudie im 4-Jahres-Rhythmus sowie eine Erhöhung der Schülerzahlen in der Stichprobe und die Erfassung zusätzlicher Merkmale wie z.B. ethnische und soziale Herkunft sind für eine Darstellung geeigneter Indikatoren unerlässlich, um Veränderungen im durchschnittlichen Zeitaufwand für Bildung und Lernen im Vergleich zu anderen Tätigkeitsbereichen zu verfolgen. Auch Angaben zur durchschnittlichen Dauer, die ein Absolvent für ein Bildungsprogramm benötigt hat, sind gegenwärtig nicht möglich. Zum einen ist damit das Abschlussalter gemeint, das in Zukunft in die Absolventenstatistiken integriert werden könnte. Zum anderen geht es unter Berücksichtigung von Einschulungstermin, Klassenwiederholungen usw. um die Anzahl der Schuljahre bis zum Abschluss des allgemein bildenden Schulbereichs. Auch die bildungsbiografischen Angaben im PISA-Fragebogen-Programm für 15-Jährige können dies nicht abbilden. Es gilt zu prüfen, inwiefern über das SOEP (bundeslandspezifischer Schulbesuch in Jahren nach Abschluss ist über Lebenslauffragebogen rekonstruierbar) repräsentative Daten bereitgestellt werden können. Längerfristig könnte jedoch die Entwicklung und Implementation eines Berufsbildungs-PISA dazu beitragen, dass auch Schulbiografien im allgemein bildenden Schulwesen retrospektiv mit ausreichenden Fallzahlen erfasst werden können. Der infrastrukturelle Ausbau von Ganztagsangeboten als wichtiges bildungspolitisches Reformprojekt in Deutschland muss künftig als Teil der amtlichen Statistik dauerhaft erhoben werden. Hierbei interessieren unterschiedliche Entwicklungslinien innerhalb der Schularten und Bundesländer, die bildungspolitische Prioritätensetzungen sowie disparitäre Dynamiken sichtbar machen. Da Ganztagsunterricht derzeit vor allem von Schulzentren angeboten wird, die mehrere Schularten an einem Standort vereinen, ist eine Unterscheidung von Verwaltungseinheiten und schulartspezifischen Einrichtungen sinnvoll.

Ein wesentlicher Themenbereich, nämlich die *Förderung benachteiligter wie auch hochbegabter Kinder und Jugendlicher* ist derzeit unter allen Indikatoren am geringsten statistisch abgesichert. Für die unverzichtbare Darstellung in einem Bildungsbericht sollten daher Erhebungsverfahren in die amtliche Statistik aufgenommen werden.

Was das *freiwillige außerschulische Engagement* im Schulalter angeht, sollte neben dem DJI-Jugendsurvey, in dem die Mitwirkung 14- bis 18-Jähriger in außerschulischen Einrichtungen erfasst wird, ein „Zweiter Testtag" bei PISA und PIRLS für die Erhebung bildungsrelevanter Aktivitäten im außerschulischen Bereich, der Beteiligung an und Bewertung von Maßnahmen der außerschulischen Kinder- und Jugendbildung sowie der Nutzung von Medien und kommerziellen Angeboten (z.B. Nachhilfe) herangezogen werden.

2 Ausgewählte Befunde

Die eingangs genannten Differenzierungsaspekte sollten und konnten nicht gleichwertig bei jedem Indikator dargestellt werden. Je nach Verfügbarkeit standen im Vordergrund jene Differenzierungsaspekte, die zum jeweiligen Sachverhalt die wichtigsten steuerungsrelevanten Informationen bieten. Nach Möglichkeit sollten alle Indikatoren im ersten Bericht Zeitreihen enthalten, um damit eine Bezugsbasis für nachfolgende Berichte zu schaffen. Angaben zum sozioökonomischen Hintergrund sowie zum Migrationshintergrund sind derzeit in der Regel in der amtlichen Statistik nicht verfügbar, was Abstriche an der erforderlichen analytischen Tiefe der Indikatoren nach sich zieht. Im Folgenden sollen diese Differenzierungsaspekte, also die Problematik der Berichtstiefe, an ausgewählten Befunden veranschaulicht werden, die aus Platzgründen nicht oder nicht so im Bericht dargestellt werden konnten:

(1) Darstellung in Zeitreihe (Beispiel aus Indikator D7 „Schulabgänger mit und ohne Abschluss"):
Die jeweiligen Anteile der im allgemein bildenden Schulwesen erworbenen Abschlüsse, bezogen auf die Gesamtheit der Abgänger mit und ohne Abschluss, haben sich im früheren Bundesgebiet zwischen 1970 und 1990 deutlich verändert (Abb. 1-1).

Abb. 1-1: Verteilung der Abgänger allgemein bildender Schulen nach Abschlussart in Zeitreihe (in %)

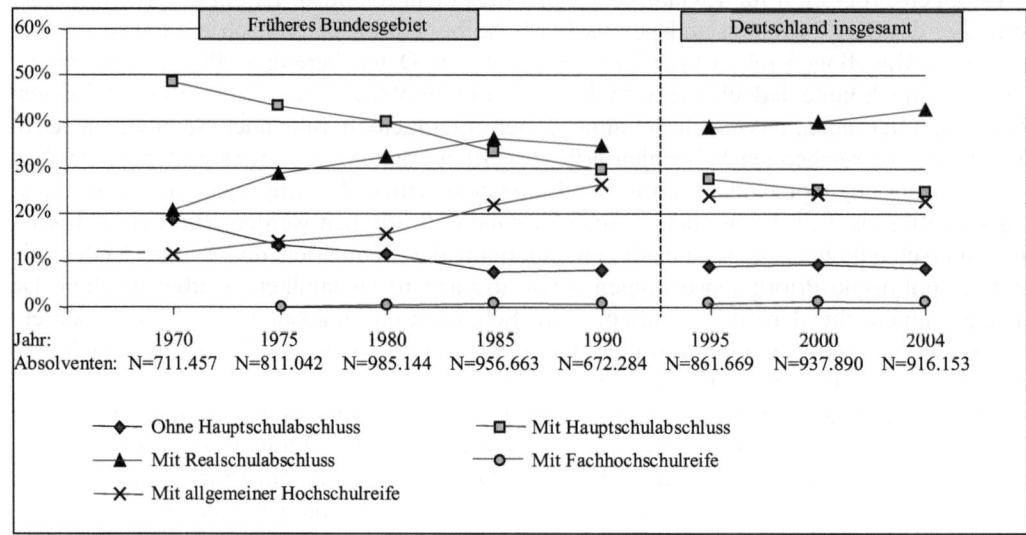

Quelle: Statistisches Bundesamt, Fachserie 11 Bildung und Kultur, Reihe 2, Allgemeinbildende und berufliche Schulen 1950 bis 1999; & Statistisches Bundesamt, Fachserie 11, Reihe 1, 2003/04.

Insgesamt zeigt sich zwischen 1970 und 1990 eine deutliche Zunahme der Anteile höherwertiger Schulabschlüsse bei gleichzeitiger Reduzierung des Anteils der Hauptschulabschlüsse und des Anteils der Abgänger ohne Abschluss. Gleichwohl ist dieser Anteil, auch wenn er seit etwa zehn Jahren konstant ist, mit ca. 9% immer noch deutlich zu hoch. Seit 1995 sind außer beim Realschulabschluss, dessen Anteil weiter steigt, keine größeren Veränderungen in den Anteilen der Abschlüsse zu verzeichnen.

(2) Internationaler Vergleich (Beispiel aus Indikator D7 „Schulabgänger mit und ohne Abschluss"):
Internationale Vergleichsdaten für Schulabschlüsse im Sekundarbereich I werden durch die OECD nicht erfasst. Da jedoch Informationen zu den Abschlüssen des Sekundarbereichs II (nach Bildungsgang) im internationalen Vergleich vorliegen, soll wenigstens anhand dieser das Problem verdeutlicht werden: Der Prozentsatz der Bevölkerung im typischen Abschlussalter, der einen allgemeinen oder berufsbildenden Ausbildungsgang im Sekundarbereich II erfolgreich abgeschlossen hat, lag im Jahr 2003 in 17 von 21 OECD-Staaten mit vergleichbaren Daten bei über 70%. Deutschland zählt neben Griechenland, Irland, Japan und Norwegen zu den fünf Ländern, in denen die Abschlussquoten sogar bei über 90% liegen (Abb. 1-2).

Dabei zeigt sich aber genau das bildungspolitisch relevante Problem: Im internationalen Vergleich zu Wenige, nämlich nur ein Drittel der jungen Leute im typischen Abschlussalter, erwarben in Deutschland den Abschluss dabei in allgemein bildenden Bildungsgängen, die den direkten Zugang zur Hochschule ermöglichen. Etwa 60% der Absolventen erwarb ihn auf berufsvorbereitenden und -bildenden Ausbildungswegen, was andererseits für das relativ gut ausgebaute deutsche Berufsausbildungssystem spricht.

Abb. 1-2: Internationaler Vergleich der Abschlussquoten im Sekundarbereich II im Abgangsjahr 2003 (in %)[8]

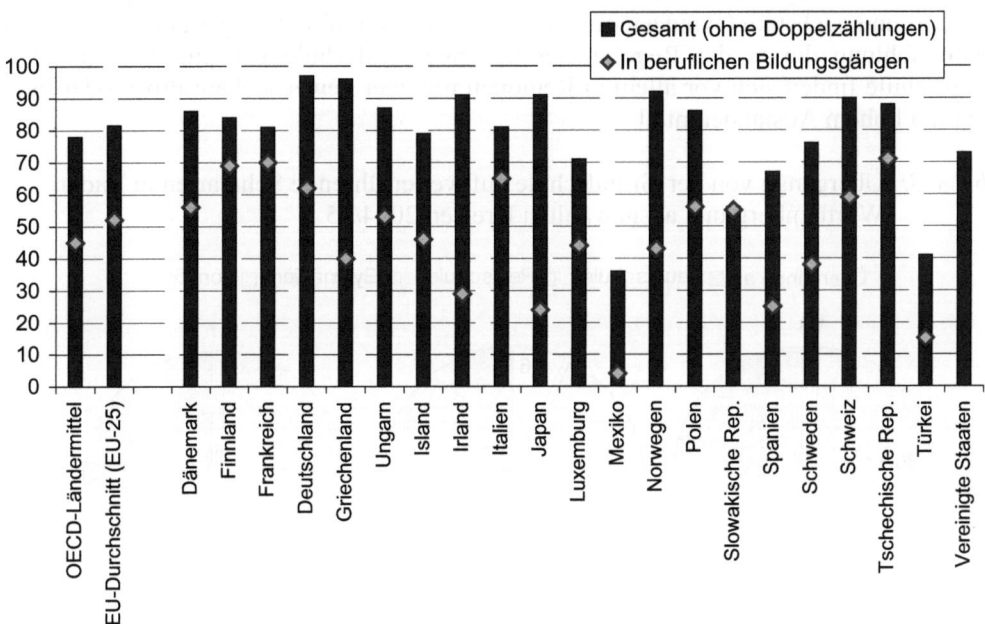

Quelle: OECD 2005, S. 48

(3) Regionale Differenzierungen (Beispiel aus Indikator D1 „Übergänge im Schulwesen): In Abb. D1-3 des Berichts sind die regionalen Unterschiede beim Gymnasialbesuch in Jahrgangsstufe 7 für das Jahr 2004 dargestellt. Dabei fallen eine Reihe von Regionen auf, deren Gymnasialbesuchsquote unter 20%, zum Teil sogar deutlich darunter liegt. Die Regionalstatistik von 2005, auf deren Grundlage die Abbildung erarbeitet wurde, weist insgesamt sieben Landkreise aus, die kein oder nur ein Gymnasium führen. In der Regel besuchen Schüler aus diesen Landkreisen ein Gymnasium im nahe gelegenen Stadtkreis. Zum Beispiel führt der Landkreis Bamberg kein Gymnasium (0% Gymnasialbesuchsquote). Die Schüler des Landkreises besuchen eines der acht Gymnasien des Stadtkreises Bamberg, der demzufolge eine Gymnasialbesuchsquote von über 62% aufweist. Regionale Disparitäten beim Übergang in den Sekundarbereich I sind daher stark durch Pendlerbewegungen geprägt. Vergleichende Aussagen zu regionalen Disparitäten müssen, angesichts des beschriebenen Effekts, stets „pendlerbereinigt" sein. Exemplarisch sei das an zwei Kreisen des Landes Baden-Württemberg veranschaulicht:[9] (Abb. 1-3).

Die meisten Schüler gehen in Baden-Württemberg in der Jahrgangsstufe 5 auf ein Gymnasium über. Die gymnasiale Übergangsquote variiert jedoch sehr stark zwischen den einzelnen Stadt- und Landkreisen. In Regionen mit einem hohem Anteil an Einwohnern mit einem gehobenen sozialen Status (akademische Ausbildung, Wohlstand, Beamtenstatus, etwa in Heidelberg) schlägt ca. die Hälfte der Viertklässler die gymnasiale Schullaufbahn ein. Hier sind zugleich auffallend niedrige Hauptschulquoten auszumachen. Das Beispiel des Kreises Heidelberg deutet zudem darauf hin, dass ein nicht unerheblicher Anteil der Schülerschaft der Integrierten Gesamtschule offenbar auch aus die-

sem Milieu kommt. In eher dünn besiedelten Landkreisen ohne eine solche Bevölkerungsstruktur (z.B. dem Alb-Donau-Kreis) gehen hingegen weniger als ein Drittel der
Schüler auf ein Gymnasium über. Wegen der teilweise großen Entfernungen zwischen
Wohnort und nächstem Gymnasium wird in Landkreisen oftmals sogar gegen die Gymna-
sialempfehlung die in der Regel näher liegende Realschule gewählt. Übergänge zur
Hauptschule finden sich vor allem in Regionen mit eher gewerblichem Profil oder in solchen mit hohem Ausländeranteil.

Abb. 1-3: Übergänge von der Grundschule auf weiterführende Schularten in Baden-
Württemberg und ausgewählten Kreisen 2004/05

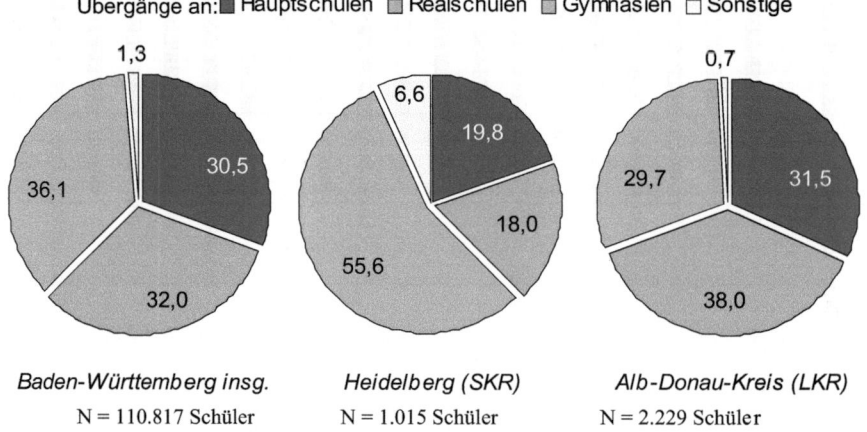

a) Integrierte Schularten und Sonderschulen sowie Wiederholer und Schüler in Jahrgangsstufe 4 ohne
Grundschulempfehlung

Quelle: in Anlehnung an Tabelle 1, Statistisches Monatsheft Baden-Württemberg 2/2005, S. 16

(4) *Migrationshintergrund* (Beispiel aus Teil H3 „Bildungsbeteiligung und -verläufe
    von Kindern und Jugendlichen mit Migrationshintergrund"):
Die Zusammensetzung von Lerngruppen nach sozialstrukturellen Merkmalen hat, wenn
sie dauerhaft ist (Segregation), Einfluss auf das Lernverhalten und die Lernleistungen.
PISA 2000 zeigt, dass vor allem ein beachtlicher Teil der Hauptschulen in Deutschland –
bundesweit etwa jede fünfte Hauptschule – in sehr problematischen Lernkontexten arbeitet, die durch einen sehr hohen Migrantenanteil in Verbindung mit niedrigem sozialen
Status der Schüler, häufigen Lernschwierigkeiten und Verhaltensproblemen gekennzeichnet sind. Die Leseleistung an solchen Schulen ist niedriger als allein aufgrund der individuellen Ausgangslage der Schüler und Schülerinnen zu erwarten wäre. Hoher Migrantenanteil bedeutet auch verstärkte soziale Abschottung. Das Ausmaß der Segregation im Sekundarbereich I ist beträchtlich: Jeder vierte Jugendliche mit Migrationshintergrund besucht eine Schule, in der Migranten die Mehrheit stellen (Tab. 1-1).

Tab. 1-1: Migrantenanteil nach Schulart (nach DESI 2006)

				Schulart			
		HS	SMBG	RS	IGS	GY	Gesamt
Migranten- anteil	unter einem Viertel	43,6%	91,2%	73,9%	69,2%	70,2%	64,7%
	ein Viertel bis die Hälfte	28,2%	8,8%	21,7%	23,1%	27,7%	23,4%
	die Hälfte bis drei Viertel	25,6%		2,2%	7,7%	2,1%	10,6%
	mind. drei Viertel	2,6%		2,2%	,0%		1,4%
Gesamt		100,0%	100,0%	100,0%	100,0%	100,0%	100,0%

Prozentangaben beziehen sich auf Schüler im 9. Jahrgang der allgemein bildenden Schulen

Quelle: DESI-Studie (DIPF)

Heutzutage haben fast alle Schülerinnen und Schüler der Sekundarstufe I Mitschüler, von denen mindestens ein Elternteil im Ausland geboren wurde. Allerdings ist die Zusammensetzung der Schülerschaft aus Schülern mit und ohne Migrationshintergrund sehr ungleich verteilt. Etwa 12% der deutschen Schüler in der 9. Jahrgangsstufe besuchen eine Schule, in der Migranten in der Mehrheit sind, 65% der Schüler eine Schule, deren Migrantenanteil unter einem Viertel liegt. Für 29% aller Jugendlichen ist höchstens jeder zehnte Mitschüler ein Kind aus einer Migrationsfamilie. Die Migrantenanteile sind sehr unterschiedlich auf die Schularten verteilt. Das gilt im Übrigen auch für die Verteilung der Migrantenanteile in den Ländern. So weist etwa das Land Berlin nicht nur einen relativ hohen Migrantenanteil auf, sondern deren Zusammensetzung ist auch unter dem Gesichtspunkt der Bildungsaspiration im Vergleich zu anderen Ländern (etwa Bayern) als eher ungünstig zu bezeichnen.

Bei den Übergängen sind Schüler aus unteren sozialen Schichten, vor allem solche mit Migrationshintergrund benachteiligt. Sie haben es nicht nur schwerer, auf höher qualifizierende Schularten zu kommen, sondern auch, sich dort zu halten, wie die folgende gekürzte Tabelle aus dem Anhang des Bildungsberichts zeigt (vgl. Tab. H3-1A).

(5) Geschlechtsspezifische Unterschiede (Beispiel aus Indikator D7 „Schulabgänger mit und ohne Abschluss")

Deutliche Unterschiede in den Abgängerprofilen zeigen sich auch bei einer geschlechtsspezifischen Betrachtung (Abb. 1-4). Bei den deutschen Schülern ist der Anteil der Mädchen, die die Schule ohne Abschluss verlassen, nur etwa halb so groß wie der der Jungen. Und umgekehrt: Deutlich mehr Mädchen als Jungen erreichen höherwertige Schulabschlüsse. Das gleiche Bild zeigt sich auch bei den ausländischen Schülerinnen und Schülern. Auch hier erreichen deutlich mehr Mädchen höhere Schulabschlüsse als Jungen.

Die höchsten Anteile von Abgängern ohne Hautschulabschluss sowie die geringsten Anteile an höherwertigen Schulabschlüssen haben die ausländischen Jungen.

Tab. H3-1A: Verteilung der Schülerinnen und Schüler auf Bildungsgänge beim Übergang in den Sekundarbereich I und in der 9. Jahrgangsstufe 2000 nach Migrationshintergrund der Eltern und Herkunftsgruppen*

	Bildungs-gang beim Übergang in den Sekundar-bereich I	Bildungsgang in der 9. Jahrgangsstufe (Konstante und Wechsler)					Gültige Fälle	
		Insgesamt	HS	RS	IGS	GY	Anzahl	in % aller Fälle
		in %						
Migrationshintergrund der Eltern								
Beide Eltern in Deutschland geboren	HS	15,1	12,2	1,7	1,1	0,1		
	RS	36,4	3,7	30,5	1,4	0,7		
	IGS	9,7	0,4	0,9	8,1	0,3		
	GY	38,8	0,3	5,4	1,0	32,1		
	Zusammen	100,0	16,6	38,6	11,6	33,2	24.744	93,2
Mindestens ein Elternteil im Ausland geboren	HS	27,6	24,2	2,1	1,1	0,2		
	RS	30,5	6,1	22,2	1,6	0,6		
	IGS	11,2	0,5	0,5	9,9	0,2		
	GY	30,7	0,9	4,8	1,4	23,6		
	Zusammen	100,0	31,8	29,7	14,0	24,6	6.170	86,4

Abb. 1-4: Geschlechtsspezifische Abgängerprofile an allgemein bildenden Schulen 2003/04 für deutsche und ausländische Schüler (in %)

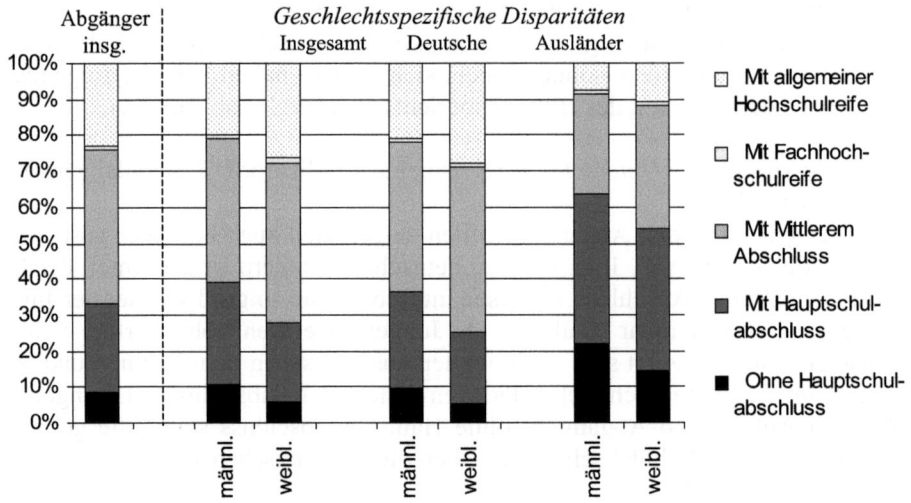

Quelle: Statistisches Bundesamt, Fachserie 11, Reihe 1, 2004/05

3   Offene Fragen und Forschungsbedarf

Auf drei ausgewählte Problembereiche, die sowohl offene Fragen für die Bildungsbericht-erstattung als auch unmittelbaren Forschungsbedarf beinhalten, sei abschließend eingegan-gen: auf die Erfassung von Verlaufsdaten für eine Bildungsberichterstattung unter der Perspektive „Bildung im Lebenslauf", auf ein „Programm" für repräsentative Surveys und schließlich auf die Frage der Rhythmisierung der Indikatoren im Schulkapitel:

(1) Verlaufsdaten der amtlichen Statistik
Was die Datenbasis insgesamt betrifft, so zählt der Schulbereich zu den durch die amtliche Statistik besonders differenziert erfassten Bildungsbereichen. Ein wesentlicher Schritt zur weiteren Verbesserung (vor allem Vereinheitlichung) der Datenbasis ist der im Jahr 2003 von der KMK verabschiedete „Kerndatensatz für schulstatistische Individualdaten der Länder". Beim Kerndatensatz handelt es sich um ein Mindest-Programm, das optional auf Landes-Ebene erweiterbar ist (dies gilt insbesondere für die Unterrichtsdaten). Idealtypisch umfasst es folgende miteinander verknüpfbare Datensegmente:

- Organisationsdaten der Schule (wie Schulstandort, Schulart, Rechtsstatus, Nichteinschulungen).
- Individualdaten der Schüler (wie Geschlecht, Geburtsmonat und -jahr, Staatsangehörigkeit, Jahr des Zuzugs nach Deutschland, Verkehrssprache in der Familie, Geburtsland, besuchte Klassenstufe, Jahr der Einschulung, schulische Herkunft (im Vorjahr besuchte Schulart, im Vorjahr besuchte Klassenstufe), Art der Wiederholung, Förderschwerpunkt, Teilnahme an Ganztagsunterricht/-betreuung, schulische Vorbildung (allgemein bildender Abschluss, berufsbezogener Abschluss), Ausbildungsberuf, Fachrichtung, Wohnort, erteilter Unterricht).
- Individualdaten der Abgänger und Absolventen (wie Geschlecht, Geburtsmonat und -jahr, Staatsangehörigkeit, Jahr des Zuzugs nach Deutschland, Verkehrssprache in der Familie, Geburtsland, Schulart, Bildungsgang, zuletzt besuchte Klassenstufe, Abschlussart (allgemein bildend, berufsbezogen)).
- Individualdaten der Lehrkräfte (wie Geschlecht, Geburtsmonat und -jahr, Staatsangehörigkeit, Lehramt, Lehrbefähigung nach Fächern, Brutto-Deputat, Mehr-/Minderstunden (Art, Stunden), erteilter Unterricht an der Einsatzschule, Schulleitereigenschaft) bzw. zu Lehrerbewegungen (wie Abgangs-/Zugangsjahr, Geschlecht, Geburtsdatum, Beschäftigungsumfang, Zugangsart, Abgangsart).
- Daten zu Klassen/Kursen der Schule.
- Organisationsdaten der Unterrichtseinheit (wie Klassenstufe, Bildungsgang Fach, Wochenstunden, Kursart, externe Teilnehmer).

Die Konkretisierung der Merkmale und Ausprägungen des Kerndatensatzes ist jedoch noch nicht vollständig abgeschlossen. Die Einrichtung einer bundesweiten Datenbank mit Einzeldaten in bundeseinheitlicher Abgrenzung ist zwar vorgesehen, jedoch liegt hierzu noch kein Beschluss vor. Durch die Kombinationsmöglichkeiten der Merkmale im Individualdatensatz entstehen zusätzliche Auswertungsmöglichkeiten, die zum Beispiel auch die Berechnung bisher wünschbarer Indikatoren ermöglichen (wie Einschulungsalter, Alter der Absolventen, durchschnittliche Verweildauer von Absolventen im Bildungsbereich, Schulen nach Anteil der Schüler mit Migrationshintergrund).

Über den Kerndatensatz hinaus vereinbarten die Länder eine baldige Umstellung der Statistiken auf Individualdaten. Als Zeitfenster für die Umstellung auf Individualdaten ist die Zeit bis 2007 vorgesehen; in einigen Ländern ist die Umstellung bereits erfolgt. Mit der Umstellung auf Individualdaten wird sich die Datenbasis für Analysezwecke – etwa im Hinblick auf Untersuchungen zum Verlauf von Schulkarrieren und zur Gestaltung von Prozessen – erheblich verbessern. Dabei wird es aber entscheidend darauf ankommen, welche Individualmerkmale erhoben werden.

(2) Notwendigkeit repräsentativer Surveys
Repräsentative, in Zeitreihe angelegte Surveys sind vor allem erforderlich für:

- Kompetenzmessung durch direkte Leistungsmessung, Messung von Dispositionen, Selbstberichte oder Selbsteinschätzung – bezogen sowohl auf curricular definierte Leistungen als auch auf solche Kompetenzen, die wesentlich in informellen und nonformalen Bildungsprozessen entwickelt werden.
- Erfassung von qualitativen Input- und vor allem Prozesscharakteristika der Bildungsinstitutionen durch Befragung von Beteiligten (Schüler, Schulleiter, Lehrkräfte): Qualität der Bildungsangebote (z.B. Ganztagsangebote), Qualität des Personals (Ausbildungs- und Weiterbildungshintergrund, Kooperation, instruktionale Techniken), Qualitätssicherung/Evaluation in den Institutionen.
- Erfassung von Input- und Prozessmerkmalen im non-formalen und informellen Bereich durch Befragung von Schülern und Eltern: Bildungsrelevante Aktivitäten in Familie, Freizeit, peer-group, Vereinen und Verbänden, Beteiligung an und Einschätzung der Qualität von Maßnahmen der außerschulischen Kinder- und Jugendbildung, Nutzung von Medien und kommerziellen Angeboten (z.B. Nachhilfe). Hier handelt es sich um Merkmale, die überwiegend zu den Themenbereichen „Bildungsangebote", „Bildungsteilnahme", „Umgang mit Bildungszeit" gehören, aber teilweise auch als „Bildungserträge" betrachtet werden können (z.B. ziviles Engagement, Teilnahme an sportlichen und musischen Aktivitäten).
- Verbindung zwischen institutionenbezogenen Merkmalen, non-formalen und informellen Aspekten sowie Kompetenzen.
- Retrospektive Erfassung von Verlaufsmerkmalen: Übergänge, Wiederholungen und andere Aspekte des Umgangs mit Bildungszeit.
- Aufgliederung von Indikatoren der Bildungsbeteiligung nach Personenmerkmalen (Geschlecht, sozioökonomischer Hintergrund, Migrationsstatus).

Der letztgenannte Aspekt wäre auch durch amtliche Statistiken (Kinder- und Jugendhilfestatistik, Schulstatistik, Berufsbildungsstatistik) abgedeckt, wenn es gelingt, dort dauerhaft Erhebungen auf Individualbasis unter Einbeziehung entsprechender Personenmerkmale zu verankern. Solange dies nicht der Fall ist, wird man sich beispielsweise bei Fragen nach der Beziehung zwischen sozialem Hintergrund, Migration und besuchtem Bildungsgang in der Sekundarstufe I auf PISA beziehen müssen. Verlaufsmerkmale könnten zuverlässig der amtlichen Statistik entnommen werden, wenn diese auf Individualbasis umgestellt ist und wenn regelmäßig bei der Aufnahme von Personen in eine Bildungseinrichtung die Bildungsherkunft erfasst wird. Das wäre am zuverlässigsten durch die Einführung von Personenkennziffern zu leisten, wie Beispiele in einigen Ländern schon zeigen. Was zudem benötigt wird, sind auf Individualdaten basierende empirische Erkenntnisse darüber, in welchen non-formalen Bildungssettings wie viele Kinder und Jugendliche wie viel Zeit verbringen, sowie Selbstauskünfte darüber, was sie dort zu lernen glauben. Diese Daten müssten zumindest teilweise verknüpfbar vorliegen (wie im Freiwilligen-Survey 2004).

(3) Rhythmisierung der darzustellenden Indikatoren
Für die Auswahl und Rhythmisierung der im Bereich der allgemein bildenden Schule und der non-formalen Lernwelten zu berichtenden Indikatoren gibt es erste Überlegungen:

- in jeder der drei Dimensionen Input, Prozess, Output sollen Indikatoren als sogenannte Kernindikatoren dauerhaft berichtet werden;

- diese Kernindikatoren sollen für die einzelnen Berichtsjahre jeweils variierende thematische Schwerpunkte erhalten (z.B. internationaler Vergleich, sozioökonomischer Hintergrund, Zeitreihe); die übrigen für den Bereich relevanten Indikatoren sollen ebenfalls geclustert werden;
- diese Indikatorencluster sollen in zeitlicher Abfolge in den jeweiligen Bildungsbericht aufgenommen werden; bei einigen Indikatoren ist die Synchronisierung mit den zugrunde liegenden Studien erforderlich.

Für die „Schulindikatoren" wäre etwa folgende Rhythmisierung denkbar:

	Indikatoren				
	a) Kernindikatoren	b) Weitere Indikatorencluster	2006	2008	2010
Input	Ganztagsangebote		X^a	X^b	X^c
		Personal *Lehrer-Schüler-Relation* *Personaldichte (KJH)* *Verteilung d. päd. Personals* *Qualifizierung d. päd. Personals*	X X X (X)		
		Schulmerkmale *Lernende/ Schule* *Einzugsbereich* *Private Einrichtungen* *Externe Evaluation/ Inspektion*			X X X (X)
	Übergänge^L		X^a	X^b	X^c
Prozess		Umgang mit Zeit^L *Verweildauer* *Zeitaufwand* *Abschlussalter* *Wiederholer*	- X X		
		Förderung *Vorschulische Sprachkurse* *Sprachförderung Migrantenkinder* *Sprachenfolge* *Unterstützung Lehrer/ Eltern*			(X) (X) X X
		Computernutzung	X		X
Output	Kompetenzen^L		X^a	X^b	X^c
	Abschlüsse^L		X^a	X^b	X^c
		Freiwilliges Engagement	X		X

Erläuterung:
X = mit derzeitiger Datenlage berichtbar.
(X) = auf der Grundlage neuer bzw. veränderter Datenerhebung berichtbar.
[-] = Datenbasis lässt für einen ersten Bericht keine Aussagen zu.
$X^{a,b,c,d}$ = Kernindikatoren werden durchgehend (in jedem Berichtsjahr) dargestellt, allerdings mit jeweils variierenden Schwerpunkten und schwerpunktmäßiger Darstellung bestimmter Differenzierungsaspekte.
L = Indikatoren mit besonderer Bedeutung für eine Längsschnitt-Perspektive.

Wie bereits bisher sichtbar geworden, zeigt sich ein relativ großer Forschungsbedarf für die empirische Bildungsforschung, aber auch für die vergleichende Bildungsforschung. Dazu gehört der ganze Komplex der (internationalen) Indikatorenforschung ebenso wie Fragen der Sicherung einer belastbaren repräsentativen (auch längsschnittlichen) Datenbasis und der methodischen Verknüpfung von unterschiedlichen Daten. Aber auch zu bestimmten Einzelaspekten wären vertiefende Studien und Expertisen erforderlich (etwa zu Indikatorisierungen im Bereich der non-formalen und informellen Bildung, zu Formen der Messung von sozialen Kompetenzen, zu vergleichenden Studien zur Identifikation wichtiger Prozessmerkmale). Eine indikatorengestützte Bildungsberichterstattung kann diese Forschungsaufgaben nicht selbst erfüllen; sie muss sich auf entsprechende (interdisziplinäre) Forschungsbefunde stützen können.

Anmerkungen

1 Vgl. www.bildungsbericht.de.
2 Vgl. Ebenda.
3 Für die Bildungsberichterstattung wurden elf zentrale Themen, die dem Input/Kontext-Prozess-Wirkungs-Modell zugeordnet wurden, identifiziert (vgl. auch den Beitrag von E. Klieme in diesem Heft). Seitens der Auftraggeber wurden für den Textteil des Berichts 180 Seiten und für den Tabellenanhang 120 Seiten vorgegeben.
4 Der Autor stützt sich hier auf eine Ausarbeitung von Stefan Kühne (DIPF), die dieser für die Datengewinnungsstrategie des Konsortiums Bildungsberichterstattung erstellt hat.
5 Zur Konstruktion vgl. GANZEBOOM et al. 1992, GANZEBOOM/TREIMAN 1996 und 2003.
6 Vgl. ERIKSON, GOLDTHORPE und PONTOCARERO 1979.
7 Vgl. Konsortium Bildungsberichterstattung 2006, S. 139.
8 Für viele Vergleichsländer (u.a. Kanada, Niederlande, Österreich und das Vereinigte Königreich) liegen keine vergleichbaren Daten vor. Der EU-Durchschnitt bezieht sich aufgrund dessen auf 13 der 25 Mitgliedsstaaten.
9 In dieser Darstellung sind durch die Art und Weise der Datenerfassung in Baden-Württemberg keine Pendler enthalten: Näheres siehe SCHWARZ-JUNG, Silvia: „Übergänge auf weiterführende Schulen – Trotz G8 bleibt das Gymnasium erste Wahl" In: Statistisches Monatsheft Baden-Württemberg 2/2005, S. 13ff.

Literatur

DESI-Konsortium (2006): Unterricht und Kompetenzerwerb in Deutsch und Englisch, DIPF
ERIKSON, R./GOLDTHORPE, J.H./PONTOCARERO, L. (1979): Intergenerational Class Mobility in Three Western European Societies. – In: British Journal of Sociology 30/, p. 415-441
GANZEBOOM, H.B.G./DE GRAAF, P.M./TREIMANN, D.J./De LEEUW, J. (1992): A Standard International Socio-Economic Index of Occupational Status. – In: Social Science Research 21/, p. 1-56
GANZEBOOM, H.B.G./TREIMANN, D.J. (1996): Internationally Comparable Measures of Occupational Status for the 1988 International Standard Classification of Occupations. – In: Social Science Research 25/, p. 201-239
GANZEBOOM, H.B.G./TREIMANN, D.J. (2003): Three Internationally Standardised Measures for Comparative Research on Occupational Status. – In: HOFFMEYER-ZLOTNIK, J.H.P./WOLF, Ch.: Advances in Cross-National Comparison, , p. 159-193
Konsortium Bildungsberichterstattung (Hrsg.) (2006): Bildung in Deutschland. Ein indikatorengestützter Bericht mit einer Analyse zu Bildung und Migration. W. Bertelsmann Verlag, Bielefeld und www.bildungsbericht.de
OECD (2005): Bildung auf einen Blick,
Statistisches Bundesamt: Fachserie 11, Bildung und Kultur, Reihen 1 und 2, 1950-2004/05

Anschrift der Verfassers: Dr. habil. Hans Döbert, DIPF, Bibliothek für bildungsgeschichtliche Forschung, Warschauer Str. 34-38, 10243 Berlin

Martin Baethge/Markus Wieck

Berufliche Bildung in der Bildungsberichterstattung

Zusammenfassung

Der Artikel behandelt im ersten Teil die methodischen Schwierigkeiten, die sich einer indikatorengestützten Bildungsberichterstattung im Feld der beruflichen Bildung stellen. „Funktionale Heterogenität und institutionelle Zersplitterung" der Berufsbildung unterhalb der Hochschulebene führen zur mangelnden Kompatibilität der statistischen Datenquellen unterschiedlicher Träger. Die Bildungsberichterstattung systematisiert die schwer definierbare Berufsbildung in drei große Sektoren, die sowohl institutionell als auch funktional unterschiedlich definiert sind: das duale Berufsbildungssystem, das Schulberufsystem und das Übergangssystem. Während die beiden ersten Berufsbildungssysteme eine qualifizierte Ausbildung vermitteln, ist das Übergangssystem dadurch definiert, dass es zu keinem Ausbildungsabschluss führt, vielmehr vielfältige Maßnahmen der Berufsvorbereitung anbietet und die Jugendlichen in Unsicherheit über ihre weiteren Ausbildungs- und Berufsperspektiven belässt. Das politisch brisanteste Ergebnis des Berufsbildungsteils der Bildungsberichterstattung liegt darin, dass sich die Neuzugänge zum Übergangssystem im letzten Jahrzehnt um 43 % erhöht haben, so dass es annähernd gleich stark mit dem dualen System wird (beide ca. 40 % der Neuzugänge). Im Schlussteil des Beitrags wird auf Forschungs- und Datengewinnungsstrategien eingegangen, auf die fehlenden Verlaufs- und Verbleibdaten, die für die künftige Bildungsberichterstattung so wichtig sind.

Summary

Vocational Training and Education Monitoring
This article deals in the first section with the methodological problems associated with monitoring the field of vocational training using indicators. The functional heterogeneity and institutional dispersal of vocational training below higher education level lead to a lack of compatibility of the statistical data sources from the different bodies responsible. Despite these difficulties, the German Education Report systematizes vocational training into three broad sectors, which are institutionally and functionally different: dual education system (apprenticeships), school-based vocational training, and transitional training programs. Whilst the first two vocational training systems provide a qualified training, the third system is defined by the fact that it does not directly lead to a qualification, but instead offers a multitude of training measures, which leave the young people uncertain concerning their training and work perspectives. The most politically disquieting result of this section of Education Report is that the number of entrants to transitional training programs has risen in the last decade by 43%, and that the share of new entrants is now almost the same as the share for those participating in apprenticeship programs (both c. 40% of new entrants). The final section of this contribution will deal with research and data collation strategies, especially concerning the missing data on young people's training paths and their successes, which will be so important for future monitoring exercises.

Schlüsselwörter: Berufsbildungssystem, Bildungsberichterstattung, Übergangssystem, Ausbildungsanfänger, Ausbildungsmarkt, Disparitäten, Berufs-
bildungsindikatoren,   Berufsbildungsstatistiken,
Datengewinnungsstrategie.

Keywords: systems of vocational training; monitoring education; transitional systems; trainees;
labor markets; disparity; indicators for vocational
training; statistics; strategies of data collation

1   Funktionale und institutionelle Definitionsprobleme von beruflicher Bildung

Eine indikatorengestützte Bildungsberichterstattung stößt im Bereich der Berufsbildung auf besonders große Schwierigkeiten, die mit der zersplitterten Institutionalisierung dieses Bereichs in Deutschland zusammenhängen. Die berufliche Bildung ist kein System mit aufeinander aufbauenden Stufen und einer einheitlichen rechtlichen Zuständigkeit wie im allgemeinbildenden Schulwesen. Die Schwierigkeiten beginnen bei der funktionalen und institutionellen Definition von beruflicher Bildung.

In Deutschland hat es sich eingebürgert, im Begriff der Berufsbildung jene Ausbildungsprozesse zusammenzufassen, die nach einem Abschluss im allgemeinbildenden Schulwesen auf spezifische, zumeist als Berufe gefasste Tätigkeiten im Beschäftigungssystem unterhalb einer Hochschulqualifikation vorbereiten. Es sind also die Ausbildungsprozesse der Jugendlichen (zumeist) im Alter zwischen 16 und 25 Jahren – unterhalb der Hoch- und Fachhochschulebene. Diese in der deutschen Bildungstradition begründete und in Deutschland auch besonders hartnäckig konservierte inhaltlich-funktionale Differenzierung zwischen Allgemein- und Berufsbildung ist im Laufe des letzten Jahrhunderts immer problematischer geworden, da sich allgemein- und berufsbildende Lernprozesse in ihren Inhalten immer mehr verschränken. Sie wird zunehmend mehr zu einem unbewältigten Relikt der deutschen Bildungsgeschichte, das gleichwohl in der Bildungspolitik und -organisation sehr realitätswirksam bleibt. Am augenfälligsten kann man die Unklarheit der Trennung von Allgemein- und Berufsbildung an den Schnittstellen von Allgemein- und Berufsbildungsprozessen studieren. So stellt sich zum Beispiel für viele Lernprozesse der Berufsvorbereitung die kaum eindeutig beantwortbare Frage, ob sie eher noch Allgemeinbildung oder schon dezidiert berufliche Bildung vermitteln. Ähnlich kann man beim Übergang zur Hochschule fragen, ob die Fachoberschulen eher auf eine berufliche Tätigkeit oder auf ein Hochschulstudium vorbereiten.

Nicht weniger problematisch erscheint eine präzise institutionelle Definition. Berufsbildung findet an unterschiedlichen Lernorten statt, die jeweils spezifischen Regulations- und Steuerungsprinzipien unterliegen: Betriebe, staatliche Schulen, private Schulen, überbetriebliche Ausbildungseinrichtungen freier Träger u.a. Bezieht man die berufliche Weiterbildung mit ein, was sowohl mit Blick auf die internationalen Zuordnungsdifferenzen beruflicher Bildungsprozesse entweder zur Erstausbildung oder zur Weiterbildung als auch angesichts der Praxis vieler deutscher Betriebe, ihre Erstausbildung auf gleichsam breite Grundberufe zu konzentrieren und berufliche Spezialisierungen in unmittelbar an die Ausbildung anschließender betrieblicher Weiterbildung vorzusehen (vgl. BAETHGE/BAETHGE-KINSKY 1998), sinnvoll erscheint, wird eine institutionelle Definition noch komplizierter. Denn die Finanzierung und Trägerschaft in der beruflichen Weiterbildung ist noch vielfältiger als in der Erstausbildung. (Um den Artikel nicht zu überfrachten, klammern wir im Folgenden die berufliche Weiterbildung aus. Im Bildungsbericht ist ihr zusammen mit der allgemeinen Weiterbildung ein eigenes Kapitel (G) gewidmet.)

Die Schwierigkeiten einer funktional eindeutigen und die institutionelle Heterogenität angemessen abbildenden Definition von beruflicher Bildung haben nicht nur die Bestimmung des Berichtsgegenstands „Berufliche Bildung" außerordentlich mühsam gemacht. Sie stellen darüber hinaus die Berichterstatter vor schwer lösbare Probleme, unterschiedliche Datenquellen kompatibel zu machen bzw. überhaupt Datenbestände zu erschließen, die das breite Spektrum von Berufsbildungsprozessen angemessen – im Sinne einer indikatorengestützten Berichterstattung – abzubilden in der Lage sind. Auf zentrale Schwachstellen der Datenlage werden wir im Folgenden im Zusammenhang einzelner thematischer Schwerpunkte eingehen.

2 Die Berufsbildungsdefinition der Bildungsberichterstattung

Innerhalb des die Bildungsberichterstattung leitenden Konzepts „Bildung im Lebenslauf" (KONSORTIUM BILDUNGSBERICHTERSTATTUNG 2006, S. 2) umfasst die berufliche Bildung die institutionalisierten Lern- und Ausbildungsprozesse unterhalb der Hochschulebene zwischen Abschluss des allgemeinbildenden Schulwesens und Eintritt in den Arbeitsmarkt. Dieses institutionell und funktional höchst heterogene Spektrum von Ausbildungsprozessen galt es zunächst einmal zu bündeln und zu systematisieren. Nach intensiven Diskussionen mit Berufsbildungsexperten im Vorfeld der Bildungsberichterstattung verständigten wir uns auf eine Dreigliederung für das Gesamtspektrum der beruflichen Bildung unterhalb der Hochschulebene und (vorläufig) ohne Einbezug der Weiterbildung (vgl. BAETHGE/BUSS/ LANFER 2003, S. 35; KRÜGER 2004, S. 145)[1]:

1. Das *duale System*, d.h. die Ausbildung für einen anerkannten Ausbildungsberuf nach Berufsbildungsgesetz (BBiG) oder Handwerksordnung (HwO), in der die betriebliche Ausbildung von Unterricht in der Teilzeitberufsschule begleitet wird. Dominant in dieser Dualität ist in der Regel der betrieblich-praktische Teil, in dem die Ausbildung nach bundeseinheitlich systematisierten und definierten Qualifikationsprofilen (Berufsbildern) durchgeführt wird. Die politische Steuerung und Kontrolle liegt in der gemeinsamen Verantwortung von Staat und Tarifpartnern; die Kontrolle der betrieblichen Durchführung obliegt den Kammern und anderen „zuständigen Stellen" nach BBiG. Es ist diese duale Ausbildung, die vor allem in der zweiten Hälfte des 20. Jahrhunderts die breite internationale Anerkennung des deutschen Berufsbildungssystems als entscheidenden komparativen Vorteil der deutschen Wirtschaft im internationalen Wettbewerb begründete und bis heute in der öffentlichen Diskussion hierzulande oft als Synonym für das deutsche Berufsbildungssystem insgesamt betrachtet wird.
2. Das *Schulberufssystem*, d.h. die Ausbildung für einen gesetzlich anerkannten Beruf in vollzeitschulischer Form mit alleiniger Verantwortung des Ausbildungsträgers für die Durchführung, „der auch für die in diese Ausbildung integrierten Vor-, Zwischen- oder Nachpraktika im zu erlernenden Beruf zuständig ist" (KRÜGER 2004, S. 145). Das Niveau dieser Ausbildung wird als den Berufen des dualen Systems gleich angesehen.
3. Das *Übergangssystem*, d.h. (Aus-)Bildungsangebote, die unterhalb einer qualifizierten Berufsausbildung liegen bzw. zu keinem anerkannten Ausbildungsabschluss im Sinne

des dualen oder des Schulberufssystems führen. Die Angebote zielen ihrer institutionellen Definition nach auf eine Verbesserung der individuellen Kompetenzen von Jugendlichen zur Aufnahme einer Ausbildung, unter Umständen auch einer Beschäftigung. Dies kann durch Verbesserung des Allgemeinbildungsniveaus (einschließlich des Nachholens eines Schulabschlusses) oder durch Berufsorientierung, Berufsvorbereitung und/oder Teilqualifizierung für einen Übergang in eine Ausbildung des dualen oder des Schulberufssystems oder durch eine Kombination allgemeinbildender, motivationaler und berufsvorbereitender Elemente geschehen. Institutionell finden wir ein breites Spektrum von Trägern der Angebote des Übergangssystems. Sie reichen von Berufs- und Berufsfachschulen bis zu freien Trägern und Betrieben (vgl. KUTSCHA 2004, S. 165). Einen wesentlichen Anteil am Übergangssystem haben die von der Bundesagentur für Arbeit initiierten und finanzierten Maßnahmen zur Berufsvorbereitung, in deren Zentrum vor allem markt- und bildungsbenachteiligte Jugendliche stehen, die auf diese Weise an eine Ausbildung oder eine Erwerbstätigkeit herangeführt werden sollen (vgl. zur Systematisierung der Berufsbildung Abbildung 1).

Abbildung 1: Pfade der beruflichen Bildung*

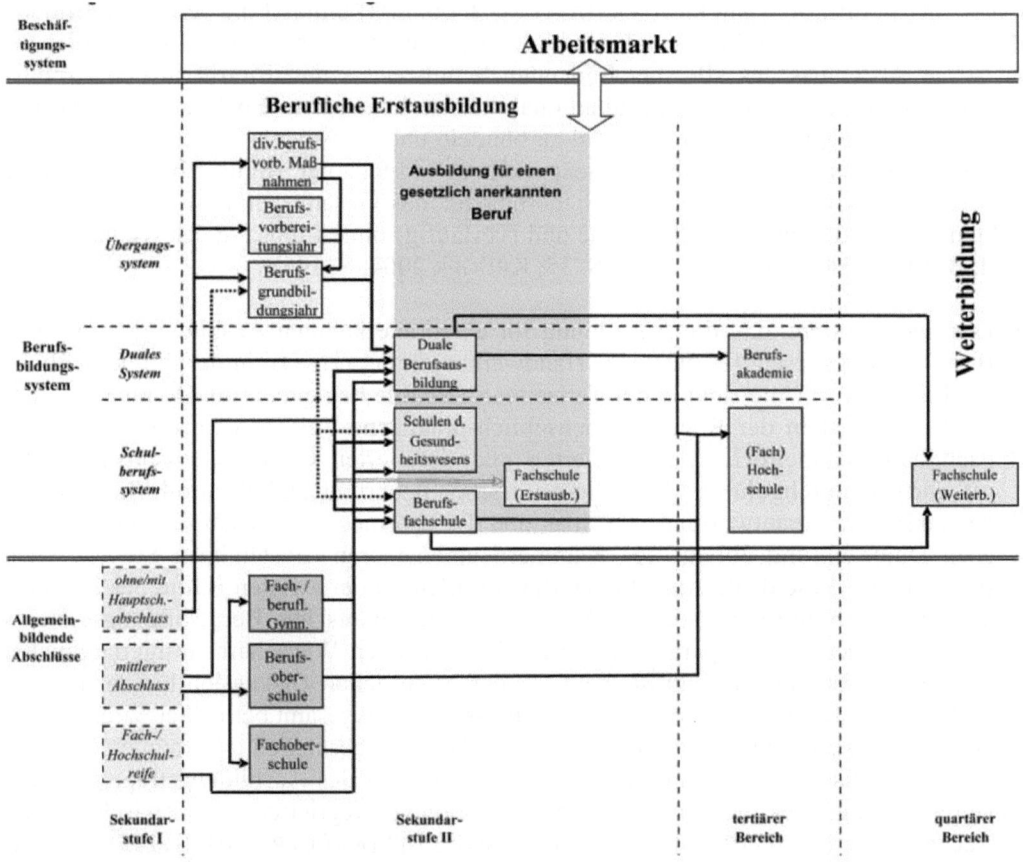

Der Übergang aus dem allgemeinbildenden Schulwesen in berufliche Ausbildung oder Beschäftigung hat sich in der letzten Dekade in allen größeren westlichen Gesellschaften erschwert (vgl. BAETHGE et al. 2006). Die Gründe dafür sind vielfältig. Die wichtigsten dürften in gestiegenen Anforderungen der Ausbildungseinrichtungen an die kognitiven und motivationalen Voraussetzungen der Jugendlichen, in marktbedingten Ungleichgewichten zwischen Angebot an und Nachfrage nach Ausbildungsmöglichkeiten, eventuell auch in zunehmenden Defiziten im allgemeinbildenden Schulwesen liegen. Wo immer im Einzelnen die Ursachen für die gestiegenen Übergangsschwierigkeiten auch zu finden sein mögen: das Resultat für die Jugendlichen ist eine Labilisierung ihrer Lebensperspektive und eine Erhöhung des Scheiternsrisikos auf dem Arbeitsmarkt.

3 Konzept und Indikatoren zur Darstellung der beruflichen Bildung in der Bildungsberichterstattung

Der allgemeine Auftrag an die Bildungsberichterstattung zielte darauf, eine systemische, das heißt die Zusammenhänge zwischen den einzelnen Bereichen des Bildungssystems sichtbar machende Darstellung im Sinne einer indikatorengestützten Problemanalyse der aktuellen Entwicklungen im Bildungswesen vorzulegen, aus der sich politischer Handlungsbedarf und Empfehlungen für die Gestaltung von schulischen und außerschulischen Lernprozessen von der Politik und anderen Akteuren im Bildungssystem ableiten lassen. Für die Berufsbildung erforderte dieser Auftrag neben der Festlegung bildungsbereichsübergreifender Perspektiven eine Spezifizierung für die einzelnen Bildungsbereiche. Sie lässt sich über die Frage, wie das Ausbildungssystem mit den Herausforderungen der Umwelt fertig wird, in konkrete Fragestellungen und Indikatoren übersetzen. Für die Herausforderungen hat das Konsortium Bildungsberichterstattung ein Modell langfristiger ökonomischer und sozialer Entwicklungstendenzen erarbeitet, die das Bildungswesen beeinflussen – je nach Bereich in unterschiedlicher Weise und Intensität. Zu diesen als zentrale Rahmenbedingungen gefassten Strukturentwicklungen zählen die demographische Entwicklung, die Entwicklung des wirtschaftlichen Wachstums und der Finanzsituation der öffentlichen Haushalte, verstärkte Internationalisierungs- und Globalisierungstrends in den sozialen und ökonomischen Austauschprozessen, der Strukturwandel zur Dienstleistungs- und Wissensgesellschaft sowie veränderte Familien-und Lebensformen (vgl. Konsortium 2006, S. 5ff.).

Auch ohne vorab kausalgenetisch Problemlagen in der Berufsbildung jeweils einzelnen dieser Rahmenbedingungen zuordnen zu können, ist schnell einsichtig zu machen, dass sie in ihrer Gesamtheit die wesentlichen Herausforderungen für das Berufsbildungswesen prägen: So etwa ist die Nachfrage nach Ausbildungsplätzen von der Stärke der Schulentlassjahrgänge (demografischer Faktor) und vom Wandel der Bildungsstruktur (Weg in die „Wissensgesellschaft") mit abhängig. Oder die zunehmende Internationalisierung der Güter- und Arbeitsmärkte, die sowohl über die Zuwanderungsprozesse als auch über den Austausch von Gütern und Dienstleistungen sowie die fortschreitende Integration Europas das Ausbildungssystem vor neue inhaltliche und organisatorische Aufgaben stellt. Gerade die Europäisierung der Berufsbildung mit dem „Kopenhagen"-Prozess und dem „Europäischen Qualifikationsrahmen" (EQF) und Creditsystem (ECVET) schafft auch für das deutsche Berufsbildungssystem neue Handlungsbedingungen. Die Diskussion darüber ist in vollem Gange (vgl. z.B. Kuratorium der Deutschen Wirtschaft für Berufsbildung [KWB] 2005 und DREXEL 2005).

Mit Bezug auf die nationale und internationale berufsbildungspolitische Diskussion lassen sich eine Reihe wichtiger Fragen formulieren, zu deren Beantwortung ein Bildungsbericht Informationen bereitstellen sollte, da sie einen unabweisbaren politischen Handlungsbedarf und Reformdruck begründen; sie haben die Diskussion über die Auswahl von Indikatoren für den Berufsbildungsteil im Konsortium geprägt:

- Wie und mit welchen Folgen für die Versorgung der Jugendlichen und des Arbeitsmarktes mit beruflichen Qualifikationen bewältigt das Ausbildungssystem die Prozesse des ökonomischen und sozialen Strukturwandels? Verliert das duale System, das traditionell den Leitsektor in der Berufsbildung unterhalb der Hochschulebene darstellte, seine Dominanz? Welche Dynamik entfaltet sich zwischen den drei Teilsektoren der Berufsbildung – dem dualen, dem Schulberufs- und dem Übergangssystem?
- Gelingt es, die regionalen Disparitäten in der Versorgung mit Ausbildungsangeboten abzubauen oder verschärfen sie sich? Und wie entwickelt sich die soziale Selektion in der Teilnahme sowohl an beruflicher Erstausbildung als auch an beruflicher Weiterbildung? Wie insbesondere bewältigt das Ausbildungssystem die steigende Nachfrage von Jugendlichen mit Migrationshintergrund? In der Vergangenheit lag eine der großen Stärken des deutschen Ausbildungssystems darin, der großen Mehrheit der Jugendlichen eine qualifizierte Ausbildung zu vermitteln (vgl. SCHMIDT 2000) und vor allem auch Personen mit einem relativ niedrigen formalen Bildungsniveau in die berufliche Bildung zu integrieren.
- Die unter dem Gesichtspunkt der Sicherung der Humanressourcen wie auch der individuellen beruflichen Entfaltungschancen auf dem Arbeitsmarkt entscheidende Frage ist die nach den Outcomes der beruflichen Bildung. Gelingt es der Berufsbildung, dem erwartbaren quantitativen und qualitativen Bedarf an beruflichen Kompetenzen zu entsprechen? Die Frage zielt zum einen auf den quantitativen Ausstoß von Ausbildungsabsolventen nach Berufen, zum anderen auf die inhaltliche Qualität der vermittelten Kompetenzen. Nicht allein mit Blick auf die individuelle Mobilität und Wettbewerbsfähigkeit auf (internationalen) Arbeitsmärkten, sondern auch in der Perspektive der Selbstorganisation der eigenen Berufsbiografie und des lebenslangen Lernens ist es wichtig, dass berufliche Lernprozesse nicht zu eng funktionalistisch auf spezifische Arbeitsplätze ausgerichtet sind, sondern vielmehr auch übergreifende kognitive und motivationale Kompetenzen des beruflichen Selbstmanagements vermitteln.

Die skizzierten „großen Fragen" an das berufliche Bildungswesen sind nicht alle im ersten Bildungsbericht zu beantworten. Sie markieren aber den Rahmen für die Bildungsberichterstattung der nächsten Jahre und eine mittelfristige Datengewinnungsstrategie. Ihnen lässt sich auch im vorgelegten Bericht nicht jeweils ein einzelner Indikator zuordnen. Zu ihrer Beantwortung tragen unterschiedliche Indikatoren je spezifische Aspekte bei. Die Aufgabe bestand darin zu prüfen, welche verfügbaren Daten überhaupt für eine Indikatorenbildung heranzuziehen sind. Dabei war im Auge zu behalten, dass die Daten langfristig aussagefähige Indikatoren ermöglichen und zugleich aktuelle bildungspolitische Problemlagen beleuchten sollten. Angesichts der eingangs erwähnten funktionalen und institutionellen Heterogenität in der beruflichen Bildung ist es nicht erstaunlich, dass die Ausbeute an solchen Indikatoren sehr mager war, die alle Sektoren des Berufsbildungswesens einschließen , dass man auf Teilbereiche abstellen muss und für wichtige Aspekte – wie beispielsweise die Qualität der Outcomes beruflicher Bildung – auf begrenzte Indikatoren und/oder Näherungen („Proxis") zurückgreifen musste. Wir werden im Folgenden bei der beispielhaften Beschreibung einzelner im Bildungsbericht verwendeter Indikatoren auch auf die Grenzen ihrer Aussagekraft eingehen.

Der Bildungsbericht soll einen Teil ständig wiederkehrender Indikatoren, die sogenannten „Kernindikatoren", und einen zweiten Teil von Indikatoren enthalten, die Fragen von besonderer Aktualität einmal oder in einer jeweils zu bestimmenden Periodizität aufgreifen. Unter dieser Bedingung haben wir für die ersten Bildungsberichte die in Abbildung 2 aufgeführten Indikatoren konzipiert:

Abbildung 2:   Indikatoren im Berufsbildungsbereich

	Indikatoren a) Kernindikatoren[1]	b) Weitere Indikatoren	Bildungs- bericht 2006	Verfügbarkeit von Daten
	Abschlüsse			
	IB 01 Ausbildungsabbrecherquoten (nach Ausbildungsformen, Betriebstypen und Wirtschaftszweigen)		x^2	
	– Ausbildungsabschlussquoten – Anteil erfolgreicher Abschlüsse an den Ausbildungsanfängern			(X)
	– Erwerb weiterführender Bildungsabschlüsse			X
	Kompetenzen			
		IÜ 07- Erworbene Kompetenzen nach unterschiedlichen		
		B 1 Kompetenzdimensionen und Ausbildungsbereichen		(X)
	Bildungserträge			
	IB 02 Erwerbsstatus nach Ausbildungsabschluss		X	X
		IÜ 33- Übergang der Auszubildenden ohne B 4 vorherige Hochschulzugangszertifikate auf Hochschule		X
		IB 04 (Adäquanz der Beschäftigung) Absolventen in Prozent der Erwerbspersonen mit gleichem Ausbildungsabschluss		X
Wirkung		IÜ 09/ Einkommen nach Ausbildungs- B 2 abschluss	X	
	Bildungsausgaben			
		IÜ 14- Kosten und Finanzierung der B 3 Ausbildung nach Kostenarten und Trägern		(X)
		IB 03 Einsatz an Mitteln je Auszubildenden		(X)
	Bildungsbeteiligung, Bildungsteilnehmer			
	IÜ 03 Anteil der 18- bis 24-Jährigen, die sich weder in Ausbildung befinden noch über einen beruflichen Abschluss verfügen			X
	IÜ 32 Ausbildungsanfänger nach unterschiedlichen Ausbildungsformen und schulischer Herkunft		X	
		IB 06 Angebots-Nachfrage-Relation nach individuellen Ausbildungswünschen	x^3	
Iputn	IB 04 Ausbildungsbeteiligung der Betriebe im dualen System (nach Betriebsgrößenklassen und Wirtschaftszweigen)		X	
	Personalressourcen			

	Indikatoren		
	Qualität und Qualitätssicherung		
Prozess		IÜ 21	Teilnehmer/ Mobilität im Rahmen internationaler Austauschprogramme
		IÜ 36	Alter der Absolventen IB
		07	Curriculare Gestaltung der Ausbildung
		IÜ 35	Verweildauer im Berufsbildungssystem

Erläuterungen

X = Mit derzeitiger Datenlage berichtbar.

(X)= Auf der Grundlage neuer bzw. veränderter Datenerhebung berichtbar.

1) = Kernindikatoren werden durchgehend (in jedem Berichtsjahr) dargestellt, allerdings mit jeweils variierenden Schwerpunkten und schwerpunktmäßiger Darstellung bestimmter Differenzierungsaspekte.

2) = Im Bildungsbericht 2006 als Indikator „Stabilität von Ausbildungsverhältnissen" nur für duales System über das Merkmal „vorzeitig gelöster Ausbildungsvertrag" aufgenommen.

3) = Im Bildungsbericht nur für „duales System"; Gesamt und nach Regionen.

4   Die berufliche Bildung in der bisherigen nationalen Berichterstattung

Funktionale Heterogenität und institutionelle Zersplitterung der Zuständigkeiten in der beruflichen Bildung führen dazu, dass keine einheitliche Berufsbildungsstatistik, sondern eine Fülle heterogener Daten existiert. Die unterschiedlichen Datenquellen folgen zumeist den institutionellen Bedürfnissen der Träger der Ausbildungseinrichtungen – z.B. im Falle der Ausbildungsbetriebe denen der korporatistischen politischen Akteure und der Kammern (vgl. BBiG 2005 §§ 86 und 76), denen die Kontrolle über die betriebliche Ausbildung zugewiesen ist; oder im Falle der Berufsschulen denen der Schulverwaltungen; entsprechendes gilt für die freien Träger von Vollzeitberufsschulen (vgl. KRÜGER a.a.O.). Die Teilbereichsstatistiken folgen unterschiedlichen Erhebungskriterien und -methoden. Für eine indikatorengestützte Berichterstattung bedeutet das, dass eine Vergleichbarkeit unterschiedlich institutionalisierter Ausbildungsverhältnisse kaum möglich ist. Selbst eine genaue Erfassung von Beständen stößt an kaum zu überwindende Grenzen und lässt sich bei Nutzung unterschiedlicher Bereichsstatistiken nur mit einem hohen Aufwand methodischer Prüfung annäherungsweise erreichen; dies wird zum Beispiel an den Differenzen zwischen Berufsbildungsstatistik, die auf den Angaben der Kammern basiert, und Berufsschulstatistik deutlich, die sich beide auf die gleiche Auszubildenden-Population beziehen.

Regelmäßige Informationen und Daten über Teile der beruflichen Bildung bieten der jährlich von der Bundesregierung veröffentlichte Berufsbildungsbericht, die von der Kulturministerkonferenz (KMK) herausgegebene Dokumentation „Schüler, Klassen, Lehrer und Absolventen der Schulen" und der zugehörige Analyseband „Schule in Deutschland – Zahlen, Fakten, Analysen"; die im Rahmen der Fachserie 11 des Statistischen Bundesamts erscheinenden Reihen 2 (Berufliche Schulen) und Reihe 3 (Berufliche Bildung); schließlich die „Amtlichen Nachrichten der Bundesagentur für Arbeit" (ANBA), in denen monatlich Daten zur Entwicklung am Ausbildungsstellenmarkt für das duale System dokumentiert werden (vgl. BAETHGE/ BUSS/LANFER 2003, S. 47-53).

Die umfassendste Berichterstattung über die berufliche Bildung bietet der jährlich erscheinende *Berufsbildungsbericht*, der sich seit seinen Anfängen in den 1970er Jahren bis heute zu einer Art „Hauptbuch" der beruflichen Bildung entwickelt hat und aktuell sicherlich das zentrale Datenkompendium abgibt. Allerdings ist der vom Bundesinstitut für Berufsbildung (BIBB) unter Mitwirkung der zuständigen Fachabteilungen des BMBF erarbeitete Bericht an seinen gesetzlichen Auftrag gebunden, jährlich zum Beginn des zweiten Quartals einen Bericht über die Entwicklung der in der Zuständigkeit des BMBF liegenden Teile der Berufsbildung vorzulegen (§ 3 Berufsbildungsförderungsgesetz, BBiG 2005 § 86). Diese Bindung hat zwei Konsequenzen für die inhaltliche Gestaltung des Berichts: Konzentration auf das in der Bundeskompetenz liegende „duale System" – bzw. genauer auf dessen betrieblichen Teil – und Fokussierung auf die Situation von Angebot und Nachfrage auf dem Ausbildungsstellenmarkt, zu der der tripartistisch besetzte Hauptausschuss des Bundesinstituts eine politische Stellungnahme abzugeben hat sowie auf die berufsbildungspolitischen Aktivitäten der Bundesregierung.

Tatsächlich hat der Berufsbildungsbericht seinen Inhalt über die enge gesetzliche Auftragsdefinition kontinuierlich hinaus ausgedehnt und präsentiert heute Daten zur inhaltlichen Weiterentwicklung der Berufsbildung, zu relevanten Forschungsergebnissen, zur vollzeitschulischen Ausbildung und zu schulisch-beruflichen Bildungsgängen wie dem Berufsgrundbildungs- und dem Berufsvorbereitungsjahr und der nicht auf einen Berufsabschluss zielenden Teile der Berufsfachschulausbildung. Allerdings bleiben die Daten zu diesen schulischen Bereichen begrenzt – der Teil zum Schulberufssystem umfasst im Berufsbildungsbericht sechs von 287 Seiten (ohne Anhang) – und sind mit Unsicherheiten versehen (vgl. BMBF 2005, S. 150 passim; KRÜGER 2004). Die in der Kulturhoheit der Länder stehenden (Teilzeit-)Berufsschulen werden vom Berufsbildungsbericht so gut wie gar nicht erfasst.

Dass die Berufsbildungspolitik traditionell von ihrer institutionellen Einbindung her eher als Teil der Arbeitsmarkt- als der Bildungspolitik betrachtet wurde, zeigt sich – trotz der beträchtlichen Öffnung des Berichtsprogramms – auch am Berufsbildungsbericht. (Insofern besteht auch keine Idealkonkurrenz zwischen Berufsbildungsbericht und der nationalen Bildungsberichterstattung.)

Die *„Statistischen Veröffentlichungen der Kultusministerkonferenz"* sind im Wesentlichen als Schulberichterstattung zu verstehen, die schulstatistische Kerndaten (Schüler, Klassen, Unterrichtsstunden, Lehrer, Absolventen) für die in der Zuständigkeit der Länder liegenden Berufsschulen zur Verfügung stellen: so etwa Zeitreihen zur Entwicklung von Berufsgrundbildungsjahr, Berufsvorbereitungsjahr, Berufs- und Berufsfachschule usw. Allerdings unterscheidet die Datensammlung nicht nach unterschiedlichen Bildungsgängen innerhalb der Einrichtungen. Insbesondere wird der Bereich der Berufsausbildung nicht von dem der Berufsvorbereitung unterschieden, sodass beispielsweise die sehr unterschiedlichen Bildungsangebote der Berufsfachschulen undifferenziert zusammengerechnet werden; eine Differenzierung der Daten nach Berufsfeldern oder -klassen fehlt. Die KMK-Datenbände bieten nur institutionenbezogene Bestandsdaten, enthalten aber keinerlei Aussagen über die Qualität der in den Berufsschulen vermittelten Kompetenzen oder Übergangsinformationen zu Schulwechseln.

Die Reihen 2 (Berufliche Schulen) und 3 (Berufliche Bildung) der *Fachserie 11 des Statistischen Bundesamtes* basieren im Wesentlichen auf den Schulstatistiken der Bundesländer bzw. – für die duale Ausbildung – auf der Berufsbildungsstatistik, die auch die Grundlage für den Berufsbildungsbericht abgibt. Allerdings findet man hier auch nach Berufsgruppen und Berufsbereichen differenzierte Daten zur Schulberufsausbildung sowie Daten zu den Schulen des Gesundheitswesens, die in den meisten Ländern nicht den Schulgesetzen unterliegen und daher der Veröffentlichung nur nachrichtlich angehängt werden.

Die für Berufsbildung relevanten Berichte der *Bundesagentur für Arbeit in den „Amtlichen Nachrichten" (ANBA)* und die Daten des *Instituts für Arbeitsmarkt- und Berufsforschung (IAB)* zum Betriebspanel ergänzen die Informationslage zur beruflichen Bildung um Daten zur Entwicklung des Ausbildungsstellenmarktes und zu betrieblichen Merkmalen für die Durchführung der Ausbildung. Diese Daten freilich beziehen sich vor allem auf die duale Berufsausbildung. (Nur im Bereich der Einmündung in Beschäftigung sind über die Berufskennziffer auch Absolventen des Schulberufssystems in der Beschäftigtenstatistik erfasst.)

Man kann bereits an dieser Stelle als Zwischenfazit dieses kurzen Durchgangs durch die wichtigsten Berichte und Datenquellen zur beruflichen Bildung festhalten: Es existieren unterschiedliche, nicht kompatible Datengrundlagen für Bestände, aber keine für die Abbildung von Verläufen bzw. Strömen. Selbst die Bestandsdaten sind mit Unsicherheiten und Ungenauigkeiten behaftet und beschränken sich großenteils auf institutionenbezogene Kerndaten, die tiefer gehende Analysen zu Zusammenhängen zwischen unterschiedlichen betriebs- und/oder personenbezogenen Merkmalen nicht zulassen. Was das für eine problemorientierte Bildungsberichterstattung heißt, die indikatorengestützt basiert sein soll, werden wir im Folgenden an zwei zentralen Indikatoren des Berufsbildungsteils des Bildungsberichts demonstrieren: den Verschiebungen in der Zusammensetzung der Ausbildungsanfänger nach den drei Teilsektoren und an der Dynamik der Angebots-Nachfrage-Relation im dualen System.

5   Die berufliche Bildung im ersten nationalen Bildungsbericht

Das systemische Konzept des Bildungsberichts („Bildung im Lebenslauf") und der Zwang zur Konzentration – der Bildungsbericht sollte einschließlich Tabellen-Anhangs 300 Seiten nicht übersteigen – erforderte für alle Bereiche eine Fokussierung auf wenige thematische Schwerpunkte. Gegenüber dem breiteren Indikatorensatz für die Dauerberichterstattung (vgl. Abbildung 2) konzentrierten wir uns für den ersten Bildungsbericht auf Probleme der Übergänge in die berufliche Bildung und nach ihrem Abschluss aus ihr heraus (vgl. Bildungsbericht Indikatoren E1 und E5) sowie auf aktuelle Strukturprobleme des Ausbildungsangebots und des Verhältnisses von Angebot und Nachfrage (vgl. E2, E3, E4). Mit beiden Indikatorenbündeln sind politisch hochaktuelle Themen ins Blickfeld gerückt:

– Zum einen die Frage, wieweit das Ausbildungssystem den individuellen und institutionellen Bildungsbedarf decken und ein zukunftsgerichtetes Ausbildungsangebot bereitstellen kann und wo und aus welchen Gründen bildungspolitischer Handlungsbedarf entsteht.
– Zum anderen die Frage, welche Selektionsprozesse an den beiden Übergangsschwellen in das und aus dem Berufsbildungssystem heraus entstehen. Die Resultate auf die Frage dürften für die Attraktivität und die Legitimation des bestehenden Ausbildungssystems wichtig sein.

Beide thematischen Schwerpunkte sind nicht zuletzt auch mit Blick auf die europäische Arbeitsmarktintegration und die zunehmende Internationalisierung von Bedeutung.

Es macht wenig Sinn, den Berufsbildungsteil des Bildungsberichts hier zu replizieren. Wir gehen auf zwei zentrale Indikatoren ein, um an ihnen vor allem die methodischen Probleme und die Aussagekraft zu erörtern.

5.1 Ausbildungsanfänger – Strukturverschiebungen in der beruflichen Ausbildung

Der Indikator „Ausbildungsanfänger", den wir über die Statistik der „Neuzugänge zur beruflichen Bildung" abbilden, ist ein hochkomplexer und bildungspolitisch zentraler Strukturindikator. Er ermöglicht sowohl einen Blick auf die Verschiebungen des Ausbildungsangebots zwischen den drei Berufsbildungssektoren als auch auf die Probleme der Jugendlichen beim Einstieg in die Berufsausbildung. Als Indikator für den Strukturwandel des Ausbildungsangebots weist die Statistik der Ausbildungsanfänger im Vergleich mit anderen Größen wie dem Gesamtbestand an Auszubildenden oder der Zahl der Abgänger entscheidende Vorteile auf. Sie ermöglicht einen Querschnitt über alle Bildungsgänge zu einem einheitlichen Zeitpunkt, zeigt die Zahl der Teilnehmer eines Bildungsganges unbeeinflusst von späteren Ereignissen wie dem regulären oder vorzeitigen Ausbildungsende, erfasst auch die Einstiege in das zweite Schuljahr bei einer verkürzten Ausbildung und lässt Rückschlüsse auf die individuellen Zugangsmöglichkeiten in eine Ausbildung zu.

Bei unserer Bündelung der Vielzahl von Bildungsangeboten in duales System, Schulberufs- und Übergangssystem (zur Definition s.o.) entstehen Zuordnungs- und methodische Erfassungsprobleme vor allem beim Übergangssystem. Ausgeklammert aus den drei Sektoren sind Bildungsgänge, die der Beamtenvorbereitung dienen oder primär auf allgemeinbildende (z.B. Fachhochschulreife an Fachgymnasien) oder weiterbildende Abschlüsse (z.B. Meister-/Technikerausbildung an Fachschulen) gerichtet sind.

Als *Datengrundlage* wurde nach Abstimmung mit den Statistischen Ämtern des Bundes und der Länder eine Kombination aus Schulstatistik und Förderstatistiken der Bundesagentur für Arbeit (BA) gewählt. Für die Schulstatistik ergibt sich dabei die Notwendigkeit einer Sonderauswertung, weil die gewählte Abgrenzung der Teilsysteme aus den Standardveröffentlichungen des Statistischen Bundesamtes nicht berechnet werden kann. Da es sich bei den Statistiken um Vollerhebungen handelt, entstehen Kompatibilitätsprobleme vor allem aus unterschiedlichen Erhebungsmerkmalen, -zeitpunkten und Überschneidungen der Datensätze. Erstens weisen die Daten der Bundesagentur zu berufsvorbereitenden Maßnahmen und Jugendsofortprogramm keine vergleichbaren Neuzugänge aus, vielmehr beziehen sich diese Neuzugänge auf den gesamten Jahreszeitraum und umfassen auch Maßnahmen von sehr kurzer Dauer. Da hier aber die Personengruppe interessiert, die nach Beginn des Schuljahres noch keinen schulischen Bildungsgang besucht, und auch die Nachvermittlungsprozesse in offen gebliebene Ausbildungsstellen im dualen System weitgehend abgeschlossen sein sollten, wurde der Teilnehmerbestand in den BA-Maßnahmen zum 31.12. des jeweiligen Jahres als Schätzung vergleichbarer Neuzugänge verwendet. Zweitens kann eine Überschneidung von Schulstatistik und Förderstatistik der BA nicht ganz ausgeschlossen bzw. herausgerechnet werden. Zwar erscheint eine Doppelzählung unwahrscheinlich, da eine berufsvorbereitende Bildungsmaßnahme nach § 61 Abs. 1 S. 1 SGB III nur dann förderungsfähig ist, wenn sie „nicht den Schulgesetzen der Länder unterliegt", andererseits legt bereits die (Berufs-)Schulpflicht Minderjähriger nahe, dass einige Teilnehmer auch die Berufsschule oder ein Berufsvorbereitungsjahr besuchen und auch der Hinweis der Statistischen Landesämter, BA-Maßnahmen seien teilweise in berufsvorbereitenden Bildungsmaßnahmen außerschulischer Träger (hier Bestandteil der „sonstigen Bildungsgänge") enthalten, zeigen den weiteren Klärungsbedarf an. Insgesamt dürfte die Größenordnung jedoch so gering sein, dass die Aussagen des Indikators davon nicht beeinflusst werden.

Die Verteilung der Ausbildungsanfänger auf die drei Teilsysteme (Abbildung 3) zeigt über einen zehnjährigen Zeitraum einen erheblichen Anstieg der Neuzugänge um etwa ein Sechstel auf 1,235 Mio. in 2004. Während die Zugangszahlen im dualen System zwischen 1995 und 2004 leicht abnehmen (um etwa 2%), steigen die Anfängerzahlen des Schulberufssystems um 17% und die des Übergangssystems um 43%. Bezogen auf die Gesamtheit der Neuzugänge ergibt sich eine starke strukturelle Verschiebung in den Verhältnissen zwischen den Teilsystemen, geprägt von einem erheblichen Anteilsrückgang des dualen Systems und einer Expansion des Übergangssystems: fast die Gesamtheit des Anstiegs der Neuzugänge ist vom Übergangssystem aufgefangen worden.

Mit dem Übergangssystem wächst eine qualitativ sehr heterogene Kategorie. Das Spektrum reicht von Angeboten der schulischen und außerschulischen Berufsvorbereitung bis hin zu teilqualifizierenden Bildungsgängen. Zu letztgenannten zählen Angebote, die den Jugendlichen eine (nicht vollqualifizierende, meist fachrichtungsbezogene) berufliche Kompetenz oder einen allgemeinbildenden Abschluss vermitteln und damit möglicherweise die Eingangsvoraussetzungen zur Aufnahme einer vollqualifizierenden Ausbildung im dualen System, an Berufsfachschulen, Fachschulen und Schulen des Gesundheitswesens schaffen oder die Chancen auf einen Arbeitsplatz erhöhen. Enthalten ist auch das vollzeitschulische Berufsgrundbildungsjahr (BGJ), das auf eine anschließende Ausbildung als erstes Jahr angerechnet werden kann, aber nicht muss und insofern zwar (ähnlich wie das Abitur) eine ausbildungsverkürzende Wirkung entfalten kann, selbst aber keine vollqualifizierende Berufsausbildung darstellt. Sofern das BGJ mit einem bereits bei den zuständigen Stellen registrierten Ausbildungsvertrag gekoppelt ist und damit den Beginn einer vollqualifizierenden Berufsausbildung darstellt, wird es hier nicht zum Übergangs-, sondern zum dualen System gerechnet (kooperatives BGJ). Obwohl die in diesem Teilsystem zusammengefassten Bildungsgänge sehr unterschiedlich sind, ist ihnen doch allen gemeinsam, dass sie weder einen vollqualifizierenden Berufsabschluss vermitteln noch eine Vorstufe darstellen, die ein neuerliches Bemühen um den Zugang entbehrlich machte. Vielmehr belassen sie die Jugendlichen in der Unsicherheit einer fehlenden Ausbildungsperspektive.

Abbildung 3: Verteilung der Neuzugänge auf die drei Sektoren des beruflichen
Bildungssystems 1995 und 2000 bis 2004

Erläuterungen vgl. Konsortium Bildungsberichterstattung 2006, S. 258, Tab. E1-1A.

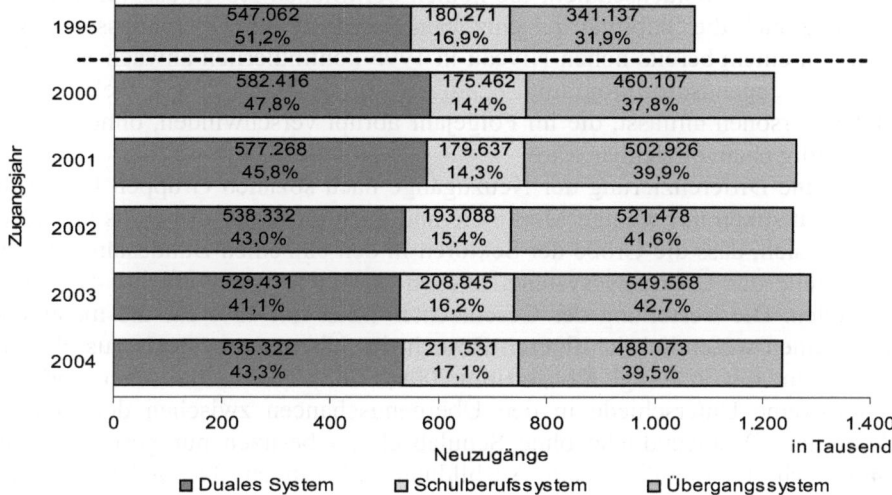

Quellen: Statistische Ämter des Bundes und der Länder, eigene Berechnungen und Schätzungen auf Basis der Schulstatistik; Bundesagentur für Arbeit, eigene Berechnungen.

Abbildung 4: Verteilung der Neuzugänge auf die Bereiche des Übergangssystems 1995
und 2000 bis 2004

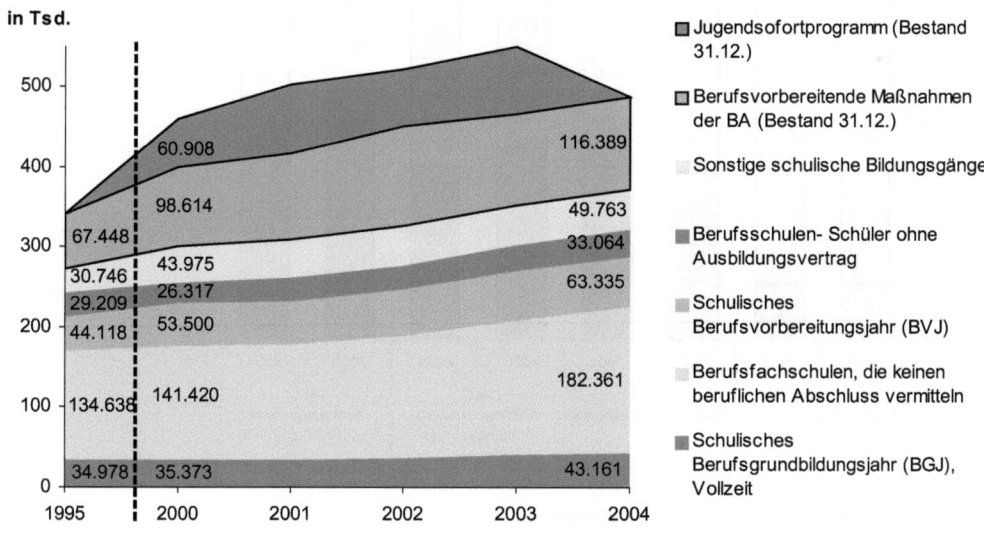

Erläuterungen: vgl. Konsortium Bildungsberichterstattung 2006, S. 258, Tab. E1-1A.

Quellen: Statistische Ämter des Bundes und der Länder, eigene Berechnungen und Schätzungen auf Basis der Schulstatistik; Bundesagentur für Arbeit, eigene Berechnungen.

Abbildung 4 zeigt die Zusammensetzung des Übergangssystems und die Entwicklung der Neuzugänge in den einzelnen Bereichen. Die größten Anteile und zugleich höchsten Zuwächse weisen über den gesamten Zeitraum die berufsvorbereitenden Maßnahmen der BA und die Berufsfachschulen, die keinen beruflichen Abschluss vermitteln, auf. Deutlich wird auch die Stabilität der einzelnen Segmente des Übergangssystems, die ausgehend von einem bereits hohen Niveau in 1995 kontinuierlich anwachsen. Die Ausnahme bildet das Jugendsofortprogramm (Laufzeit von 1999 bis 2003), welches in 2003 über 80.000 Personen umfasst, die im Folgejahr abrupt verschwinden, ohne dass ihr Verbleib vollständig nachvollziehbar wäre.[2]

Für eine Differenzierung der Neuzugänge nach sozialen Gruppen liefern die verwendeten Statistiken nur wenige Merkmale und auch diese nur in bereits aggregierter Form. Es zeigt sich, dass die Größe der Sektoren in den einzelnen Bundesländern stark variiert, die Anteile des Übergangssystems reichen von 26% in Bayern bis 47% in Nordrhein-Westfalen. Die Verteilung der Geschlechter weist mit 43% für die männlichen Neuzugänge einen wesentlich häufigeren Besuch des Übergangssystems aus als für weibliche Jugendliche mit 36% (vgl. Konsortium 2006, S. 82). Nach schulischer Vorbildung zeigen sich extreme Unterschiede in den Übergangschancen zwischen den Bildungsgruppen (Abbildung 5). Jugendliche ohne Schulabschluss besitzen nur geringe Chancen, überhaupt noch eine qualifizierende Ausbildung zu beginnen, 84% gelangen zumindest vorläufig nur auf einen Platz im Übergangssystem. Aber auch die Hälfte derjenigen mit Hauptschulabschluss und über ein Viertel mit mittlerem Abschluss beginnt die berufliche Bildung im Übergangssystem.

Abbildung 5:   Verteilung der Neuzugänge auf die drei Sektoren des Berufsbildungssystems nach schulischer Vorbildung 2000 und 2004*

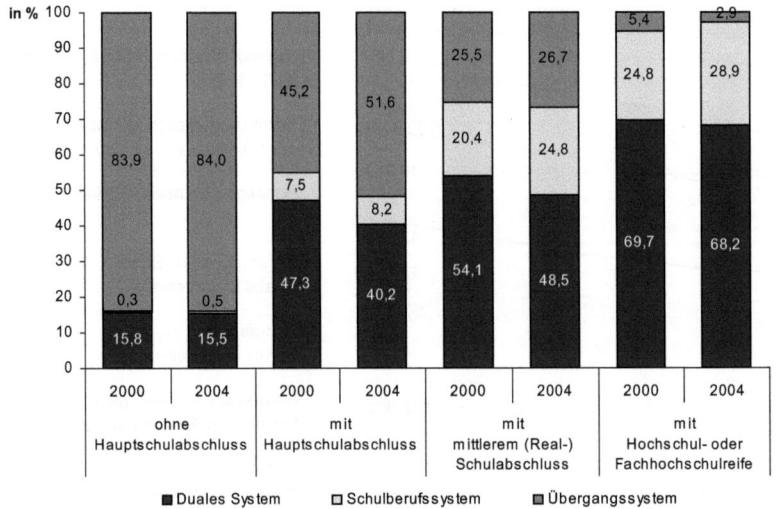

* Ohne Neuzugänge mit sonstigen Abschlüssen.

Erläuterungen: vgl. Konsortium Bildungsberichterstattung 2006, S. 260, Tab. E1-3A.

Quellen: Statistische Ämter des Bundes und der Länder, eigene Berechnungen und Schätzungen auf Basis der Schulstatistik; Bundesagentur für Arbeit, eigene Berechnungen.

Allerdings gilt es, bei der Interpretation dieser Daten auch die Grenze ihrer Aussagekraft zu bedenken. Zum einen verraten die Neuzugänge nichts über Jugendliche, die es erst gar nicht in das berufliche Bildungssystem geschafft haben, d.h. die betrachtete Personengruppe ist bereits positiv selektiert. Zum anderen zeigen die Daten den höchsten erreichten allgemeinbildenden Abschluss der Teilnehmer, ohne dass bekannt wäre, ob dieser in einer allgemeinbildenden Schule erworben oder in einer beruflichen Schule nachgeholt wurde. Auch bleibt unbekannt, ob die Teilnehmer über andere Qualifikationen oder Kenntnisse verfügen, die den Ausbildungszugang begünstigen.

Zusätzliche Merkmale wie der sozio-ökonomische Status der Eltern oder der Migrationshintergrund sind in den Statistiken nicht enthalten, was einer weitergehenden Analyse sozialer Benachteiligung entgegensteht, obwohl die Vermutung naheliegt, dass beispielsweise Jugendliche mit Migrationshintergrund besonders häufig im Übergangssystem zu finden sind. Anhaltspunkte ergeben sich aus anderen Datenquellen, die für das Migrationskapitel im Bildungsbericht herangezogen wurden: Jugendliche mit Migrationshintergrund sind an Hauptschulen überproportional stark vertreten (PISA-E), sie besuchen häufiger als Jugendliche ohne Migrationshintergrund nach dem Ende der Pflichtschulzeit zunächst ein berufsvorbereitendes Angebot (DJI-Übergangspanel), und Ausländer sind im dualen System (Berufsbildungsstatistik) zunehmend unterrepräsentiert (vgl. KONSORTIUM 2006, S. 152f.).

Vor allem aber wissen wir außer über vereinzelte Stichprobenerhebungen nichts über die Effekte des Übergangssystem: Wie wirken die unterschiedlichen Maßnahmentypen des Übergangssystems auf die individuellen Bildungsverläufe der Teilnehmer? Welche Unterschiede bestehen zwischen den Bildungsgängen in der Kompetenzvermittlung, in den Ausbildungs- und Arbeitsmarkteffekten? Ohne eine Ergänzung der verfügbaren Statistiken um Informationen zu den Übergängen zwischen und innerhalb von Schule und Beschäftigungssystem sowie die Hinzunahme weiterer personenbezogener Differenzierungsmerkmale bleibt das Übergangssystem trotz seiner großen strukturellen Bedeutung weitgehend im Dunkeln.

5.2 Indikator „Angebot und Nachfrage in der dualen Ausbildung" (E2)

Das Verhältnis von Angebot an und Nachfrage nach Ausbildungsmöglichkeiten ist im Prinzip für alle Bildungsbereiche unter sozialen, ökonomischen und politischen Gesichtspunkten von zentraler Bedeutung. Unter sozialen Perspektiven entscheidet sich an der Angebots-Nachfrage-Relation, wie günstig oder ungünstig die Chancen für Jugendliche sind, ihre Bildungsinteressen zu verwirklichen bzw. – im Fall der Berufsbildung – ihren Beruf frei zu wählen oder überhaupt eine qualifizierte Berufsausbildung zu erreichen. Wirtschaftlich gesehen bildet die Angebots-Nachfrage-Relation eine wichtige Grundlage für die mittel- und langfristige Versorgung des Arbeitsmarktes mit qualifizierten Arbeitskräften, was nicht zuletzt unter regionalen Aspekten für die wirtschaftliche Entwicklung eine zentrale Stellgröße abgibt. Politisch schließlich geht es um rechtzeitige staatliche Interventionen bei auftretenden Ungleichgewichten der Angebots-Nachfrage-Relation zu Lasten der Nachfrage.

Für die Berufsbildung stellt sich das Problem der Angebots-Nachfrage-Relation insofern schärfer als für das allgemeinbildende Schulwesen, weil aufgrund der fachlichen Spezifik von beruflichen Ausbildungsplätzen die numerische Flexibilität von Ausbildungseinrichtungen wohl als niedriger als bei Schulen eingeschätzt werden muss. In letzteren kann man in der Regel schneller als in ersteren neue Klassen aufmachen oder die Klassenfrequenz variieren.

Gegenwärtig ist es nicht möglich, eine auch nur annähernd präzise Bestimmung der Angebots-Nachfrage-Relation für das Gesamtspektrum vollqualifizierender Ausbildungsgänge unterhalb der Hochschulebene vorzunehmen. Dies liegt zum einen daran, dass es keine Meldepflicht für Ausbildungsplatzangebote und zum anderen auch nur wenig Transparenz über die tatsächliche Nachfrage zum Beginn eines Ausbildungsjahres gibt. Allein für die duale Ausbildung bzw. für die nach Berufsbildungsgesetz oder Handwerksordnung geregelten Ausbildungsverhältnisse lässt sich die Angebots-Nachfrage-Relation annäherungsweise bestimmen. Diese Möglichkeit im dualen System geht darauf zurück, dass der Gesetzgeber dem BMBF aufgegeben hat, für den Berufsbildungsbericht jährlich die zum 30. September jeden Jahres zu erwartende Nachfrage nach Ausbildungsplätzen und das zu erwartende Angebot zu erheben, um gegebenenfalls bei einer Lücke des Angebots gegenüber der Nachfrage politisch intervenieren zu können (§ 86 BBiG 2005).

Das bisher für den Berufsbildungsbericht praktizierte Verfahren, die Angebots-Nachfrage-Relation für das duale System als Summe zu berechnen, richtet sich nach § 3 Abs. 2 Berufsbildungsförderungsgesetz (BerBiFG) und definiert das Angebot als Summe der vom 1. Oktober bis zum 30. September des folgenden Jahres neu abgeschlossenen betrieblichen und außerbetrieblichen Ausbildungsverträge und der bei der Bundesagentur für Arbeit (BA) gemeldeten unbesetzten Ausbildungsplätze, die Nachfrage als Summe der bis zum 30. September neu abgeschlossenen Ausbildungsverträge und der bei der BA gemeldeten noch nicht vermittelten Bewerber und Bewerberinnen (vgl. auch BELLMANN 2004, S. 68). Es besteht Einmütigkeit unter den Fachleuten, dass dieser Berechnungsmodus nur eine Annäherung an die tatsächliche Angebots-Nachfrage-Relation darstellt und insbesondere die Nachfrageseite systematisch untererfasst ist; hier wird auf das Problem der „latenten Nachfrage" verwiesen (vgl. Brosi 2004, KREKEL/ULRICH 2006). Um auf der Nachfrageseite wenigstens eine begrenzte Korrektur vorzunehmen, haben wir die amtliche „Nachfrage"-Definition (s.o.) ergänzt um Bewerber mit alternativer Einmündung – etwa in einer Einrichtung des Übergangssystems – bei Aufrechterhaltung ihres Ausbildungswunsches bei der BA (ihr Anteil belief sich 2005 auf 7,3% der statistisch erfassten Nachfrage).

Im Ergebnis zeigt sich über die 1990er Jahre eine zunächst konstant hohe, sich ab 2002 zunehmend öffnende Lehrstellenlücke und eine abnehmende Zahl nicht besetzter Ausbildungsplätze (vgl. Abbildung 6). Die globale Lehrstellenlücke verteilt sich nicht gleichmäßig über das ganze Land. An die unterschiedliche Schärfe der Problemsituationen für die Jugendlichen kann man sich annähern, wenn man die regionalisierten Relationen betrachtet. Wir haben dies auf Basis der Arbeitsagenturbezirke mit Hilfe einer fünfstufigen Skala (von „günstig" bis „ungünstig") getan (vgl. Abbildung 7). Hier zeigt sich im Zeitverlauf eine dramatische Verschlechterung, die dazu führt, dass 2004 zwei Drittel aller Arbeitsagenturbezirke eine „relativ ungünstige" oder „ungünstige" Ausbildungsstellensituation aufweisen. Die regionalen Problemlagen sind präzise zu verkarten (vgl. Konsortium 2006, Bildungsbericht, Abbildung E2-3A).

Abbildung 6:   Abgeschlossene Ausbildungsverträge, Ausbildungsstellenangebot und
-nachfrage im dualen System 1995 bis 2004

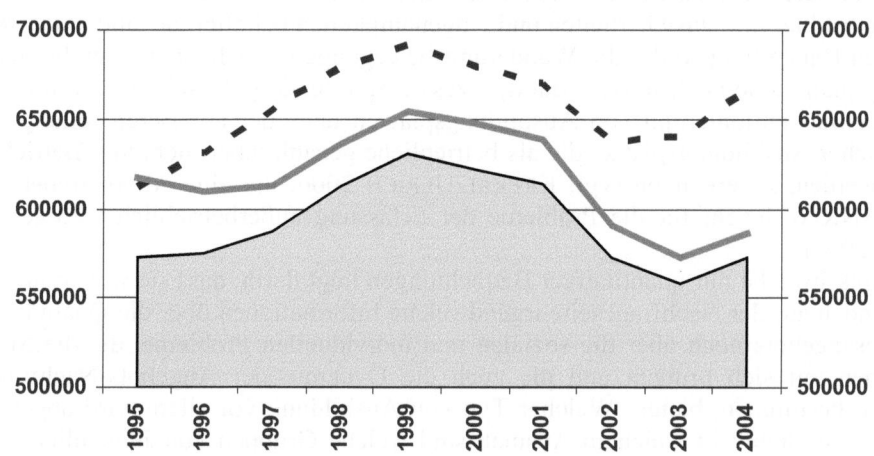

☐▨▨▨ Neu abgeschlossene Ausbildungsverträge Ende September

━━━ Ausbildungstellenangebot (Neuverträge + bis 30.09. unbesetzt gebliebene Stellen
bei der BA)
▬ ▬ ¹Ausbildungsstellennachfrage zum 30.09.*

* Bewerber mit alternativer Einmündung bei aufrechterhaltenem Vermittlungswunsch bis 1997 nur
frühere Bundesgebiet.
Quelle: Eigene Berechnung nach Berufsbildungsbericht, div. Jahrgänge.

Abbildung 7:   Ausbildungsstellensituation in Arbeitsagenturbezirken gemessen an der
Angebots-Nachfrage-Relation 1995 und 2004

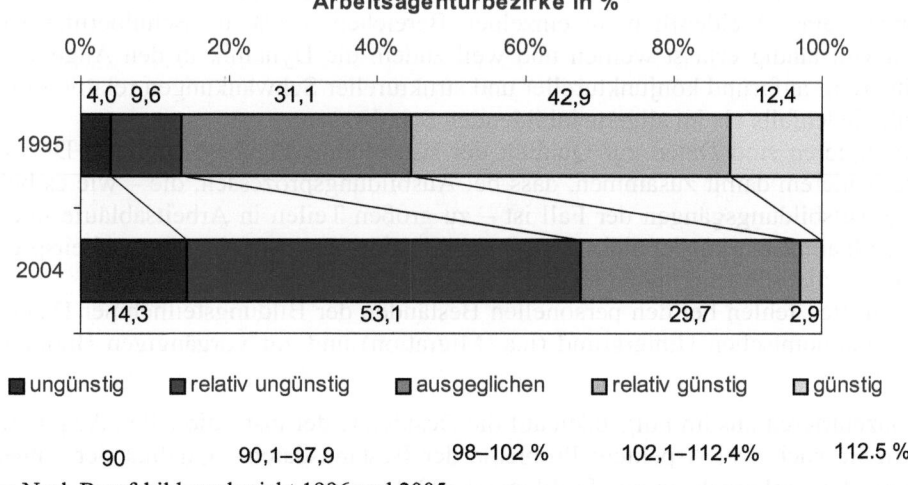

Quelle: Nach Berufsbildungsbericht 1996 und 2005.

Die von uns im Bildungsbericht vorgenommene Darstellung bildet eine rein numerische Betrachtung, die gleichwohl politischen Handlungsdruck zum Ausgleich von Ungleichgewichten auf den regionalen Ausbildungsmärkten sichtbar machen kann. Allerdings bleibt sie selbst hier mit Unsicherheiten und Ungenauigkeiten behaftet. So sind in der rein quantitativen Darstellung weder die Wanderungsbewegungen von Jugendlichen bei ihrer Ausbildungsplatzsuche noch in den Marktprozess eingreifende politische Interventionen in Form der Subventionierung von Ausbildungsplätzen und/oder der Bereitstellung außerbetrieblicher Ausbildungsplätze, die als betriebliche gezählt, aber nicht von Betrieben finanziert werden, zu erkennen (vgl. KREKEL/ULRICH 2006, die eine Alternativberechnung der ANR vorlegen; für die Probleme der Erfassung außerbetrieblicher Angebote vgl. BROSI 2004).

Die Hauptschwäche nur quantitativer Betrachtungen liegt darin, dass sie weder auf der Angebots- noch auf der Nachfrageseite irgendwelche Informationen über die Qualität des Ausbildungsangebots noch über die sozialen und individuellen Probleme, die die Mangelsituationen mit sich bringen und die auch die Dynamik der Angebots-Nachfrage-Relation mit bestimmen, bieten: Welcher Typ von Ausbildung vor allem wird abgebaut und welcher verbleibt? In welchem Ausmaß sind welche Gruppen von Jugendlichen in ihrer freien Berufswahl beeinträchtigt oder fallen ganz aus dem Ausbildungssystem heraus? Solche Fragen drängen sich auf, sie führen zu den wichtigen Desideraten in der gegenwärtigen Datensituation (vgl. Abschnitt 6).

6   Desiderate für Forschungs- und Datengewinnungsstrategie

Der Nenner, auf den häufig die Datensituation in der Bildungsforschung gebracht wird, dass einer Fülle von Bestandsdaten ein eklatanter Mangel an Strömungsdaten korrespondiere, trifft in der Tendenz auch die Datenverhältnisse in der Berufsbildung. Allerdings ist hier selbst für die Bestandsdaten eine Relativierung des vorgeblichen Reichtums in wenigstens dreierlei Richtung vorzunehmen:

– Zum einen bleiben Unsicherheiten über die Bestände auf der Angebotsseite, weil sie mangels einer Meldepflicht in einzelnen Bereichen – z.B. im Schulberufssystem – nicht vollständig erfasst werden und weil zudem die Dynamik in den Angeboten im Zeitverlauf aufgrund konjunktureller und struktureller Schwankungen relativ groß ist – größer jedenfalls als im allgemeinbildenden Schulwesen.
– Zum anderen sind Daten zur Qualität der Ausbildungsangebote spärlich. Dies hängt unter anderem damit zusammen, dass bei Ausbildungsprozessen, die – wie es bei vielen Berufsbildungsgängen der Fall ist – zu großen Teilen in Arbeitsabläufe integriert sind, Qualitätsmerkmale nicht zuletzt wegen der Heterogenität der Arbeitsprozesse schwer statistisch zu erfassen sind.
– Zum dritten fehlen bei den personellen Beständen der Bildungsteilnehmer Daten zum sozio-ökonomischen Hintergrund (u.a. Migration) und zur vorgängigen Bildungsbiografie.

Wir konzentrieren uns im Folgenden auf die Desiderate der institutionellen Angebote und gliedern sie nach drei Aspekten: Probleme der Bestandsdaten – Qualität der Angebote, Probleme der Verlaufsdaten und Probleme der Outcomes.

6.1 Zur Qualität der Angebote (Bestandsdaten)

Außer Größe, Branchen- und Kammerzugehörigkeit bietet die Berufsbildungsstatistik kaum weitere Merkmale der Ausbildungsbetriebe. Einige Aspekte, die man als Merkmale für die Input-Qualität von Ausbildungsbetrieben werten kann, bietet das IAB-Betriebspanel als Stichprobenerhebung: „Erfüllung der gesetzlichen Voraussetzungen für Berufsbildung" (allein oder im Verbund); „erfolgreiche Abschlüsse", „E-Learning-Unterstützung", „Ausbildereignungsverordnung". Solange es keine systematische Evaluation der Ausbildungsprozessqualität in Betrieben gibt, wäre eine Ausweitung qualitätsrelevanter Input-Merkmale wünschenswert. Dies könnte auf verschiedenen Wegen geschehen: z.B. durch Verbindung der Betriebsstatistik der Bundesagentur für Arbeit mit der Berufsbildungsstatistik, womit man etwas über die Qualifikationsstruktur der Belegschaften, Berufsgruppendifferenzierung, Stabilität der Arbeitsplätze etc. erführe. Oder indem man in den großen Stichprobenuntersuchungen wie dem IAB-Betriebspanel oder bei der CVTS-Befragung auf der EU-Ebene Fragen zur Qualifikation/Professionalisierung und zum betrieblichen Status des Ausbildungspersonals einfügte. Insgesamt scheint hier noch Forschungsbedarf zur Entwicklung sowohl von Indikatoren zur Messung der Input- als auch der Prozessqualität zu bestehen.

Analoge Probleme lassen sich für die Einrichtungen des Schulberufs- und des Übergangssystems formulieren. Als besonders problematisch muss angesehen werden, dass wir bei institutionell gespaltenen, funktional aber aufeinander verwiesenen Ausbildungsprozessen wie bei betrieblichem und schulischem Teil der dualen Ausbildung keine Verbindungen herstellen können und auch bezogen auf die einzelnen Ausbildungsverhältnisse nicht dokumentieren können, wie hoch die Anteile schulischer, betrieblicher und überbetrieblicher Unterweisung sind.

6.2 Zum Problem der Verlaufsdaten

Auf die Wichtigkeit von *Verlaufsdaten* ist immer wieder hingewiesen worden, vor allem im Zusammenhang mit der Bedeutung, die einzelne (frühere) Bildungsprozesse für die Bildungskarrieren von Kindern im Lebenslauf haben, bzw.– in systemischer Perspektive – mit der Leistungsfähigkeit vorgelagerter für spätere Lernprozesse oder mit der Frage, wie gut die verschiedenen Teilsysteme des Bildungswesens bei verschiedenen Schülergruppen ineinander greifen. In unserem engeren thematischen Feld der Berufsbildung haben wir bei der Darstellung der starken Ausweitung des Übergangssystems darauf hingewiesen, dass wir zu deren Effekten für die individuellen Berufsbildungsverläufe der Teilnehmer wenig wissen. Es existieren lediglich aus Stichproben-Untersuchungen Hinweise auf „die insgesamt relativ niedrigen Übergänge von Jugendlichen aus berufsvorbereitenden Maßnahmen in eine Berufsausbildung" (BROSI 2004, S. 108).

Ein großer Teil der Lücken an Strömungsdaten innerhalb der Berufsbildung wird sukzessive ab 2007 zu schließen sein, wenn die im neuen Berufsbildungsgesetz von 2005 verankerte neue Berufsbildungsstatistik (§ 88 BBiG) eingeführt sein wird, und dies umso mehr, wenn eine institutionenübergreifende individuelle Ident-Nummer eingeführt werden sollte (was gegenwärtig aber noch unklar ist). Letzteres ist für echte Berufsverlaufsuntersuchungen unerlässlich, wie das Konsortium Bildungsberichterstattung in seinem Papier zur Datengewinnungsstrategie ausgeführt hat (vgl. Konsortium Bildungsberichterstattung 2006a, S. 29, Anhang).

Die Systematik der neuen Berufsbildungsstatistik ist in Abbildung 8 dokumentiert. Die Fülle der erhobenen biografischen, institutionellen und sozialstrukturellen Merkmale wird es erstmals ermöglichen, bildungsbiografische Merkmale (einzelne Bildungsepisoden) innerhalb der Berufsbildung vor dem Hintergrund sozialstruktureller Differenzen darzustellen. Da die neue Berufsbildungsstatistik als Individualstatistik geführt wird und nicht mehr wie die alte Kammerstatistik als Aggregatstatistik, die kaum Merkmalskombinationen zuließ, sind ab 2007 auf breiter Ebene Merkmalskombinationen herstellbar. Dies wird in einigen Jahren der Bildungs-und Berufsbildungsforschung neue Perspektiven eröffnen und auch für die Bildungsberichterstattung neue Indikatoren ermöglichen.

Abbildung 8:   Auszug aus § 88 Berufsbildungsreformgesetzt vom 31.3.2005

„§ 88
Erhebungen

(1)   Die jährliche Bundesstatistik erfasst

1. für jeden Auszubildenden und jede Auszubildende:
a) Geschlecht, Geburtsjahr, Staatsangehörigkeit;
b) allgemeinbildender Schulabschluss, vorausgegangene Teilnahme an berufsvorbereitender Qualifizierung oder beruflicher Grundbildung, berufliche Vorbildung;
c) Ausbildungsberuf einschließlich Fachrichtung;
d) Ort der Ausbildungsstätte, Wirtschaftszweig, Zugehörigkeit zum öffentlichen Dienst;
e) Ausbildungsjahr, Abkürzung der Ausbildungsdauer, Dauer der Probezeit;
f) Monat und Jahr des Beginns der Berufsausbildung, Monat und Jahr der vorzeitigen Auflösung des Berufsausbildungsverhältnisses;
g) Anschlussvertrag bei Stufenausbildung mit Angabe des Ausbildungsberufs;
h) Art der Förderung bei überwiegend öffentlich, insbesondere auf Grund des Dritten Buches Sozialgesetzbuch geförderten Berufsausbildungsverhältnissen;
i) Monat und Jahr der Abschlussprüfung, Art der Zulassung zur Prüfung, Monat und Jahr der Wiederholungsprüfung, Prüfungserfolg;

2. für jeden Prüfungsteilnehmer und jede Prüfungsteilnehmerin in der beruflichen Bildung mit Ausnahme der durch Nummer 1 erfassten Auszubildenden:
Geschlecht, Geburtsjahr, Berufsrichtung, Vorbildung, Wiederholungsprüfung, Art der Prüfung, Prüfungserfolg;

3. für jeden Ausbilder und jede Ausbilderin:
Geschlecht, Geburtsjahr, Art der fachlichen Eignung;

4. für jeden Ausbildungsberater und jede Ausbildungsberaterin:
Geschlecht, Geburtsjahr, Vorbildung, Art der Beratertätigkeit, fachliche Zuständigkeit, durchgeführte Besuche von Ausbildungsstätten;

5. für jeden Teilnehmer und jede Teilnehmerin an einer Berufsausbildungsvorbereitung, soweit der Anbieter der Anzeigepflicht des § 70 Abs. 2 unterliegt:
Geschlecht, Geburtsjahr, Staatsangehörigkeit, Berufsrichtung.

Quelle: Bundesgesetzblatt Jahrgang 2005, Teil I Nr. 20.

Damit werden auch bildungspolitisch relevante Sachverhalte auf statistischer Grundlage analysierbar. Zu solchen Sachverhalten zählen die Bedeutung vorgängiger Bildungsepisoden (z.B. Teilnahme an Berufsvorbereitungsmaßnahmen) für den Ausbildungserfolg bzw. -misserfolg; die Bedeutung von Merkmalen der Ausbildungsangebote für Ausbildungserfolg; oder auch die stärkere Ausdifferenzierung regionaler Konstellationen und ihre Verbindung mit individuellen Merkmalen der Ausbildungsbeteiligung und des Ausbildungserfolgs.

Allerdings bleiben auch weiterhin ungelöste Probleme. A. UHLY (2006) hat darauf verwiesen, dass auch mit der revidierten Berufsbildungsstatistik, wenn keine fixierte Personenkennziffer eingeführt wird, etwa Ausbildungsabbrecher nicht identifiziert werden können, dass Übergänge von der Berufsbildung in Beschäftigung im Sinne individueller Verläufe nicht analysierbar sind und die Defizite im Hinblick auf Längsschnittinformationen für die Analyse von Übergängen bestehen bleiben (vgl. UHLY 2006, S. 58f.).

6.3 Zum Problem der Outcomes

Zur Frage der Outcomes der Berufsbildung äußert sich der Bildungsbericht nur unter zwei Aspekten: dem (eher negativen) der Auflösung von Ausbildungsverträgen (E4) und dem der Arbeitsmarktresultate der vollqualifizierten Ausbildung mit den Merkmalen Erwerbsstatus (inklusive Übernahme nach der Ausbildung) und Einkommen (E5). Da der Prüfungserfolg (nur duales System) in der Prüfungsstatistik nur auf die Zahl der Prüfungsteilnehmer, nicht aber Ausbildungsanfänger hin dokumentiert wird, ist seine Aussagekraft für die Qualität des Outputs der Berufsbildung nur begrenzt.

Die für die individuelle Berufsbiografie wie auch zur Beurteilung der Systemqualität entscheidenden Outcomes einer Berufsbildung sind die Kompetenzen, die sich Jugendliche im Laufe ihrer „Lehrjahre" aneignen können. Diese fehlen gegenwärtig in den Erhebungen völlig, was wohl als entscheidender Mangel in der Datenlage zur Berufsbildung angesehen werden darf. Das Konsortium hat in seiner Datengewinnungsstrategie hierauf aufmerksam gemacht und eine Perspektive angedeutet, wie dem Mangel durch ein „Berufsbildungs-PISA", in dem objektivierte Kompetenzmessungen vorgenommen und auf institutionelle und personenbezogene Merkmale bezogen werden, abzuhelfen wäre. Kompetenzmessungen in der Berufsausbildung sind sowohl zum Vergleich unterschiedlicher Ausbildungsformen in Deutschland als auch zur Klärung der Leistungsfähigkeit der deutschen Berufsausbildung im internationalen Vergleich (z.B. Europäischer Qualifikationsrahmen) dringend erforderlich.

Allerdings eröffnet sich damit ein besonders schwieriges Feld der Kompetenzmessung. Berufliche Kompetenzen umfassen nicht allein je spezifische fachliche Qualifikationen, sondern auch fachübergreifende, gleichwohl berufsbezogene Kompetenzen wie z.B.: sich auf Arbeitsmärkten und in Arbeitsorganisationen (z.B. Betrieben) bewegen und seine Berufsbiografie planen zu können. Mit dem Einbezug beruflicher Kompetenzen wären zwei gravierende Fortschritte für die Gestaltung von Bildungsprozessen zu erzielen: zum einen würde das Spektrum der Kompetenzmessung gegenüber den bisher kontextunspezifischen kognitiven Grundfähigkeiten und psychischen Dispositionen um kontextspezifische handlungsrelevante Dimensionen erweitert. Zum anderen wären erst mit einer solchen Erweiterung die Zusammenhänge zwischen den Grundkompetenzen des Schul-PISA und den kontextspezifischen beruflichen Handlungskompetenzen aufklärbar sowie die Berufs- und Arbeitsmarktrelevanz der ersteren näher zu bestimmen. Die Frage des Beitrags der einzelnen Bildungsstufen von der Vorschulerziehung bis zur Erwachsenenbildung zur Entwicklung des je individuellen Kompetenzprofils würde angemessen diskutierbar, auch bezogen auf die Problemstellung, wieweit in späteren Bildungsphasen und anderen -kontexten Mängel in Grundkompetenzen kompensierbar bzw. substituierbar sind.

Dass berufliche Kompetenzen domänenspezifisch sind, begründet die Schwierigkeiten ihrer Messbarkeit und Vergleichbarkeit. Das Problem ist in der Berufspädagogik und Berufsbildungspolitik in Deutschland früh erkannt und mit Clusterbildung im Sinne von Grundberufen und Kern- bzw. Schlüsselqualifikationen angegangen worden. Für die quantitativ relevanten Berufsfelder und unterschiedlichen Ausbildungsformen erscheint die Messung beruflicher Kompetenzen auch in einer internationalen Vergleichsperspektive möglich (vgl. BAETHGE u.a. 2006).

Eine direkte Messung von Kompetenzen ist nur über ein large-scale assessment möglich. Vorarbeiten dafür liegen in der vom BMWA in Auftrag gegebenen und inzwischen abgeschlossenen „Machbarkeits-Studie für ein ‚Berufsbildungs-PISA'" (vgl. BAETHGE u.a. 2006) vor. Wegen der Vielfalt der Ausbildungsformen in Deutschland ist selbst ein Berufsbildungs-PISA in der Bundesrepublik oder im deutschsprachigen Raum sinnvoll, da so erstmals eine Messung der Leistungsfähigkeit unterschiedlicher Ausbildungsformen bzw. -institutionen in der Vermittlung unterschiedlicher Kompetenzen und deren Differenzierung nach Berufen bzw. Berufsfeldern möglich wäre.

7   Nachbemerkung

Es ist eines der in „Bildung in Deutschland" nicht dokumentierten Ergebnisse der Arbeit am ersten deutschen Bildungsbericht, dass die Probleme der Datenlage zum deutschen Bildungssystem gründlich ausgeleuchtet worden sind (vgl. Konsortium 2006a). Zwar haben einiges davon bereits die drei Vorberichte zutage gefördert (vgl. AVENARIUS et al. 2003; BAETHGE/BUSS/LANFER 2003; RAUSCHENBACH u.a. 2003). Aber die Detaillierung der Desiderate in den statistischen Grundlagen einer auf Dauer konzipierten Berichterstattung ist erst in der akribischen Auseinandersetzung mit den verfügbaren Daten, zu der die Festlegung auf einen indikatorengestützten Bericht das Konsortium in der Alltagsarbeit zwang, sukzessive entstanden. In dieser Auseinandersetzung schälte sich auch weiter heraus, was an Bildungsforschung zur Verbesserung der statistischen Grundlagen noch erforderlich ist. Wegen seiner hohen Heterogenität sind die Datenlücken im Berufsbildungssystem besonders groß. Ähnliches lässt sich für die Weiterbildung sagen.

Die Aussagen zu Datenlage und weiteren Datenerfordernissen schmälern nicht die Sinnmäßigkeit und den Wert der Ergebnisse des ersten nationalen Bildungsberichts. Sie bestätigen nur das, was allen Beteiligten an diesem Unternehmen – Auftraggebern (KMK und BMBF), wissenschaftlichem Beirat und Konsortium – von Anfang an bewusst war: die Bildungsberichterstattung ist „work in progress" und nur sukzessive durch Ausdifferenzierung der Datenlage optimierbar.

Anmerkungen

1 Unberücksichtigt bleibt auch in dieser Systematik die Beamtenausbildung wegen ihres geringen Umfangs (2004: 16.125 Beamtenanwärter – Mittlerer Dienst) und der Datenlage.

2 Die Überführung eines Teils der Maßnahmen des Jugendsofortprogramms in die SGB III-Förderung bedarf noch der genaueren Untersuchung. Das Programm Jump-Plus, welches sich seit 2005 wieder in Restabwicklung befindet, wäre in jedem Fall mit einzubeziehen, aber die Daten lagen zum Zeitpunkt der Erstellung des Indikators für den Bildungsbericht nicht in der notwendigen Differenzierung vor. (Jump-Plus Dezemberbestand 2003: 27.676, 2004: 17.809)

Literatur

AVENARIUS, H. u.a. (2003): Bildungsbericht für Deutschland – Erste Befunde. – Opladen (KMK-Bericht; Fokus: allgemein bildendes Schulwesen)

BAETHGE, M./ACHTENHAGEN, F./ARENDS, L./BABIC, E./BAETHGE-KINSKY, V. (2006): Berufsbildungs-PISA. Eine Machbarkeitsstudie. – Wiesbaden (im Erscheinen)

BAETHGE, M./BAETHGE-KINSKY, V. (1998): Jenseits von Beruf und Beruflichkeit? Neue Formen von Arbeitsorganisation und Beschäftigung und ihre Bedeutung für eine zentrale Kategorie gesellschaftlicher Integration, in: Mitteilungen aus der Arbeitsmarkt- und Berufsforschung. Heft 3. – Nürnberg. S. 461-472

BAETHGE, M./BUSS, K.P./LANFER, C. (2003): Konzeptionelle Grundlagen für einen Nationalen Bildungsbericht – Berufliche Bildung und Weiterbildung/Lebenslanges Lernen. – Berlin (BMBF, Bildungsreform Bd. 7)

BELLMANN, L. (2004): Der Stand der Aus- und Weiterbildungsstatistik in Deutschland. In: Baethge et al. (Hrsg.), a.a.O.

BMBF (2005): Berufsbildungsbericht 2005. – Bonn

BROSI, W. (2004): Anmerkungen zur Verfügbarkeit von Statistiken im Bereich der beruflichen Bildung als Basis für eine umfassende Bildungsberichterstattung. In: BAETHGE u.a. (Hrsg.) a.a.O., S. 103-140

DREXEL, I. (2005): Das duale System und Europa. Ein Gutachten im Auftrag von ver.di und IG Metall. – Berlin, Frankfurt a.M.

Konsortium Bildungsberichterstattung (2006): Bildung in Deutschland. – Bielefeld.

Konsortium Bildungsberichterstattung (2006a): Zur langfristigen Sicherstellung der Datenbasis für die Bildungsberichterstattung. – Frankfurt ,MS, URL: http://www.bildungsbericht.de/daten/datenstrategie.pdf

KREKEL, W.M./ULRICH, J.G. (2006): Bessere Daten – bessere Berufsbildungspolitik?! In: Dies./Uhly (Hrsg.) a.a.O.

KRÜGER, H. (2004): Zur Datenlage vollzeitschulischer Berufsbildung. In: BAETHGE, et al. (Hrsg.) Expertisen zu den konzeptionellen Grundlagen für einen Nationalen Bildungsbericht – Berufliche Bildung und Weiterbildung/Lebenslanges Lernen. – Berlin (BMBF-Bildungsreform Bd. 8)

KURATORIUM DER DEUTSCHEN WIRTSCHAFT FÜR BERUFSBILDUNG (KWB) (2005): Stellungnahme der Spitzenverbände der deutschen Wirtschaft zur Arbeitsunterlage der EU-Kommission „Auf dem Weg zu einem europäischen Qualifikationsrahmen für Lebenslanges Lernen". – Bonn.

KUTSCHA, G. (2004): Berufsvorbereitung und Förderung benachteiligter Jugendlicher. In: BAETHGE et al. (Hrsg.), a.a.O., S. 165 ff.

RAUSCHENBACH, R. u.a. (2003) Konzeptionelle Grundlagen für einen Nationalen Bildungsbericht – Nonformale und informelle Bildung im Kindes- und Jugendalter. – Berlin (BMBF)

SCHMIDT, H. (2000): The Future of Labor-Management Relations, Training and Labor Market Institutions. In: Berg, P. (ed.), Creating Competitive Capacity. – Berlin

UHLY, A. (2006): Weitreichende Verbesserungen der Berufsbildungsstatistik ab April 2007. In: KREKEL, E.M./UHLY, A./ULRICH, J.G. (Hrsg.), Forschung im Spannungsfeld konkurrierender Interessen. – Bonn, Bielefeld.

Anschrift der Verfasser: Prof. Dr. Martin Baethge, Markus Wieck, Soziologisches Forschungsinstitut Göttingen (SOFI e.V.), Friedländer Weg 31, 37085 Göttingen, Tel.: 0551-52205-0

Andrä Wolter/Christian Kerst

Hochschule und Hochschulentwicklung in der nationalen und internationalen Bildungsberichterstattung

Zusammenfassung

Der Beitrag berichtet am Beispiel des Hochschulkapitels über Ziele, Konzept und Anlage indikatororientierter Bildungsberichterstattung in Deutschland, die mit der Vorlage des ersten Bildungsberichtes (2006) etabliert wurde. Der Beitrag geht vom hochschulpolitischen Kontext der Berichterstattung aus, stellt die Einbeziehung der Hochschule in vorhandene Ansätze internationaler und nationaler Bildungsberichterstattung dar und beschreibt das Indikatorenset mit seiner Datenbasis, das dem Hochschulberichtsteil zugrunde liegt. Er stellt dann beispielhaft einige hochschulpolitisch relevante Ergebnisse aus dem ersten Bildungsbericht vor und diskutiert abschließend die bildungspolitischen Funktionen und die Grenzen von Bildungsberichterstattung.

Schlüsselwörter: Bildungsbericht; Hochschulbericht; Hochschule; Hochschulentwicklung; Hochschulpolitik

Summary

Higher Education Institutions and the Development of Higher Education as Reflected in National and International Education Monitoring

This contribution reports on the goals, concepts and approach to indicator-based education monitoring in Germany, which has been established through the Education Report (2006), using the example of the higher education section. The article starts by analyzing the policy context of the education report, looks at the integration of higher education in existing approaches to international and national education monitoring and describes the set of indicators used for the higher education section, with its data basis. Some of the results from the first report, which are particularly relevant for higher education policy, will be presented and, in the last section, the policy functions and the limitations of education monitoring will be discussed.

Keywords: German Education Report; Higher Education Report; higher education institutions; higher education development; higher education policy

1 Einleitung

Der nicht nur in der Bildungspolitik, sondern auch in anderen Politikfeldern zu beobachtenden „Verwissenschaftlichung" der politischen Entscheidungsfindung entspricht ein ständig wachsender statistischer Informations- und wissenschaftlicher Expertisebedarf, der sich unter anderem auch in der Etablierung regelmäßiger Monitoringsysteme niederschlägt. Die Ständige Konferenz der Kultusminister der Länder in der Bundesrepublik Deutschland (KMK) und das Bundesministerium für Bildung und Wissenschaft beauftragten im Herbst 2004 ein Konsortium aus sechs Einrichtungen, erstmals für die Bundesrepublik Deutschland einen nationalen Bildungsbericht vorzulegen (Konsortium Bildungsberichterstattung 2006b). Das (jedenfalls für den ersten Bildungsbericht) gewählte Verfahren, hierfür vier Einrichtungen der Bildungs- und Sozialforschung zusammen mit der amtlichen Statistik von Bund und Ländern zu beauftragen, unterscheidet sich sowohl von dem in Deutschland für andere Berichtssysteme (z.B. dem Familien- oder Kinder- und Jugendbericht) gewählten Modell eines unabhängigen Sachverständigengremiums wie auch von der in einigen anderen Ländern (z.B. den USA oder Kanada) üblichen Praxis, vorrangig den nationalen statistischen Ämtern die Aufgabe der Bildungsberichterstattung zu übertragen.

Der Bildungsberichterstattung wurde damit ein in gewisser Weise „hybrider" Auftrag zugewiesen, der zwar weniger umfasste als die wissenschaftliche politische Expertise eines unabhängigen Expertengremiums, aber mehr als die Informationskompetenz, über die statistische Ämter verfügen. Zu den Vorgaben, die dem Konsortium Bildungsberichterstattung mit auf den Weg gegeben wurden, zählten folgende Prämissen:

- Bildungsberichterstattung soll systemisch angelegt sein, also alle Einrichtungen des Bildungssystems einschließen und sich von einem ausschließlich sektoralen Berichtssystem (wie dem Berufsbildungsbericht) unterscheiden. Ein besonderer Akzent sollte auf der Verknüpfung der Teilsysteme (z.B. an den Übergangsstellen) und den Bildungsverläufen über einzelne Einrichtungen hinweg („Bildung im Lebenslauf") liegen.
- Die Bildungsberichterstattung sollte von vornherein ein auf Dauer angelegtes Monitoringsystem werden. Das Prinzip der Indikatorenbasierung sollte Langfristigkeit und Fortschreibbarkeit sichern. Der Bildungsbericht stützt sich auf einen Indikatorenset, dessen Datengrundlage vorrangig in der amtlichen Statistik besteht, ergänzt um Surveydaten, soweit sie den für Indikatoren notwendigen Anforderungen entsprechen. Die Indikatoren sollen möglichst international vergleichbar sein.
- Aufgabe des Bildungsberichts sollte eine „datengestützte Problemanalyse" sein, er sollte keine bildungspolitischen Bewertungen und Handlungsempfehlungen vornehmen. Nicht alle Indikatoren müssen in jedem Bildungsbericht abgehandelt werden. Zusätzlich soll jeder Bildungsbericht ein Schwerpunktthema behandeln, im ersten Bericht das Thema Migration.

Mit der systemischen Ausrichtung der Bildungsberichterstattung kam auch die Hochschule ins Blickfeld. In den folgenden Ausführungen sollen Kontext, Modelle, Anlage, Indikatoren und Ergebnisse der Hochschulberichterstattung exemplarisch als Teil nationaler Bildungsberichterstattung vorgestellt und abschließend die Funktionen und Grenzen eines solchen Berichtswesens erläutert werden.

2 Hochschulpolitischer Kontext

Wie die Bildungsberichterstattung insgesamt, so muss sich auch der Hochschulteil bei der Auswahl der Indikatoren und der Anlage des Berichtes an zwei Kriterien orientieren: zum einen an der Langfristigkeit der Indikatoren und den verfügbaren Datengrundlagen –

nicht alles, was wünschenswert wäre, ist unter diesem Aspekt auch realisierbar; zum anderen an den aktuellen bildungspolitischen Entwicklungen und Herausforderungen, um ein öffentliches Interesse zu finden und nicht „träges", sondern bildungspolitisch bedeutsames Wissen zu liefern. Für den Hochschulteil des Bildungsberichts bedeutet dies, sich des aktuellen hochschulpolitischen Kontextes – national wie international – zu vergewissern, in dem die Berichterstattung erfolgt und für den empirisches Wissen bereitgestellt werden soll.

Das deutsche Hochschulsystem befindet sich gegenwärtig in einer Phase des tiefgreifenden Umbruchs, auch wenn die zukünftige Gestalt des Hochschulsystems bislang nur in Umrissen zu erkennen ist (vgl. WOLTER 2004). Zu diesem Umbruch tragen sowohl eine Vielzahl intentional geplanter, politisch angestrebter Reformen bei wie auch eine Reihe eher latenter, nicht direkt geplanter und beabsichtigter Wandlungsprozesse. Die Hochschulen sind in Deutschland zurzeit einem erheblichen politischen Reformdruck ausgesetzt.

– Erstens befindet sich durch den Bologna-Prozess das Studiensystem in einer grundlegenden Umstrukturierung, die weit über eine neue Studienstruktur mit neuen Abschlüssen hinausgeht, sondern die gesamte Lehr- und Lernkultur verändern wird.
– Zweitens werden die Studienreform, die Exzellenzinitiative und der insgesamt stärkere Wettbewerbsdruck dazu führen, dass sich durch Profilbildung, Differenzierung und Konvergenz neue institutionelle Strukturen jenseits der Gliederung nach Fachhochschulen und Universitäten (und Berufsakademien) ausbilden.
– Und drittens schließlich sollen die neuen managementorientierten Steuerungskonzepte und -verfahren die institutionelle Selbstständigkeit und Selbststeuerungsfähigkeit sowohl im Verhältnis zwischen Staat und Hochschulen als auch innerhalb der Hochschulen vergrößern.

Den Hintergrund für den gegenwärtigen Reformdruck und damit auch für die hochschulpolitische Relevanz der Berichterstattung bilden die historisch gewachsenen, gerade auch im internationalen Vergleich auffälligen Besonderheiten des deutschen Hochschulsystems. Dazu zählen im Wesentlichen fünf Merkmale (vgl. TEICHLER 2002):

(1) die starke Wissenschafts- und Forschungsorientierung der Universitäten in der Humboldtschen Traditionslinie, verbunden mit einer wenig ausgeprägten Differenzierung zwischen unterschiedlichen Hochschultypen über die Unterscheidung zwischen Universitäten und Fachhochschulen hinaus;
(2) damit eng verbunden die Annahme einer im Wesentlichen gleichen Qualität und eines gleichen Status zwischen den Hochschulen innerhalb ihres jeweiligen Sektors (Universitäten und Fachhochschulen), trotz zum Teil deutlicher Unterschiede in der Reputation und Qualität von Hochschulen oder Fakultäten;
(3) die lange Dauer (schon als Regelstudienzeiten) und hohe Einheitlichkeit der Studiengänge, welche eine wissenschaftliche Qualifizierung mit einer beruflichen innerhalb eines gemeinsamen Programmtyps verbinden;
(4) die dominante Rolle des Staates, das hohe Ausmaß an rechtlicher Regulierung und die eher unterentwickelten institutionellen Selbststeuerungsmöglichkeiten staatlicher akademischer Einrichtungen sowie
(5) eine geringe Durchlässigkeit zwischen einem nicht-akademischen Berufsbildungssystem (für die große Mehrzahl der Jugendlichen und jungen Erwachsenen) und der akademischen Ausbildung im Hochschulsystem.

Neben den politisch geplanten Reformen, die oft nicht-beabsichtigte, manchmal sogar kontraproduktive Folgen haben können, verlaufen eine Reihe latenter, nicht direkt geplanter Wandlungsprozesse, die das Hochschulsystem vor neue Herausforderungen stellen. An erster Stelle sind hier die Auswirkungen der demografischen Entwicklung sowie veränderter Formen der Bildungsbeteiligung zu nennen, insbesondere der massiven Expansion der Studiennachfrage und der Beteiligung an Hochschulbildung, die sich in den letzten fünf Jahrzehnten vollzogen hat. Dieser Wandel wird in der internationalen Hochschulforschung – in Anlehnung an die von dem amerikanischen Hochschulforscher Martin Trow vor mehr als 30 Jahren eingeführte Terminologie – als „massification of higher education" oder als „shift from elite to mass higher education" bezeichnet.

Im Einzelnen sieht sich das deutsche Hochschulsystem gegenwärtig und in absehbarer Zukunft mit folgenden Anforderungen und Entwicklungen konfrontiert, die zugleich die Rahmenbedingungen auch für die hochschulbezogene Bildungsberichterstattung bilden:

(1)   Als erstes ist hier auf die bereits angesprochene Entwicklung der Studiennachfrage als Folge demografischer Einflüsse und veränderter Bildungsbeteiligung zu verweisen. Sie ist nicht nur ein zentraler Kontextfaktor der Hochschulentwicklung, sondern mit ihr verbindet sich zugleich ein immer wieder artikuliertes bildungspolitisches Ziel, nämlich die Zahl der Studienanfänger bzw. die Studienanfängerquote zu erhöhen (häufig, aber etwas willkürlich wird hier auf die erwünschte 40%-Quote verwiesen).

(2)   Wichtigster Grund dafür ist der steigende volkswirtschaftliche Ersatz- und Erweiterungsbedarf an Hochschulabsolventen als Folge des sozioökonomischen Strukturwandels moderner Gesellschaften, insbesondere einer kontinuierlichen „Tertiarisierung" und höheren Wissensintensität von Arbeit und volkswirtschaftlicher Wertschöpfung, ferner die steigende Weiterbildungsintensität akademischer Berufe und die stärkere Öffnung der Hochschulen für lebenslanges Lernen. Insbesondere die Frage nach dem Übergang von der Hochschule in den Beruf und einer gelungenen beruflichen Einmündung steht immer wieder im Brennpunkt.

(3)   Von großer Bedeutung ist auch die weitere Entwicklung der Hochschulstrukturen, insbesondere eine mögliche Konvergenz oder eine stärkere Differenzierung der institutionellen Strukturen. Während im Zeichen des Bologna-Prozesses eine tendenzielle Annäherung der Hochschultypen zu erwarten ist, könnte die Exzellenzdebatte bzw. Exzellenzförderung eher eine stärkere Stratifizierung zur Folge haben. Die wachsende Bedeutung privater Hochschulen innerhalb eines ganz überwiegend öffentlichen Hochschulsystems ist hier ebenso zu beachten wie die gesamte regionale Standort- und Angebotsstruktur, die im Zusammenhang mit laufenden Studienreformbemühungen und einer eher auf Rückbau zielenden länderspezifischen Hochschulplanung starken Veränderungen (z.B. Fusionen, Konzentrationen, Schließungen) unterliegt.

(4)   Ein weiteres zentrales hochschulpolitisches Ziel besteht in der stärkeren Internationalisierung des deutschen Hochschulsystems im Zuge der Etablierung eines europäischen Hochschulraums, einschließlich der Schaffung international kompatibler Studiengangsstrukturen und Hochschulabschlüsse, sowie in der Förderung der Mobilität und der internationalen Attraktivität der deutschen Hochschulen.

(5)   Angesichts eines steigenden Effektivitäts- und Effizienzdrucks, der auf den Hochschulen bei größerem Wettbewerb um knappe Ressourcen lastet, ist die Implemen-

tierung neuer Steuerungs-, Organisations- und Finanzierungsverfahren sowohl auf der Ebene zwischen Staat und Hochschule wie innerhalb der Hochschulen eine weitere wichtige Veränderung. Sie könnte dazu führen, das historisch überlieferte Modell der deutschen Universität als akademische Republik in das einer „managerial" oder „entrepreneurial university" (Burton Clark) zu überführen.

(6) Darüber hinaus ist zu beobachten, dass die Anforderungen an die Qualität der Hochschulleistungen, insbesondere im Bereich der Lehre/Ausbildung, des wissenschaftlicher Nachwuchses, aber auch der Forschung kontinuierlich zunehmen. Damit verbunden ist die Etablierung neuer Verfahren der Qualitätsprüfung und -sicherung (Evaluation, Akkreditierung) und einer verstärkten Orientierung an den Ergebnissen (outcomes) als Mittel der internen und externen Hochschulsteuerung.

Grundsätzlich wäre an die hochschulbezogene Bildungsberichterstattung die Anforderung zu stellen, solche Entwicklungen von zentraler hochschulpolitischer Bedeutung soweit möglich aufzunehmen, mithilfe ausgewählter Indikatoren abzubilden und damit den tiefgreifenden Wandlungsprozess innerhalb des deutschen Hochschulsystems zu dokumentieren. Dieser Anspruch ist allerdings aus verschiedenen Gründen nur teilweise einzulösen, tatsächlich sind der Berichterstattung hier enge Grenzen gesetzt. Sie wäre schon vom Umfang her überfordert, ein vollständiges oder zumindest breites Abbild solcher Entwicklungen zu liefern, sodass sich jeder Bildungsbericht thematisch auf ausgewählte Schwerpunkte konzentrieren muss. Grenzen sind aber nicht nur durch den Zwang zur thematischen Konzentration, sondern auch durch die Möglichkeit gesetzt, Prozesse und Ergebnisse überhaupt zu „indikatorisieren", und durch die verfügbare Datenlage.

So sind einige der aktuellen Entwicklungen und hochschulpolitischen Herausforderungen nur schwer oder gar nicht „indikatorisierbar" (z.B. im Bereich der neuen Steuerungsinstrumente) oder dies würde zu trivialen Ergebnissen führen, zum Teil mangelt es an empirischer Fundierung oder an internationaler Vergleichbarkeit möglicher Indikatoren. Manche interessanten Indikatoren sind sinnvoll eigentlich nur auf institutioneller (d.h. auf Hochschul-) Ebene darstellbar (z.B. bestimmte Effizienz- oder Qualitätsindikatoren); dies würde aber unter den Bedingungen des deutschen Hochschulsystems zu einer sehr kleinteiligen Differenzierung führen. Andere interessante Indikatoren sind zurzeit praktisch nicht realisierbar, da sie nicht zum Erhebungsprogramm der amtlichen Hochschulstatistik gehören und keine empirischen Untersuchungen mit Zeitreihen verfügbar sind. So liegen z.B. für den gesamten Bereich der Kompetenzentwicklung von Hochschulabsolventen (als outcomes) nur indirekte empirische Anhaltspunkte vor, ähnlich auch für den Bereich Instruktion in der Hochschule. Im Hochschulbereich gibt es zurzeit kein Gegenstück zu den international vergleichenden Schulleistungsstudien. Diese Lücke kann nur teilweise mit Surveyforschung überbrückt werden.

3 Bisherige Ansätze in der hochschulbezogenen Bildungsberichterstattung

Deutschland scheint bei der Institutionalisierung einer systemisch ausgerichteten Bildungsberichterstattung eher eine „verspätete Nation" zu sein. Auch im Hochschulbereich fehlt bislang eine systematische und fortschreibbare indikatorengestützte Berichterstattung. Am nächsten kommt diesem Anspruch noch das Kapitel über das Hochschulwesen (zuletzt MAYER 2003) in dem in unregelmäßigen Abständen unter dem Titel „Das Bildungswesen in der Bundesrepublik Deutschland" vorgelegten umfangreichen Band des Max-Planck-Instituts für Bildungsforschung. Dieser Bericht ist allerdings nicht indikatorenbasiert aufgebaut und in der Art der Analyse, Darstellung und Bewertung nicht an so strikte methodische Vorgaben gebunden, wie das bei der Bildungsberichterstattung der Fall ist. Er entspricht daher eher dem Typus einer wissenschaftlichen Analyse und Problematisierung der deutschen Hochschulentwicklung und Hochschulpolitik.

Weder die Bildungsberichterstattung als Ganzes noch die über den Bereich der Hochschulen beginnen „am Nullpunkt". Vielmehr können sie an Vorarbeiten und Vorläufer anknüpfen, die sich jedoch oft auf einzelne Sektoren des Bildungssystems beschränken. So liegen systematische, auch indikatoren- oder kennzahlengestützte Informationen über das Hochschulwesen und die Hochschulentwicklung in Deutschland bereits in einer Vielzahl von regelmäßig erscheinenden Datenreports und Veröffentlichungen vor, auf die sich die Berichterstattung stützen kann. Dies überrascht insofern nicht, als ja die Bildungsberichterstattung primär auf dem allgemein zugänglichen Datenbestand der amtlichen Statistik aufbauen soll und sich auch das Prinzip der Indikatorenbasierung schon in anderen Berichtssystemen bewährt hat. Berichtssysteme, welche die Hochschule im Kontext des gesamten Bildungssystems berücksichtigen, finden sich bisher hauptsächlich international (OECD, EU) oder in Ländern mit einer bereits etablierten übergreifenden Bildungsberichterstattung (z. B. den USA oder Kanada).

3.1 Hochschulberichterstattung international

Der international wichtigste Bildungsbericht ist sicherlich die jährliche OECD-Publikation „Education at a Glance" (deutsch „Bildung auf einen Blick"; OECD 2005). Ihr liegt ein Indikatorenmodell zugrunde, das – als Matrix – zwei Dimensionen unterscheidet: vier Ebenen des Bildungssystems (Bildungsteilnehmer, Formen des Unterrichts, Bildungsanbieter und das Bildungssystem als Ganzes) sowie drei Problemfelder (Bildungs-/Lernergebnisse, politische Ansatzpunkte zur Beeinflussung der Ergebnisse sowie die von der Bildungspolitik zu berücksichtigenden Rahmenbedingungen). Die Berichterstattung ist konsequent nach Indikatoren gegliedert. In institutioneller Hinsicht stehen schulbezogene Indikatoren im Zentrum. Es gibt aber zahlreiche bildungsbereichsübergreifende und auch eine Reihe hochschulbezogner Indikatoren, jedoch keinen abgegrenzten Berichtsteil über Hochschulen.

Die Hochschule kommt immer dann in den Blick, wenn es um tertiäre Bildung im Sinne der ISCED-Stufen 5A und 6 in der OECD-Abgrenzung (vgl. OECD 1999) geht. Für die Hochschule stehen kaum entsprechende Prozess- und nur wenige organisationsbezogene Inputindikatoren (z.B. Anfängerzahlen) zur Verfügung. Häufiger ist die Hochschule ein Differenzierungsmerkmal bei übergreifenden Indikatoren. Gerade die hochschulbezogenen Ergebnisse der OECD-Berichterstattung, insbesondere der internationale Vergleich der altersbezogenen Studienanfängerquoten, rufen in Deutschland regelmäßig politische Reaktionen und Kritik hervor. So wird hier immer wieder die von der OECD verwendete ISCED-Klassifizierung kritisiert. Dieser Kritik zufolge besteht in der Zuordnung von Bildungsgängen zum tertiären Bereich (oder zu anderen ISCED-Stufen) insofern keine qualitative und quantitative Vergleichbarkeit, als viele Berufe und Ausbildungsgänge in Deutschland der vollzeitschulischen oder der betrieblichen Berufsausbildung, in anderen Ländern jedoch dem Hochschulsystem zugeordnet sind. Die Bedeutung der Beteiligung an Hochschulbildung werde daher, so wird von politischer Seite argumentiert, für einige Länder überschätzt, während der ständige Verweis auf die niedrige Studienanfängerquote in Deutschland insbesondere die tragende Rolle des beruflichen Bildungssystems unterschätze.

Für die Europäische Union erscheint in zwei- bis dreijährigem Abstand die Veröffentlichung „Key Data on Education in Europe" (deutscher Titel: „Schlüsselzahlen zum Bildungswesen in Europa"; Europäische Kommission 2005). Die Berichte sind sehr datenorientiert, die Kommentierung ist ausgesprochen knapp und rein deskriptiv. Für das Hochschulwesen werden vor allem Input- und Outputindikatoren berichtet, etwa die Entwicklung der Zahl der Studierenden und Absolventen, Finanzierungsindikatoren oder Arbeitsmarkterträge. Zwar ermöglicht der Bericht einen schnellen Überblick über wesentliche Strukturmerkmale der Bildungssysteme in den Mitgliedsstaaten der EU. Allerdings werden die meisten Indikatoren undifferenziert für die ISCED-Stufen 5A, 5B und 6 dargestellt, sodass vergleichende Aussagen über das Hochschulwesen im engeren Sinne nicht möglich sind.

Neben diesen international vergleichenden Bildungsberichten gibt es eine Reihe nationaler Bildungsberichte, die bei der konzeptionellen und methodischen Anlage der deutschen Bildungsberichterstattung herangezogen wurden. Dabei sind indikatorbasierte Berichte, wie sie etwa in den USA oder Kanada vorgelegt werden, von eher inspektionsbasierten Berichtskonzepten zu unterscheiden, die etwa in Großbritannien oder den Niederlanden (dort gibt es zusätzlich auch einen indikatorbasierten Bericht) publiziert werden. In Großbritannien beschränkt sich diese Berichterstattung auf den Bereich der Schulen (vgl. OFSTED 2006), während in den Niederlanden auch Hochschulen sowie Einrichtungen der beruflichen und Erwachsenenbildung einbezogen werden (vgl. Inspectie van het Onderwijs 2006). Im Zentrum stehen bei beiden Berichten Aspekte der Bildungsqualität. Inspektionsbasierte Berichte beruhen auf Erhebungen auf der Ebene der einzelnen Bildungseinrichtungen und aggregieren die erhobenen Informationen dann für den Bericht, veröffentlichen aber teilweise auch Ergebnisse für einzelne Einrichtungen. Eine Stärke dieses Vorgehens liegt darin, dass hier gerade Prozessindikatoren eine wichtige Rolle spielen.

Als nationale indikatorbasierte Berichte sei hier beispielhaft auf die Berichtssysteme aus den USA, Kanada und der Schweiz hingewiesen. Quantitativ nehmen in diesen Berichten ebenfalls die Primar- und Sekundarbildung den meisten Raum ein. Der amerikanische Bericht („Conditions of Education"; U.S. Department of Education 2005) enthält in jedem Berichtsjahr nur einen Teil des gesamten Indikatorensets und ist allein durch seinen relativ geringen Textumfang von etwa 100 Textseiten sehr selektiv. Deshalb werden auch Standardindikatoren nicht regelmäßig berichtet. Der in jedem Bericht enthaltene Abschnitt „Contexts of Postsecondary Education" widmet sich auch hochschulbezogenen Indikatoren, oft unter besonderer Berücksichtigung von „affirmative policy"-Indikatoren (etwa zu Minderheiten oder Studierenden mit Handicap). Im Abschnitt „Student Effort and Educational Progress" finden sich außerdem einige Indikatoren zu den Übergängen zwischen sekundärer und tertiärer Bildung.

Gegenüber dem amerikanischen Bericht ist das kanadische Berichtssystem („Education Indicators in Canada"; Canadian Education Statistics Council 2006) deutlich konventioneller angelegt, allerdings erscheint der Bericht nur in zwei- bis dreijährigem Abstand. Hochschulbezogene Indikatoren beziehen sich auf Finanzierung und Studiengebühren sowie auf Absolventen und Lehrpersonal. Auch die knapp präsentierten Übergangs- und Ertragsindikatoren werden für universitäre Studiengänge bzw. Hochschulabschlüsse ausgewiesen. Anders als die bisher genannten Berichte enthält der kanadische Bildungsbericht auch forschungsbezogene Indikatoren. Für beide Berichte gilt, dass sie in ihrer Anlage die kulturellen Besonderheiten einer Einwanderungsgesellschaft deutlich spiegeln.

Der Schweizer Bildungsbericht, der im November 2006 erscheinen soll, betont sehr nachdrücklich seine Funktion für ein systematisches Bildungsmonitoring und die bildungspolitische Steuerungsrelevanz der Indikatoren und Ergebnisse. Als gemeinsames Projekt von Bundesebene und Kantonen kommt er dem kooperativ-föderalen Charakter der Bildungsberichterstattung in Deutschland sehr nahe. Das vom Schweizer Bundesamt für Statistik verwendete Indikatorenmodell zeigt deutliche Parallelen zum Indikatorenmodell des deutschen Berichts, so die Gliederung in Kontext-, Input-, Prozess-, Output- und Wirkungsindikatoren. Der Schweizer Bericht ist ebenfalls hauptsächlich entlang der verschiedenen Bildungsbereiche strukturiert. Dementsprechend differenziert fällt auch der Teil über Hochschulbildung mit jeweils einzelnen Abschnitten über die Universitäten, Fachhochschulen und Pädagogischen Hochschulen aus. Für die universitären Hochschulen sind 28 Indikatoren vorgesehen, eine Auswahl dieser Indikatoren wird im Bericht verwendet. Geplant ist, auch Forschungsindikatoren aufzunehmen; in welcher Form dies geschieht, ist zurzeit jedoch noch offen. Im Unterschied zur deutschen Berichterstattung kann die Schweiz aufgrund der relativ kleinen Zahl der Hochschulen Indikatoren auch auf der Ebene einzelner Hochschulen ausweisen.

3.2 Grundlagen der Hochschulberichterstattung in Deutschland

In Deutschland kann die Berichterstattung über Hochschulen auf eine Reihe bestehender hochschulspezifischer Publikationsreihen und Bericht zurückgreifen. Diese sollen durch die Bildungsberichterstattung keineswegs abgelöst werden, sie werden vielmehr auch in der Zukunft benötigt. Die Bildungsberichterstattung ist also keine Konkurrenz zu den etablierten Informationssystemen. Die wichtigste Datenquelle für die Bildungsberichterstattung über das Hochschulwesen bilden die Bestände des Statistischen Bundesamtes, insbesondere der Hochschul- bzw. Studentenstatistik und der Bildungsfinanzstatistik. Hier stehen bundeseinheitlich erhobene Datenbestände in hinreichend langen Zeitreihen zur Verfügung, zum Teil bereits in Form von einfachen oder komplexeren Kennzahlen aufbereitet und veröffentlicht (z.B. die Fachserie „Nichtmonetäre hochschulstatistische Kennzahlen" oder die im zweijährigen Rhythmus erscheinende Broschüre „Hochschulstandort Deutschland"). Die Hochschulstatistik wird, anders als andere Teile der deutschen Bildungsstatistik, bereits seit langer Zeit als Individualstatistik, wenn auch bislang nicht als Studienverlaufsstatistik geführt. Für die Bildungsberichterstattung konnten bzw. können viele dieser vorliegenden Kennzahlen, zum Teil in anderer Abgrenzung und aktualisiert, verwendet werden.

Die Daten der amtlichen Hochschulstatistik liegen weiteren Berichten zugrunde, die über einzelne Aspekte des Hochschulwesens in Deutschland Auskunft geben, etwa den Berechnungen der Studiendauer, die der Wissenschaftsrat regelmäßig vorlegt (zuletzt

Wissenschaftsrat 2005a, 2005b). Auch in die regelmäßig erstellten Prognosen – besser wäre von Projektionen oder Modellrechnungen zu sprechen – der Kultusministerkonferenz über Studienberechtigte, Studienanfänger und Absolventen (zuletzt KMK 2005) gehen Daten der Hochschulstatistik ein. Da sich der erste Bildungsbericht im Hochschulkapitel speziell der Entwicklung der Studiennachfrage und der Ausbildungsleistungen der Hochschulen widmet, lag es nahe, hier auch die aktuelle KMK-Prognose aufzugreifen, die bekanntlich für den Zeitraum nach 2010 eine stark ansteigende Zahl von Studienanfängern vorausschätzt. Diese Prognose hat, nicht unerwartet, sehr kontroverse politische Reaktionen hervorgerufen. Die regelmäßig erscheinenden Analysen zur Hochschulausbildung von technisch-naturwissenschaftlichen Fachkräften im Rahmen der Berichterstattung zur technologischen Leistungsfähigkeit Deutschlands greifen ebenfalls auf Daten der Hochschulstatistik zurück, ergänzt um Survey- und Arbeitsmarktdaten (vgl. zuletzt EGELN/HEINE 2005).

Nicht alle wünschenswerten Indikatoren lassen sich mit Daten der amtlichen Statistik darstellen. So enthält die Hochschulstatistik, wie auch die deutsche Bildungsstatistik generell, keine Daten zum sozialen und familiären Hintergrund der Bildungsteilnehmer, zur Qualität von Bildungseinrichtungen oder -maßnahmen, zu den Übergängen zwischen Bildungs- und Beschäftigungssystem oder zum Kompetenzerwerb zu bestimmten Zeitpunkten einer Lern- oder Bildungsbiographie. Deshalb muss die Bildungsberichterstattung auch entsprechende Daten oder Ergebnisse aus regelmäßig durchgeführten Surveys oder anderen Datenquellen aufgreifen, um etwa Aussagen zu Übergängen in den Beruf, zur sozialen Herkunft von Studierenden oder zur Studienqualität formulieren zu können. Zu den wichtigen Untersuchungsreihen, die hier eine unerlässliche Datenbasis bereitstellen, zählen insbesondere die Sozialerhebung des Deutschen Studentenwerks, welche die längste Zeitreihe über Studierende in Deutschland, insbesondere deren soziale und wirtschaftliche Lage, darstellt und alle drei Jahre (seit 1980 von HIS) durchgeführt wird (zuletzt 2003; vgl. ISSERSTEDT u.a. 2004), der Konstanzer Studierendensurvey, der Zeitreihen seit 1980 zur Verfügung stellt (BARGEL/RAMM/MULTRUS 2005; SIMEANER/RÖHL/ BARGEL 2004, 2005), sowie die Studienberechtigten-, Studienanfänger- und Absolventenbefragungen von HIS, die – soweit es sich um Panelstudien handelt – auch Übergangsprozesse und die weiteren Verläufe nach solchen Übergängen in den Blick nehmen.

4   Indikatoren für die Bildungsberichterstattung über die Hochschule

Bildungsberichterstattung verfolgt mehrere Ziele und erfüllt verschiedene Funktionen (vgl. Abschnitt 6), und das nicht exklusiv, sondern zusammen mit anderen bildungspolitischen Maßnahmen, die gemeinsam ein mehrere Komponenten umfassendes System von Bildungsmonitoring ergeben. Häufig sind solche Verfahren allerdings – wie z.B. die international vergleichenden Schulstudien, die Etablierung von Bildungsstandards, Akkreditierungsverfahren und -institutionen oder Evaluationsverfahren – nur auf einzelne Bildungsbereiche oder Bildungseinrichtungen bezogen und besitzen eigene sektorale Berichtsroutinen. Im Unterschied zu diesen bereichsspezifischen Ansätzen betrachtet eine systemische Bildungsberichterstattung den jeweiligen Bildungsbereich im Kontext des

Gesamtsystems. Dabei kommt insbesondere der Darstellung der Bildungsverläufe und der Übergangsprozesse zwischen den verschiedenen Bildungsteilsystemen eine besondere Bedeutung zu. Hier liegt ein wichtiger Mehrwert der Bildungsberichterstattung, auch wenn die gegenwärtige Datenlage oft schwierig und lückenhaft ist. Die Gelenkstellen, Verbindungslinien und Interdependenzen zwischen den einzelnen Bildungsbereichen, deren „Output" wiederum den „Input" nachfolgender Einrichtungen oder Teilsysteme bildet, haben deshalb für eine systemisch orientierte Bildungsberichterstattung eine zentrale Bedeutung, um das Gesamtsystem mit seinen Leistungen, aber auch seinen Fehlfunktionen und Fehlallokationen zu dokumentieren.

Ein schwieriger Arbeitsschritt noch in der konzeptionellen Phase einer indikatorgestützten Bildungsberichterstattung besteht in der Entwicklung des Indikatorenmodells und der Auswahl des relevanten Indikatorensets. Leitend war hier – erstens – die Gliederung der Indikatoren anhand der in der internationalen Bildungsberichterstattung üblichen systemtheoretischen Kategorien Kontext, Input, Prozess und Output/Outcome/Wirkung (vgl. SCHEERENS 2004). Zweites Strukturierungsprinzip war die Verständigung auf elf „Themenfelder" (siehe Tabelle 1), z.B. im Bereich der Wirkungen nach Abschlüssen, Kompetenzen und Erträgen. Diesen Feldern wurden dann jeweils einzelne Indikatoren zugeordnet. Bei der Entwicklung eines solchen Indikatorentableaus ist stets die „Inflationsgefahr" präsent, d.h. wesentlich mehr Indikatoren anzugeben, als es für eine systemische Bildungsberichterstattung sinnvoll oder erforderlich ist, welche mehr ist als eine additive Zusammenführung weitgehend verselbständigter Berichterstattung über einzelne Bildungsbereiche. Internationale Vergleichbarkeit, bildungspolitische Bedeutsamkeit, empirische Realisierbarkeit, längerfristige Fortschreibbarkeit (und nicht nur zeitlich vorübergehende Bedeutung) waren wichtige Kriterien für die Auswahl der Indikatoren.

Das Indikatorenmodell für den deutschen Bildungsbericht umfasst insgesamt 86 Indikatoren (vgl. Konsortium Bildungsberichterstattung 2005). Davon sind 36 Indikatoren sog. bereichsübergreifende Indikatoren, die mehrere oder alle Bildungsbereiche betreffen, die übrigen sind bereichsspezifisch. Tabelle 1 zeigt die thematische Zuordnung der zehn bereichsübergreifenden (als IÜ gekennzeichnet) und der zwölf bereichsspezifischen Indikatoren (IH), die für den Berichtsteil zum Hochschulwesen konzipiert wurden.

Tabelle 1: Indikatorenmodell der Bildungsberichterstattung: Indikatoren mit Hochschulbezug (ohne Indikatorenset Kontextindikatoren)

Indi-kato-renset	Thema	Übergreifender Indikator mit Hochschul-relevanz	Hochschulspezifischer Indikator	im ersten Bildungs-bericht enthalten
Wirkungen/Output	**Abschlüsse**			
		IÜ02 Abschlussquoten im Sekundarbe-reich II und im Tertiärbereich		X
			IH01 Angebot an Hochschulabsolven-ten	X
			IH02 Erfolgs- und Schwundquoten	X
	Kompetenzen			
		IÜ07 Basiskompetenzen nach Ab-schluss der Sekundarstufe in verschie-denen Altersgruppen		
	Bildungserträge			
		IÜ10 Relative Erwerbseinkommen nach Bildungsstand und Altersgruppen		X
			IH03 Übergänge in den Beruf	X
			IH04 Adäquanz der Beschäftigung	X
Input	**Bildungsausgaben**			
		IÜ14 Ausgaben der Bildungseinrichtun-gen je Bildungsteilnehmer		X
			IH05 Drittmittel und Grundmittel für Leh-re und Forschung der Hochschulen je Professor	
	Bildungsbeteiligung, Bildungsteilnehmer			
		IÜ20 Bildungsteilnehmer nach sozio-ökonomischem Hintergrund		X
			IH06 Studienanfänger an Hochschulen	X
			IH07 Studienfinanzierung	
			IH08 Länderübergreifende studentische Mobilität	
	Personalressourcen			
		IÜ22 Pädagogisches Personal		
		IÜ24 Zahlenmäßiges Verhältnis Ler-nende – Lehrende		
	Bildungsangebote, Bildungseinrichtungen			
		IÜ27 Bildungsteilnehmer in privaten Bil-dungseinrichtungen		
			IH10 Lebenslanges Lernen an Hoch-schulen	
Prozess	**Übergänge**			
		IÜ33 Übergänge zur Hochschule und Studierbereitschaft der Studienberech-tigten		X
	Qualitätssicherung			
			IH11 Urteile über Studienqualität	
	Bildungszeit			
		IÜ35 Durchschnittliche Verweildauer der Absolventen im Bildungsbereich		X
			IH13 Internationale Mobilität von Studie-renden	
			IH14 Studentisches Zeitbudget	

Im Indikatorentableau fehlen noch forschungsbezogene Indikatoren. Zwar zählt die Forschung neben der Lehre unbestritten zu den beiden Kernfunktionen des Hochschulsystems und ist zudem mit dessen Ausbildungsfunktion auf vielfältige Weise verquickt (z.B. durch den immer wieder proklamierten Forschungsbezug der Lehre oder im Bereich der Doktorandenausbildung). Aus zwei Gründen sind jedoch Forschungsindikatoren bislang nicht in das Indikatorenmodell aufgenommen worden.

- Zum einen lassen sich gegenwärtig kaum Forschungsindikatoren angeben, die bereits für die verschiedenen Fachrichtungen und Fächerkulturen gleichermaßen Geltung beanspruchen können. Insbesondere die häufig herangezogenen bibliometrischen Indikatoren bedürfen jeweils einer fachspezifischen Ausrichtung. Die Instrumente der Leistungsmessung in der Forschung sind gegenwärtig „noch weit von einem routinemäßig einsetzbaren Verfahren entfernt" (HORNBOSTEL 2004, S. 187). Viele Forschungsindikatoren sind überdies sinnvoll nur fachbezogen auf der Ebene der einzelnen Hochschule ausweisbar, rücken also in die Nähe von Forschungsrankings.
- Zum anderen stellt gerade im internationalen Vergleich die Verflechtung zwischen universitärer und außeruniversitärer Forschung ein schwerwiegendes methodisches Problem dar. Außeruniversitäre Forschung ist nicht Bestandteil der Bildungsberichterstattung, zumal es bereits speziell der Forschung gewidmete andere Berichtssysteme gibt und der Anspruch eines nationalen Bildungsberichts nicht zu sehr in Richtung einer Forschungsberichterstattung ausgeweitet werden sollte.

Allerdings umfassen einige der ausgewählten Hochschulindikatoren auch forschungsbezogene Kennzahlen, etwa die Forschungsausgaben der Hochschulen, die Zahl der Promovierten, in Zukunft auch die Zahl der Studienanfänger bzw. Absolventen in forschungsorientierten Masterstudiengängen. Auf diese Weise kann zumindest über wichtige Entwicklungen hinsichtlich der personellen und finanziellen Basis der Forschung in Deutschland berichtet werden. Langfristig muss jedoch die Bildungsberichterstattung auch der Forschungsqualität (wie immer das zu operationalisieren wäre) der Hochschulen Aufmerksamkeit schenken.

Die entscheidende Anforderung an die Indikatoren besteht in ihrer Datenbasierung. Indikatoren beruhen auf statistischen Kennzahlen; in vielen Fällen setzt sich ein Indikator aus mehreren Kennzahlen zusammen. Gemeinsam stehen sie jeweils für ein zentrales Merkmal von Bildungsprozessen oder einen zentralen Aspekt von Bildungsqualität. Die Indikatoren sind im Hinblick auf die Datenquelle, die Art der Berechnung sowie die möglichen sozialstrukturellen und räumlichen Differenzierungen einheitlich beschrieben worden (vgl. Konsortium Bildungsberichterstattung 2005). Für den Bereich der Hochschule ist die Datenlage vergleichsweise günstig. Aufgrund der bundeseinheitlichen Regelungen des Hochschulstatistikgesetzes liegt eine einheitliche und umfassende Datenbasis vor. Die Hochschulstatistik des Statistischen Bundesamtes bildet die wichtigste Datengrundlage. Einige Indikatoren müssen jedoch auf andere Daten zurückgreifen, die vor allem in der Studentenforschung in verschiedenen Surveys erhoben werden. Dabei handelt es sich in der Regel um repräsentative Surveys mit hinreichend großem Umfang, die regelmäßig durchgeführt werden, sodass Zeitreihen möglich sind und eine gewisse Verlässlichkeit für zukünftige Berichte gegeben ist.

Die Datenverfügbarkeit spielte bei der Indikatorenauswahl keine exklusive Rolle. Denn eine Funktion der Konzeptionsphase der Bildungsberichterstattung lag darin, wichtige Datendefizite zu identifizieren (vgl. Konsortium Bildungsberichterstattung 2006a).

Wünschenswerte, derzeit aber nicht realisierbare Indikatoren können also im Indikatorenset enthalten sein und signalisieren einen entsprechenden Entwicklungs- und Erhebungsbedarf. Vor allem die Prozessmerkmale und die „Outcomes" der Hochschule (z.B. die erworbenen Kompetenzen) werden mit den verfügbaren Daten nur unzureichend abgebildet. Hierfür werden auch in Zukunft Surveys neben den hochschulstatistischen Daten für die Bildungsberichterstattung eine wichtige Rolle spielen, um vertiefte Einblicke in die Qualität von Bildungsprozessen zu erhalten. Das Indikatorenmodell ist also in allen seinen Teilen nicht als abgeschlossen zu betrachten. Seine Weiterentwicklung ist ausdrücklich vorgesehen.

5 Die Hochschule im ersten nationalen Bildungsbericht: Nachfrage nach Hochschulbildung und Ausbildungserfolg der Hochschulen

Wie in allen anderen Teilen des ersten Bildungsberichts, so waren auch für den Hochschulteil eine thematische Schwerpunktsetzung und eine Auswahl der dort berichteten Indikatoren unumgänglich. Für den ersten Bildungsbericht wurde die Entscheidung getroffen, das Hochschulkapitel der Entwicklung der Studiennachfrage und der Ausbildungsleistungen der Hochschule zu widmen. Damit wurde ein höchst aktuelles hochschulpolitisches Problem aufgenommen, das gerade in jüngster Zeit wieder von verschiedener Seite thematisiert wurde – ebenso von den Folgeproblemen der Nachfrageentwicklung für die Hochschulen her wie von den vermeintlichen oder tatsächlichen Bedarfsanforderungen des Arbeitsmarktes oder des Beschäftigungssystems. So hat insbesondere die Prognose der KMK zur Zahl der Studienanfänger bis 2020 (KMK 2005) dazu beigetragen, die öffentliche Aufmerksamkeit noch einmal auf die voraussichtlich noch weiterhin anhaltende Überlastung der Hochschulen mit Studienanfängern und Studierenden zu lenken. Der Wissenschaftsrat hat in diesem Jahr Empfehlungen zum demografie- und arbeitsmarktgerechten Ausbau des Hochschulsystems vorgelegt, die ebenfalls um dieses Thema kreisen (Wissenschaftsrat 2006). Noch in diesem Jahr wird die Bund-Länder-Kommission für Bildungsplanung und Forschungsförderung einen Bericht veröffentlichen, der eine Fortschreibung von Projektionen zum zukünftigen Arbeits-/Fachkräftebedarf in der Bundesrepublik enthält.

Auch in der internationalen Hochschuldebatte bildet die Nachfrage- und Bedarfsentwicklung einen Brennpunkt. Hier besteht ein weitgehender Konsens in der hochschul-, wissenschafts- und technologiepolitischen Debatte über die in allen modernen wissensbasierten Volkswirtschaften vorhandene Notwendigkeit, durch geeignete bildungspolitische Maßnahmen die Bildungsbeteiligung im tertiären Bereich und die Zahl der Hochschulabsolventen zu erweitern. Auch wenn Bildungssysteme international nur schwer vergleichbar sind und der „reale" Beitrag der Bildungssysteme zur sozioökonomischen Entwicklung quantitativ nicht ganz exakt zu bestimmen ist, legen es die Entwicklungen in anderen wichtigen Industriestaaten nahe, auch in Deutschland den Anteil gut ausgebildeter Hochschulabsolventen an den jeweiligen Altersjahrgängen weiter zu steigern. Nur so kann es gelingen, die Innovationsfähigkeit in Deutschland zu erhalten (vgl. BMBF 2006) und wirtschaftliches Wachstum unter den Bedingungen einer globalen und wissensbasierten Ökonomie dauerhaft zu sichern.

Um die angestrebte Erhöhung der Absolventenzahlen und der Absolventenquote – aufgrund des Einflusses demografischer Faktoren können sich beide Kennzahlen durchaus auseinander entwickeln – zu erreichen, nimmt der erste Bildungsbericht die Determinanten für das Angebot an Hochschulabsolventen auf allen Stufen des Studienverlaufs in den Blick. Beginnend mit dem Übergang von der Schule in die Hochschule geht es nicht allein um die Zahl der Studienberechtigten, die als (quantitativer) Output der Schule betrachtet wird, sondern vor allem um die Entwicklung der Übergangsquote. Sie zeigt an, wie es um die Studierbereitschaft der Studienberechtigten bestellt ist. Die Zahl der Studienanfänger als Inputgröße des Hochschulsystems grenzt den quantitativen Rahmen ein, in dem sich die Ausbildungsleistungen der Hochschulen und insbesondere das Absolventenangebot bewegen, das dann später auf dem Arbeitsmarkt wirksam wird. Die altersbezogene Studienanfängerquote ist ein Indikator dafür, wie sich die Bildungsbeteiligung über einen längeren Zeitraum an der Schwelle des Hochschulzugangs verändert hat. Wie viele Absolventen schließlich das Hochschulsystem verlassen, hängt auch von Prozessmerkmalen des Studiums ab, vor allem der Studienabbruchquote, aber auch der Verweildauer innerhalb des Hochschulsystems. Beides trägt offenkundig dazu bei, dass die Studienanfänger- und Absolventenzahlen einige Jahre später weit auseinander klaffen.

Zumindest einen indirekten Einfluss auf die Studiennachfrage üben auch Informationen, häufig verzerrte Meldungen und Einschätzungen über die Arbeitsmarkt- und Berufschancen von Hochschulabsolventen aus. Diese sind ein ganz zentrales Motiv bei Studienentscheidungen. Zwar wird immer wieder auf den steigenden Bedarf moderner Volkswirtschaften an gut ausgebildeten Fachkräften, darunter vor allem Hochschulabsolventen, hingewiesen. Wenn diesen Behauptungen jedoch keine entsprechenden Informationen über eine gelingende Berufseinmündung von Hochschulabsolventen korrespondieren, vielmehr öffentlich eher allerlei vorschnelle Verallgemeinerungen und zum Teil auch falsche oder selektive Informationen über vermehrte Berufsfindungs- und Berufseinstiegsprobleme kolportiert werden, kann (und wird) die Studierneigung junger Menschen negativ beeinflusst werden. Dass Hochschulabsolventen tatsächlich über ein im Vergleich zu anderen Qualifikationsgruppen geringeres Risiko der Arbeitslosigkeit und über überdurchschnittliche Einkommenschancen verfügen, kann im Bildungsbericht etwa auf der Grundlage von SOEP-Auswertungen verdeutlicht werden (vgl. Konsortium Bildungsberichterstattung 2006b, S. 182 ff.). Auch kann keineswegs pauschal von einem „downgrading", einer massenhaften Zunahme unterwertiger Beschäftigungsverhältnisse bei Hochschulabsolventen die Rede sein (a.a.O., S. 117ff.).

Drei der im Bildungsbericht thematisieren Entwicklungslinien bzw. Determinanten für das Angebot an Hochschulabsolventen sollen in den folgenden Ausführungen beispielhaft kurz umrissen werden.

5.1 Übergänge in die Hochschule und Studiennachfrage

Eine steigende Zahl von Studienberechtigten bedeutet nicht automatisch zugleich eine steigende Zahl von Studienanfängern. Entscheidend ist die Übergangsquote von der Schule zur Hochschule, die seit den 1980erJahren deutlich gesunken ist (Abb. 1) und sich seit der zweiten Hälfte der 1990erJahre zwischen 70 und 75% eingependelt hat.

Abbildung 1:   Übergangsquoten zur Hochschule für Studienberechtigtenjahrgänge von
1980 bis 2004[*] insgesamt und nach dem Geschlecht (in %)

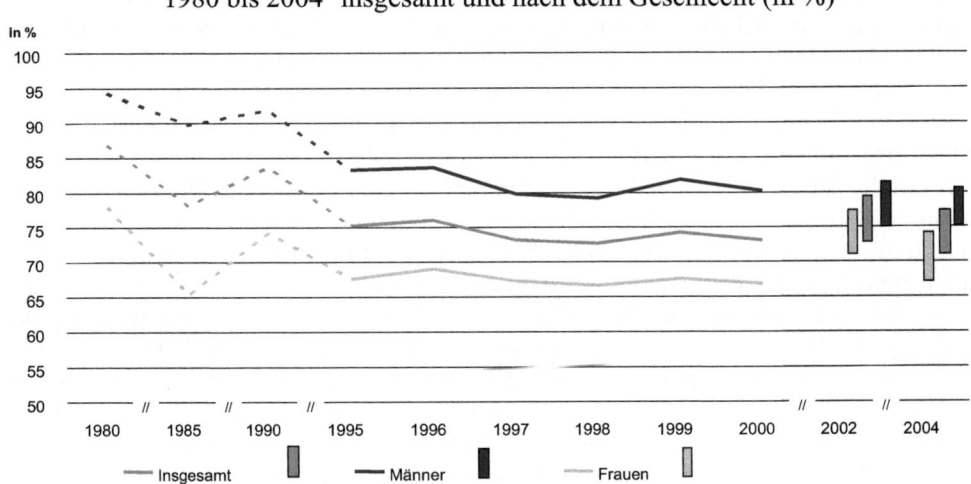

* 1980 bis 2000: Vom Statistischen Bundesamt ausgewiesene Übergangsquoten
  2002 und 2004: Erwartete Übergangsquoten auf Basis der HIS-Studienberechtigtenbefragungen
  (angegeben sind die Bandbreiten von Minimal- und Maximalquote).

Quelle: Statistisches Bundesamt, Hochschulstatistik; HIS-Studienberechtigtenpanel.

In Deutschland wird also das zur Verfügung stehende Studierpotenzial nicht nur unzureichend, sondern sogar noch weniger als früher ausgeschöpft. Der Zugang nicht-traditioneller Studierender (SCHUETZE/WOLTER 2003; WOLTER 2005), also solcher Studierender,
die ihre Studienberechtigung nach einer Berufsausbildung und Berufstätigkeit erwerben,
könnte hier kompensierend wirken; er spielt bislang quantitativ kaum eine Rolle. Die
Durchlässigkeit des Hochschulzugangs von der beruflichen Bildung her ist in Deutschland sehr begrenzt.

Trotz rückläufiger oder niedriger Übergangsquoten ist die Zahl der Studienanfänger
zwischen 1995 und 2004 um etwa 37% angestiegen, was einem Zuwachs um fast 100.000
entspricht. Hauptgrund dafür ist die wachsende Bildungsbeteiligung im Sekundarbereich.
Zwischen 1980 und 2004 hat sich die Studienanfängerquote annähernd verdoppelt, auch
wenn sie im internationalen Vergleich immer noch relativ niedrig liegt (Abb. 2). Die steigende Studienberechtigtenquote und das damit verbundene Wachstum in der Zahl der
Studienberechtigten hat eine höhere Bildungsbeteiligung auch an tertiärer Bildung nach
sich gezogen. Seit den 1950er Jahren lässt sich ein nahezu kontinuierlicher, bislang nur
für kurze Zeiträume unterbrochener Trend zur Erhöhung der Studienanfängerzahlen und
der Studienanfängerquote verzeichnen. Seit 2004 ist die Zahl der Studienanfänger allerdings rückläufig – primär ein Reflex auf ausufernde Zulassungsbeschränkungen an den
deutschen Hochschulen.

Abbildung 2: Studienanfängerquote 1980 bis 2004, für 2003 im Vergleich mit ausgewählten OECD-Staaten, insgesamt und nach dem Geschlecht

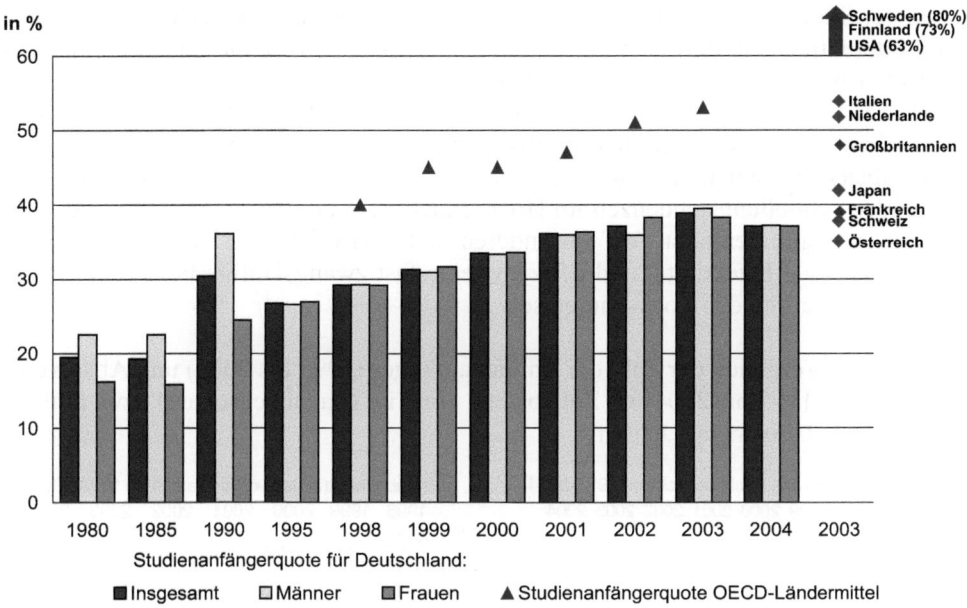

Quelle: Statistisches Bundesamt, Hochschulstatistik; OECD

Wurde von der Bildungspolitik in den 1970er Jahren aufgrund der geburtenstarken Jahrgänge für den Zeitraum etwa bis zum Ausgang der 1980er Jahre ein durch hochschulpolitische Maßnahmen „zu untertunnelnder" Studierendenberg prognostiziert, auf den eine nachhaltige Entlastung der Hochschulen vom Nachfrageüberdruck folgen sollte, so zeigt die tatsächliche Entwicklung, dass auf diesen ersten Studierendenberg etwa seit Mitte der 1990er Jahre ein noch weit höherer zweiter Gipfel folgte. Nach den Prognosen der KMK ist vor allem in den Jahren 2011 bis 2013 mit neuen Nachfragespitzen in bisher unerreichter Höhe, also einem dritten und noch steileren Studierendenberg zu rechnen, bevor nach 2020/25 – demografisch bedingt – die Zahl der Studienanfänger wieder zurückgehen könnte.

Allerdings enthält diese Prognose eine Reihe von unabsehbaren Risiken, etwa die deutlich zunehmende Zahl zulassungsbeschränkter Studiengänge, die breite Einführung hochschuleigener Auswahlverfahren, die angesichts der Einführung von Studiengebühren schwer prognostizierbare weitere Entwicklung der Studierbereitschaft, die Auswirkungen der Studienstrukturreform und andere nicht-kalkulierbare Bedingungen. Von daher könnte die Entwicklung auch weit unterhalb des prognostizierten Korridors verlaufen. Auf die Studienentscheidung und die Studiennachfrage wirken neben individuellen Präferenzen (z.B. Wertorientierungen und Lebensziele) und der Selbstwahrnehmung der eigenen Leistungsstärken auch oft unsichere Einschätzungen des Arbeitsmarkts für Akademiker, der zu erwartenden Studienbedingungen und Studiendauer sowie der Kosten und Finanzierung des Studiums ein. Auch kurzfristig wirkende Ereignisse oder Trends, etwa BAföG-Reformen oder fachspezifische Arbeitsmarktkonjunkturen, haben (und werden weiterhin) ihre Spuren hinterlassen.

5.2 Studienverläufe

Die Zahl der Studienanfänger und die der Absolventen klaffen weit auseinander (Abb. 3). Eine im internationalen Vergleich schon lange Regelstudienzeit, die zudem häufig noch überschritten wird, sowie hohe Studienabbruchquoten, die in einzelnen Fachrichtungen bis zu 40% betragen, können als Indiz für eine mangelnde Effektivität der Hochschulausbildung gelten. Ihre analytische und politische Bewertung ist ambivalent: Auf der einen Seite signalisiert das einen nicht sehr effizienten Umgang mit Ressourcen, der angesichts zunehmender Schließungstendenzen im Hochschulsystem und des hohen Absolventenbedarfs kaum zu legitimieren ist. Auf der anderen Seite verweisen die Hochschulen darauf, dass die mangelnde Effektivität und Effizienz eine fast zwangsläufige Folge der Überlast und Unterfinanzierung der Hochschulen sei.

Abbildung 3:   Vergleich der Zahl der Studienanfänger (1993 bis 2000) und Absolventen (1997 bis 2004) im Zeitabstand von vier (Fachhochschule) bzw. fünf (Universität) Jahren

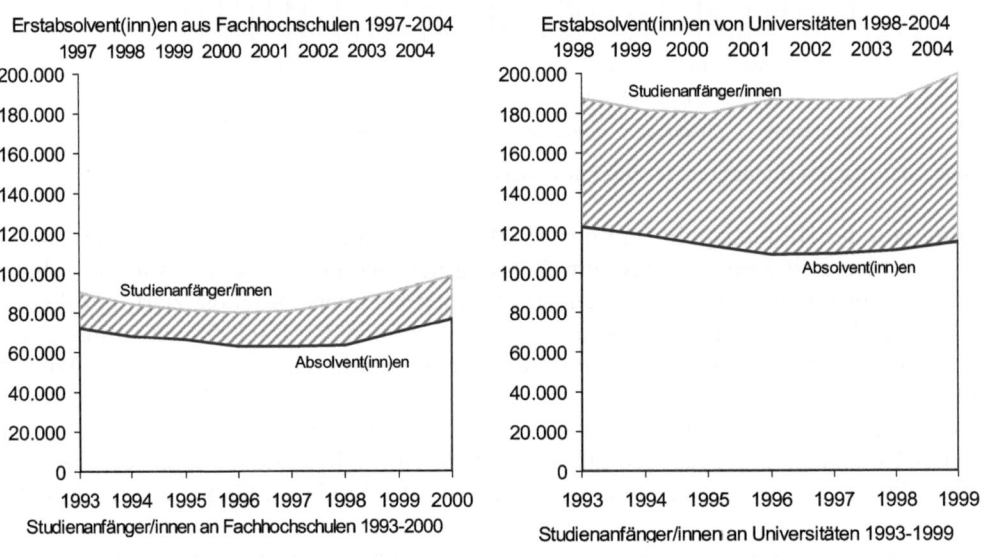

Quelle: Statistisches Bundesamt, Hochschulstatistik.

Der Bachelor bietet einen Abschluss nach kürzerer Studienzeit und könnte mit einer strukturierteren Studienorganisation dazu beitragen, die Abbruchquote zu vermindern. Wie sich die Einführung des gestuften Studiensystems auf die tatsächliche Studiendauer auswirken wird, lässt sich gegenwärtig noch nicht abschätzen. Die Verkürzung der Regelstudienzeiten bis zu einem ersten berufsqualifizierenden Abschluss könnte zu einer Reduktion der tatsächlichen Studiendauer führen; diese kann dann aber immer noch oberhalb der normierten Studienzeiten liegen. Auch die mit der Studienreform verbundene Zielsetzung, Studiengänge besser zu strukturieren und dadurch deren „Studierbarkeit" zu erhöhen, könnte eine Annäherung der faktischen an die Regelstudienzeit zur Folge haben. Die ersten Signale scheinen tatsächlich auf eine solche Entwicklung der Studiendauer hinzudeuten. Außerdem ist die – bislang weit oberhalb der Erwartungswerte liegende –

Übergangsquote in das Masterstudium zu berücksichtigen, da sich die Regelstudienzeit für beide Studiensequenzen zusammen nicht verkürzt.

Studiendauer und Häufigkeit des Studienabbruchs lassen sich nur dann nachhaltig reduzieren, wenn man den Ursachen dieser Fehlentwicklungen Rechnung trägt. Neben der Studienorganisation und der Studienfinanzierung sind hier drei Faktoren in den Blick zu nehmen: (1) Die Qualität der schulischen Vorbildung und die „Passfähigkeit" von Schule und Hochschule, (2) der Ausbau beratender Angebote bereits vor der Studienaufnahme, aber auch während des Studiums sowie (3) der Ausbau von Angeboten für Teilzeitstudierende. Im internationalen Vergleich gibt es in Deutschland einen auffälligen Mangel an Teilzeitstudiengängen, während ein beträchtlicher Teil der Studierenden (bis zu 25%) aus unterschiedlichen Gründen de facto ein Teilzeitstudium praktiziert, wie die im Rahmen der Sozialerhebungen vorgenommene Zeitbudgetanalyse zeigt (ISSERSTEDT u.a. 2004, S. 272ff.).

5.3 Feminisierung der Hochschule und des akademischen Arbeitsmarktes

Einer der stabilsten Wandlungsprozesse im deutschen Hochschulsystem ist die wachsende Feminisierung der Studiennachfrage und des Absolventenangebots. Die Studienberechtigtenquote der jungen Frauen liegt seit Jahren über der der jungen Männer, sodass trotz ihrer geringeren Übergangsquote Zahl und Anteil der Frauen an den Studienanfängern an den Universitäten auf über 50% angestiegen sind (Abb. 4), im Bereich der Fachhochschulen (aufgrund der anderen Fächerstruktur) nur auf über 40%. Mit Ausnahme der meisten Fächer aus den Ingenieurwissenschaften und der Fächergruppe Mathematik/Naturwissenschaften stellen die Frauen inzwischen in nahezu allen Fächern eine zum Teil deutliche Mehrheit. Entgegen gelegentlich öffentlich zu hörenden Mutmaßungen ist die Abbruchquote bei den jungen Frauen niedriger, ihr Studienerfolg fällt also höher aus als der ihrer männlichen Kommilitonen.

Abbildung 4: Anzahl der Erstabsolventinnen und -absolventen sowie Anteil der Frauen 1995 bis 2004 (in %)

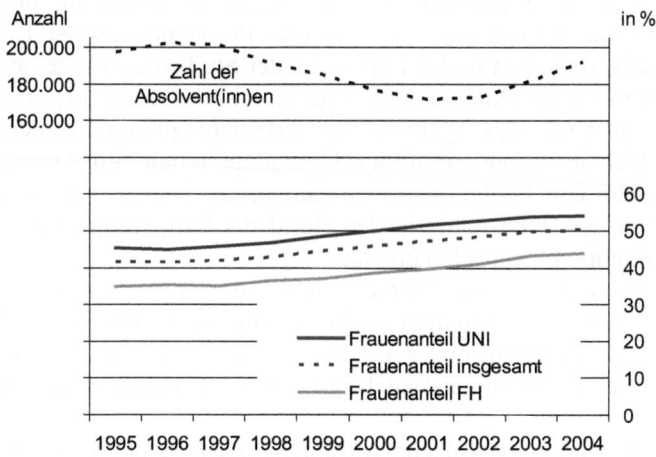

Quelle: Statistisches Bundesamt, Hochschulstatistik.

In der zweiten Hälfte der 1990er Jahre war in Deutschland die Gesamtzahl der Hochschulabsolventen rückläufig. Zwischen 1995 und 2004 sank die Zahl der männlichen Hochschulabsolventen um fast 20.000, während die der Absolventinnen um fast 15.000 anstieg. Im Jahr 2004 verließen erstmals mehr Frauen als Männer die Hochschulen (ohne Ausländer). Voraussichtlich wird die Versorgung des Arbeitsmarkts mit Hochschulabsolventen in Zukunft in immer stärkerem Maße von der Beteiligung der jungen Frauen abhängen. Hier kündigt sich ein kultureller und ökonomischer Wandel an, der in seiner Bedeutung kaum zu überschätzen ist. Aufgrund der nach wie vor stark geschlechtsspezifisch variierenden Fächerwahl dies Fachrichtungen mit einem geringen Frauenanteil, wie etwa die Ingenieurwissenschaften, von der Expansion tertiärer Bildung abschneiden und hier die Nachwuchsprobleme verschärfen. Nicht nur die Hochschulen, sondern vor allem Arbeitsmarkt und Beschäftigungssystem müssen sich darauf einstellen, dass die jungen Frauen in Zukunft einen immer größeren Teil des verfügbaren Arbeitskräfteangebots bilden. Damit wird die Frage nach der Vereinbarkeit von Familie und Studium bzw. Familie und Erwerbstätigkeit zu einer Schlüsselfrage des zukünftigen Arbeitskräfteangebots, insbesondere im Bereich der hochqualifizierten Fachkräfte – für den außeruniversitären Arbeitsmarkt ebenso wie für den Eigenbedarf des Hochschul- und Wissenschaftssystems an wissenschaftlich qualifiziertem Nachwuchs.

6 Schlussbetrachtung: Funktionen und Grenzen der Bildungsberichterstattung

Beispielhaft lässt sich hier abschließend am Hochschulbereich verdeutlichen, welche Funktionen Bildungsberichterstattung für die Bildungspolitik übernehmen könnte.

(1) Sie kann ein Instrument der *Dauerbeobachtung* zentraler Faktoren der Bildungsentwicklung sein und insbesondere Entwicklungen oder Veränderungen dokumentieren, mit denen bildungspolitische oder andere Handlungserfordernisse verbunden sind.

(2) Sie kann eine *Präventivfunktion* als eine Art „Frühwarnsystem" übernehmen, indem sie rechtzeitig auf dramatische Umbrüche oder Probleme hinweist. Ein Beispiel hierfür sind die massiven Wellen in der Expansion der Studiennachfrage, auf die Hochschulpolitik im Interesse der Qualität der Hochschulbildung rechtzeitig zu reagieren hätte.

(3) Sie kann im *Systemkontext* systemische Verlaufsprozesse und Interdependenzen abbilden und hier, insbesondere an den Übergangsstellen, auf Abstimmungsprobleme und die Gefahr von Fehlallokationen hinweisen. Dieses wäre zum Beispiel beim Übergang von der Hochschule in den Beruf der Fall, wenn es zu gravierenden beruflichen Einmündungsproblemen käme.

(4) Sie kann der *systeminternen Problemanalyse* dienen und zum Beispiel auf spezifische Effektivitäts- oder Qualitätsprobleme hinweisen (im Hochschulbereich etwa auf das Schwundproblem) und den Blick auf die Ursachen solcher Fehlentwicklungen lenken, wenn dies zumeist auch mit einem zusätzlichen Forschungsbedarf verbunden ist.

(5) Sie kann eine bildungspolitische *Rückmeldefunktion* übernehmen und den politischen Akteuren Informationen über die Erreichung von Handlungszielen geben, et-

wa bei der Implementation der neuen Studiengangstypen oder der angestrebten Internationalisierung der Hochschulen.

(6) Sie kann dem *internationalen Vergleich* der Bildungsentwicklung, zum Teil auch dem regionalen Vergleich (z.B. zwischen den Bundesländern) und damit einer Art „benchmarking" dienen, wenngleich hier die beträchtlichen strukturellen und methodischen Probleme des internationalen Bildungsvergleichs zu berücksichtigen sind.

Die Grenzen der Bildungsberichterstattung liegen – unter methodischen Aspekten – im Prinzip der Indikatorenbasierung, denn nicht alle bildungspolitisch wichtigen Entwicklungen und Veränderungen lassen sich „indikatorisieren". Im Hochschulbereich erweist es sich zum Beispiel als schwierig, die neuen Verfahren der Qualitätssicherung oder die neuen Steuerungsverfahren und ihre Auswirkungen in Form sinnvoller Indikatoren zu erfassen. Dagegen lassen sich der Stand der Einführung der neuen Studiengänge oder der Internationalisierungsgrad des Studiums relativ einfach durch Indikatoren zur Zusammensetzung der Studierenden abbilden. Indikatorengestützte Berichtssysteme haben eine gleichsam natürliche Präferenz für längerfristige quantitativ-strukturelle Entwicklungen, während sie qualitativ-prozedurale Sachverhalte eher vernachlässigen oder allenfalls indirekt erfassen können. Die Möglichkeit, Schwerpunktthemen zu wählen, die nicht dem strengen Prinzip der Indikatorenorientierung unterliegen, sondern auch andere Datenquellen einbeziehen können, schafft hier wenigstens ansatzweise einen Ausgleich.

Eine andere Grenze der Bildungsberichterstattung betrifft das Verhältnis von Politik und Wissenschaft. Wie hoch ist der wissenschaftliche Informationsbedarf der Politik tatsächlich? Und wie geht Politik mit „unangenehmen", kritischen wissenschaftlichen Informationen um? Blickt man auf die Entwicklung der empirischen Bildungsforschung seit den 1960er Jahren zurück, dann lässt sich der Eindruck nicht ganz vermeiden, dass Bildungsberichterstattung in vielen Bereichen zwar mit neuen Daten und Ergebnissen Entwicklungen, Probleme und ihre Ursachen genauer beschreiben und analytisch tiefer ausleuchten kann, die Sachverhalte selbst – wie zum Beispiel die massiven sozialen oder migrationsbedingten Disparitäten in unserem Bildungssystem – aber oft schon seit langer Zeit bekannt und teilweise auch gut dokumentiert sind. Da stellt sich nicht selten die Frage, ob Bildungspolitik eigentlich primär ein Informations- und Wissensdefizit oder doch eher ein konsensuales Handlungs- und Realisierungsdefizit hat und in welchem Verhältnis eigentlich Informations- und Legitimationsbedarf der Politik stehen.

Literatur

BARGEL, T./MULTRUS, F./RAMM, M. (2005): Studiensituation und studentische Orientierungen. 9. Studierendensurvey an Universitäten und Fachhochschulen. Kurzfassung. Bundesministerium für Bildung und Forschung. – Bonn und Berlin.

BMBF, Bundesministerium für Bildung und Forschung (Hrsg.) (2006): Bericht zur technologischen Leistungsfähigkeit Deutschlands 2006. – Berlin.

Canadian Education Statistics Council (2006): Education Indicators in Canada: Report of the Pan-Canadian Education Indicators Program 2005. Co-published by: Council of Ministers of Education. – Ottawa, Toronto.

Europäische Kommission (2005): Schlüsselzahlen zum Bildungswesen in Europa. – Brüssel, Luxemburg. URL: http://www.eurydice.org/Documents/cc/2005/de/FrameSet.htm.

EGELN, J./HEINE, C. (HRSG.) (2005): Die Ausbildungsleistungen der Hochschulen. Eine international vergleichende Analyse im Rahmen des Berichtssystems zur Technologischen Leistungsfähigkeit Deutschlands. – Hannover 2005, HIS-Kurzinformation A5/2005.

HEUBLEIN, U./SCHMELZER, R./SOMMER, D. (2005): Studienabbruchstudie 2005, HIS Kurzinformation A1/2005. – Hannover.

HORNBOSTEL, S. (2004): Leistungsparameter und Rating in der Forschung. In: HRK – Hochschulrektoren-konferenz (Hrsg.): Evaluation – ein Bestandteil des Qualitätsmanagements an Hochschulen. – Bonn.

Inspectie van het Onderwijs (2006): De staat van het Onderwijs. Onderwijsverslag 2004/05 – Utrecht – URL: http://www.owinsp.nl/english.

ISSERSTEDT, W./MIDDENDORF, E./WEBER, S./SCHNITZER, K./WOLTER, A. (2004): Die wirtschaftliche und soziale Lage der Studierenden in der Bundesrepublik Deutschland 2003. 17. Sozialerhebung des Deutschen Studentenwerks durchgeführt durch HIS Hochschul-Informations-System. – Bonn, Berlin.

KMK (2003): Fächerspezifische Prognose der Hochschulabsolventen bis 2015. – Bonn: Statistische Veröffentlichungen der Kultusministerkonferenz, Dokumentation Nr. 168.

KMK (2005): Prognose der Studienanfänger, Studierenden und Hochschulabsolventen bis 2020. – Bonn: Statistische Veröffentlichungen der Kultusministerkonferenz, Dokumentation Nr. 176.

Konsortium Bildungsberichterstattung (2006a): Zu langfristigen Sicherstellung der Datenbasis für die Bildungsberichterstattung. – Frankfurt – URL: http://www.bildungsbericht.de/daten/datenstrategie.pdf.

Konsortium Bildungsberichterstattung (2006b): Bildung in Deutschland. – Bielefeld.

Konsortium Bildungsberichterstattung (2005): Bildungsberichterstattung – Entwurf eines Indikatoren-modells. – URL: http://www.bildungsbericht.de/daten/indikatorenmodell.pdf .

MAYER, K. U. (2003): Das Hochschulwesen. In: CORTINA, K./BAUMERT, J./LESCHINSKY, A./MAYER K. U.; TROMMER, L. (Hrsg.): Das Bildungswesen in der Bundesrepublik Deutschland. – Reinbek, S. 581-624.

OECD (1999): Classifying Educational Programmes. Manual for ISCED-97 Implementation in OECD Countries. – Paris.

OECD (2005): Bildung auf einen Blick 2005. – Paris.

OFSTED Office for Standards in Education (2006): The Annual Report of Her Majesty's Chief Inspector of Schools 2004/05. – London.

SCHEERENS, J. (2004): The Conceptual Basis of Indicator Systems. Unveröff. Manuskript, erstellt im Auftrag des Konsortiums Bildungsberichterstattung.

SCHUETZE, H.-G./WOLTER, A. (2003): Higher Education, Non-traditional Students and Lifelong Learning in Industrialized Countries. In: Das Hochschulwesen, Jg. 51, S. 183-189.

SIMEANER, H./RÖHL, T./BARGEL, T. (2004): Datenalmanach zum Studierendensurvey 1983–2004. Studiensituation und Studierende an Universitäten und Fachhochschulen (Heft 43). – Konstanz, Arbeitsgruppe Hochschulforschung.

SIMEANER, H./RÖHL, T./BARGEL, T. (2005): Datenalmanach Studierendensurvey 1983–2004 nach Geschlecht (Heft 44). – Konstanz, Arbeitsgruppe Hochschulforschung.

TEICHLER, U. (2002): Hochschulbildung, in: TIPPELT, R. (Hrsg.): Handbuch Bildungsforschung. – Opladen, S. 349-370.

U.S. Department of Education, National Center for Education Statistics (2005): The Condition of Education 2005 (NCES 2005–094) – Washington, DC: U.S. Government Printing Office.

Wissenschaftsrat (2005a): Entwicklung der Fachstudiendauer an Universitäten von 1999 bis 2003. – Köln, Drs. 6825/05 des Wissenschaftsrats.

Wissenschaftsrat (2005b): Entwicklung der Fachstudiendauer an Fachhochschulen von 1999 bis 2003. – Köln, Drs. 6826/05 des Wissenschaftsrats.

Wissenschaftsrat (2006): Empfehlungen zum arbeitsmarkt- und demographiegerechten Ausbau des Hochschulsystems. – Köln, Drs. 7083/06 des Wissenschaftsrats.

WOLTER, A. (2004): From State Control to Competition: German Higher Education Transformed. In: The Canadian Journal of Higher Education, Vol. XXXIV, No. 3, S. 73-104.

WOLTER, A. (2005): Übergänge aus dem Beruf in die Hochschule und die Teilhabe nicht-traditioneller Studierender. In: Hochschule und Weiterbildung, 1-2005, S. 31-40.

Anschriften der Verfasser: Prof. Dr. Andrä Wolter, HIS Hochschul-Informations-System GmbH, Goseriede 9, 30159 Hannover, E-mail: Wolter@his.de; Dr. Christian Kerst, HIS Hochschul-Informations-System GmbH, Goseriede 9, 30159 Hannover, E-mail: Kerst@his.de

Jaap Scheerens

The Case of Evaluation and Accountability Provisions in Education as an Area for the Development of Policy Malleable System Level Indicators

Zusammenfassung

Der Fall von Evaluations- und Verantwortlichkeitsmaßnahmen in der Bildung als ein Entwicklungsgebiet für durch Politik veränderbare Systemebenenindikatoren

Systeme von Bildungsindikatoren haben sich von deskriptiven Statistiken über Erziehungsfinanzen, -zugang, -teilnahme und -leistung (im Sinne der Anteile der Bevölkerung, die gewisse formelle Leistungsniveaus erreicht haben) bis hin zu komplexeren Sätzen von Maßnahmen entwickelt, die test- und befragungsbasierte Daten beinhalten. Der prominenteste konzeptuelle Rahmen ist der Input-Prozess-Output-Kontext-Rahmen, innerhalb dessen Prozessindikatoren als die ambitionierteste Kategorie betrachtet werden können. Prozessindikatoren stellen durch Politik veränderbare Bedingungen auf dem Niveau von Klasse, Schule und nationalem System fest. Wenn Nationen sowohl vergleichbare Prozessindikatoren als auch vergleichbare Outputindikatoren (wie die Ergebnisse von PISA und TIMSS) hätten, könnten sie beginnen, diese Information als Maßstab der Effektivität von relevanten Politikmaßnahmen anzuwenden. Dieser Artikel untersucht Indikatoren für Evaluations- und Verantwortlichkeitsmaßnahmen auf nationaler Ebene, als ein Beispiel für durch Politik veränderbare Systemebenenindikatoren. Der Schwerpunkt liegt auf Indikatorenentwicklung, und deshalb versucht der größte Teil dieses Artikels, einen elaborierten konzeptuellen Rahmen für Erziehungsevaluation, -kontrolle und -beurteilung zu spezifizieren. Ein besonderer Schwerpunkt liegt auf Hypothesen darüber, wie

Summary

Educational indicator systems have evolved from descriptive statistics on educational finance, access and participation and attainment (in the sense of proportions of the population that have reached certain formal attainment levels) to more complex sets of measures that contain test based and survey based data. The most prominent conceptual framework is the input- process- output- context framework, in which process indicators may be seen regarded upon as the most ambitious category. Process indicators represent policy malleable conditions at classroom, school and national system level. When countries would have comparable process indicators as well as comparable outcome indicators, like the results from PISA and TIMSS, they could start using this information to benchmark the effectiveness of relevant policy measures. In this article indicators on evaluation and accountability provisions at national level, are examined, as an example of policy malleable system level indicators. The emphasis is on indicator development; and for this purpose the main body of the paper attempts to specify an elaborate conceptual framework on educational evaluation, monitoring and assessment. A particular emphasis is given to hypotheses about the way evaluation, feedback and rewarding (actually applying rewards or sanctions) could function as levers of educational performance. Major explanatory mechanisms, that could be seen as background principles of educational policies are incentive based administrative control, market mechanisms and

Evaluation, Rückmeldung und Verstärkung (durch die tatsächliche Anwendung von Belohnungen und Sanktionen) als Druckmittel für akademische Leistung funktionieren könnten. Wesentliche Erklärungsmechanismen, die als Hintergrundsprinzipien für Erziehungspolitik betrachtet werden könnten, sind anreiz-basierte administrative Kontrolle, Markt-Mechanismen und „Auswahl", sowie Organisationslernen. Während die empirischen Beweise für jede dieser drei Mechanismen relativ spärlich zu sein scheint, könnte erhöhter Leistungsdruck ein gewöhnlicher kausaler intervenierender Faktor sein. Als nächstes wird versucht, einen umfassenden deskriptiven Rahmen für Evaluations- und Verantwortlichkeitsmaßnahmen zu bilden. Der Grundriss dieses Rahmens wird durch folgende Frage festgelegt: Wer evaluiert was, für welchen Zweck oder für welchen beabsichtigten Nutzen und durch welche Methoden? Dies führt zu einer Unterscheidung von Evaluationsakteuren oder -bringern, Evaluationsobjekten auf verschiedenen Systemebenen, spezifische Funktionen von Evaluation, Kontrolle und Beurteilung und ein Kernsatz von methodischen Ansätzen, die auf unterschiedliche Arten von Daten beruhen (Testdaten, Statistik und Review- und Forschungsbedingte Daten). Mit einem Teil dieses Rahmens werden drei Indikatorengebiete spezifiziert: Vielfalt der Leistungen, Art der Verantwortlichkeitsorientierung und institutionelle Infrastruktur. Grundsätzlich könnten diesen Indikatoren zu qualitativen Nationsprofilen führen. Gäbe es adäquate statistische Informationen, wäre es sehr interessant, quantitative Informationen über Breite (Anzahl der beteiligten Einheiten, Schulen, Lehrer und Studenten) und Intensität (bezüglich finanzieller Investitionen und Aufwand) zu besitzen. Solche statistische Informationen sind aber in den meisten Ländern nicht leicht zugänglich. Diese Angelegenheit scheint von ausreichender Relevanz, um nationale Statistiken in diesem Bereich zu verbessern. Das betrifft auch regionale Informationen auf dem Länder-Niveau, falls Evaluations- und Verantwortlichkeitspolitik und -maßnahmen sich von Land zu Land unterscheiden.

"choice", and organizational learning. It is concluded that the empirical evidence on any of these three mechanisms is relatively meager, but that increased achievement press might be a common intermediary causal factor. Next an attempt is made to provide an encompassing descriptive framework on evaluation and accountability procedures. The basic lay-out of this framework is determined by the question: Who evaluates what, for which purposes or intended use, by means of which methods. It leads to distinguishing evaluation actors or providers, evaluation objects at various levels of the system, specific functions of evaluation, monitoring and assessment forms and a set of core methodological approaches, based on different kind of data (test data, statistics and review and research based data). Part of this framework is used to specify three indicator areas; diversity of provisions, type of accountability orientation and institutional infrastructure. These indicators could basically lead up to qualitative country profiles. If adequate statistical information were available it would be very interesting to have quantitative information about the scope (number of units, schools, teacher, students, involved) and intensity (in terms of the financial investments and expenditure). Such statistical information is not readily available in most countries, however. The matter seems to be sufficiently relevant to improve national statistics in this domain, and this would also apply to regional, state-level information in federal states, in case evaluation and accountability policies and provisions differ between states.

Schlüsselwörter: Bildungsindikatoren, Evaluation, Dauerbeobachtung, Leistungsmessung, Rechenschaftsfestlegung, Bildungseffektivität

Keywords: education indicators, evaluation, monitoring, assessment, accountability, educational effectiveness

Introduction

The most common framework for education indicators is a multi-level input, process, output and context model (SCHEERENS 2005, UNESCO/EFA 2004). Although outcome indicators, like those based on OECD's Programme for International Student Assessment (PISA) results, are often used as the benchmarks to compare the productivity of educational systems, there is a growing interest in the way outcome differences between countries can be explained by input, process and outcome indicators, at school level and at national system level. Particularly those factors that represent conditions that are changeable by national policy measures or organizational restructuring are attractive as they could have the potential to increase the policy relevance of indicators. In this article the methodological intricacies of basing causal attribution on connections between malleable conditions of schooling and outcomes, when data are based on statistical or administrative data or on cross-sectional international surveys will not be dealt with (cf. LUYTEN et al. 2005). In stead the focus will be on the developmental phase of policy malleable system level education indicators; and the case of evaluation and accountability provisions will be worked out as an example. A broader range of policy malleable system level education indicators is shown in table 1 (from SCHEERENS 2005).

Table 1: system level process indicators, from SCHEERENS 2005.

Process indicators defined at the level of national education systems
– Teaching time per subject – Total hours of instruction per year, for specific grade levels in primary and secondary education – Opportunity to learn, in terms of expert ratings of test curriculum overlap – The locus of decision-making in education, by education level   (This indicator shows at which administrative level decisions in sub-domains of education – curriculum, personnel management – instruction, resources – are made with a certain degree of autonomy) – School autonomy (this indicator is actually included in the concept of locus of decision making) – Education standards by level [e.g. targets like increased completion rates, percentage of students scoring at or above a particular achievement level]. – Whether or not formal examinations are taken at the end of each school category – The degree of categorization and formal streaming at secondary level – The evaluation capacity of the system (defined as a quantification of the occurrence and intensity of various evaluation forms, such as national assessment programs, examinations, school inspection, an educational management information system etc.) – The magnitude and diversification of an educational support structure in the country (possibly comprising a curriculum development unit, ICT services, school counseling, an educational assessment and testing unit etc.) – The division of private, government dependent and public schools – Incentive based policies to stimulate school performance – The degree to which school choice is free.

Apart from conceptually demarcating the phenomenon in question there should be reason to assume that, in this case, evaluation and accountability arrangements at system level enhance educational performance. Therefore empirical and analytical analyses should be reviewed that could make the assumed linkage credible and could explain why, on the basis of which mechanisms, evaluation and accountability provisions would enhance educational performance. In the final section of the article an outline will be provided about the way to develop indicators on the basis of the conceptual framework.

1   Educational evaluation and accountability as effectiveness enhancing conditions

The agenda of systcmic educational reform in many countries, during the last two decades, has been dominated by two interrelated themes: decentralization and accountability. The interrelationships are given in the basic canon of "new public management": free process and control outcomes. Economists (e.g. WÖβMANN 2004) see this combination as logically following the principle-agent formula: if principles give more freedom to work processes of agents this should be counterbalanced by a more strict control over the outcomes that should be realized.

The concept of "functional decentralization" expresses the idea that mixed patterns of centralization may exist, depending on the functional educational domain to which it is applied. The idea of functional decentralization is central in OECD's set of indicators on "locus of decision making" (MEURET et al. 1995; VAN AMELSVOORT/SCHEERENS 1997; OECD 2004). The concept of functional decentralization is quite useful in connecting decentralization policies to evaluation and accountability policies at national level. As referred to in the above, according to the ideas of "new public management", decentralization in functional areas like, financial management and human resources management is to be balanced by increased centralized control over outcomes (MONS 2004). It seems quite relevant to highlight evaluation and accountability, next to measures of delegation and devolution in domains like financial management, human resources management and the curriculum.

A broad range of studies has been conducted to investigate the impact of decentralization and school autonomy on student performance; MASLOWSKI, SCHEERENS and LUYTEN (2006) provide a recent overview. Results show a mixed pattern, quite a few of these studies show no significant impact of decentralization policies, but others do show outcomes that are in the expected direction (e.g. WÖβMANN 2001, MONS 2004). The methodology that is employed may be a relevant factor in the heterogeneity of outcomes. The theoretical expectations behind the belief that decentralization policies should have favorable impact on student performance are contested as well (see MONS 2005). The expectation for example, that decentralization is more efficient than centralization may be countered by experiences of new bureaucracy at lower administrative levels; and expected gains in excellence at the top of the student aptitude distribution may be countered by arguments of increased selectivity and inequality, as a result of market forces.

The research based evidence on the effectiveness of evaluation and accountability policies is less abundant. BISHOP (1997) shows, on the basis of TIMSS data, that countries with standard based examination systems, on average, perform better than countries that do not have such examinations. WÖβMANN (2001), and FUCHS and WÖβMANN (2004), confirm the effect of examinations. Rand News Release (2000) attributes achievement gains among American states to the intensity of accountability systems. A similar conclusion is drawn by CARNOY et al. (2003). School effectiveness studies have emphasized the effects of monitoring student progress, e.g. SCHEERENS and BOSKER (1997), WILLMS and SOMERS (2000). At the same time other authors draw attention to potential negative side-effects of high stakes testing and harsh accountability policies (e.g. SACKS 1999; CIBULKA/DERLIN 1995). Theoretically the expected beneficial effects of evaluation and monitoring can be associated with systems theories regarding cybernetics, research findings with respect to school performance feedback (KLUGER/DENISI 1996; VISSCHER/COE 2003) and concepts of organizational learning and reflective practitioners (ARGYRIS/SCHÖN 1974).

2 Assumptions on explanatory principles: why would evaluation and accountability policies "work"

Expectations differ according to specific functional characteristics of evaluation and accountability arrangements.

A first major distinction could be made between evaluating for accountability purposes and evaluation for (organizational) learning and school improvement. Roughly this distinction corresponds to evaluations being external, "summative" and judgmental in the case of accountability and evaluations being internal, "formative" and instrumental (i.e. not primarily intended to judge but to diagnose and show ways to improve) in the case of organizational learning. In actual practice mixed forms could exist as well, for example when national assessment information, collected on a census basis, is fed back to schools, as is for example the case in Italy.

In general terms, accountability refers to holding public institutions and services responsible for the quality and output of their performance. GLASS (1972) states that accountability involves several loosely connected strands: "disclosure concerning the product or service being provided; product or performance testing; and redress for poor performance (GLASS 1972). The third element implies that accountability is not just a matter of providing and judging information but at least also "foreshadows" actions by competent authorities in the sense of sanctions or rewards.

The first element − disclosure- requires that educational units, schools, in particular, provide information on their service provision, and make themselves "open" for external inspection and review. The second element distinguished by Glass stipulates that output and product information should be part of the disclosure on service provision and functioning. The third element emphasises that testing and review have implications in the sense of rewards and punishments for organisations. This relates accountability to incentive-based policies, like merit pay of teachers and output related financing of schools.

Types of accountability are distinguished on the basis of who, or rather which kind of unit or stakeholder, is supposed to use the information that is disclosed by schools and teachers, and also who is supposed to apply the sanctions.

ELMORE and Associates (1990) differentiate three "theories" of accountability on the basis of this question: who uses the information. They distinguish three types:

- technical accountability, in which administrative units are supposed to take decisions on the basis of scientifically sound achievement measurements;
- the client perspective, in which the clients of education, like the parents of the pupils, "vote with their feet" in context of free choice of schools;
- the professional perspective; in which feedback on performance is basically used for professional development. "Accountability is, therefore, to be accomplished by deconstructing and reconstructing the meaning of schooling, collaborative planning, and cooperative teaching and learning" (ELMORE and Associates 1990, cited by MAC-PHERSON 1990, p. 7).

In my opinion only the two first forms can be seen as types of accountability. The "professional perspective" lacks the third element in Glass' basic definition, namely the application of rewards and sanctions. Moreover, what Elmore and Associates refer to as the professional perspective on accountability comes closer to the notion of "organisational learning" and the teacher as a reflective practitioner, as distinguished in the classical work of ARGYRIS and SCHÖN (1974). When specifying the professional perspective further, MACPHERSON also uses the term "empowerment" of teachers, which is more closely associated with school-based and school initiated approaches to school improvement.

In order to make the two "real" forms of accountability work, systems should have *evaluative capacity*, that is structural and technical facilities to realise the kinds of empirical disclosure and performance testing that accountability requires. With respect to the third defining element, the application of rewards and sanctions, which can be brought under the heading of incentive based policies, research shows that there are often considerable limitations. When it comes to technical or administrative accountability reviewers usually have to conclude that few examples of straightforward decision-making seem to exist. CIBULKA and DERLIN (1995) in their review of systems of school performance reporting, for example, say that "school performance reporting (SPR) is not considered very important by policy-makers or the general public". They conclude that it has not been demonstrated at all that "SPR can become a potent, effective policy-lever". Similar reservations have been based on empirical studies of the use that parents make of school performance information in choosing a school for their children (BOSKER/SCHEERENS 1999). Nevertheless there is evidence that accountability raises actual student achievement (e.g. CARNOY et al. 2003).

Next to accountability and organizational learning, *certification* could be distinguished as a third major functional area of educational evaluation. Certification is about formally regulating desired levels of quality of educational outcomes and provisions. Examinations, for example at the end of lower secondary education, are there to certify students and to regulate what society can expect from those students (purposes of selection and stratification). At the same time examination results could also be used in accountability contexts, for example when pass-rates are used as performance indicators in judging the quality of schools. When the object of evaluation is not the individual student but the school as an organization, the term *accreditation* is most commonly used, in stead of certification. Quality management systems, like the well-known ISO norms can be applied to schools to check whether central work and managerial processes are in place and the organization is customer oriented.

One could look upon evaluation and accountability arrangements at national level in terms of conditions that, according to modern views on educational policy and management, should simply be in place in order to open up educational service provision for external review and inspection, to formalize and standardize outcomes and as a characteristic of professional internal school management. The assumption that these provisions should also be seen as levers, or drivers of educational effectiveness goes a step further. Summarizing the above, we have met the following hypothetical mechanisms according to which accountability and evaluation might also serve this latter, more ambitious demand:

- administrative control in the sense of incentive based policies, rewards, sanctions and public exposure of performance;
- consumer based control, in which consumers who have free choice of schools, use performance information for school selection, and thus drive schools to compete in delivering good quality;
- organizational learning, in which good quality information guides internal improvement processes.

Although several studies show a positive association between evaluation, certification and accountability arrangements on the one hand and educational performance on the other, research outcomes do not unilaterally support any of the above underlying explanations. Research evidence does not quite support the first two explanations, mostly because pure forms are rarely implemented. Administrative control is frequently not applied strictly, and the basic conditions for performance oriented client choice are rarely met. There is little hard evidence on the impact of school self-evaluation and organizational learning. A more global explanation for the positive association between evaluation arrangements and performance might be that these provisions commonly enhance the result and outcome orientation in schools and thus stimulate achievement press as a crucial intermediary causal factor (BOSKER/SCHEERENS 1999).

In order to understand the actual impact of evaluation and accountability policies it is insightful to have explanations for lack of implementation and limiting conditions as well. In an international context considerable differentiation between countries is expected with respect to the degree the "accountability paradigm" is accepted and implemented. The following variations could be tentatively distinguished:

- countries with fully implemented accountability systems (e.g. the UK);
- countries with elaborate evaluation and objective performance appraisal without strong reward implications (e.g. the Netherlands);
- countries with traditional evaluation mechanisms in place, like examinations and school inspection, but few reward implications for schools and teachers (e.g. Germany);
- countries where accountability arrangements are mostly intended policies, but not yet implemented (e.g. Italy);
- countries where quality management is seen as part of a different kind of philosophy, more dependent on continued professional development, community support, peer review, and organizational learning (e.g. Sweden);
- countries where most schools are traditional in the sense of the "professional bureaucracy", where control depends primarily on the initial training of teachers, and an elaborate national curriculum (e.g. Greece),

Cultural differences that might explain different attitudes towards accountability policies in education might have to do with epistemological traditions in educational studies (a more empirical analytic as compared to a more hermeneutic, "Geistenswissenschafltliche" tradition), and with general characteristics of national cultures (compare the well-known typology of Hofstede). More structural conditions that could explain differences in the acceptance of the accountability paradigm are the degree of school autonomy and the degree of discretion administrators and school managers have over the conditions of labor of teachers. When school autonomy is limited and the educational system is more centralized proactive planning makes retroactive, evaluation centered policies more or less superfluous. In countries where the collectivity of teachers in a school has a lot of power, which may be backed by trade unions, the possibilities of school managers to induce formal teacher appraisal with reward implications are likely to be limited.

When it comes to expectations concerning organizational learning driven by internal formative evaluations, resistances and inhibitory factors are likely to be at play as well.

The concept of the evaluation potential of schools (SCHEERENS 1987) is seen as embedded in the ideal type model of the school as a learning organization. This ideal type interpretation presupposes:

– certain desirable characteristics of the information (valid, reliable, useable);
– certain desirable characteristics concerning the cognitive capacities of the receivers of the information;
– facilitating organizational structural conditions, for instance opportunities to discuss the evaluation results, support from the school leader, technical support services;
– supportive cultural conditions, i.e. a majority of staff that have favorable attitudes and dispositions and dynamics that maintain and support an overall positive, learning oriented climate.

Diverse theories, shed light on the tenability of these assumptions, and point at sources of constraints and inhibitions of this ideal type functioning. This is summarized in the table below:

Table 2: theory embedded constraining conditions of school self evaluations

Theory	Type of constraint to organizational learning
Micro economic theory	Individual members have personal objectives, some of them egoistic and opportunistic
Bounded rationality	Limited information processing capacity of individuals
Images of the school as an organization	Fragmented structures, loose coupling, professional bureaucracy
Personality characteristics relevant to the application of rational techniques	Personal and collective resistance, anxiety and defensiveness
Unconscious self-referential processes in the latent organizational culture	Inhibitory loops to learning (ARGYRIS/SCHÖN 1978)

Contrary to the rational ideal of organizational learning, one of the tools, in our case feedback from assessments, may be subject to all kinds of limitations. It may become part of power games and authority conflicts, may be rightly criticized for lack of precision and applicability of evaluation results, may be too complicated to be absorbed in the action theories of teachers, may have no organizational medium or forum to be used, may be ignored or contorted out of anxiety, and may even enforce mistrust and ambiguity among organization members in "loops that inhibit learning". It should be stressed that being so explicit on the limiting conditions, is not meant to ventilate an overriding critical image of school self-evaluation. In actual practice there would be trade-off's between the rational processes that are intended and inhibitory conditions as referred to in the table.

3   Conceptual framework

A descriptive conceptual framework to map different evaluation, monitoring and assessment activities could be based on the following question: *Who* evaluates *what*, for *which purposes* or *intended use*, by means of *which methods*. This is roughly the question that is also put central in the school evaluation study of EURYDICE (2004).

This question refers to the following dimensions:

- evaluation providers, i.e. organizational units that carry out evaluations (who);
- educational subsystems that form the object of evaluation (what);
- major functions of evaluation, as discussed in the previous paragraph, or more fine grained categories of intended use (for which purposes);
- evaluation approaches, as determined by the kind of data, methods and criteria (which methods).

The following framework, cited from SCHEERENS, GLAS and THOMAS, 2003, is based on three of these four dimensions. After it is presented some additional aspects will be added: the dimension of evaluation providers, the way the distinction internal and external evaluation should be handled, the distinction between overall functions and more fine grained categories of intended use, as well as the way in which evaluation criteria could be dealt with.

3.1   A taxonomy of types of educational evaluation, monitoring and assessment (cited from SCHEERENS et al. 2003)

Over the last decade there have been important developments in the field of educational evaluation. Traditionally, educational evaluation was predominantly defined as program evaluation on the one hand and educational testing on the other. Nowadays a range of somewhat different evaluative approaches have surpassed program evaluation as the dominant evaluation strategy in education. These newer forms, sometimes indicated as assessment and monitoring, have in common that they seek to provide a more permanent stream of information that is meant to inform educational policy making and practice.

Considering terminology *assessment, appraisal, evaluation* and *monitoring* are almost synonyms when one looks them up in the dictionary. They all have elements of valuing and judgments, being authorized to do so and of attributing numerical estimates. Monitoring stands out for its connotation of "detection" and association with controlling the running of a system over time and "keeping order". (One definition the Concise English Dictionary gives of "monitor" is "a lizard supposed to give warning of approach of crocodiles"). In the usage of these terms in education, the most frequently chosen *objects* that are judged, appraised, evaluated and monitored seem to be most decisive in the choice of terms:

Assessment, when students are the object
Appraisal, when teachers are the object
Evaluation, when an educational program is the object
Monitoring, when the day-to-day running of educational systems and organizations is at stake

It should be noted, however, that the use of these terms differs between countries. The above definitions more or less confirm to the way they are used in the United Kingdom. In the USA, the term "testing", or "educational testing" is more commonly used for the assessment of "traditional" subject matter mastery, whereas "assessment" has the connotation of "alternative assessment", in the sense of measuring more general skills and attitudes.

The conceptual framework to categorize types of educational evaluation, assessment and monitoring consists of three basic data sources, three core functions and five different evaluation objects, each of which is defined at a particular level of aggregation.

The three *basic data sources* are: administrative data and descriptive statistics, data from expert reviews and systematic inquiry (surveys, observations and ratings) and student achievement and assessment data. The three *functional areas* are: accountability, diagnosis/organizational learning and accreditation and certification. The five evaluation objects are: the education system at national level, an educational program, the school, the teacher and the individual student.

By crossing these three dimensions (see Table 3) the main forms of educational M&E can be characterized.

Table 3: Overview of M&E types; MIS means Management Information System

Data Source	Test and assessment data			Administrative data; statistics			Systematic inquiry and review		
Function Object	**Account-ability**	Improve-ment	**Accredi-tation**	**Account-ability**	Improve-ment	**Accredi-tation**	**Account-ability**	Improve-ment	**Accredi-tation**
System	Nat. Int. Assess-Ment			MIS	MIS		Internal Review panels	Internal Review panels	
Program	Formative and summative evaluation of outcomes and processes using various data sources								
School	School Perf.-Report.	Test-based school self-eval.	School ac-creditation/ audits	School MIS	School MIS		Inspec-tion	Inspection School Self Eval.	Quality Audits
Teacher	Assess-ment of competen-cies		Teach. certific.	School MIS	School MIS		Inspec-tion	Inspec-tion	
Student		Student monito-ring syst.	Exams		School MIS			Mon. of behavior by teach.	

The following *test and assessment based* types are distinguished: national assessment programs, international assessment programs, school performance reporting, student monitoring systems, assessment-based school self-evaluation and, last but not least, examinations.

Next, there are two basic kinds of monitoring systems that depend on *statistics and administrative data*: system level Management Information Systems and, school Management Information Systems.

The following forms depend on data from *expert review and systematic inquiry*: international review panels, school inspection/supervision, school self-evaluation, including teacher appraisal, school audits and monitoring and evaluation as part of teaching.

Finally, there are two forms that are not differentiated according to data source: program evaluation and various forms of teacher evaluation. For a fuller description of each of these forms see SCHEERENS, GLAS and THOMAS 2003.

3.2 Extension of the framework

"*Evaluation provider*" could be added as a fourth dimension. Among evaluation providers could be distinguished institutionalized units, such as the department of education, or a specialized evaluation department within the central ministry of education; evaluation units that are part of regional offices of the Ministry of education, state ministries or municipalities; a national or regional inspectorate; specialized institute(s) for educational evaluation or assessment outside the Ministry of Education; private firms that are authorized to accredit ate schools and official evaluation committees. But also specific categories of actors at school level could be seen as evaluation providers: school principals, teachers and parents.

In the case of school self-evaluation the school staff is both "evaluation provider" and evaluation object, one could say.

The issue of *internal* versus *external evaluation* can only be settled when the evaluation object, in the sense of educational subsystems that forms the object of evaluation has been identified. When the evaluation object is the school, one speaks of external evaluation if the evaluation is undertaken by persons not directly involved in the activities of the school being evaluated. When the school community, principal and teaching staff carries out the evaluation of their school, one could speak of internal evaluation. The term school self-evaluation could be reserved for those cases in which internal school evaluations are intended to be used by the school community, for internal purposes like diagnosis, self-reflection or school improvement. Not all forms of internal school self-evaluation would necessarily be school self-evaluations in this sense, because internal evaluations could also be used to inform parents or other constituencies. These distinctions could be formulated more precisely by specifying what is meant by "undertaking" evaluations.

There are four main categories of functional actors in all types of evaluation, including school evaluation:

A the contractors, funders and initiators of the evaluation;
B the (professional) staff that carry out the evaluation;
C the persons in the object-situation which provide data;
D the clients or users or audiences of the evaluation results.

Mostly categories A and D will partly overlap, in the sense that contractors will almost always be "users" as well, although they may not be the only category of users. For example, a particular department at the Ministry of Education may be contractor and user of a particular program evaluation, although other important parties, such as Members of Parliament and the tax-payers may also be considered as relevant audiences.

If all of these audiences are situated within the organizational unit which is the object of evaluation we speak of internal evaluation (cf. NEVO 1995, p. 48).

External evaluation occurs when contractors, evaluators and clients are external to the unit that is being evaluated. If functions A, B and C are carried out by the school but the results are mainly used for external clients (D), we could still speak of internal evaluation. Also, when the professional staff is external, but all other categories are internal, the evaluation could still be seen as internal.

Based on these distinctions *school self-evaluation* could now be defined as the type of internal school evaluation where the professionals that carry out the program or core-service of the organization (i.e. teachers and head teachers) carry out the evaluation on their own organization (i.e. the school).

This definition would also apply if school teams would make use of external advisors to provide them with council on evaluation methods etc., because the school teams would still take the responsibility for carrying out the evaluation.

The definition of school self-evaluation is analogue to the following definition of "self-report", stated by NEWFIELD (1990): "Self-report refers to the result produced by any measurement technique in which an individual is instructed to serve both as assessor or observer and as the object of the assessment or observation" (NEWFIELD 1990, p. 146).

3.3 More fine-grained specification of the evaluation object (the what question)

In the framework as developed so far the evaluation object is being defined as the organizational sub-system that is being evaluated (system at large, program, school, teacher, student). The issue of evaluation object could be further specified by adding information on the *criterion*, or operational dimension the evaluation is focused upon. A next step could be to refer also to the question whether or not *norms* or *standards* are defined, and, if yes, what kind of norms, absolute norms, or comparative norms (like for instance international benchmarks). By way of an example, the following criteria were mentioned in a draft item for the INES teacher survey (the question was: *When your work as a teacher was evaluated/appraised during the last school year, which aspects (criteria) counted most? (the question was repeated for different evaluation providers, like the school principal, the inspectorate, or colleagues)*

− student test scores
− retention- and pass rates of students
− student evaluations of my teaching
− comments from parents
− the way I am getting along with my colleagues
− the way I am getting along with the principal
− the degree of order and discipline in my lessons
− my availability for extra-curricular activities
− direct appraisal of my classroom teaching

Major categories of criteria in the list are output, aspects of the teaching process and social and motivational aspects of teacher functioning.

3.4 More fine-grained specification of the (intended) use of evaluations

The same as asking the question who evaluates, in terms of applying evaluation methods, one could raise the question who it is that is supposed to use the information, see the above discussion on internal and school self evaluation. In most general terms one could ask about the main providers of educational evaluation in a country, as well as about the main consumers of educational evaluation. Are evaluations used mostly by policy-makers, policy planners and analysts, regional officers, school governers, school managers, teachers, parents or the general tax-payer?

Next, the main evaluation functions, accountability, certification and organizational learning, call for qualitatively different kinds of use. Evaluative information that is supposed to function in an accountability context can be used by administrators to judge the performance of schools and maybe also teachers; with and without reward implications; while rewards could still be sub-divided into material and immaterial rewards. Material rewards could be an incidental extra payment, whereas an immaterial reward might consist of public praise or extra opportunities for professional development. Use of evaluative information in a context of consumer oriented accountability would primarily be defined in terms of parents' decisions regarding school choice. Evaluation in a context of organizational learning would have instrumental use (in stead of judgmental use) of evaluation as its main orientation.(i.e. use of evaluative information to improve current practices). Of evaluative information that comes available from forms of certification, like examinations, one could ask whether on not the information might also be used for accountability purposes.

3.5 Synthesis of the descriptive conceptual framework

All aspects can be systemized by a sequence of questions, which is illustrated by means of a concrete example in Table 4.

Table 4: questions to systematically describe major educational evaluation/assessment forms

1.	What is the general descriptive label of the evaluative activity? Range of answers: any kind of method-object combination. For example: *the CITO pupil monitoring system in Dutch primary schools.*
2.	What is the major function of the evaluative activity? Range of answers: accountability, certification, (organizational) learning. *The CITO pupil monitoring system is primarily a tool to support individual student learning; aggregated information (to the school level) might theoretically be used for school self evaluation or external school evaluation, but this is not done in actual practice.*
3.	Who uses the information? Range of answers: administrators at various levels in the system, school managers, teachers, external stakeholders in education, parents, students and the general public. *The CITO pupil monitoring system is primarily used by teachers to monitor student learning and adapt their teaching to the achievement levels of the students.*
4.	Is use mainly judgmental (summative) or instrumental (formative). *The CITO pupil monitoring system capitalizes on formative use. The scores do not appear on the report cards of the students. The fact that the instrument is built on item response models allows a straightforward interpretation of achievement levels in terms of subject matter mastery.*
5.	When the use of the evaluative information is mainly judgmental (see question 4), are there any reward implications? Range of answers, yes, material reward implications, yes, immaterial reward implications, both material

and immaterial reward implications and no, there are no reward implications. *This question does not apply to the example of the CITO pupil monitoring system.*

6. Which unit (level in the education system) is the object of evaluation? Range of answers: national system, program, school, teacher, student. *Students are the evaluation/assessment unit in the case of the CITO pupil monitoring system.*

7. What are the evaluation criteria and standards? Range of answers concerning criteria, student performance on tests, educational attainment data (e.g. pass-rates), value-added performance indicators, school process indicators concerning school management, school culture and climate and educational leadership, teaching and learning processes at school level, material inputs, data on school careers, ratings by various actors etc. Range of answers concerning standards; absolute norms, criterion based thresholds, comparative statistics. *In our example student achievement in all main subjects of the Dutch primary school curriculum are assessed. Both comparative norms (national norm tables) and criterion based thresholds are used.*

8. What are the main data categories? Range of answers: student test data, statistical and administrative data, data from (expert) reviews and research methods. *In the case of the CITO pupil monitoring system test data from standardized achievement tests are the main category.*

9. Which organizational units are the major Initiators of evaluations? Range of answers, central administration, regional administration, municipal administration, inspectorate, schools, parents. *In our example schools are the initiators; they buy the pupil monitoring system and hire support from CITO.*

10. Which organizational units are the major technical operators of the evaluation? Range of answers: specialized departmental unit, the inspectorate, a specialized research/evaluation or assessment institute that is independent of the administrative structure, a commercial research bureau. *In the case of the CITO pupil monitoring system CITO, as an independent assessment institute, is the main technical operator, while practical tasks are carried out by schools.*

11. Which organizational units are the main data-providers? Range of answers: national statistics, school administration, school principals, teachers, students, parents, external stakeholders in education. *In our example pupils are the data providers.*

4 Questions for research and indicator development

The theoretically *and* politically most interesting question is whether main orientations towards educational evaluation and accountability, including internal forms aimed at school improvement, really function as levers of educational effectiveness. The theoretical notions behind expected facilitating and inhibitory processes could be used to generate hypotheses for research studies, particularly at school and classroom level. The current teacher survey that is being prepared by OECD is considering a relatively detailed set of school level questions that cover most aspect of the descriptive framework, summarized in the previous section. In a limited number of countries, namely those countries that intend to link the teacher survey to the PISA assessments, the impact of different forms on student performance could be explored. More generally the teacher survey could yield descriptive information on school and teacher evaluation and accountability practices, showing relevant differences between and within countries. This kind of information could indicate which evaluation and accountability arrangements are being implemented in the various OECD countries, where differences might be tentatively explained on the basis of cultural and structural conditions of educational systems.

Developing system level indicators on evaluation and accountability provisions at national level is seen as having a complimentary function to micro-level research studies and meso-level surveys in the following senses:

- to capture information on conditions that are genuinely defined at national level and provide frameworks for conditions at lower administrative levels: examples are intended policies and targets, legislation and formal arrangements, and description of infrastructure;
- to capture information on the scope of implementation of evaluation and accountability policies, which could be seen as a substitute or "proxy", for information that would ideally be available from an internationally comparative international survey;
- to capture information on available budgets for evaluation and accountability, available from national or sub-national levels.

5 From conceptual framework to tentative indicators: data elements

When applied to the most important evaluation activities, running through the various dimensions of the descriptive conceptual framework, developed in table 4, would yield broad descriptions of countries' evaluation and accountability provisions. Such an approach has been followed more or less in the EU report *Evaluation of Schools for Compulsory Education in Europe*, EURYDICE, 2004. Within the context of education indicators a more eclectic use of the framework should be envisaged. Indicators should try to capture key elements in a concise way and, take the effectiveness assumption of evaluation and accountability provisions as decisive on what to consider as "key".

A crude hypothesis about the effectiveness of evaluation and accountability provisions could be that the more institutionally established, the more diversified and the more extensive and intensive these facilities are the better educational performance will be, all other things being equal (where the extensiveness could be defined in terms of the number of units submitted to evaluation and accountability measures and the intensity in terms of expenditure). A more refined hypothesis would be to focus on those evaluation and accountability arrangements that would clearly stimulate the achievement orientation of key actors at school level. The literature would suggest that this could either happen on the basis of relentless high stakes accountability arrangements (CARNOY et al.'s analysis of Texas, CARNOY et al. 2003) or on the basis of a more formative use of assessment, inspection and evaluation in learning oriented communities, if this would be an adequate qualification of the situation in countries like Sweden and Finland.

Feasibility considerations would leave the latter hypothesis to educational research while the former could be approached in indicator development. Indicator development at national (or state) level could then basically address aspects of the available infrastructure, the diversity of provisions and scope in terms of units involved and budget that is spent. This is tentatively worked out below.

Indicator area 1: variety of formally established evaluation arrangements

Definition: this indicator gives an impression of the variety of evaluation/assessment forms that are formally established in a country.
Data elements:

Existence of national examinations
Existence of a legal framework for schools to be inspected regularly
Formal obligations for schools to carry out school self-evaluation
Existence of a periodical national assessment in compulsory education
Does the government provide incentives to school that are formally accredited or certified
Existence of follow-up statistics on student careers

Calculation: the number of affirmative answers could be added up to yield a score between 0 and 6

Indicator area 2: country profile of accountability arrangements

Definition: this indicator provides an accountability profile of countries in the sense of the predominance the following models: no accountability arrangements, information strategy without sanctions, information strategy with sanctions.
Data elements

Whether or not evaluative information from schools is made available to the general public
Whether or not any kind of evaluative information from schools is made available to specially targeted groups (e.g. parents)
Whether or not evaluative information from schools to parents is intended to guide decisions concerning school choice
Whether or not evaluative information from schools is used by higher administrative levels to provide financial rewards or sanctions to the school
Whether or not evaluative information from schools is used by higher administrative levels or the inspectorate to motivate decisions on extra support

Calculation: Countries answering no or not applicable to all questions could be categorized as having no evaluation based accountability mechanism. Countries scoring relatively high on the first three items would follow an information based/consumer oriented accountability model, while countries scoring relatively high on the last two items could be categorized as having an incentive based administrative accountability orientation.

Indicator area 3: diversified organizational evaluation infrastructure

Definition: this indicator shows the range of established organizational units that a country has to support evaluation and accountability policies.
Data elements:

Existence of a national inspectorate (or several regional inspectorates)
Existence, within the department of education, of one or several units that deal with systemic, school or student evaluations
Existence of at least one specialized institute in the domain of educational evaluation and assessment in the country, independent from the national or regional/state government
Active involvement of one of more university based research centers active in the field of educational evaluation and assessment
Active involvement of private firms play in educational evaluation, assessment and school accreditation (e.g . ISO certification) in your country?

Calculation: the number of affirmative answers could be added to yield a score that indicators the elaborateness of the organizational infrastructure for educational evaluation and assessment.

6   Conclusion

It is assumed that the information requirements for these indicators are relatively easily met, and could be obtained form national correspondents; who would be asked to provide references and documentary support for their answers. In the case of federal states, where these policies might differ between states, information could be collected at state level first, and aggregated to the national level afterwards.

A next step would be to expand the information gathering in the sense of obtaining estimates of the relative importance of the various evaluation and accountability forms. This could be done by asking about:

– the number of units (schools, students, teachers) subjected to certain evaluation and accountability forms (e.g. how often, according to which frequency are schools inspected in your country?)
– the annual budget for educational evaluation and assessment activities, including examinations, divided over costs for infrastructure and annual activities.

Previous inquiry into availability of this kind of information from OECD INES Network C has revealed that it is not generally available; but perhaps national and international statistical agencies could be persuaded to include it in regular or ad hoc data collections.

Ultimately concentrating on system level indicators on educational accountability provisions, may give the impression that a conceptual mountain has given rise to an "applied" mouse. However, the research based conjectures on the functioning of evaluation and feedback mechanisms at meso and micro-level are considered important to have a clue about *why* provisions like standard based examinations could be positively correlated with educational performance.

References

ARGYRIS, C./SCHÖN, D.A. (1974): Theory in practice: increasing professional effectiveness. – San Francisco.

BISHOP, J. (1997): The effect of National Standards and Curriculum-Based Exams on Achievement. – Cornell University. Center for Advanced Human Resource Studies.

BOSKER, R.J./SCHEERENS, J. (1999): Openbare prestatiegegevens van scholen; nuttigheid en validiteit. In: Pedagogische Studiën, Vol. 76, pp. 61-73.

CARNOY ET AL. 2003 = CARNOY, M./ELMORE, R./SISKIN, L. (Eds.) (2003): The New Accountability. High Schools and High-Stakes Testing. – New York.

CIBULKA, J.G./DERLIN, R.L. (1995): State educational performance reporting policies in the U.S.: accountability's many faces. In: International Journal of Educational Research, Vol. 23, pp. 479-492.

ELMORE, R.F. AND ASSOCIATES (1990): Restructuring School; The Next Generation of Educational Reform. – San Francisco.

EURYDICE (2004): Evaluation of Schools for Compulsory Education in Europe. – Brussels.

FUCHS, TH./WÖßMANN, L. (2004): What accounts for international differences in student performance? A re-examination using PISA data. – CESifo Working paper No. 1235. Munich: University of Munich.

GLASS, G.V. (1972): The many faces of educational accountability. In: Phi Delta Kappan, Vol. 53, pp. 636-639.

KLUGER, A.N./DENISI, A. (1996): The Effects of Feedback Interventions on Performance. In: Psychological Bulletin, Vol. 119, pp. 254-284.

LUYTEN et al. 2005 = LUYTEN, J.W./SCHEERENS, J./VISSCHER, A.J./MASLOWSKI, R./WITZIERS, B./STEEN R. (2005): School factors related to quality and equity. Results from PISA 2000. – Parijs.

MACPHERSON, R.J.S. (1990): Educative Accountability: Theory, Practice, Policy and Research in Educational Administration. – Oxford.

MASLOWSKI, R./SCHEERENS, J./LUYTEN, H. (2006). The Effect of School Autonomy and School Internal Decentralization on Students' Reading Literacy. Submitted to: Journal of Policy Analysis and Management.

MEURET et al. 1995 = MEURET, D./PROD'HOM, J./STOCKER, E. (1995): Comparer les structures de décision des systèmes éducatifs, un bilan de l'approche quantitative. In: OECD-CERI: Mesurer la qualité des établissements scolaires. – Paris, pp. 33-58.

MONS, N. (2004): De l'école unifiée aux écoles plurielles: évaluation internationale des politiques de différenciation et de diversification de l'offre éducative. These de Doctorat en Sciences de l'Education. – Dijon: Université de Bourgogne.

MONS, N. (2005): Doit-on former ou sélectionner les elites? Une comparaison internationale des politiques éducatives. In: Revue Internationale d'Education de Sèvres, Vol. 39.

NEVO, D. (1995): School-based evaluation: a dialogue for school improvement. – Oxford.

NEWFIELD, J.W. (1990): Self-report. In: WALBERG, H.J./HAERTEL, G.D. (Eds.): The International Encyclopedia of Educational Evaluation. – Oxford, pp. 146-147.

OECD (2004): Learning for Tomorrow's World, First Results from PISA 2003. – Paris.

Rand News Release (July 25, 2000): Explaining achievement gains in North Carolina and Texas. – Santa Monica.

SACKS, P. (1999): Standardized Minds. – Cambridge, Massachusetts.

SCHEERENS, J. (1987): Enhancing educational opportunities for disadvantaged learners. – Amsterdam.

SCHEERENS, J. (2005): A conceptual framework for measuring quality; the robust beauty of the rationality model. In: DE GROOF, J./LAUWERS, G. (Red.): Cultural and Educational Rights in the Enlarged Europe. – Nijmegen, pp.265-285.

SCHEERENS, J./BOSKER, R.J. (1997): The Foundations of Educational Effectiveness. – Oxford.

SCHEERENS et al. 2003 = SCHEERENS, J./GLAS, C.AW./THOMAS, S.M. (2003): Educational evaluation, assessment, and monitoring : a systemic appraoch. – Lisse.

UNESCO/EFA (2003): Global Monitoring Report 2003/4: Gender and Education for All – The Leap to Equality. – Paris. – destatis online: URL: http://portal.unesco.org/education/en/ev.php-URL_ID= 23023&URL_DO=DO_TOPIC&URL_SECTION=201.html

VAN AMELSVOORT, H.W.C.H./SCHEERENS, J. (1997): Policy issues surrounding processes of centralization and decentralization in European education systems. In: Educational Research and Evaluation, Vol. 3, pp. 340-363.

VISSCHER, A.J./COE, R. (2003): School Performance Feedback Systems: Conceptualisation, Analysis, and Reflection. In: School Effectiveness and School Improvement, Vol. 14, pp. 321-350.

WILLMS, J.D./SOMERS, M.-A. (2000): Schooling outcomes in Latin America. – Report prepared for UNESCO-OREALC and the Laboratorio Latinoamericano de la Calidad de la Educación = The Latin American Laboratory for the Quality of Education.

WÖβMANN, L. (2001): Why Students in Some Countries Do Better: International Evidence on the Importance of Education Policy. In: Education Matters, Vol. 1, pp. 67-74.

WÖβMANN, L. (2004): How Equal Are Educational Opportunities? Family Background and Student Achievement in Europe and the United States. – CESifo Working Paper No. 1162.

Anschrift des Verfassers: Prof. Dr. Jaap Scheerens, Gedragswetenschappen, University of Twente, P.O. Box 217, 7500 AE Enschede/The Netherlands

MIX
Papier aus verantwortungsvollen Quellen
Paper from responsible sources
FSC® C105338

FSC
www.fsc.org

If you have any concerns about our products,
you can contact us on
ProductSafety@springernature.com

In case Publisher is established outside the EU,
the EU authorized representative is:
Springer Nature Customer Service Center GmbH
Europaplatz 3, 69115 Heidelberg, Germany

Printed by Libri Plureos GmbH
in Hamburg, Germany